T0119198

JAROŠ: SICHEM

ORBIS BIBLICUS ET ORIENTALIS

Im Auftrag des Biblischen Institutes der Universität Freiburg Schweiz
herausgegeben von
Othmar Keel und Bernard Trémel

*Zum Autor*

Karl Jaroš (1944) ist Mitglied des Kapuzinerordens. Er studierte Philosophie und Theologie in Linz. 1971 erlangte er in Graz mit der Arbeit « Der Elohist und das Menschenopfer » den Grad eines Magisters der Theologie. 1970-1973 studierte er Altes Testament und arabische Religionsgeschichte in Freiburg (Schweiz), wo er 1973 mit einer Arbeit über « Die Stellung des Elohisten zur kanaanäischen Religion» (OBO 4, Freiburg/Göttingen 1974) doktorierte. 1976 habilitierte er sich mit der vorliegenden Arbeit für Altes Testament an der Theologischen Fakultät der Universität Graz. Karl Jaroš ist Professor für Altes Testament an der Theologischen Hochschule in Linz.

ORBIS BIBLICUS ET ORIENTALIS 11

KARL JAROŠ

# SICHEM

Eine archäologische und religionsgeschichtliche
Studie mit besonderer Berücksichtigung von Jos 24

UNIVERSITÄTSVERLAG FREIBURG SCHWEIZ
VANDENHOECK & RUPRECHT GÖTTINGEN
1976

© 1976 by Universitätsverlag Freiburg Schweiz
Paulusdruckerei Freiburg Schweiz
UV ISBN 3-7278-0153-X V&R ISBN 3-525-53314-4

*FÜR M.M.*

# VORWORT

Schon in meiner Monographie: «Die Stellung des Elohisten zur kanaanäischen Religion» [1] habe ich angekündigt, eine Studie über Jos 24 vorzulegen, noch nicht ahnend, daß «Sichem» Thema meiner Habilitationsschrift werden wird. Den ersten Anstoß zu diesem Thema gab mir Prof. Dr. O. Keel im Februar 1974 in Fribourg. Nach ausführlicher Besprechung des Themas mit Prof. Dr. F. Sauer in Graz, erklärte sich Prof. Dr. F. Sauer bereit, mich als Habilitanden anzunehmen. Eine archäologische und religionsgeschichtliche [2] Studie über Jos 24 ist heute besonders aktuell, da eine Ergänzung zu den Ausführungen L. Perlitts [3] notwendig ist und auch die klassische Lösung der «Amphiktyonie» immer mehr fragwürdig geworden ist. Die Anwendung der «strukturalen Methode», die heute bei den Exegeten immer mehr eine Modeerscheinung wird, habe ich bewußt ausgeklammert, da diese Methode nur an geschichtlichen Texten erprobt wurde, nicht jedoch an paränetischen Texten. Diese Methode könnte auf Jos 24 nur dann sinnvoll angewendet werden, wenn man eine Reihe paränetischer Texte des D untersuchte, was eine bestimmte Modifikation und Adaptation der Methode notwendig machen würde. Ich verwende mit Einschluß aller klassischen Methoden die archäologisch-religionsgeschichtliche Arbeitsweise, die oft ein echtes Korrektiv für andere Methoden ist.

Die vorliegende Arbeit wurde vor allem dadurch erschwert, daß ich für den archäologischen Teil fast jedes Buch und fast jeden Artikel von der Nationalbibliothek aus Wien über die Fernleihe der Linzer Studienbibliothek kommen lassen mußte. Der Linzer Studienbibliothek möchte ich dafür besonders danken.

---

[1] Orbis Biblicus et Orientalis 4, Freiburg/Schweiz–Göttingen 1974, 208 Anm. 1.

[2] Vgl. dazu P. O. Szolc (Scholz), Religionswissenschaft und Archäologie, Numen 21 (1974) 1–16 bes. 1–6.

[3] Bundestheologie 239–284.

Ein beträchtlicher Teil der Studie entstand bereits in Linz in den Jahren 1974/75. An eine rasche Vollendung konnte ich jedoch nur dann denken, falls mir einige Monate eine gute Fachbibliothek zur Verfügung stehen würde. Die Gelegenheit dazu bot sich im Sommer 1975, als ich in Jerusalem an der «École Biblique et Archéologique Française» weilte. Neben der außergewöhnlich guten Fachbibliothek hatte ich hier auch den Vorteil, mit Fachleuten aus aller Welt mein Thema diskutieren zu können. Es seien genannt: Prof. Dr. O. Keel, Assistent Lic. theol. Urs Winter (Fribourg), Prof. Dr. A. Malamat, Dr. U. Lux (Jerusalem), Dr. A. Lemaire, Lic. theol. E. Puech (Paris). Den Genannten gilt mein besonderer Dank! So manche Information konnte ich von Prof. Dr. S. H. Horn, Andrews University, Berrien Springs, Michigan, einem der führenden Archäologen der Sichem-Grabungen, erhalten, mit dem ich seit Beginn dieser Arbeit in Kontakt und Gedankenaustausch stand. Auch ihm sei vielmals gedankt.

Mein Dank gilt weiters Herrn Direktor Hofrat Dr. E. Komorzynski, Kunsthistorisches Museum Wien, sowie Herrn Kanzleidirektor Nowotny. Herr Hofrat Dr. E. Komorzynski hat mir bereitwilligst die Erlaubnis zur Erstpublikation der Wiener Sichembestände gegeben. Dank schulde ich auch der Leitung des Rockefeller-Museums in Jerusalem, die mir großzügig die Einsichtnahme in ihre Sichem-Bestände erlaubte.

Prof. Schalom Ben-Chorin wies mich besonders auf die rabbinischen Sichem-Garizim Texte hin. Meiner Studentin J. Ramskogler danke ich freundlich für die Anfertigung der Strichzeichnungen.

Ebenso danke ich meinem Provinzial, P. Karl Schwab (Wien), sowie meinen Mitbrüdern des Linzer Kapuzinerkonventes, die meine Arbeit mit Interesse und Wohlwollen verfolgten. Besonderen Dank schulde ich meinem Mitbruder P. Mag. theol. Franz Fink, der das Manuskript sorgfältig korrigierte und die Korrekturen las.

Für die Finanzierung des Druckes danke ich der Schweizer Kapuzinerprovinz, den Deutschschweizer Mitbrüdern des Kapuzinerkonventes Fribourg, sowie der Wiener Kapuzinerprovinz.

Linz / Donau, 22. Nov. 1975

KARL JAROŠ

# INHALTSVERZEICHNIS

# I.
# ARCHÄOLOGISCHE DOKUMENTATION ÜBER SICHEM UND UMGEBUNG

## 1. Etymologie von «Sichem»

Die hebräische Wurzel שכם ist nur im Hi. belegt und bedeutet: «auf den Rücken aufladen» [1]. Im Ugaritischen ist «tkm» als Verb in der Bedeutung «auf der Schulter tragen» [2] und als Substantiv «Schulter» [3] belegt. Weiters ist die Wurzel im Arabischen [4], im Sabäischen [5] und Äthiopischen [6] belegt. Es kann daher kein Zweifel bestehen, daß der hebräische Ortsname שכם «Schulter, Rücken» heißt [7].

## 2. Ortslage und Benennung Sichems

Sichem und seine Umgebung umfassen etwa das Gebiet 32° 11′ 50″ bis 32° 14′ nördlicher Breite und 35° 14′ bis 35° 17′ 40″ östlicher Länge, etwa 22 qkm [8]. Die jährliche Niederschlagsmenge beträgt ca. 500 mm, so daß durch die Fruchtbarkeit des Bodens einer größeren Bevölkerung die Existenzmög-

---

[1] W. Gesenius, Wörterbuch 826. F. Brown / S. R. Driver / C. A. Briggs, Lexicon 1014. L. Köhler / W. Baumgartner, Lexicon 970.

[2] 1 Aqht 50, 55, 190, 199.

[3] 124,5 126 i IV, 14 Krt 64, 75, 158 (vgl. C. H. Gordon, Ugaritic Textbook 502 Nr. 2675. G. D. Young, Concordance 71 Nr. 2024).

[4] F. Brown / S. R. Driver / C. A. Briggs, Lexicon 1014.

[5] תכמת = Träger.

[6] W. Gesenius, Wörterbuch 826.

[7] K. Elliger, Sichem, BHH III 1781. S. H. Horn, Shechem, JEOL 18 (1959–1966) 284. In der LXX: Συχεμ und Σικιμα.

[8] Vgl. die Karte 1 : 100 000 Blatt 5 und 8 des Survey of Israel.

lichkeit gegeben ist [1]. Die Stadt Sichem lag in Mittelpalästina 50 km nördlich von Jerusalem (vgl. Abb. 1). Bei ihr kreuzten sich die beiden Straßen: die SN-Straße von Hebron über Jebus / Jerusalem nach Bet-Schean und weiter nach Damaskus und die WO-Straße von der Küstenebene zum Jordangraben und weiter nach Rabbath-Ammon (vgl. Abb. 1). Sichem lag zwischen den beiden höchsten Bergen Zentralpalästinas, im Norden dem Ebal [2], im Süden dem Garizim [3] (vgl. Abb. 2). Unweit von Sichem am nordöstlichen Abhang des Ebal liegt das Dorf Askar [4], südlich davon das Josefsgrab [5] und der Jakobsbrunnen [6]. Nordwestlich von Sichem [7] erstreckt sich

---

[1] Vgl. die Karte bei R. DE VAUX, Die hebräischen Patriarchen 63.

[2] Gelände des Gipfels 32° 13′ 52″ nördlicher Breite, 35° 16′ 19″ östlicher Länge. 938 m hoch. Die zwei unteren Drittel sind Kreideformationen, das obere Drittel ist harter Eozänkalk (Tertiär). Die Kreideschichten am südlichen Abhang sind wasserführend, laufen jedoch bergwärts, so daß keine Quellen hervortreten. In alter Zeit war der Ebal reich an Vegetation. Die arabischen Bezeichnungen sind: Dschebel Islāmiyeh und Dschebel esh-Schimali.

[3] Gelände des Gipfels 32° 12′ 5″ nördlicher Breite, 35° 16′ 22″ östlicher Länge. 868 m hoch (vgl. F. M. ABEL, Géographie I 362–369. W. BAIER, Gerizzim, BL 563 f.). Der zweite Gipfel, ras kikis (845 m hoch), ist etwa 600 m nordöstlich des Hauptgipfels. Die Ostseite des Berges fällt steil gegen die Ebene von Askar ab. Der Zugang zum Berg erfolgt über eine schmale Straße von der Westseite (über Nablus) oder auch von ras el ain aus (vgl. Abb. 2). Die Formationen sind die gleichen wie beim Ebal (vgl. G. DALMAN, Die Zeltreise, PJB 9 (1913) 41. S. BÜLOW, Der Berg des Fluches, ZDPV 73 (1957) 105). Die Kreideschichten sind wasserführend und so gelagert, daß am Abhang des Berges gegen die Ebene von Askar, Sichem und Nablus zahlreiche Quellen auftreten (vgl. Abb. 2). Münzen aus der Zeit des Antoninus Pius (138–161 n. Chr.), des Caracalla (198–249 n. Chr.), des Elagabalus (218–222 n. Chr.) und Philipps I. (244–249 n. Chr.) (vgl. BASOR 190 (1968) 20 fig. 1) zeigen den Garizim bewaldet. Der heutige Baumbestand ist rund 45 Jahre alt (vgl. W. SCHMIDT, Zum Baumbestand des Garizim, ZDPV 78 (1962) 89 f.). Arabische Bezeichnungen: Dschebel Abu Ghanem, Dschebel et-Tur, Dschebel el-Kibli (vgl. I. GÜNZIG, Gerisim, JüdLex II 1036–1038. P. ANTOINE, Garizim, DBS III 535 ff.).

[4] Askar (Quelle mit Umgebung) 32° 12′ 9″ nördlicher Breite, 35° 17′ 25″ östlicher Länge. Askar ist mit dem alten Sychar identisch (vgl. M. DELCOR, Von Sichem, ZDPV 78 (1962) 34–48. H. M. SCHENKE, Jakobsbrunnen, ZDPV 84 (1968) 159–184).

[5] Ca. 400 m südöstlich von Sichem. Vgl. H. M. SCHENKE, a. a. O., 159–184.

[6] Ca. 400 m nordöstlich von Sichem. Vgl. H. M. SCHENKE, a. a. O., 159–184. J. JEREMIAS, Heiligengräber 31 ff. F. M. ABEL, Le puits de Jacob, RB 42 (1933) 384–402. L. H. VINCENT, Puits de Jacob, RB 65 (1958) 547–567. B. BAGATTI, Nuovi apporti, LA 16 (1965/66) 127–164.

[7] 32° 12′ 37″ nördlicher Breite, 35° 16′ 52″ östlicher Länge. Vgl. auch H. HAAG, Sichem, LThK IX 730–732. J. GRAY, Shechem, DBible 904. L. E. TOOMBS, Shechem, InterprDB IV 313–315. J. VIDAL, Siquem, EBiblia VI 748–750.

das Tal von Sichem mit Nablus. Südöstlich von Sichem breitet sich die Ebene von Askar aus (vgl. Abb. 3).

Schon diese außerordentlich günstige Lage weist Sichem als ein Zentrum [1] in politischer, strategischer und religiöser Hinsicht aus.

Theodotus hat diese ungewöhnliche Stadt in einem Gedicht besungen, das sich teils exzerpiert bei Polyhistor findet, was Eusebius in der Praep. Evang. IX 22,1 [2] mitteilt:

«Reich war sie (sc. die Stadt), voller Ziegenherden und Wasser, und nicht einmal war es ein langer Weg, vom Feld in die Stadt zu kommen. Und kein dichtes Gebüsch macht je Schwierigkeiten. Ganz nahe von ihr aber erscheinen zwei steile Berge, reich an Gras und Wald. In der Mitte von ihnen zieht sich ein schmaler, enger Pfad hindurch. Auf der anderen Seite aber erscheint das lebendige Sichem, die heilige Stadt, erbaut unterhalb des Bergfußes, ringsum läuft als Umfriedung eine glatte Mauer am Fuße des Gebirges hin von der Höhe her.»

Nachdem Johannes Hyrcanus I. Sichem im Jahre 107 und 128 v. Chr. zerstört hatte [3], baute Kaiser Vespasian im Jahre 72 n. Chr. etwa 1,5 km nordwestlich des alten Sichem die Stadt Flavia Neapolis [4]. Josephus, Bellum IV 8,1 [5], berichtet, daß Neapolis nahe bei Mabartha liegt. Plinius, hist. nat. V 13 [6], schreibt: «... intus autem Samariae oppida Neapolis, quod antea Mamortha dicebatur ...» Das aramäische Wort מעברתא meint einen niedrigen Bergsattel, was genau auf den Sattel zwischen Garizim und Ebal paßt [7]. Eusebius [8] lokalisiert Sichem ἐν τοῖς προαστείοις von Neapolis, wo die βάλανος Σικίμων beim Grabe Josefs stand. Hieronymus übersetzt ohne Kommentar, fügt jedoch zur zweiten Stelle hinzu: «Balanus, id est quercus, Sicimorum ... in suburbano rure Neaspoleos» [9].

---

[1] Vgl. Y. Aharoni, The Land of the Bible 55 f.

[2] P. Riessler, Schrifttum 1263. R. J. Bull, A Note on Theodotus Description of Shechem, HThR 60 (1967) 221–227.

[3] Josephus, Ant. XIII 9,1 (R. Marcus, Josephus VII 354–357).

[4] Für das arabische Nablus vgl. J. A. Jaussen, Coutumes Palestiniennes I. T. Canaan, Mohammedan Saints, J. A. Jaussen, Inscriptions, JPOS 6 (1926) 75–81.

[5] H. St. J. Thackeray, Josephus III 132.

[6] C. Plinii Secundi, Naturalis Historiae, ed. C. Mayhoff I 390. Vgl. auch Epiphanius, adv. haer. 80, 1, 6 (Epiphanius, ed. K. Holl III 485). G. Hölscher, Bemerkungen, ZDPV 33 (1910) 89.

[7] G. Hölscher, a. a. O., 89.

[8] A. Klostermann (Hrsg.), Onomastikon 150, 1 und 54, 23.

[9] Das Griechische βάλανος, wie auch das Lateinische «balanus» heißt «Eichel» bzw. ein aus «Eicheln erzeugtes Präparat» (vgl. J. A. Soggin, Topographie, ZDPV 83

Hieronymus vertrat aber auch eine andere Meinung. Er schreibt in seinen «Hebraicae quaestiones in libro Geneseos» [1] über Sichem: «... et est nunc Neapolis, urbs Samaritanorum» und in der Epistola CVIII ad Eustochium [2]: «Sichem ..., quae nunc Neapolis appellatur.»

Die Mosaikkarte von Madeba [3], die vom Onomastikon abhängig ist [4], zeigt Sichem südöstlich von Nablus [5]. Die Mosaikkarte stammt aus der Zeit von 560–565 n. Chr. [6].

Die Aussage des Onomastikons blieb in der modernen Forschung lange unberücksichtigt und man folgte den Aussagen des Hieronymus, die Sichem mit Neapolis gleichsetzten [7].

E. Robinson [8] entschied sich zwar ebenfalls für diese Gleichsetzung, vermutete aber bereits in tell balata das alte Sichem.

1903 trat jedoch die entscheidende Wende ein. H. Thiersch und G. Hölscher entdeckten am 26. Juni bei ihrer Forschungsreise durch Palästina, die sie im Auftrag der Deutschen Orientgesellschaft machten, unter dem tell balata das alte Sichem. «Der wichtigste Punkt bei Nablus ist die Stelle des alten Sichem, dessen Lage wir bei dem Dörfchen Balâta, in der Nähe des berühmten Jakobsbrunnens, wiedergefunden zu haben glauben. Hier ragt ein niedriger, nicht gerade ausgedehnter, flacher Hügel über das Niveau der Talsohle empor. Am Westrande, welcher am deutlichsten heraustritt, findet

---

(1967) 185), wird jedoch auch für «Eiche» verwendet (a. a. O., 185). Das aramäische בלוט – ebenso im Syrischen und Arabischen mit derselben Bedeutung belegt (vgl. J. LEVY, Wörterbuch I 232. M. JASTROW, Dictionary I 171) – heißt ebenfalls «Eichel» und «Eiche» (vgl. J. LEVY, Wörterbuch I 232. M. JASTROW, Dictionary I 171). Das griechische und lateinische Wort dürfte sich daher vom Aramäischen herleiten (vgl. J. A. SOGGIN, a. a. O., 185).

[1] Corpus Christ. 75 (1959) 52.

[2] MPL XXII 888 f.

[3] Vgl. die wunderbare Abbildung bei M. AVI-YONAH, The Madeba Map, Atlas of Israel I/1.

[4] Vgl. J. A. SOGGIN, a. a. O., 185 Anm. 7.

[5] Wichtige Literatur: PALMER / H. GUTHE, Die Mosaikkarte von Madeba, Leipzig 1906. A. SCHULTERS, Die Mosaikkarte von Madeba, Berlin 1900. A. JACOBY, Das geographische Mosaik von Madeba, Leipzig 1905. M. AVI-YONAH, The Madeba Mosaic Map, Jerusalem 1954. V. R. GOLD, The Mosaic Map of Madeba, BA 21 (1958) 50–71. H. DONNER / H. CÜPPERS, Die Restauration und Konservierung der Mosaikkarte von Madeba, ZDPV 83 (1967) 1–33.

[6] V. R. GOLD, The Mosaic Map of Madeba, BA 21 (1958) 54.

[7] So z. B. A. VON GALL, Kultstätten 107. Der Talmud (vgl. A. NEUBAUER, Géographie 169) setzt ebenfalls Sichem mit Neapolis gleich.

[8] Biblical Researches II 287–292.

sich noch ein Stück guter kyklopischer Umfassungsmauer, wie wir sie sonst nur aus ältesten Perioden kennen. Eine Versuchsgrabung scheint hier höchst verlockend»[1]. Weiteres schrieb H. Thiersch in seinem Tagebuch[2]: «Die Pferde sind von gestern noch zu müde, um weiter zu ziehen. Darum Rasttag. Die Frage nach Altsichem erörtert. An dem kleinen Ruinenhügel, den die englische Karte angibt, direkt nördlich von Balata nahe bei Kubr Jusuf entdeckten wir zu unserer großen Freude und Überraschung ein Stück «kyklopischer» Mauer; etwa 8 m lang offen zu Tage liegend und auf etwa 30 m hin weiter zu verfolgen. Es ist dies auf der Westseite des flachen Hügels. Das erhaltene Stück reicht noch bis zu 3 m über den jetzigen Boden, geht aber sicher noch unter diesen hinab. Die Blöcke sind ganz unbehauen, erreichen zum Teil 2 m Länge, sind aber in ziemlich regelmäßigen Schichten gelegt. In den Zwickeln kleinere Füllsteine. Der weitere Verlauf dieser offenbar 'uralten' (sic) Mauer läßt sich nur an der Nordseite noch weiter verfolgen, und zwar dorthin in einer unregelmäßigen Kurve ziehend und dann mit scharfer Ecke nach innen einrückend. Der weitere Verlauf der Mauer läßt sich nur durch einige Köpfe der obersten Schicht, die über die jetzige Oberfläche hervorragen, konstatieren. Unter den massenhaften Scherben fanden wir keine, die wir mit Bestimmtheit als sehr alte bezeichnen konnten. So unbedeutend und wenig auffallend der Hügel zuerst erscheint, so ist doch sein Umfang beträchtlich und seine Lage ausgezeichnet. Er beherrscht die Ebene von Askar und sperrt zugleich den Paß. Beides vereinigt gilt nicht von dem heutigen Nablus. *Damit ist die Lage des alten Sichem sicher festgelegt und die frühere Vermutung* (*Nablus*) *widerlegt.* Alle historischen Bedingungen gelten von diesem Punkte durchaus. Hier müßte jedenfalls mit der Untersuchung eingesetzt werden. Der Platz ist etwas bebaut mit Gemüse und Saat»[3].

1886 hatte schon A. Eckstein[4] in seiner Dissertation, der ersten, die über Sichem geschrieben wurde[5], diese Meinung vertreten. H. Thiersch und G. Hölscher lieferten sozusagen den ersten «archäologischen» Beweis für diese These. Nach den systematischen deutschen und amerikanischen Ausgrabungen besteht nun kein Zweifel mehr, daß wir in tell balata die Reste des alten Sichem vor uns haben[6].

---

[1] H. Thiersch / G. Hölscher, Reise, MDOG 23 (1904) 34 f. Vgl. G. Hölscher, Bemerkungen, ZDPV 33 (1910) 101.

[2] Das Zitat wurde von J. Hempel, Balāṭa, ZAW 51 (1933) 157 veröffentlicht.

[3] Original ohne Kursivdruck.

[4] Geschichte und Bedeutung der Stadt Sichem, Diss. Phil. Leipzig, Berlin 1886.

[5] Vgl. G. E. Wright, Shechem 6.

[6] Vgl. H. Haag, Sichem, BL 1584. J. A. Soggin, Topographie, ZDPV 83 (1967)

G. R. H. Wright [1] versuchte, die verschiedenen Benennungen «Sichem» und «balata» zu erklären und kommt zu folgendem Ergebnis:

| Zeit | offizieller Name | volkstümlicher Name |
|---|---|---|
| – 500 v. Chr. | Sichem | Elôn «Eiche» |
| 300– 100 v. Chr. | Sichem | Ballûṭā «Eiche» |
| 72– 650 n. Chr. | – | Ballûṭā – Balanos «Eiche» |
| 650–1200 n. Chr. | Neues arab. Dorf Ballūṭ | Ballūṭ |
| 1200–1967 n. Chr. | Balāṭa | Balāṭa |

Das Schema zeigt, daß mit der Zerstörung Sichems durch Johannes Hyrcanus I. auch der Name «Sichem» verschwunden ist, daß jedoch die volkstümliche hebräische Bezeichnung «Elôn» über das Aramäische «Ballūṭ» im Arabischen «Balāṭa» weiterlebt.

## 3. Geschichte der archäologischen Ausgrabungen

### *3.1. Deutsche Ausgrabungen*

Die Geschichte der archäologischen Erforschung Sichems beginnt am 26. Juni 1903, als H. Thiersch und G. Hölscher bei ihrer Forschungsreise durch Palästina tell balata mit dem alten Sichem identifizierten und Versuchsgrabungen vorschlugen [2]. 1908 wurde die Aufmerksamkeit wieder auf Sichem gelenkt, als beim Ausheben der Schächte des Hauses des Fellachen Salim (vgl. Abb. 4: Höhenschichtskarte von Sichem mit der Position des Hauses Salim) ein Bronzewaffenfund zum Vorschein kam [3].

1. Grabung: vom 4. bis 20. Sept. 1913 [4]

Nach längeren, anfänglichen Schwierigkeiten konnte E. Sellin, einer der besten Kenner der Palästina-Archäologie der damaligen Zeit, die Grabungen am 4. Sept. 1913 beginnen. Mitarbeiter: C. Praschniker (vgl. Abb. 5: Seite aus dem Fundbuch Praschnikers), Mansur Bey aus Beirut (Regierungskommissär), 12–100 Arbeiter.

---

197. Die Zweifel, die noch G. Welter, Ausgrabungen in Palästina, FF 4 (1928) 317 f. und: Der Stand der Ausgrabungen in Sichem, AA 1932 289–316 äußerte, erwiesen sich als nicht richtig. Vgl. dazu auch J. A. Soggin, a. a. O., 185 f.

[1] The Place Name Balāṭah and the Excavations at Shechem, ZDPV 83 (1967) 199–202. Schema auf Seite 202.

[2] Vgl. Seite 15.

[3] F. W. Freiherr von Bissing, Ein Waffenfund aus Sichem, MAA 62 (1926) 20–24. C. Watzinger, Denkmäler I Taf. 24.26. K. Galling, Sichem, BRL 473 f. H. W. Müller, Staatliche Sammlung ägyptischer Kunst 50 und Farbtafel zwischen Taf. 24 und 25. K. Jaroš, Zur Datierung des sichemitischen Sichelschwertes (erscheint 1976 in der Zeitschrift «Kairos»). אנציקלופדיה לחפירות ארכיאולוגיות בארץ ישראל ב, ירושלים 542, 1970.

[4] E. Sellin, Sichem, AKAW 51 (1914) 35–40.

Die Grabung wurde subventioniert von: Se. Königlichen Hoheit dem Herzog von Cumberland, den Herren Philipp und Paul Schöller in Wien, A. Dreher in Klein-Schwechat, A. Krupp in Berndorf, K. Franck in Linz, Freiherrn von Bissing in München und von der Godeffroy-Familien-Fideikommisstiftung in Hamburg.

Gegraben wurde auf Feld IV, VIII und D 1 (vgl. zur Orientierung Abb. 6) [1].

## 2. Grabung: vom 26. März bis 7. Mai 1914 [2]

E. Sellin arbeitete zusammen mit C. Praschniker und A. Grohmann, Osman Effendi aus Beirut war Regierungsvertreter [3]; durchschnittlich 150 Arbeiter.

Gegraben wurde auf Feld IV, VI und VIII (vgl. Abb. 7) [4]. Der erste Weltkrieg machte jede weitere Arbeit in Sichem unmöglich. Erst im Jahre 1925 konnte E. Sellin wieder daran denken, die Ausgrabungen fortzuführen.

## 3. Grabung: vom 24. März bis 3. Mai 1926 [5]

Mit E. Sellin arbeiteten nun F. M. Th. de Liagre Böhl, C. Praschniker, H. Johannes (Architekt) und der Vorarbeiter E. Sellins von der Ta'annek-Grabung 1902; 150–200 Arbeiter. Auf drei Wochen wurde von der Deutschen Notgemeinschaft der klassische Archäologie G. Welter nach Sichem delegiert [6].

Finanzierung: Methodistenbischof H. M. Du Bose von Winston-Salem (USA) [7], F. M. Th. de Liagre Böhl (Sichem-Komitee) [8], Notgemeinschaft der Deutschen Wissenschaft, Auswärtiges Amt, Deutsch-evangelischer Kirchenbund.

Gegraben wurde auf D 1, D 3, Feld IV [9] und VI.

## 4. Grabung: vom 17. Juni bis 13. Sept. 1926 [10]

E. Sellin arbeitete mit seinem Stab von Wissenschaftlern (wie bei Grabung 3). C. Praschniker war verhindert. Als Gäste weilten Bischof Du Bose und K. Galling in Sichem.

Durschnittlich 200 Arbeitskräfte.

Gearbeitet wurde auf: Feld I, IV, V, VI; D 1 und D 2 [11].

---

[1] Zur einheitlichen Orientierung verwende ich für die Areale, auf denen die Amerikaner weiterarbeiteten, die amerikanischen Bezeichnungen (Feld I usw.), für die anderen Areale verwende ich die Bezeichnungen D 1, D 2, D 3, D 4.

[2] E. Sellin, Sichem, AKAW 51 (1914) 204–207.

[3] Vgl. das Bild bei S. H. Horn, Shechem, JEOL 18 (1959–1966) Pl. XI, A.

[4] Vgl. auch die Abb. bei G. R. H. Wright, Co-ordinating the Survey of Shechem, ZDPV 89 (1973) fig. 7a und b.

[5] E. Sellin, Sichem, ZDPV 49 (1926) 229–236.

[6] Vgl. das Bild bei S. H. Horn, a. a. O., Pl. XI, B.

[7] Vgl. das Bild bei G. E. Wright, Shechem fig. 8.

[8] Zuletzt vertrat das Holländische Sichem-Komitee Erziehungsminister J. Th. de Visser.

[9] Vgl. E. Sellin, Sichem, ZDPV 49 (1926) Taf. 29.

[10] E. Sellin, Sichem, ZDPV 49 (1926) 304–320.

[11] Vgl. E. Sellin, ZDPV 49 (1926) Taf. 32 und 33.

## 5. Grabung: vom 10. März bis 15. April 1927 [1]

E. Sellin arbeitete mit C. Praschniker und H. Johannes; Oberaufseher war F. Datodi. Pastor D. Schneller vom syrischen Waisenhaus in Jerusalem stellte 2 Kippwagen und 80 m Schienen einer Feldbahn zum Abtransport des Schuttes zur Verfügung [2]. Es waren 150–200 Arbeiter beschäftigt.

Gearbeitet wurde auf Feld V, VI, D 1 und 2.

## 6. Grabung: vom 5. Aug. bis 22. Sept. 1927 [3]

E. Sellin arbeitete mit G. Welter, O. Heck, teils mit F. M. Th. de Liagre Böhl, Th. L. W. van Ravesteyn, A. van Selms, R. C. Mauve [4]. Oberaufseher war F. Datodi. Die Finanzen wurden zur Verfügung gestellt von F. M. Th. de Liagre Böhl (Sichem-Komitee), der Notgemeinschaft der Deutschen Wissenschaft, vom Reichsministerium des Innern und vom Deutschen evangelischen Kirchenausschuß.

Gearbeitet wurde hauptsächlich auf Feld IV und VI.

## 7. Grabung

Das Klima im wissenschaftlichen Stab mußte nicht sehr gut gewesen sein. E. Sellin weilte vom 10. März bis 12. April 1928 in Sichem [5] und übertrug ab 1. Mai 1928 die Leitung der Grabungen an G. Welter. An der Ausgrabung nahm auch F. M. Th. de Liagre Böhl teil [6]. E. Sellin sicherte sich das Gastrecht bei den Grabungen und das Publikationsrecht [7] (vgl. Abb. 8: Überblick über die bisherigen Ausgrabungen, Stand 1928 plus Ausgrabungen 1934 und 1956).

## 8. Grabung: 3 Monate im Sommer 1928 [8]

Die Leitung hatte jetzt G. Welter. Es wurde ein 8 m tiefer Schnitt durch Feld V und VI angelegt.

## 9. Grabung: 3 Monate im Jahre 1931 [9]

G. Welter stellte drei Entwicklungsstadien der Stadtbefestigung auf Feld IV fest, fertigte einige gute Skizzen an, konzentrierte sich aber auf Feld XIV.

---

[1] E. Sellin, Sichem, ZDPV 50 (1927) 205–211.

[2] Die Kippbahn wurde dann auch von den Amerikanern verwendet, denen sie R. de Vaux zur Verfügung stellte.

[3] E. Sellin, Sichem, ZDPV 50 (1927) 265–274. Vgl. auch die Berichte von F. M. Th. de Liagre Böhl, De geschiedenis, MAA 62 (1926) 1–19. ders., De Opgraving van Sichem, Zeist 1927.

[4] Vgl. S. H. Horn, Shechem, JEOL 18 (1959–1966) 292.

[5] E. Sellin, Masseben, ZDPV 51 (1928) 119.

[6] Vgl. S. H. Horn, Shechem, JEOL 18 (1959–1966) 293 Anm. 4.

[7] Vgl. E. Sellin, Sichem, ZAW 50 (1932) 304. Die Sekretärin G. Welters, Miss Mazur, schrieb über diese Ausgrabung im «Palestine Bulletin» vom 5. Juni 1932 einen kurzen, wissenschaftlich unbrauchbaren Artikel (vgl. E. Sellin, a. a. O., 304).

[8] G. Welter, Deutsche Ausgrabungen in Palästina I, FF 4 (1928) 317 f.

[9] G. Welter, Stand der Ausgrabungen in Sichem, AA 1932 293–314. Im Archiv des Rockefeller Museums, Jerusalem, gibt es noch drei Schreibmaschine-Seiten von G. Welter zu dieser Ausgrabung (vgl. auch S. H. Horn, a. a. O., 293 Anm. 5).

Da die Grabungen unter G. Welter arg ins Stocken geraten waren, unternahm E. Sellin eine Flucht in die Öffentlichkeit [1]. Kurz zuvor hatte H. Thiersch [2] große Vorwürfe gegen die Arbeitsweise E. Sellins erhoben [3]. E. Sellin konnte aber erreichen, daß ihm das Deutsche Archäologische Institut im Jahre 1933 [4] die Arbeit zusammen mit H. Steckeweh übertrug.

### 10. Grabung: 6 Wochen im Herbst 1934 [5]

E. Sellin arbeitete nun zusammen mit H. Steckeweh, dessen Frau und A. Schmidt. Finanziert wurde diese Grabung vom Verwaltungsrat des Deutschen Evangelischen Institutes für Altertumswissenschaft des Heiligen Landes und vom holländischen Sichem-Komitee.

Gegraben wurde auf D 4 (vgl. die Pläne Abb. 9 und 10) [6].

Wirtschaftliche Schwierigkeiten und der Ausbruch des 2. Weltkrieges verhinderten jede weitere Arbeit in Sichem. Da das Haus E. Sellins im Herbst 1943 in Berlin bombardiert wurde, sind alle Manuskripte Sellins und das bis dahin noch nicht publizierte Material vernichtet. E. Sellin starb am 31. Dezember 1945 in Epichnellen [7].

## *3.2. Amerikanische Ausgrabungen*

Nach 22 Jahren Pause wurden die Ausgrabungen in Sichem fortgesetzt. Nach guter Vorbereitung [8] ging G. E. Wright an die große Aufgabe heran.

### 1. Grabung: vom 6. bis 24. Aug. 1956 [9]

Der wissenschaftliche Stab bestand aus: G. E. Wright (Archaeological Director), R. Bull (Architect), D. B. Anderson (Administrative Director) Hasan ʿAwad (foreman). 80–85 Arbeiter. Die Grabung wurde von der Drew University, dem McCormick Theo-

---

[1] E. Sellin, Sichem, ZAW 50 (1932) 303–308.

[2] Ein altmediterranaer Tempeltyp, ZAW 50 (1932) 77 f. Anm. 14.

[3] J. Hempel, Balāṭa, ZAW 51 (1933) 156–169.

[4] E. Sellin, Sichem, Einleitung, ZDPV 64 (1941) 2.

[5] E. Sellin / H. Steckeweh, Sichem, ZDPV 64 (1941) 1–20.

[6] Vgl. die Zusammenfassung der bisherigen Ergebnisse von E. Sellin, III. Skizze, ZDPV 64 (1941) 12–20.

[7] Vgl. O. Eissfeldt, Ernst Sellin, KlSchr III 129 f. Da die Ausgrabungsberichte der Deutschen nur vorläufige Berichte sind, ist es fast unmöglich, eine lückenlose Geschichte der ersten zehn Ausgrabungen zu schreiben; dies gilt besonders ab der 7. Grabung. Speziell die genaue Zeit der Grabungen und die Mitglieder des wissenschaftlichen Stabes lassen sich nicht immer rekonstruieren. Da noch dazu das ganze Material Sellins bei der Bombardierung seines Hauses in Berlin verlorenging, wird man in einzelne Punkte wohl nie mehr Licht bringen können. Was zu rekonstruieren ist, hat bereits S. H. Horn, Shechem, JEOL 18 (1959–1966) 284–306 reskonstruiert.

[8] Vgl. G. E. Wright, Shechem 35–37.

[9] G. E. Wright, Shechem, BASOR 144 (1956) 9–20. W. Harrelson / D. B. Anderson / G. E. Wright, Shechem, BA 20 (1957) 2–32.

logical Seminary und den American Schools of Oriental Research sowie von privater Seite finanziell unterstützt.

Diese erste Grabung sollte vor allem eine Probegrabung sein. Die Arbeit konzentrierte sich auf Feld I [1].

## 2. Grabung: vom 4. Juli bis 16. Aug. 1957 [2]

Zusammen mit G. E. Wright, dem archäologischen Direktor, arbeiteten D. B. Anderson (Administrative Director), D. M. Graybeal (Management), A. Dajani (technical assistance), Y. Saad (technical assistance), G. R. H. Wright (surveyor, architect), G. H. Buchanan, P. Hollenbach, E. F. Campbell, Jr., R. G. Boling, P. A. Lapp, L. W. Sinclair, L. C. Ellenberger, A. E. Falbert (Assistants to the chief surveyor), O. R. Sellers (Chief Recorder), Mrs. N. Lapp (Ass. Recorder), J. T. Stewart (Photographer), H. C. Kee (pottery), Mrs. R. Boling (Keramikrekonstruktion), H. Neil Richardson, H. Steckeweh, L. Toombs, W. R. Farmer, R. J. Bull, R. W. Funk (Area supervisors), S. Jahshan Abu Dis (foreman), M. Tawfiq, M. Mustafa, S. Suleiman [3]. Ca. 190 Arbeiter, Finanzielle Unterstützung kam von der Drew University, dem McCormick Theological Seminary, den American Schools of Oriental Research und der Bollingen Foundation of New York. Von R. de Vaux wurden zwei Kippwagen und 80 m Schienen ausgeborgt. Diese Feldbahn hatte einst E. Sellin ab 1927 benützt. Sie hatte auch R. de Vaux bei seinen Ausgrabungen am tell el-Fâr'ah gute Dienste geleistet.

Gearbeitet wurde auf Feld I, II, III, IV und V [4].

## 3. Grabung: vom 1. Juli bis 13. Aug. 1960 [5]

Mit G. E. Wright (Archaeological Director) arbeiteten L. E. Toombs (Associate Director), E. F. Campbell, Jr., (Assistant Director and Treasurer), P. W. Lapp und O. R. Sellers (Hellenistic pottery), G. R. H. Wright (chief architect), J. St. Chestnut und C. D. Morrison (ass. to the chief architect), J. F. Ross (Supervisor Field VI), J. A. Callaway, J. Mays, M. Luker (Ass.), R. J. Bull (Supervisor Field V), N. Richardson, H. O. Thompson, H. Huffmon (Ass.), E. F. Campbell, Jr. (Supervisor Field VII), S. H. Horn, E. J. Vardeman, C. D. Morrison, J. R. Irwin, S. Rashid (Ass.), Weitere Teilnehmer: A. Dajani, Y. Saad, Mrs. R. J. Bull, T. Luke, Mrs. H. Huffmon, S. Jashhan, Abu Dis, M. Tawfiq, Y. Jadullah. Finanziell wurde die Ausgrabung getragen von der Drew University, dem McCormick Theological Seminary, den American Schools of Oriental Research, der Bollingen Foundation, dem Nicol Museum of Southern

---

[1] Vgl. W. Harrelson / B. W. Anderson / G. E. Wright, Shechem, BA 20 (1957) fig. 1.2.4.7.

[2] G. E. Wright, Shechem, BASOR 148 (1957) 11–28. H. C. Kee / L. E. Toombs, Shechem, BA (1957) 82–105.

[3] Vgl. das Photo des Camps (H. C. Kee / L. E. Toombs, a. a. O., fig. 2) und der Gruppe (a. a. O., fig. 3).

[4] Vgl. das Photo bei W. Harrelson / B. W. Anderson / G. E. Wright, Shechem, BA 20 (1957) fig. 7.

[5] G. E. Wright, Shechem, BASOR 161 (1961) 11–54. E. F. Campbell, Jr., Shechem BA 23 (1960) 102–136. Vgl. das Photo des Camps bei G. E. Wright, a. a. O., fig. 1.

Baptist Theological Seminary, dem Concordia Teacher's College und dem Semitic Museum of Harvard University. Es waren 165 Arbeiter angestellt [1].

Gegraben wurde auf Feld V, VI, VII, VIII.

## 4. Grabung: vom 25. Juni bis 10. Aug. 1962 [2]

Mit G. E. Wright (Archaeological Director) arbeiteten L. E. Toombs (Associate Director), E. F. Campbell, Jr. (Ass. Director and Treasurer), P. W. Lapp, O. R. Sellers, G. M. Landes (charge of recording), G. R. H. Wright (chief architect), J. St. Chestnut, D. Voelter (ass. to chief architect), L. C. Ellenberger (photographer), R. Dajani (Vertreter des Department of Antiquities), R. J. Bull, J. F. Ross (Supervisors Feld V, VI), J. A. Soggin, W. G. Dever, R. Schnell, J. D. Seger, R. S. Borass (Ass.), E. F. Campbell, Jr., S. H. Horn (Supervisors Feld VII), R. Dajani, W. G. Dever, A. E. Glock, J. S. Holladay, Jr., H. E. Kassis, D. Lance, D. H. Williams, Jr. (Ass.), J. A. Callaway (Supervisor Feld IX), D. R. Hillers, M. B. Nicol, R. S. Boraas (Ass.), Mrs. R. J. Bull (Assistant Treasurer and Camp Manager), H. O. Thompson (Reinigung und Sortierung der Keramik), Mrs. J. Callaway, Mrs. G. M. Landes, Mrs. J. A. Soggin (Ass.), Mustafa Tawfiq (chief foreman), Fuad Suqbi (draftsman). Beratend standen der Expedition zur Seite: Director A. Dajani und sein Stab, ferner Dr. und Mrs. Lapp [3]. Finanziell stützten das Unternehmen die Drew University, das McCormick Theological Seminary, die American Schools of Oriental Research, die Bollingen Foundation, das Semitic Museum of Harvard University, das Nicol Museum of Southern Baptist Theological Seminary, die Lutheran Church-Missouri Synod und das Austin Presbyterium Theological Seminary. Gegraben wurde auf Feld V, VI, VII und IX. 150 Arbeiter.

## 5. Grabung: vom 29. Juni bis 4. Sept. 1964 [4]

Mit G. E. Wright (Archaeological Director) arbeiteten E. F. Campbell, Jr. (Associate Director), R. J. Bull / J. F. Ross (Ass. Directors), O. R. Sellers, H. O. Thompson, Mrs. D. M. Beegle, Mrs. J. A. Callaway, Mrs. L. C. Ellenberger (charge of recording), G. R. H. Wright (Architect), O. M. Unwin, D. T. Hughes (Ass. to Architect). L. C. Ellenberger (photographer), N. B. Antar (Department of Antiquities), Mrs. R. J. Bull (camp manager), J. A. Callaway (Supervisor Feld IX), R. S. Boraas, D. M. Beegle, K. M. Yates, Jr., W. L. Holladay (Ass.), E. F. Campbell, Jr., S. H. Horn (Supervisors Feld VII), P. H. Williams, Jr., J. S. Holladay, Jr., W. G. Dever, H. D. Lance, D. T. Hughes (Ass.), J. F. Ross (Supervisor Feld VI), R. Schnell (Ass.), J. F. Ross (Supervisor Feld III), J. D. Seger (Ass.), J. Kirby (Ass.), R. J. Bull (Supervisor Feld X), O. Unwin, N. B. Antar (Ass.), R. J. Bull (Supervisor Feld I), W. L. Holladay (Ass.),

---

[1] Vgl. auch J. F. Ross / L. E. Toombs, Three Campaigns, Arch 14 (1961) 171–179. J. F. Ross / L. E. Toombs, Les découvertes effectuées au cours des dernières Campagnes de fouilles à Sichem, BTS 44 (1962) 6–15.

[2] L. E. Toombs / G. E. Wright, Shechem, BASOR 169 (1963) 1–60. E. F. Campbell Jr. / J. F. Ross, Shechem, BA 26 (1963) 2–27. Vgl. Photo des Camps bei G. E. Wright, Shechem fig. 14.

[3] Vgl. das Gruppenphoto bei G. R. Wright, Shechem fig. 15 und das Photo fig. 12.

[4] R. J. Bull / J. A. Callaway / E. F. Campbell, Jr., u. a., Shechem, BASOR 180 (1965) 4–41.

H. D. Lance (Supervisor Feld I, Areas 16–17), R. J. Bull (Supervisor Feld XII), O. M. Unwin, J. M. Fennelly (Ass.) [1]. Es waren 190–200 Arbeiter beschäftigt. Die Finanzen stellten bereit: die Drew University, das McCormick Theological Seminary, die American Schools of Oriental Research, die Bollingen Foundation, die Olin Foundation, das Semitic Museum of Harvard University, das Sweet Briar College und viele Privatpersonen.

Gearbeitet wurde auf Feld I, III, VI, VII, IX und XII.

## 6. Grabung: vom 30. Mai bis 9. Juli 1966 [2]

G. E. Wright war nun Direktor der Expedition. Mit ihm arbeiteten E. F. Campbell, Jr. (Archaeological Director), R. S. Boraas (administrative Director), H. O. Thompson, O. R. Sellers, Ch. F. Kraft (Recording), Mrs. W. Vesper, Mrs. R. J. Bull (Camp manager), O. M. Unwin, D. L. Voelter, D. T. Hughs (architects), L. C. Ellenberger, W. Vesper (photography), N. B. Antar, 'Abdel-rauf Majid, 'Ali N. Sa'idi (Jordan's Department of Antiquities), M. Tawfiq Hazim (foreman), P. H. Williams, Jr. (Supervisor Feld XIII), R. S. Boraas, D. P. Cole, St. Currie, R. G. Boling, B. T. Dahlberg (Ass. and Area Supervisors). Die Ausgrabung finanzierte die Drew University, das McCormick Theological Seminary, die American Schools of Oriental Research, das Semitic Museum of Harvard University, das Austin Theological Seminary, das Garret Theological Seminary, das Upsala College, das Episcopal Theological Seminary in Virginia, die Claremont Graduate School. Die Olin Foundation spendete speziell für die Grabung am Tell er-Râs. Daneben kamen Beiträge von Privatpersonen.

Gearbeitet wurde auf Feld V, VI, XIII, vor allem aber auf Feld XII [3].

## 7. Grabung: vom 4. Juni bis 20. Juli 1968 [4]

G. E. Wright (Expedition Director). Mit ihm arbeiteten E. F. Campbell (Archaeological Director), H. O. Thompson (administrative Director), Mrs. C. Toombs, Mrs. H. Graham (Registrierung der Keramik), Mrs. R. Bull (Manager), Ch. F. Kraft, Mrs. St. Currie (Registrierung der Objekte), G. R. H. Wright (chief architect), D. T. Hughes (Ass.), O. M. Unwin (architect on tell er-râs), L. C. Ellenberger, G. C. Whipple (Photography), J. F. Ross (Supervisor Feld II und XV), W. M. W. Roth (Ass.), L. E. Toombs (Supervisor Feld XIII), R. S. Boraas, St. Currie, B. T. Dahlberg, R. G. Boling (Area Supervisors), J. D. Seger (Ass.). Weitere Teilnehmer: L. Miltner, R. Northup, R. C. Bullard, E. Tango, Aiar (chief labor foreman). Da durch den Sechs-Tage-Krieg auch das Gebiet um Sichem an Israel gefallen war, hatte die Oberaufsicht «the Israel

---

[1] Vgl. das Photo bei S. H. Horn, Shechem, JEOL 18 (1959–1966) Pl. XI, C.

[2] R. J. Bull / E. F. Campbell, Jr., Shechem, BASOR 190 (1968) 2–41. Vgl. auch G. E. Wright, Shechem. J. F. Ross / L. E. Toombs, Shechem, Archaeological Discoveries in the Holy Land 119–128. Kurzberichte: G. E. Wright / L. E. Toombs, RB 64 (1957) 230–233. 65 (1958) 253–260. 69 (1962) 257–267. 70 (1963) 425–433. 92 (1965) 415–422. M. F., AfO 18 (1957–1958) 120 f. 473 f. 20 (1963) 264 f. H. Hirsch, AfO 21 (1966) 204–206. G. Wilhelm, AfO 23 (1969–1970) 183–185.

[3] R. J. Bull / E. F. Campbell, Jr., Shechem, BASOR 190 (1968) 4–42.

[4] E. F. Campbell, Jr. / J. F. Ross / L. E. Toombs, Shechem, BASOR 204 (1971) 2–17.

Department of Antiquities», das A. Biran vertrat. Ca. 135 Arbeiter. Die finanziellen Mittel stellten bereit die Drew University, das McCormick Seminary, das Garrett Seminary, das Upsala College, das Harvard Semitic Museum, das Austin Presbyterian Seminary, das Claremont Graduate Center, die Foundation for Biblical Research, die Preservation of Primitive Christianity, die Smithsonian Institution (US-government) und zwei Privatleute. Die Arbeit konzentrierte sich auf Feld II, XV, vor allem aber auf XIII.

## 8. Grabung: vom 9. bis 20. Juni 1969 [1]

Die Expedition wurde in Zusammenarbeit mit dem «Albright Institute of Archaeological Research in Jerusalem» durchgeführt. Direktor der Operation war J. D. Seger. Der wissenschaftliche Stab bestand aus: F. Benz, D. Moe, J. Landgraf, K. E. Rabkin (nun Mrs. J. D. Seger) (Area Supervisors), A. Klein (photographer and draftsman), Mrs. J. MacLennan (registrar). Das Department of Antiquities vertrat I. el-Fanni. Mr. and Mrs. Th. Rosen zeichneten die graphischen Skizzen. Die Zahl der Arbeiter ist nicht genannt. Finanzielle und andere Mittel stellten zur Verfügung: die Hartford Seminary Foundation, das McCormick Seminary, das Hebrew Union College.

Gearbeitet wurde nur auf Feld XIII.

## 9. Kleinere Unternehmungen

Vom April bis Mai 1972, im Okt. 1972 [2] und im Sept. 1973 [3] führte W. G. Dever kleinere Grabungen auf Feld IV durch. Finanziert wurden die Unternehmungen vom Albright Institute in Jerusalem und von der Smithsonian Institution von Washington.

1973 waren es 60 Jahre her, daß in Sichem archäologisch gearbeitet worden war. G. R. H. Wright [4] hat in einem knappen Artikel die 60 Jahre Arbeit gewürdigt (vgl. den Plan of Survey Abb. 11). Die Ausgräber von Sichem planen nun die Herausgabe des endgültigen Grabungsberichtes in den «Harvard Semitic Series» [5]. Viele Manuskripte sind inzwischen druckreif geworden. Leider verstarb am 29. Aug. 1974 der langjährige Direktor der Ausgrabungen Prof. G. E. Wright [6].

---

[1] J. D. SEGER, Shechem, BASOR 205 (1972) 20–35. E. F. CAMPBELL / G. E. WRIGHT Shechem, Qad 3 (1970) 126–133. G. WILHELM, AfO 24 (1973) 213–215.

[2] G. W. DEVER, Sichem, IEJ 22 (1972) 156 f. 339 f. DERS., RB 80 (1973) 567–570.

[3] G. W. DEVER, Sichem, IEJ 23 (1973) 243–245. DERS., RB 82 (1975) 81–83. Vgl. G. W. DEVER, Shechem, Eretz Schomron 8 f.

[4] Co-ordinating the Survey of Shechem, ZDVP 89 (1973) 188–196.

[5] Vgl. S. H. HORN, Shechem, JEOL 18 (1959–1966) 298.

[6] Vgl. den Nachruf von E. F. CAMPBELL, Jr., G. E. WRIGHT 1909–1974, BA 37 (1974) 83 f.

## 4. Ergebnisse der archäologischen Ausgrabungen

### *4.1. Architektur*

#### *4.1.1. Chalkolithikum (ca. 4. Jt. v. Chr.)* [1]

Der älteste Fund aus Sichem, eine Flint Hand-Axt [2], stammt zwar aus dem Paläolithikum; doch eine kontinuierliche Besiedlung konnte in Sichem erst mit dem Chalkolithikum nachgewiesen werden. Hinweise dafür gibt vor allem die vor-Ghassulian und spät-Ghassulian Keramik (Beerscheba) [3]. Die «Sacred Area», Phase 6, beginnt mit einer chalkolithischen Schicht (vgl. Abb. 12) [4]. Aus Feld IX, Area 4, stammt ein «Rundgebäude» auf gepflastertem Untergrund [5], auf Feld VIII kamen wieder einige chalkolithische Scherben zum Vorschein [6]. Die chalkolithischen Scherben, auch wenn sie in späteren Füllungen vorkommen [7], zeigen, daß Sichem seit dem 4. Jt. v. Chr. besiedelt war. Architektonische Hinweise auf diese frühe Zeit fehlen jedoch.

Auf Feld XIV, Tananir, am unteren Abhang des Garizim, ca. 300 m von Sichem entfernt, konnte ebenfalls eine Schicht aus dem Chalkolithikum nachgewiesen werden. Tananir war wahrscheinlich schon zu dieser Zeit ein Kultplatz [8].

Aus der Megalithzeit [9] gibt es einige Monumente in der Umgebung Sichems. Am Hang über dem ras el Ain wurde ein primitiver Steinbau festgestellt (vgl. Abb. 13), der aller Wahrscheinlichkeit nach ein megalithisches Grabdenkmal ist [10]. Auch das Steinheiligtum (vgl. Abb. 14) auf dem Ebal dürfte von megalithischer Zeit her stammen [11].

---

[1] Vgl. dazu E. Anati, Palestine before the Hebrews 289–296. Ch. G. Starr, Early Man. S. H. Horn, Shechem, JEOL 18 (1959–1966) 298.

[2] G. E. Wright, Shechem, ILN Aug. 10 (1963) fig. 23.

[3] Eine Zeitlang nahmen die Ausgräber an, es handele sich um Jericho-Keramik (vgl. G. E. Wright, Shechem 109 f.). Diese Theorie wurde aber von G. E. Wright zugunsten der Ghassulian-Theorie aufgegeben (vgl. J. A. Callaway, Shechem, BASOR 180 (1965) 9.16 f. G. E. Wright, Archaeological Fills and Strata, BA 25 (1962) 38).

[4] Vgl. R. J. Bull, Shechem, BASOR 161 (1961) 29. R. J. Bull / J. F. Ross, Shechem, BASOR 169 (1963) 6. J. F. Ross, Shechem, BASOR 161 (1961) 21. G. E. Wright, Shechem 109 f.

[5] Vgl. J. A. Callaway, Shechem, BASOR 180 (1965) 9.16 f. fig. 5.

[6] Vgl. J. P. Lockwood / H. D. Hummel, Shechem, BASOR 1961 (1961) 54.

[7] Vgl. dazu auch R. Amiran, Ancient Pottery 23–25.

[8] Vgl. R. G. Boling, Bronze Age Buildings, BA 32 (1969) 82–103. bes. 102.

[9] Vgl. K. Jaroš, Elohist 148 ff.

[10] Vgl. F. M. Abel, Garizim, RB 31 (1922) 600–202. A. M. Schneider, Bauten,

### *4.1.2. Bronzezeit (ca. 33. Jh. bis 1200 v. Chr.)*

#### 4.1.2.1. Frühe Bronzezeit (ca. 3. Jt. v. Chr.)

In der FB zeigt sich ein ähnliches Bild wie im Chalkolithikum. Es kamen einige Scherben in späteren Füllungen zutage, besonders in Feld VIII [1]. Es existierte noch keine befestigte Stadt, sondern höchstens ein offenes Lager [2].

#### 4.1.2.2. Mittlere Bronzezeit (ca. 1950–1550 v. Chr.)

#### 4.1.2.2.1. MB I (ca. 1950–1850 v. Chr.)

Auch für die MB I läßt sich noch keine Architektur nachweisen. Es wurde nur Keramik in späteren Füllungen gefunden [3].

Am Südabhang des Ebal gegen Sichem ist eine Nekropole. Die ältesten Gräber stammten aus der MB I. Die Gräber wurden auch in späteren Perioden weiter benützt [4].

---

ZDPV 68 (1946–1951) 217 hält das Monument für einen primitiven byzantinischen Wachturm. Das ist jedoch auszuschließen, da die Byzantiner nicht primitiv bauten und F. M. Abel auch in der Nähe von Dijfneh am Fuße des Garizim ein ganz ähnliches megalithisches Mal gefunden hat (a. a. O., 598–600). Ob die 12 Steine am Hauptgipfel des Garizim (vgl. G. W. Wilson, Ebal and Gerizim, PEFQSt 1873 66–71. M. T. Petrozzi, Samaria fig. 58) westlich der Mauer des justinianischen Kastells auf megalithische Zeit zurückgehen, ist ungewiß. Die Steine ruhen auf einer soliden Plattform. Nach meiner eigenen Untersuchung des Geländes im Sommer 1975, neige ich eher dazu, den Steinen ein so hohes Alter abzusprechen. Zur Methodik vorgeschichtlicher Archäologie vgl. J. Roche, Méthodes d'études en Archéologie préhistorique, Didask 3 (1973) 323–336.

[11] R. Tonneau, Le Sacrifice de Josué sur le Mont Ebal, RB 35 (1926) 98–109 hielt das «Monument» für den Altar Josuas. Keine Tradition ist jedoch mit diesem Steinheiligtum verbunden und so wird man diese Identifikation nicht machen dürfen. A. M. Schneider, a. a. O. hielt dieses «Steinheiligtum» eher für eine natürliche Gesteinsformation. Aber das würde keinesfalls eine sakrale Bedeutung ausschließen (vgl. auch F. Heiler, Erscheinungsformen 37 f.). Die Megalithkultur beginnt gerade nicht mit dem Aufstellen von hl. Steinen, sondern mit der «Verehrung» besonderer, hervorstechender Steine (vgl. K. Jaroš, Elohist 148 f.) und das ist in unserem Fall gegeben. Wir können daher mit guten Gründen in diesen Steinen ein megalithisches Heiligtum erkennen, ganz gleich, ob es sich um eine natürliche Formation handelt oder ob menschliche Hände mitgeholfen haben.

[1] Vgl. J. P. Lockwood / H. D. Hummel, Shechem, BASOR 161 (1961) 54.

[2] Vgl. S. H. Horn, Shechem, JEOL 18 (1959–1966) 298.

[3] A. a. O., 299.

[4] Vgl. R. J. Bull, Shechem, BASOR 180 (1965) 32–34.

### 4.1.2.2.2. MB II (ca. 1850–1550 v. Chr.)

#### 4.1.2.2.2.1. MB II A (ca. 1850–1750 v. Chr.)

Die ersten Bauten Sichems stammen aus der MB II A. Aufschluß über diese Zeit geben Feld VI und IX. Um ca. 1800 v. Chr. wurde das Gebiet von Feld VI eingeebnet (Temenos 1, 968, Phase 5) und mit einer schweren Füllung aus Erde und Feldsteinen belegt [1]. Die Mauern 959, 960, 988 und 977(?) wurden gebaut. Die Mauern faßten ein Gebäude ein. Die Phase wurde nach der mysteriösen Mauer / Plattform 968 [2] benannt [3]. Unterhalb der Straße 9, getrennt durch eine Brandschicht, wurden Reste eines Fußbodens mit einem Silo gefunden. Ein Entwässerungskanal der Sacred Area stammt aus derselben Zeit [4].

Auf Feld IX wurden für die MB II A zwei Phasen der Architektur festgestellt. In Area 4 lagen Lehmziegel grünlicher Farbe auf einem Steinfundament (1. Phase). Die nächste Phase (Phase 2) ist durch massives Mauerwerk gekennzeichnet [5]. Es existierte jedoch noch keine Befestigungsanlage und keine Stadtmauer.

#### 4.1.2.2.2.2. MB II B (ca. 1750–1650 v. Chr.)

Noch vor dem Jahre 1700 v. Chr. bekam Sichem seine erste Befestigungsanlage: Mauer D (vgl. Abb. **15**, **16**, **17**). Es ist eine aufrecht stehende Mauer aus Ziegelsteinen, die auf einem Steinfundament, 2,50 m bis 2,85 m dick, ruht. Die Mauer wurde wahrscheinlich zwischen 1750 und 1725 (Prae-Hyksos) [6] errichtet. Abb. 18 zeigt einen Schnitt durch Mauer D südlich des Tempels [7]. Die Mauer wurde gegen Ende des 18. Jh. durch einen Erddamm von 30 m Breite abgestützt. Der Erddamm wiederum wird am Westende von einer Steinmauer: Mauer C (vgl. Abb. 19) gehalten. Diese Steinmauer ist arg zerschlagen. Ihre Höhe war ca. 5 m. R. J. Bull, BASOR 180 (1965) fig. 16 zeigt rechts die Schwelle und die Treppen des Osttores. Darunter

---

[1] Vgl. R. J. Bull / J. F. Ross, Shechem, BASOR 169 (1963) 10 fig. 11.

[2] P. H. Vaughan, Bama 48 weist Plattform 968 dem Typ II zu.

[3] G. E. Wright, Shechem fig. 61. R. J. Bull / J. F. Ross, a. a. O., 7.

[4] G. E. Wright, Shechem, ILN Aug. 10 (1963) fig. 16.

[5] Vgl. J. A. Callaway, Shechem, BASOR 169 (1963) 44–47. ders., Shechem, BASOR 180 (1965) 7–19.

[6] Vgl. G. E. Wright, Shechem 66.

[7] Vgl. G. E. Wright, Shechem, ILN 10. Aug. (1963) fig. 7. S. H. Horn, Shechem, JEOL 18 (1959–1966) 299.

ist Mauer C zu erkennen. Diese Erweiterung der Anlage D wurde zwischen 1725 und 1700 (frühe Hyksos-Zeit) errichtet [1].

Aus dieser Zeit stammt weiters die älteste Phase der Mauer 900, die 20 m östlich von Mauer D verläuft. Mauer 900 wurde von E. Sellin «Temenos-Mauer» genannt. Es handelt sich um eine Mauer aus gut gelegten Steinen. Die Mauer trennt die Akropolis mit den öffentlichen Gebäuden vom Rest der Stadt [2].

Auf Feld VI lassen sich für die MB II B exakt 4 Bauperioden feststellen [3]:

Temenos 2, 939, Phase 4 (ca. 1750–1725): G. E. Wright, Shechem fig. 59 zeigt Mauer 900 und darunter die rote Steinfüllung, mit der im 19. Jh. Feld VI eingeebnet wurde. Zwischen Mauer 900 und Mauer D wurde nun der erste Hoftempel errichtet (vgl. den Plan Abb. 20). Es lassen sich zwei Hauptgruppen von Räumen unterscheiden. Die Räume südlich der Mauer sind um einen weiteren Hof angeordnet. Nach der parallel zu Mauer 900 laufenden Mauer 939 wird diese erste Periode der Hoftempel bezeichnet. Parallel zu Mauer 900 führen die Straßen 9–7 [4]. G. E. Wright, Shechem fig. 62, zeigt die Pflastersteinstraße zwischen Mauer 900 und den Mauern 901, 902 und 939 (nacheinander). Im Zentrum ist Straße 6 mit einem Abflußgraben [5] sichtbar. Unter Straße 9 wurde ein kleiner Silo gefunden [6].

Temenos 3, 902, Phase 3 (ca. 1725–1700): Es wurde der Kasematten Hoftempel und Straße 6 errichtet (vgl. Abb. 21, 22, 23, 24). Abb. 25 zeigt in Rekonstruktion die gewaltige Anlage dieses Komplexes. Es ist ein Hauptbau mit sechs Räumen und ein Anbau mit weiteren Räumen. Der Plan dieser Phase zeigt die endgültige Trennung in einen nördlichen und südlichen Teil. Der südliche Teil umfaßt eine Serie kleinerer, rechteckiger Räume am östlichen – vermutlich auch am südlichen – Rand entlang und große Räume an der Nordseite. Mittelpunkt ist ein großer Hof [7]. Dieser Hoftempel und die Mauer 900 wurden gegen Ende 1700 v. Chr. gewaltsam zerstört.

---

[1] Vgl. G. E. Wright, Shechem 66.

[2] S. H. Horn, a. a. O., 299.

[3] Vgl. zu Feld IV und VI: E. Sellin, Sichem, ZDPV 49 (1926) 304–316. ders., Sichem, ZDPV 50 (1927) 203–208.266–268. G. Welter, Deutsche Ausgrabungen in Palästina, FF 4 (1928) 317 f. ders., Stand der Ausgrabungen in Sichem, AA 1932 312. G. E. Wright, Shechem, BASOR 148 (1957) 20.23. J. F. Ross, Shechem, BASOR 161 (1961) 16–28. R. J. Bull, Shechem, BASOR 161 (1961) 28–39. R. J. Bull / J. F. Ross, Shechem, BASOR 169 (1963) 5–26. J. F. Ross, Shechem, BASOR 180 (1965) 26–28. G. E. Wright, Shechem 80–122.139 ff.

[4] Vgl. J. F. Ross, Shechem, BASOR 180 (1965) fig. 10.

[5] Vgl. E. F. Campbell, Jr., Shechem, BA 23 (1960) fig. 3.

[6] Vgl. G. E. Wright, Shechem fig. 60.

[7] Vgl. auch G. E. Wright, Shechem fig. 68.

Temenos 4, 901, Phase 2 (ca. 1700–1675): Mauer 900 wurde wieder errichtet und parallel dazu die Straßen 5–4 angelegt. Die Straßen hatten eine Breite von 2,70 m bis 3,10 m. Gleichfalls wurde der Hoftempel wiedererrichtet (vgl. Abb. 26 und 27). Der Hof wurde im Osten und Süden erweitert, indem einige rechteckige Räume beseitigt wurden. Im Norden wurde die Trennungsmauer entfernt und sechs Säulen errichtet. Die 7. Säule stand in der Mitte frei. Der Hof war nicht ganz überdeckt. In den Säulenhof gelangte man vermutlich durch einen weiteren östlich davon gelegenen Hof, der einen Eingang von der Ost-West-Straße her hatte.

Schon die Deutschen Ausgrabungen hatten im nordöstlichen Teil von Feld VI ein Areal freigelegt (vgl. Abb. 28 und 29) [1]. E. Sellin sprach von «shrines» niederer Gottheiten [2]. Die Ausgrabungen der ASOR-Drew-McCormick Expedition bezeichnete die Mauern dieses Areals wie folgt: 924, 951, 971, 973 / 952, 953, 954, 955, 956, 957, 920 (vgl. Abb. 30 und 31). Die Mauern ergeben eine viereckige Tempel-Cella, die von Kammern und Wegen umgeben war, um die Cella vom profanen Raum zu trennen [3]. Der Komplex entwickelte sich vermutlich aus dem Hof der vorigen Phase (Temenos 3) (vgl. Abb. 21). Darauf weist hin, daß die inneren Wände (952–956) unseres Komplexes ohne Fundamente sind (vgl. auch Abb. 21). So haben wir es mit dem nordöstlichen Komplex der Temenosphase 4 mit einer behelfsmäßigen Version eines Zentral-Quadrattempels zu tun [4], der sich aus einem Hof entwickelt hat.

Die beste Analogie zu diesem Komplex ist der Amman-Airport Tempel (vgl. Abb. 32) [5]. Der Amman-Tempel ist aus der SB II (ca. 1400 v. Chr.), also etwa zwei bis drei Jahrhunderte später als der Sichemkomplex. Doch der Grundriß ist fast derselbe (ca. 10 qm), ebenso ist der Eingang gleich. Somit dürfte es sich bei dem nordöstlichen Sichemkomplex der Temenosphase 4 um einen Tempel desselben Typs handeln [6].

---

[1] Vgl. E. Sellin, Sichem, ZDPV 49 (1926) 314.

[2] A. a. O., 314. Vgl. G. R. H. Wright, Temples at Shechem – A Detail, ZAW 87 (1975) 57.

[3] Der Bau weist auch Ähnlichkeiten mit persischen Tempeln auf; vgl. G. R. H. Wright, a. a. O., 75 Anm. 10. Der Bautyp läßt sich bei den Westsemiten bis ins 2. Jt. v. Chr. zurückverfolgen; vgl. a. a. O., 61 und Anm. 11.

[4] Vgl. G. R. H. Wright, a. a. O., 61.

[5] Vgl. auch B. Hennessy, Excavations of a Late Bronze Age Temple at Amman, PEQ 98 (1966) 155–162. E. F. Campbell / G. E. Wright, Temples in Amman and Shechem, BA 32 (1969). V. Fritz, Erwägungen zu dem spätbronzezeitlichen Quadratbau bei Amman, ZDPV 87 (1971) 140–152.

[6] Vgl. G. R. H. Wright, Temples at Shechem – A Detail, ZAW 87 (1975) 62 ff. R. Boling, Bronze Age Buildings at the Shechem High Place, BA 32 (1969) 82–103.

Mauer D war in dieser Phase nicht mehr sichtbar, da neue Mauern errichtet wurden: 901 und 912–927 (vgl. Abb. 26) [1].

Temenos 5, 909–910, Phase 1 (ca. 1675–1650 v. Chr.): Der aus der vorherigen Periode stammende Hoftempel wurde über den Rand der Erdaufschüttung C hinaus etwa auf 24 m erweitert (im Gesamten, vorher 14–16,5m), und die Straßen 3–1 errichtet (vgl. Abb. 33). Einige Silos wurden gefunden. Abb. 12 zeigt einen Schnitt von Mauer 900 (links) durch die Straße (Area 3) und Raum 16 und gibt senkrecht den Blick auf alle Phasen (6–1) frei.

Bei den soeben angeführten Anlagen handelt es sich eindeutig um Tempel [2]. Ganz allgemein dürfte der Typ des Hoftempels auf die kanaanäische Höhe zurückzuführen sein [3]. Für Palästina haben wir im Mekal-Tempel von Bet-Schean (Stratum IX) eine Analogie (vgl. Abb. 34) und für Syrien im Hoftempel von Qatna (vgl. Abb. 35). Für den mesopotamischen Raum ist der Hofhaustempeltyp schon seit dem 3. Jt. v. Chr. belegt [4]. Am ausgeprägtesten ist jedoch der Hoftempel bei den Hethitern. Abb. 36 und 37 zeigen den Hoftempel der Hethiterhauptstadt Bögazkoy [5]. Ob die Hoftempel von Sichem auf einen direkten hethitischen Einfluß zurückgehen, wird man sehr schwer entscheiden können; einen allgemeinen Einfluß wird man jedoch kaum bestreiten können. Am naheliegendsten ist jedoch, daß sich die palästinischen Hoftempel von den gemeinsemitischen Bergheiligtümern / Höhen [6] herleiten lassen [7].

In Feld XIII, Area 6, wurde ebenfalls eine späte Phase der MB II B entdeckt (Phase 3, ca. 1675–1640 v. Chr.). Es wurde eine Reihe von Ziegelmauern gefunden, die zum Teil noch in einer Höhe von 2 m erhalten waren. Die Hauptmauer ging parallel zu Mauer 943. Der Boden der Häuser bestand aus gestampfter Erde [8]. In einem der Räume fand man einen Ofen, der fünf einander folgende Fußbodenaufschüttungen überdauerte, dabei aber 75 cm an Höhe verlor. Die Schicht wurde durch Brand zerstört.

In Feld IX fand man ebenfalls Hinweise auf diese Zeit. J. A. Callaway, BASOR 180 (1965) fig. 4, zeigt eine Ziegelplattform innerhalb eines Hauses.

---

[1] G. E. Wright, Shechem fig. 71 zeigt die Basis des Kultsteines, der nicht mehr erhalten ist.

[2] Vgl. G. E. Wright, Shechem, BASOR 169 (1963) 5–26. ders., Shechem 103 ff. G. R. H. Wright, Temples, ZAW 80 (1968) 6 f.

[3] G. R. H. Wright, Temples, ZAW 80 (1968) 6 ff.

[4] Vgl. G. R. H. Wright, Shechem, VT 21 (1971) 595 ff. fig. 6.7.

[5] Vgl. G. E. Wright, Shechem, ILN 10. Aug. (1963) 204.

[6] Vgl. dazu auch P. H. Vaughan, Bama 48.

[7] Vgl. G. R. H. Wright, Shechem, VT 21 (1971) 588 f.

[8] Vgl. J. Seger, Shechem, BASOR 205 (1972) 33–35.

«No exact correlation has been attempted, but it is probable that all of the earlier phases are represented in Field IX» [1].

4.1.2.2.2.3. MB II C (ca. 1650–1550 v. Chr.)

In der MB II C ist in Sichem eine überaus große Bautätigkeit nachzuweisen.

Mauer A wurde ursprünglich freistehend errichtet [2] und hatte eine Dicke von ungefähr 4 m [3]. Die Mauer besteht aus kyklopischen Steinen, oft bis 1,50 m lang [4]. Abb. 38 zeigt einen Abflußkanal durch die kyklopischen Blöcke der Mauer A hindurch [5]. Mauer A war ca. 10 m hoch [6]. Teils ist diese Höhe noch heute erhalten. Zwischen Mauer A (auf Feld IV) und der Temenosmauer 900 besteht eine Distanz von 67 m [7]. Die Stadtmauer A stammt aus der Zeit um 1650. Etwa 25–50 Jahre später wurde zur Verstärkung von Mauer A Mauer B errichtet [8], die ebenfalls eine Höhe von ca. 10 m hatte [9]. Beide Mauern dürften die Stadt eingeschlossen haben. Doch südlich des NW-Tores war Mauer A so hoch, daß Mauer B in diesem Abschnitt nicht gebraucht wurde [10]. Der Raum zwischen Mauer A und B wurde teils mit Erde gefüllt, die Oberfläche gepflastert, so daß eine Verteidigungslinie mit einer Breite von ca. 16 m entstand [11]. G. E. Wright, Shechem fig. 6 zeigt die westliche Verteidigungsmauer A und die große Erdaufschüttung [12].

In Feld I besteht Mauer A aus zwei durch Querwände verbundenen Steinmauern, deren äußere (östliche), gefügt aus kyklopischen Steinen, noch ca. 6,30 m hoch erhalten ist.

Der östlich von ihr verlaufende Erdwall ist hellenistisch! In den durch Querwände gebildeten Räumen (Wohnungen) kamen zwei durch eine Schuttschicht getrennte Fußböden zutage. Da Mauer A quer über das spätere Osttor hinweggeht, ist anzunehmen, daß nur das NW-Tor zu Mauer A

---

[1] J. A. Callaway, Shechem, BASOR 180 (1965) 15.

[2] Vgl. G. E. Wright, Shechem fig. 22 und 74.

[3] A. a. O., 58.

[4] Vgl. L. E. Toombs, Shechem, BA 20 (1957) fig. 7.

[5] Vgl. auch G. E. Wright, Shechem fig. 18. G. Welter, AA 1932 Abb. 8.9.7. F. M. Th. de Liagre Böhl, De Geschiedenis Pl. II. E. Sellin / H. Steckeweh, Sichem, ZDPV 64 (1941) Taf. 4.

[6] Vgl. G. E. Wright, Shechem 250 Anm. 2.

[7] A. a. O., 62.

[8] Vgl. E. Sellin, Sichem, ZDPV 50 (1927) Taf. 25 und 26.

[9] Vgl. S. H. Horn, Shechem, JEOL 18 (1959–1966) 300.

[10] Vgl. G. E. Wright, Shechem 71.

[11] Vgl. S. H. Horn, a. a. O., 300.

[12] Vgl. J. D. Seger, The MB II Fortifications at Shechem and Gezer, EI 12 (1975) 34*–45*.

gehört. Grabungen auf Feld III konnten die kyklopische Mauer A auch in diesem Abschnitt einwandfrei feststellen. Mauer A wird in diesem Abschnitt Mauer 655 bezeichnet. Aus derselben Zeit stammt auf Feld III auch Mauer 657 [1]. Diese Mauer ist neben Mauer A in Feld III der einzige Rest der Phase 2b. In der nächsten Phase 2a wurde Mauer 642 parallel zu Mauer A errichtet, und zwar mit Kasematten zu Mauer 658. Zwischen der Kasemattenmauer und Mauer 657 ist ein kleines Privathaus (640) mit zwei Backöfen [2]. Abb. 39 zeigt vom Westen her einen Schnitt durch Feld III (innerhalb von Mauer B), wobei Nr. 16 und 17 die ḥuwwar- und grüne Tonschichte zeigt, die oberste Lage der C-Erdaufschüttung der MB II B. Phase 1 unterteilt sich in 4 Subphasen. Aus der Subphase 1d stammt Mauer B und Mauer 649 und die Oberfläche 752, die innerhalb von Mauer B einen kleinen Raum bezeichnet, der vermutlich militärischen Zwecken diente. Die Subphase 1c dauert relativ lange. Die früheren Befestigungsanlagen und Häuser sind in Verwendung, die Fußböden dieser Phase sind mit Steinen gepflastert. Abb. 40 zeigt einen Plan der Subphase 1b. Jetzt wurde die Mauer 646 gebaut und ein kleiner Turm angeschlossen (644–645). Zu Mauer B hin wurde eine Glacis angelegt. Innerhalb von Mauer B wurden weitere Mauern und Pflastersteinfußböden angelegt. Weiters läßt sich eine Verbindung zu 1c feststellen: so wurde Gebäude 627 wiederbesiedelt, Mauer B war in Verwendung. Mauer A ist tief unter Mauer 646. Aus Subphase 1a stammt die Kasemattenmauer 631. In der Mauer war ein großes Tor. Die Mauer geht parallel zu Mauer B. G. E. Wright, Shechem fig. 32 zeigt die Kasemattenmauer 631. Sie ist überdeckt durch die SB-Mauer 632. Die Tür ist mit Holzkohle und Ziegeln gefüllt [3].

In Feld VIII konnten die gewaltigen Befestigungsanlagen der MB II C ebenfalls klar nachgewiesen werden. Sie wurden am Ende der Periode durch Feuer zerstört [4].

Die Grabungen auf Feld XV sollten den Nachweis erbringen, daß Mauer A und B auch in diesem Teil verliefen [5]. Doch es kam weder Mauer A noch Mauer B zum Vorschein, so daß die Ausgräber wohl mit Recht annehmen, daß die Mauern zwischen den beiden Gräben liefen. Auch Sellin fand bei seinen Grabungen auf D 2 keine Befestigungsanlagen, wie er zuerst vermutet

---

[1] Vgl. J. F. Ross, Shechem, BASOR 180 (1965) 30.

[2] A. a. O., 30.

[3] Vgl. G. E. Wright, Shechem, BASOR 148 (1957) 12. J. F. Ross, Shechem, BASOR 180 (1965) 30 f.

[4] Vgl. J. P. Lockwood / H. D. Hummel, Shechem, BASOR 161 (1961) 54.

[5] Vgl. J. F. Ross, Shechem, BASOR 204 (1971) 5–7.

hatte [1]. Die Annahme, Mauer A und B hätten die ganze Stadt eingeschlossen, ist zwar eine legitime Folgerung der gesamten Grabungsergebnisse, entbehrt aber streng genommen des archäologischen Beweises. In einem guten Halbkreis ließen sich jedoch die Befestigungsanlagen archäologisch sicher nachweisen.

Dieses gewaltige Verteidigungssystem wurde gegen Ende der MB II C zerstört. Einige Jahre nach dieser Zerstörung (etwa 10 Jahre später) läßt sich eine nochmalige gründliche Zerstörung nachweisen. Von 1540 bis 1450 v. Chr. läßt sich keine weitere Bauphase mehr feststellen.

Aus derselben Zeit wie Mauer A stammt das NW-Tor, das architektonisch zu Mauer A gehört und auch zur Zeit von Mauer B in Verwendung blieb [2]. Es ist ein vierkammriges Tor (vgl. Abb. 41, 42, 43), das von zwei Türmen flankiert wird [3]. Seine Weite beträgt 16 m, seine Länge 18 m. Es wurde 6 m über den Fundamenten von Mauer A errichtet [4]. Als Fundament für das Tor dienten 6 m tief eingelassene Blöcke [5]. Diese sollten wohl ein Untergraben des Tores bei Belagerungen verhindern. Die Türöffnung beträgt ca. 2,60 m, mit den Blöcken gemessen 6,75 bis 7 m. Abb. 44 zeigt eine Rekonstruktion des NW-Tores mit den Mauern. Das NW-Tor weist 2 Phasen auf. Es war in der ersten Phase asymmetrisch und hatte ein Treppengehäuse an seiner Nordseite. In der 2. Phase wurde an seiner Südseite eine Kammer als Gegenstück zu dem Treppengehäuse eingebaut. Die beiden Phasen unterscheiden sich auch in der Anlage der Orthostaten, wobei Phase 2 mit dem Osttor korrespondiert. Neben dem Südturm (links) schließt sich ein Wacheraum (6,55 m $\times$ 1,80 m) an, dessen Boden höher ist als der Boden des Turmes [6]. Er war gefüllt mit Ziegeln, Keramikscherben und 3 Skeletten. Rechts und links an das NW-Tor schließt sich eine Reihe von Räumen an (vgl. Abb. 45, 46, 47, 48). Komplex 7200 rechts des NW-Tores (vgl. Abb. 49) umfaßt 12 Räume. Die Mauern haben noch eine Höhe von ca. 1,6 m. Die Böden sind teils gepflastert. In einem Raum wurde auch ein Ofen gefunden. Dieser Komplex war sicherlich kein Palast, sondern die

---

[1] E. Sellin, Sichem 49 (1926) 317–319. 50 (1927) 208–210.

[2] F. M. Th. de Liagre Böhl, De Opgraving 22. G. E. Wright, Shechem, BASOR 169 (1963) 49.

[3] Vgl. G. E. Wright, Shechem fig. 9.

[4] Vgl. S. H. Horn, Shechem, JEOL 18 (1959–1966) 300.

[5] Vgl. G. E. Wright, Shechem 60. «the heavy doors must have moved backward and forward between the stone orthostats on rollers or on wheels of wood.» (a. a. O., 61).

[6] Vgl. a. a. O., 59 f.

Unterkunft der Wachmannschaft [1]. Die Geschichte des Komplexes ist verwickelt. Der große Doppelhof (ca. 8 qm) ist von drei kleineren Räumen links und von vier rechts flankiert. Der ganze Komplex war von 1650 bis 1550 in Verwendung. G. W. Dever, IEJ 22 (1972) Pl 53 B zeigt im Vordergrund Mauer B, im Hintergrund die südliche Mauer von 7200 mit Schwelle und Eingangstreppe. Links ist die Kasemattenmauer E, die gegen Ende der MB II C den Komplex 7200 verdrängt hat [2]. Der links des NW-Tores gelegene Komplex 7300 [3] war in seiner Geschichte nicht minder kompliziert denn 7200. Im Komplex 7300 ließen sich für die MB II C fünf Phasen feststellen [4]. Für Phase 5 und 4 ließ sich keinerlei Architektur feststellen. Phase 3 bestand aus einer horizontalen Füllung, die das Glacis erhöhte. Die Füllung war an der Oberfläche gepflastert (25 cm dick). Außer einem freistehenden Podium (2,35 m × 1,15 m und 0,5 m hoch) gab es keine Architektur. Das Podium deutet daraufhin, daß der Raum in Phase 3 als Heiligtum benützt wurde. Es müßte ein offenes Heiligtum mit Altar (Podium) gewesen sein. In Phase 2 ist 7300 der Typ eines dreiteiligen Langhauses [5]. Die Ausmaße betrugen 19,5 m × 12 m, der innere Vorraum mißt 9 m × 2,75 m, der Zentralraum 9 m × 10 m. Im Zentralraum entdeckte man 2 Säulenbasen. Im Zentrum der Rückmauer war das Podium oder der Altar? (von Phase 3 wieder in Verwendung). Durch die neue Pflasterung war das Podium nur mehr 20 cm hoch und 60 cm weit. Bei Phase 2 handelt es sich sehr wahrscheinlich um einen Tempel, eine Art Privatkapelle, ähnlich des Tempels vom Stratum VII von Alalakh und Amuq. G. W. Dever, RB 82 (1975) Pl. III zeigt den Tempel mit Säulenbasen und Podium / Altar. In Phase 1 wurde über den südöstlichen Teil des Komplexes 7300 eine Kasemattenmauer (Mauer E) gezogen. Es ist jetzt nicht mehr ganz klar, ob der Raum in Phase 1 auch als Heiligtum noch benützt wurde [6].

---

[1] Vgl. W. G. Dever, Shechem, IEJ 22 (1972) 156 f. und W. G. Dever, Sichem, RB 80 (1973) 567–570. Zur Klärung dieser ganzen Frage um den Komplex 7200 mußte ein Teil der Mauer A wieder freigelegt werden (vgl. W. G. Dever, Sichem, IEJ 22 (1972) Pl. 25).

[2] Vgl. G. W. Dever, Sichem, IEJ 22 (1972) 239 f. Pl 53 B. ders., Sichem, RB 80 (1973) 567–570.

[3] Vgl. G. W. Dever, Sichem, IEJ 23 (1973) Pl. 66 B.

[4] Zur Klärung dieser Frage mußte ein 14 m langer und 1,5 m breiter Versuchsgraben durch den Komplex 7300 angelegt werden.

[5] Vgl. G. W. Dever, Sichem, IEJ 23 (1971) 244 fig. 1.

[6] Vgl. G. W. Dever, Sichem, IEJ 23 (1973) 243–245. ders., Sichem, RB 82 (1975) 81–83. IEJ 23 (1973) Pl. 67 A zeigt in NO-Sicht Raum 7300, links Mauer A, rechts Kasemattenmauer E.

Zur Zeit als Mauer B gebaut wurde, wurde auch das Osttor [1] gebaut (ca. 1600 v. Chr.). Abb. 50 zeigt den Grundriß der 1. Phase des Osttores, Abb. 51 den isometrischen Plan dieser Phase (vgl. auch Abb. 52, 53, 54, 55, 56) [2]. Abb. 57 ist eine Rekonstruktion der 1. Phase des Osttores. Bereits kurz nach seiner Errichtung wurde das Osttor zerstört. Der Wiederaufbau setzt noch in der MB II C ein. Abb. 58 zeigt den Grundriß der 2. Phase des Osttores. Raum 110 (vgl. Abb. 59) wurde mit Glacis bedeckt und in das Tor wurden Orthostaten installiert. Der Querschnitt (Abb. 55) zeigt über der Original-MB Phase die Orthostatenphase (Phase 2) [3]. Abb. 60 zeigt die Anordnung der Orthostaten und eine Tabelle über ihre Größe. Um ca. 1550 v. Chr. wurde das Osttor zerstört, ca. 10 Jahre später nochmals [4]. Von den beiden Türmen des Osttores gehen je zwei Vorsprünge aus und bilden zwei ca. 3,40 m breite Eingänge und einen 6,55 m tiefen Innenhof. Jeder der vier Vorsprünge besteht aus zwei etwa 2,30 m langen, 1,35 m hohen und 0,65 m breiten Basaltorthostaten, die in einem Abstand von ca. 40 bis 60 cm parallel laufen. Durch die Renovierung der Toreingänge stieg ihr Niveau um ca. 3 m, was an der Innenseite eine Treppe zur Stadt hin, und an der Außenseite die Aufführung einer Ziegelrampe notwendig machte. Der Zugang von der Außenseite erfolgte entlang der Ostseite des Südturms. Die zugeschütteten Kasematten der Mauer A dienten als Fundament für diese breite Zufahrt. Ebenso dienten die Kasematten als Fundamente für die Türme des Osttores. Der Zugang zur Stadt erfolgte über 5 Stufen. Darauf lagen bedeckt von einer Aschenschicht sechs menschliche Skelette. Die Treppe zeigt wenig Benützungsspuren. Das Tor ist verbunden mit Mauer B, die hier eine Breite von 3,25 m bis 3,75 m aufweist. Die Mauer besaß hier einen 5 m bis 10 m hohen durch gewaltige Holzbalken verstärkten Oberbau.

Ca. 100 Jahre ist für die Tore keine weitere Bauphase mehr festzustellen.

Für die MB II C konnten auf Feld XIII zwei verschiedene Phasen nachgewiesen werden: Phase 2 (= Temenos 6) (ca. 1640–1600 v. Chr.) und Phase 1 (= Temenos 7) (ca. 1600–1550). Phase 1 unterteilt sich in drei Subphasen:

---

[1] Vgl. E. Sellin, Sichem, ZDPV 49 (1926) 316 f. G. Welter, Der Stand der Ausgrabungen in Sichem, AA 1932 293 ff. G. E. Wright, Shechem, BASOR 144 (1956) 11 f. ders., Shechem, BASOR 148 (1957) 12 ff. H. D. Lance, Shechem, BASOR 180 (1965) 37.

[2] Vgl. auch G. E. Wright, Shechem fig. 25.

[3] Vgl. a. a. O., fig. 30.

[4] Vgl. S. H. Horn, Shechem, JEOL 18 (1959–1966) 301. Vgl. auch den Zerstörungsschutt, der auf folgenden Photos gesehen werden kann: W. Harrelson / B. W. Anderson / G. E. Wright, Shechem, BA 20 (1957) fig. 9 und G. E. Wright, Shechem fig. 103.

1 C und 1 B (ca. 1600–1575) und 1 A (ca. 1575–1550). Im Süden von Area 2 konnte festgestellt werden, daß einige Mauern von Phase 1 schon in Phase 2 gebaut wurden. Für Phase 2 ist eine Terrassenmauer an und gegen die Aufschüttung hin charakteristisch. Die Fundamente der Mauer ruhten einen guten Meter unter der Höhe von Mauer D. Auf Area 5 und 6 konnte besonders der Zusammenhang der Phase 2 mit der Temenosphase 6 nachgewiesen werden [1]. Die Terrassenmauer (Area 4) war auch in Phase 1 C B A in Verwendung. J. D. Seger, BASOR 205 (1972) fig. 3 zeigt im Vordergrund die Terrasse. Sie diente als Haupt-West-Mauer für einen Komplex von Räumen aller drei Subphasen. Am Nordende des Komplexes sind die Räume A und A 1 (vgl. Abb. 61). Die Räume waren getrennt durch Mauer 03622. In Area 2 und 5 stellte man die Räume E, C, D, H fest [2]. L. E. Toombs, BASOR 204 (1971) fig. 3 zeigt den Abflußkanal des Gebäudes in der NW-Ecke von Feld XIII. Subphase 1 A (vgl. Abb. 61) ist durch eine massive Zerstörung gekennzeichnet, die sich ungefähr auf das Jahr 1550 v. Chr. datieren läßt [3]. Die Schuttschichte war über 2,5 m hoch. Sie stammt vermutlich von einem großen Gebäude mit Obergeschoß. Im Schutt fand man viele Gebrauchsgegenstände. Für ca. 100 Jahre läßt sich auf Feld XIII keine weitere Bautätigkeit mehr feststellen.

Feld V: Temenos 6 (ca. 1650–1600 v. Chr.). Zur Zeit als Mauer A und das NW-Tor errichtet wurden, wurde auch der erste Migdal-Tempel (1a) errichtet (vgl. Abb. 62). Der Tempel ruht auf einer großen Erdaufschüttung, die zwischen Mauer D, Mauer A und dem NW-Tor angelegt wurde. Der Tempel war 26,30 m lang und 21,20 m breit. Er hatte eine Mauerstärke von 5,10 m und war 28° südöstlich orientiert [4]. Abb. 63 zeigt den Grundriß des Tempels 1a, G. E. Wright, ILN Aug. 10 (1963) fig. 12 die südliche Mauer des Tempels mit ihrer Originalweite. Darüber ist die schmälere Mauer des Tempel 1b zu sehen. Im Innern des Tempels 1a finden sich 6 Säulenbasen (vgl. Abb. 63). Die gekehlten Säulenfragmente, die man im Tempel und seiner Umgebung fand [5] dürften zu diesen Basen gehören. E. Sellin, ZDPV 49 (1926) Taf 39 A zeigt die Basis des Gottesbildes?, E. Sellin, ZDPV 50

---

[1] Vgl. J. D. Seger, Shechem, BASOR 205 (1972) 31–33.

[2] A. a. O., 26 f.

[3] A. a. O., 28–31. Der Radio-Karbon Test ergab für die Zerstörung ein Datum: $1540 \pm 120$ v. Chr.

[4] Vgl. G. E. Wright, Shechem 87.

[5] Vgl. G. R. H. Wright, Another fluted Column, PEQ 101 (1969) Pl. I A B. ders., Fluted Columns, PEQ 97 (1965) Pl. XX A B. E. Sellin, Sichem, ZDPV 49 (1926) Taf. 39 B.

(1927) Taf. 17 zeigt die Weihegrube des Tempels 1a unter der Basis des Gottesbildes. Die Eingangshalle des Tempels ist 7 m weit und 5 m tief. In der Mitte der Eingangshalle stand eine Säule, deren Basis noch erhalten ist [1]. Vor dem Tempel schloß sich ein Hof an, der auf einer Aufschüttung ruht. Er diente als Plattform für den Altar [2]. Der Tempel war von zwei massiven Türmen flankiert, die wohl Wohnräume für das Tempelpersonal beinhalteten. Die Rekonstruktion (vgl. Abb. 64) vermittelt einen plastischen Eindruck von den gewaltigen Ausmaßen des Tempels 1a. Dem Tempel gegenüber läuft Mauer 914.

Temenos 7 (ca. 1600 bis 1550 v. Chr.): Nach etwa 50 Jahren wurde der Migdaltempel 1a renoviert. Es wurde ein neuer Boden angelegt, der ca. 75 cm höher als der des Tempels 1a war. G. E. Wright, Shechem fig. 45 zeigt den Höhenunterschied der Fußböden 5910 (1a) und 5005 (1b), Abb. 65 [3] den Grundriß des Tempels 1b. Die Türschwelle wurde ebenfalls gehoben und die Säulenbasis in ein Loch zwischen Schwelle und Stützmauer gerollt. Der Eingang war nun schmäler und aus der Mitte gerückt (vgl. Abb. 65). Rechts und links des Eingangs wurde je eine Tormassebe installiert; vor dem Tempel wurde ein neuer Altar aus Kalksteinen errichtet, dessen Basis mit Mergelziegeln umsäumt ist [4]. Dieser Tempel, der etwa mit Mauer B und dem Osttor errichtet wurde, wurde gegen 1550 v. Chr. und etwa 10 Jahre später abermals zerstört [5]. Von etwa 1540 bis 1450 v. Chr. läßt sich keine weitere Bauphase mehr feststellen.

Auf Feld VII konnte ab der MB II C eine Besiedlung in drei Phasen (unterhalb von Stratum 12) festgestellt werden [6]. Unter dem gewaltigen Zerstörungsschutt ruhten die Grundrisse kleinerer, blockförmiger Häuser und eine große Feuerstelle.

Für die MB II C geben auch die Deutschen Ausgrabungen einigen Aufschluß [7]: Auf D 1 wurde ein 1 m tiefer Kanal entdeckt und einige kanaanäische Häuser [8]. Eines dieser Häuser hatte eine Front von 18,50 m. Es

---

[1] Vgl. G. E. Wright, Shechem, ILN 10. Aug. (1963) fig. 10.

[2] Vgl. P. H. Vaughan, Bama 48 f.

[3] Vgl. auch J. F. Ross, Shechem, BASOR 161 (1961) fig. 12.

[4] Vgl. G. E. Wrihgt, Shechem fig. 50.

[5] Vgl. S. H. Horn, Shechem, JEOL 18 (1959–1966) 302.

[6] Vgl. E. F. Campbell, Jr., Shechem, BASOR 161 (1961) 40–53. E. F. Campbell, S. H. Horn, Shechem, BASOR 169 (1963) 32–44. E. F. Campbell, Jr., Shechem, BASOR 180 (1965) 17–26.

[7] Die Angaben E. Sellins sind allerdings sehr dürftig, so daß sich nicht immer sicher entscheiden läßt, ob eine Mauer oder ein Komplex in die MB II C oder bereits in die SB gehört.

[8] Vgl. E. Sellin, Sichem, ZDPV 49 (1926) 231.

bestand aus einem Vorraum, einem Hof und einem großen Raum. Eine Treppe führte in ein Obergeschoß [1]. Das Haus Salim verhinderte eine weitere Erforschung dieses Grabungsfeldes. Am Ende der MB II C wurde dieses Haus durch Feuer zerstört. Auf D 2 wurden zwei kanaanäische Häuser gefunden. Das eine hatte zwei Räume von 3,80 m bzw. 1,60 m Länge und 2,50 m Breite. Östlich davon war ein Magazin von 5,40 m Länge und 2,50 m Breite. Das andere Haus hatte vier Zimmer und schloß gegen Osten an das vorherige Haus an [2]. Die beiden Häuser wurden am Ausgang der MB II C durch Feuer zerstört.

Auf Feld XIV (Tananir) lassen sich für die MB II C Strukturen eines Heiligtums nachweisen. Die erste Phase des Heiligtums ist repräsentiert durch Gebäude B, das sich in zwei Subphasen teilt. Die erste Subphase (1650–1625 v. Chr.) ist gekennzeichnet durch Silo B, Struktur C und durch die Mauern 420, 413, 7, wie durch Raum 5 (vgl. Abb. 66, 67, 68). Die zweite Subphase (Pflasterpier-Phase) zeigt die Verwendung der Struktur C und neue Konstruktionen: Silo A, Räume 8, 9, 10 (ca. 1625–1600 v. Chr.) (vgl. Abb. 66, 67, 68). In der Umgebung des Grabungsfeldes wurde eine kreisförmige Anlage entdeckt, die möglicherweise einer älteren Periode als der MB II C angehört. Die zweite Phase ist gekennzeichnet durch Gebäude A. Diese Phase unterteilt sich ebenfalls in zwei Subphasen. Die erste Subphase (1600–1550 v. Chr.) ist gekennzeichnet durch Mauer 116, Behälter 114 und Mauer 502. Gebäude B war zu dieser Zeit eine Ruine (vgl. Abb. 66, 67, 68). Die zweite Subphase ist die von G. Welter [3] gefundene Struktur (ca. 1550 bis 1543 v. Chr.), die eine Zerstörung aufweist. Es ist ein quadratischer Bau (17 m × 17 m) mit ebenfalls quadratischem Zentralhof. In der SO-Ecke des Hofes befindet sich eine Plattform, vermutlich die Altarbasis. In der Mitte ist das Fundament für einen Steinpfeiler. Der Steinpfeiler ist nicht mehr erhalten. G. Welter interpretierte ihn wohl zu Recht als Massebe [4].

Auf Feld X (Nekropole am Fuße des Ebal) wurden die Gräber der MB I auch in der MB II C weiter benützt [5].

---

[1] E. Sellin, Sichem, ZDPV 49 (1926) 317–318. ders., Sichem, ZDPV 50 (1927) 208–210.272 f. Taf. 19 und 27.

[2] Vgl. E. Sellin, Sichem, ZDPV 50 (1927) 208–210.

[3] Der Stand der Ausgrabungen in Sichem, AA 1932 313 f.

[4] W. F. Albright, The Archaeology of Palestine 91 f. figs. 16 und 17 interpretierte die Anlage als Villen. Diese Interpretation kann aber nach den Grabungen der ASOR-Drew McCormick Expedition als überholt gelten; Vgl. R. G. Boling, Bronze Age Buildings, BA 32 (1969) 84. R. G. Boling, Tananir, RB 76 (1969) 419–421.

[5] Vgl. R. J. Bull, Shechem, BASOR 180 (1965) 32–34.

Die Keramikfunde von Askar und seiner Umgebung weisen auch darauf hin, daß diese Gegend seit der MB II C besiedelt gewesen ist [1].

4.1.2.3. Späte Bronzezeit [2] bis Eisenzeit I (ca. 1450 bis gegen 1100 v. Chr.)

Etwa um 1450 beginnt nach einer Pause von ca. 100 Jahren der Wiederaufbau von Sichem. Die Befestigungsanlagen wurden wiedererrichtet. Das Osttor (Feld I) wurde zum Teil nach einem neuen Plan aufgebaut. Abb. 69 zeigt den Grundriß des SB/EZ Osttores. Ein neuer Wacheraum und eine neue Befestigungsanlage wurden unmittelbar westlich hinter dem Südturm des Tores gebaut: Mauern 128, 126, 127 (vgl. Abb. 52) [3]. Der Wacheraum enthielt unter einer 30 cm hohen Brandschicht fünf Fußbodenniveaus. Die Befestigungsanlage der SB/EZ I lief hier ca. 11,10 m weiter innen (westlich). Mauer B war also nicht mehr in Verwendung. Westlich des Raumes für die Wache befand sich ein großer, gepflasterter Platz ohne sichtbare Begrenzung. Von diesem Platz, dessen Bedeutung unklar ist, führte eine Straße zum Osttor. In der SB II bis EZ I war dieser Platz durch Wohnräume ersetzt, die nur durch eine schmale Straße von der Innenseite der Stadtmauer getrennt waren. In der EZ I wurde die SB Mauer mit Wacheraum durch Wohnhäuser überbaut und die Linie der Stadtbefestigung wieder 11,10 m nach Osten hin, d. h. auf die Linie der MB Mauern A und B, zurückverlegt. Diese neue Anlage war eine Strebepfeiler- und Kasemattenmauer-Konstruktion [4]. Der Grund für die Rückverlegung der Befestigungsanlagen war sehr wahrscheinlich eine Zerstörung (relativ gering) der SB Anlage.

Die Kasemattenmauer B (= B 3) wurde auch auf Feld III nachgewiesen. Sie wird auf Feld III Mauer 632 genannt [5]. G. E. Wright, Shechem fig. 32 zeigt diese Mauer B 3, die die MB Kasemattenmauer 631 (= B 2) überdeckt. Mauer B 3 wurde in diesem Abschnitt noch in der SB zerstört [6].

Feld V: Der Migdal-Tempel wurde ebenfalls in der SB errichtet und weist zwei Bauphasen auf (Migdal-Tempel 2a und 2b): Temenos 8 (ca. 1450 bis 1200 v. Chr.): Der Eingang des MB-Tempels wurde mit Steinen blockiert

---

[1] Vgl. H. M. Schenke, Jakobsbrunnen, ZDPV 84 (1968) 159 ff.

[2] SB I (15. Jh.), SB II A (14. Jh.), SB II B (13. Jh.), EZ I A (12. Jh.).

[3] «The southern guardroom and the space between the southern orthostats remained filled with debris which was held back by a newly constructed wall.» (S. H. Horn, Shechem, JEOL 18 (1959–1966) 303).

[4] Vgl. S. H. Horn, Shechem, JEOL 18 (1959–1966) 303. Zum Kasematten-Mauersystem vgl. auch A. Jepsen, Von Sinuhe 129 ff.

[5] Vgl. J. F. Ross, Shechem, BASOR 180 (1965) 31.

[6] A. a. O., 31.

und die Ruine mit Erde zu einer erhöhten Plattform aufgefüllt. Der neu erbaute Tempel am Westende des Areals hatte eine Mauerstärke von 1,85 m bis 2,20 m. Die Mauern werden bezeichnet mit 5701–5704 (vgl. Abb. 70). Mauer 5703 läuft am Scheitel des Steinsockels von Tempel 1 [1]. Tempel 2a wurde als eine Breit-Cella gebaut mit einem Ausmaß von 16 m × 12,50 m. Die Orientierung des Gebäudes ist 33° südöstlich (5° Unterschied zum Tempel 1 der MB II C) [2]. Der Tempel war vermutlich von zwei Türmen flankiert. Der Tempelhof war von einer Mauer umgeben.

Abb. 71 zeigt den Tempel mit seinem Hof, wie er im Jahre 1962 rekonstruiert wurde. Vor dem Tempel stand ein Ziegelaltar. Dem Altar gegenüber (2,30 m nördlich) [3] wurde eine gewaltige Massebe errichtet, die die gesamte heilige Area beherrscht [4].

Temenos 9 (ca. 1200 bis 1100 v. Chr.): Um 1200 wurde der Tempel 2a renoviert. Der Migdal-Tempel 2b bezeichnet nun die letzte Phase der «sacred Area» von Sichem. Der Fußboden von 2b war etwas höher als der von 2a. G. E. Wright, Shechem fig. 43 zeigt eine Säulenbasis im Innern von Tempel 2b. Vor dem Tempel wurde ein neuer Steinaltar errichtet. Die Masseben waren weiterhin in Funktion.

Charakteristisch für das Migdal-Heiligtum von Sichem sind seine drei gewaltigen Platten-Masseben. Die beiden Tormasseben wurden bereits in der Temenosphase 7 (ca. 1600–1550 v. Chr.) errichtet. Die westliche Tormassebe ruhte auf einem Block von 1,80 m Länge und 1,10 m Breite, der eine Höhe von 0,60 m aufweist. Der Sockel hat eine Aushöhlung von 1,35 m Länge, 0,42 m Breite und 0,25 m Tiefe. In diese Aushöhlung paßte genau die Massebe, die 1,35 m lang und 0,37 m dick ist. Die Höhe der Massebe wissen wir nicht mehr genau, da sie abgeschlagen wurde. Die Höhe des Fragments beträgt jetzt 0,70 m. Abb. 72 zeigt diese Tormassebe [5]. Von der östlichen Tormassebe ist nur mehr der Sockel erhalten, der eine Dicke von 0,25 m aufweist (vgl. Abb. 73 [6]). Die Hauptmassebe wurde in der Temenosphase 8 (ca. 1450–1200 v. Chr.) errichtet. Diese Kultmassebe besteht aus weißem, hartem Kalkstein. Die Schmalseiten sind rund behauen, die

---

[1] Vgl. G. E. Wright, Shechem fig. 55. A. a. O., fig. 57 zeigt Treppen, die vom Tempelboden 2a zu einem Podium des Tempels 1 führen.

[2] «This change of orientation cannot be explained.» (S. H. Horn, a. a. O., 303).

[3] Vgl. E. Sellin, Masseben, ZDPV 51 (1928) 121 f.

[4] Vgl. G. E. Wright, Shechem fig. 39.

[5] Vgl. E. Sellin, a. a. O., Taf., 9 A und B.

[6] Vgl. a. a. O., Taf. 8. G. E. Wright, Shechem fig. 37. Vgl. zu den beiden Tormasseben die genauen Zeichnungen bei K. Jaroš, Elohist 175 Abb. 4 und 5.

Längsseiten zu Flächen gestaltet. Als Postament dient ein Block von 2,10 m Länge, 1,10 m Breite und 0,65 m Höhe. Er weist eine Aushöhlung von 1,65 m Länge, 0,45 m Breite und 0,40 m Dicke auf. In diese Aushöhlung paßte genau die Massebe, die eine Weite von 1,48 m und eine Dicke von 0,42 m hat. Die Höhe der Massebe ist auf der einen Seite 1,45 m, auf der anderen Seite 0,62 m. Sie wurde also abgeschlagen. Ihre Originalhöhe ist unbekannt. Abb. 74 [1] zeigt die Kultmassebe nach ihrer Wiederaufrichtung durch die ASOR-Drew-McCormick Expedition [2].

In der Nähe des Altares und des Tempels wurden bereits von E. Sellin, aber auch von der ASOR-Drew-McCormick Expedition gekehlte Säulenfragmente gefunden [3]. Abb. 75 zeigt einen horizontalen Schnitt durch eine solche kannelierte Säule. G. R. H. Wright hat diese Säulenfragmente einer eingehenden Untersuchung unterzogen und konnte feststellen, daß alle Fragmente aus dem Migdaltempel der MB II C und der SB stammen [4]. Die von E. Sellin gefundenen Fragmente [5] gehören wahrscheinlich zum SB-Tempel. Struktur-Säulen sind ein wesentliches Charakteristikum der syrisch-palästinischen Architektur für die Zeit, als es in Sichem die Migdal-Tempel gab. Die in Sichem gefundenen Fragmente sind typisch provinzielle Ausführungen von ägyptischen Säulen, die als proto-Dorische bezeichnet werden können (vgl. Abb. 76, wo eine ägyptische Säule mit einer Dorischen Säule verglichen wird) [6]. Auch das auf Feld XIII gefundene gekehlte Säulenfragment dürfte zum SB-Tempel gehören [7]. Gegen Ende des 12. Jh. (EZ I A) wurde der Migdal-Tempel und die ganze sacred Area durch Feuer gewaltsam vernichtet. Damit ist das Ende der sacred Area von Sichem gegeben [8].

---

[1] Vgl. E. Sellin, Masseben, ZDPV 51 (1928) Taf. 10. K. Jaroš, Elohist 176 Abb. 7.

[2] E. Sellin war der erste, der diese Steinblöcke als Tor- bzw. als Kultmasseben erkannte und dann 1928 errichten ließ. G. Welter, der anderer Auffassung war, ließ die Masseben wieder von ihren Postamenten abnehmen. Dabei zerbrach der Sockel der Kultmassebe. Die ASOR-Drew-McCormick Expedition stellte die Masseben 1962 wieder unter großen Schwierigkeiten an ihrem richtigen Platz auf (vgl. S. H. Horn, Shechem, JEOL 18 (1959–1966) 304).

[3] Vgl. Seite 35 Anm. 5.

[4] Vgl. G. R. H. Wright, Fluted Columns, PEQ 97 (1965) 66–84.

[5] E. Sellin, Sichem, ZDPV 49 (1926) Taf. 39 B.

[6] Vgl. auch G. R. H. Wright, a. a. O., figs. 2.3.4.

[7] Vgl. G. R. H. Wright, Another fluted Column, PEQ 101 (1969) 34–36.

[8] Abb. 79 zeigt eine Zeichnung der Ruinen des Hoftempels und des Migdaltempels. Vgl. auch E. Sellin, Sichem, ZDPV 50 (1927) Taf. 15 und 16. ders., Sichem, ZDPV 49 (1926) Taf. 37.38.40. F. M. Th. de Liagre Böhl, De Opgraving Pl. I (unteres Bild). E. F. Campbell, Jr./J. F. Ross, Shechem, BA 26 (1963) fig. 4.

Die Form des Migdal-Tempels 1 ist die des Langhauses [1], auch wenn es sich für das Auge fast als ein Quadrat darbietet [2]. Die größte Ähnlichkeit weist dieser Tempel mit dem von Megiddo (vgl. Abb. 77) auf. Der Megiddo-Tempel weist drei verschiedene Phasen auf (vgl. Abb. 78). Die erste Phase stammt aus dem 17. Jh., die letzte Phase wurde Ende des 12. Jh. zerstört [3]. Das Podium der mittleren und späten Phase ist vergleichbar mit dem Podium des Sichemtempels 2a und 2b. Die Mauerstärke ist ähnlich wie die der letzten Phase von Sichem, viel dünner als die der vorherigen Phasen [4]. G. R. H. Wright [5] weist zum Vergleich auch auf die Tempel von Warka und Tepe Gawra hin [6], was die Vermutung nahelegt, daß dieser Tempeltyp nördlichen Ursprungs ist [7]. Dies entspräche auch der heutigen Annahme, daß sich das Langhaus aus Südrußland herleitet [8].

Der Tempel 2 ist als Breit-Cella gestaltet. H. Thiersch [9] ist dafür eingetreten, daß sich dieser Tempeltyp aus dem Mittelmeerraum herleite.

Fremde Kultureinflüsse lassen sich auf Palästina vielfach nachweisen. Nichtsdestoweniger ist aber die Annahme am naheliegendsten, daß die Art des Migdal-Tempels eine Schöpfung Palästinas der MB und SB ist [10].

---

[1] Daß es sich um einen Tempel handelt, hat bereits E. Sellin mit Klarheit erkannt: Sichem, ZDPV 49 (1926) 309–311. Sichem, ZDPV 50 (1927) 206 f. Vgl. H. Thiersch, Ein altmediterraner Tempeltyp, ZAW 50 (1932) 76–78. E. Sellin, Sichem, ZAW 50 (1932) 303–308. Dagegen sprachen sich aus: G. Welter, Sichem, FF 4 (1928) 137. Ders., Der Stand der Ausgrabungen in Sichem, AA 1932 307. C. Watzinger, Denkmäler I 59 f. Eine ausgezeichnete Zusammenfassung dieser Kontroverse bietet G. Loud, Megiddo II 104. Die weiteren Grabungen der ASOR-Drew-McCormick Expedition haben jedoch die Ansicht Sellins bestätigt.

[2] Vgl. O. Keel, AOBPs 138.

[3] Vgl. R. J. Bull, A Reexamination, BA 23 (1960) 110–119.

[4] Vgl. Abb. 78.

[5] Vgl. Temples, ZAW 80 (1968) fig. 3 b und c.

[6] A. a. O., 20–26.

[7] Vgl. G. R. H. Wright, Pre Israelite Temples, PEQ 103 (1971) 17–32.

[8] Vgl. V. Müller, Types of Mesopotamian Houses, Studies in Oriental Archaeology III, JAOS 60 (1940) 151–180. O. Keel, AOBPs Abb. 203. G. R. H. Wright, Temples, ZAW 80 (1968) 20 ff. A. Alt, Verbreitung und Herkunft des syrischen Tempeltyps, PJB 35 (1939) 83–99 (KlSchr II 100–115). G. R. H. Wright, Shechem, VT 21 (1971) 89 ff.

[9] Ein altmediterraner Tempeltyp, ZAW 50 (1932) 73–86 weist auf ähnliche Bauten von Tell en Nashbeh, Gerar, Gortyn, Mallia, Vouni, Marzabotto, Ed-Dikke, Jeha, Pesch, Bagdad hin (Abb. 1–11 der Beilage zu H. Thiersch's Artikel). H. Thiersch, a. a. O., Abb. 1 zeigt eine Münze aus Paphos (röm. Zeit), auf der ein Aphroditetempel dargestellt ist. Der Kult reicht bis in mykenische Zeit zurück. Derselbe dreischiffige Tempeltyp ist auch in der Osthälfte des Mittelmeerraumes belegt: vgl. a. a. O., Abb. 2.3.4.

[10] Vgl. A. Jepsen, Von Sinuhe 109 f.

Auf Feld XIII konnten für die SB drei verschiedene Phasen festgestellt werden: Phase 3 (ca. 1465–1400 v. Chr.), die sich in die drei Subphasen A, B und C unterteilt [1]. Diese Phase ist gekennzeichnet durch den Wiederaufbau der in der MB II C zerstörten Anlagen (vgl. Abb. 80). Der Schutt wurde eingeebnet und die Mauern in den alten Fundamentgräben errichtet. Ein Stampferdeboden enthielt Reste eines Backofens, der durch eine spätere Mauer zerstört war. Unweit davon war ein 3 m × 2,5 m großer Ziegelbrennofen. In Phase 2 (ca. 1400–1350 v. Chr., vgl. Abb. 81 [2]) wurde der Häuserkomplex erweitert. Er erhielt einen Zugang von Westen durch eine Öffnung in der Terrassenmauer, neben der eine mit kleinen Scherben und Steinen gepflasterte Straße angelegt wurde. Der Ziegelbrennofen wurde vergrößert.

In Phase 1 (ca. 1350–1300 v. Chr.) setzt nach einer kurzen Pause eine intensive Bautätigkeit ein, die durch eine besondere Technik gekennzeichnet ist. Man folgte den alten Grundrissen. Es wurden jedoch die Fundamentgräben nach innen zu erweitert und die alten Mauerkerne wurden innen verschalt. Im Süden wurden an den Häuserkomplex zwei parallele über 1 m dicke und ca. 1,5 m voneinander entfernte Mauern angebaut, die vielleicht ein Obergeschoß trugen. Es wurde eine 30 cm dicke Schuttschicht festgestellt, die mit zahlreicher Keramik angereichert war. Eine Brandschicht zeigt die Zerstörung der Anlage am Ende von Phase 1 [3]. Die darauf folgende Periode (Ende des 14. Jh.) ist nur an einem Bodenniveau erkennbar. Der Übergang von der SB zur EZ ging friedlich vor sich. Gegen Ende des 12. Jh. v. Chr. ist eine radikale Zerstörung festzustellen.

Auf Feld VII (Stratum XIII) kann für die SB ein relativ ausgewogenes Kommunalwesen nachgewiesen werden, das jedoch am Ende der SB / Anfang EZ ein jähes Ende findet (am Ende des 12. Jh. v. Chr.) [4].

Auf Feld IX wurde ein Gebäude des Hofhaustyps und ein Heiligtum gefunden (Schicht 12, 14, Jh. v. Chr.), G. E. Wright / E. F. Campbell, Jr., RB 72 (1965) Pl. XXVIa zeigt im Vordergrund die Mauern der Phase 12. Haus und Heiligtum wurden in Subphase 12a errichtet. In Subphase 12b bestand das Haus aus einem Hof (Area 4), flankiert von 2 Räumen. 3 Räume liegen an der Hinterseite. Dahinter steht nach einem Zwischenraum eine Mauer, die sich über das gesamte, ausgegrabene Areal erstreckt. Hinter die-

[1] Vgl. L. E. Toombs, Shechem, BASOR 204 (1971) 14 f. J. D. Seger, Shechem, BASOR 205 (1972) 23–26.

[2] Vgl. L. E. Toombs, Shechem, BASOR 204 (1971) fig. 5.

[3] Vgl. J. D. Seger, Shechem, BASOR 205 (1972) 22 f. L. E. Toombs, Shechem, BASOR 204 (1971) 15.

[4] Vgl. S. H. Horn, Shechem, JEOL 18 (1959–1966) 304.

ser Mauer ist ein behauener Stein, daneben eine verputzte Ziegelplattform. Eine weitere Ziegelplattform gehört einer früheren Phase des Raumes an. Dieses Heiligtum blieb bis Schicht XI in Verwendung und wurde dann zerstört.

Auch auf D 1 und D 4 gab es Hinweise für die SB. In D 1 wurde ein großes Haus gefunden [1], in D 4 Reste der Bebauung aus der SB [2].

Nach kleineren Zerstörungen am Ende des 13. Jh. v. Chr. findet Sichem durch die radikale Zerstörung am Ende des 12. Jh. v. Chr. ein jähes Ende. Erst im 10. Jh. v. Chr. wird wieder eine Belebung einsetzen [3].

Die Grabanlagen der Nekropole Feld X wurden auch in der SB weiter benützt [4]. Askar und seine Umgebung waren ebenfalls besiedelt [5].

### *4.1.3. Eisenzeit I C bis Eisenzeit II C (ca. 10. bis 6. Jh. v. Chr.)*

In der 2. Hälfte des 10. Jh. v. Chr. [6] wurde das alte Verteidigungssystem Sichems wieder aufgebaut. Man konstruierte ein Kasematten-Mauernsystem über den alten Anlagen [7]. Auf Abb. 19 ist dieses Kasematten-Mauernsystem über den alten Mauern zu sehen [8]. Zur selben Zeit wurden auch die Tore wieder instandgesetzt. Der SB-Hof gegenüber dem Zimmer für die Wachmannschaft (Osttor) wurde in der EZ eingeschlossen und als zweiter Raum verwendet (vgl. Abb. 59 und 69). Dieser neue Raum enthielt über dem Fußboden eine Brandschicht mit Keramikbruch. Die Befestigungsanlagen wurden am Ende des 10. Jh. v. Chr. radikal zerstört [9]. Im Komplex 7300 fand man zwei Vorratsgruben aus der EZ (10./9. Jh. v. Chr.) [10].

Auf Feld II konnte eine Besiedlung ab dem frühen 10. Jh. festgestellt werden [11], ebenso auch auf Feld VII (Strata XII und XI) [12]. Guten Aufschluß über diese Zeit gibt jedoch Feld IX, Phase 11. Es wurden einige Ruinen mit

---

[1] Vgl. E. Sellin, Sichem, ZDPV 50 (1927) 208–210.

[2] Vgl. H. Steckeweh, Sichem, ZDPV 64 (1941) 3–10.

[3] Vgl. auch H. Haag, Sichem, BL 1584.

[4] Vgl. Seite 37 Anm. 4.

[5] Vgl. Seite 37 Anm. 5.

[6] Vgl. G. E. Wright, Shechem, Archaeology and Old Testament Study 366.

[7] Vgl. S. H. Horn, Shechem, JEOL 18 (1959–1966) 304. Die Befestigungsanlagen konnten auch auf Feld III nachgewiesen werden (vgl. J. F. Ross, Shechem, BASOR 180 (1965) 32).

[8] Kasematten-Mauernsystem E.

[9] Vgl. W. Harrelson / B. W. Anderson / G. E. Wright, Shechem, BA 20 (1957) fig. 8 und 9.

[10] Vgl. G. W. Dever, Sichem, IEJ 23 (1973) 44 f.

[11] Vgl. J. F. Ross, Shechem, BASOR 204 (1971) 4 f.

[12] Vgl. S. H. Horn, Shechem, JEOL 18 (1959–1966) 304.

einem Oberbau von Lehmziegeln gefunden. Der Fußboden war mit einer ca. 1 m dicken Schuttschicht belegt. Die Böden bestanden aus rötlicher, gestampfter Erde. In Area 3 fand man einen großen Bau, den eine Mauer von 1,50 m Weite umschloß. Die Mauer ist Teil einer interessanten Serie von wiedererrichteten Mauern, die im wesentlichen bis zu ihrer Zerstörung am Beginn des letzten Viertels des 8. Jh. v. Chr. bestanden. Die massive Mauer hatte das EZ-Heiligtum eingeschlossen. G. E. Wright / E. F. Campbell, Jr., Sichem, RB 72 (1965) Pl. XXVIa zeigt die unvollendete Massebe dieses Heiligtums. Am Nordende des Heiligtums ist ein Kultpodium [1] aus Lehmziegeln. Am Ende des 10. Jh. v. Chr. wurde der ganze Komplex zerstört. Altisraelitische Häuser und Bauwerke wurden auch von E. Sellin [2] auf den Probefeldern D 1, D 4 nachgewiesen.

Nach der Zerstörung setzte in Sichem wieder eine größere Bautätigkeit ein. Im 9. Jh. v. Chr. wurde über den Ruinen des Migdaltempels ein großes Vorrats- und Verwaltungsgebäude errichtet, das aus vier Räumen bestand (vgl. Abb. 82). Die Räume werden eingeschlossen durch die Mauern 5901–5907 (vgl. Abb. 83 und 84). Abb. 85 zeigt gut die Mauern des Vorratsraumes über der Tempel-Cella (vgl. dazu den Schnitt A–B Abb. 86 und die beiden Schnitte durch den Tempel und durch das Verwaltungsgebäude Abb. 87 und 88) [3]. Daß es sich bei diesem Bau aus der EZ II um keinen Tempel mehr handelt, hatte wohl zuerst F. M. Th. de Liagre Böhl [4] erkannt, der von einer Residenz sprach [5], die aus der Zeit Salomos stammen sollte. Der Bau entspricht in etwa den Gebäuden vom Tell en Nasbeh (vgl. Abb. 89), Bauten, die sich entgegen der früheren Annahme H. Thierschs nicht als Tempel erwiesen haben [6]. In einer neuerlichen Untersuchung hat G. R. H. Wright [7] den Bau geprüft und ist zu dem Ergebnis gekommen, daß die Funktion des Gebäudes weder aus seiner Anlage, noch von den Fundgegenständen her eindeutig zu identifizieren ist, daß jedoch die vielen Vorratsgruben (vgl. Abb. 86, 87, 88) ziemlich eindeutig auf einen Verwaltungs-Vorratsraum

---

[1] Vgl. J. A. Callaway, Shechem, BASOR 180 (1965) 10 f.

[2] Sichem, AKAW 1914 38 f. 206. ders., Sichem, ZDPV 49 (1926) 231.317–319. ders., Sichem, ZDPV 50 (1927) 208–210.272 f. H. Steckeweh, Sichem, ZDPV 64 (1941) 3–10.

[3] Vgl. auch die Photos bei J. F. Ross / L. E. Toombs, Shechem, Arch 14 (1961) Abb. auf 175. G. E. Wright, Shechem fig. 40.

[4] De Opgraving.

[5] K. Galling, BRL 271 (Haus). G. E. Wright, Shechem 145–159 (Granary).

[6] Vgl. G. R. H. Wright, Temples, ZAW 80 (1968) 29 f.

[7] Granary, ZAW 82 (1970) 275–278.

hinweisen und somit eine sakrale Bedeutung des Gebäudes auszuschließen ist [1]. Das Verwaltungsgebäude wurde am Anfang des letzten Viertels des 8. Jh. v. Chr. zerstört.

So umspannt die Bautätigkeit auf Feld V und VI eine Zeit von der MB II B bis zum Ende der EZ II. Vgl. den Schnitt durch Feld V, Area 2, von der MB II B bis EZ I: Abb. 90. Abb. 91 zeigt einen Schnitt von Mauer A bis zur Temenosmauer 900. Hier sind alle Hauptperioden des Temenosgebietes ersichtlich (vgl. auch Abb. 92, den Schnitt durch den Tempelhof). Abb. 93 zeigt in Schicht 5001 den dicken Pflasterboden des Verwaltungsgebäudes; Schicht A ist der unvollendet erhaltene Boden des Tempels 2b, gestützt von Schicht 5003 und 5004 als ihrem Fundament. Schicht 5005 ist der Boden des Tempels 1b und Schicht 5010 der des Tempels 1a [2].

Von Feld VII stammen die Strata IX B und A, VIII und VII (9. bis 8. Jh. v. Chr.). Stratum IX ist eine Wiederverwendung von Stratum X. Die Keramik von IX B steht der von IX A näher als der des Stratums VIII (etwa bis 875 v. Chr.). Stratum VII (775–724/23 v. Chr.) weist eine schlechtere Keramik auf als Stratum VIII. Stratum IX B ist gekennzeichnet durch ein Terrassensystem und Häuser mit einer durchschnittlichen Mauerstärke von 40 cm (vgl. den Plan von Stratum IX B und A: Abb. 94) [3]. Von Stratum VII stammt das schöne Haus Nr. 1727 (vgl. Abb. 95, 96, 97) [4]. Die Seitenlänge des Hauses beträgt 10 m. Das Haus war teils zweigeschossig und hatte einen geräumigen Hof, wo ein ovaler Herd von fast 2 m Länge stand (Töpferbrennofen?). Die Mauern des Hauses aus Feldsteinen sind noch ca. 1,70 m erhalten gewesen. Die Türen waren durch sorgfältig behauene Steinblöcke verstärkt. Das Haus war von einer ca. 1 m dicken Schuttschicht bedeckt. Im Schutt fand man zahlreiche Haushaltsgeräte und Keramik: Samaria B-Ware. Das Dach des Hauses war mit tönernen Platten gedeckt [5]. Abb. 98 zeigt eine Rekonstruktion des Hauses.

Aus dem späten 6. Jh. v. Chr. (Stratum V) ist ein schön gepflasterter Bo-

---

[1] Rein von der Anlage her wäre ein Tempel nicht auszuschließen, wie auch die Ähnlichkeit mit etruskischen Bauten und dem röm. Capitol zeigt; vgl. G. R. H. Wright, Tempels, ZAW 80 (1970) 31 f. und fig. 4 C.

[2] Vgl. G. E. Wright, Shechem fig. 16, wo von Feld VI, Area 2, Schichten der EZ I und drei Phasen der SB zu sehen sind. Hinter dem Meterstab ist die weiße Füllung zu sehen, auf der der Tempel ruhte. Darüber sind Phasen der MB II C. Rechts am Boden ist Mauer D aus der frühen MB II B.

[3] Vgl. auch E. F. Campbell, Jr. / J. F. Ross, Shechem, BA 26 (1963) fig. 8.

[4] Vgl. auch G. E. Wright, Shechem, ILN 10. Aug. (1963) fig. 15.

[5] Vgl. G. E. Wright, Shechem fig. 80.

den erhalten [1]. Der Schnitt: Abb. 99 gibt einen Überblick zur Besiedlung von Feld VII in der EZ II.

Einsicht über die Besiedlung Sichems während des 8. Jh. v. Chr. gibt auch Feld II [2].

In Feld IX setzt mit Phase 10 die EZ II ein (9. Jh.). Nachdem Phase 11 gewaltsam durch Feuer zerstört worden war, beginnt ein schwacher Wiederaufbau. Die Mauern aus Area I und 2 bestehen nur aus kleinen Steinen. In Area 2 wurden die Mauern auf den Fundamenten der früheren und besseren Mauern aufgebaut. Die Fußböden sind aus gestampfter Erde oder gestampftem Lehm. Phase 10 fand vermutlich durch ein Erdbeben ihr Ende [3]. Die anschließende Phase 9 zeigt schön konstruierte Häuser, Ziegel- und Steinmauern. Die Böden sind weiß gepflastert oder aus gestampfter Erde bzw. gestampftem Lehm. Die neuartige Architektur von Phase 9 läßt auf fremde Kultureinflüsse schließen. Phase 9 entspricht dem Stratum IX (9. Jh.) von Feld VII [4]. Phase 8, die sich in die Subphasen 8b und 8a gliedert, zeigt eine ausgedehnte Bautätigkeit (1. Hälfte des 8. Jh.). In 8b begegnen uns zwei Typen von Hausmauern [5]. Phase 7 zeigt fast ausschließlich die Wiederverwendung von Phase 8, was auf eine arme Bevölkerung während der 2. Hälfte des 8. Jh. schließen läßt. Die Zerstörung der Phase 7 am Anfang des letzten Viertels des 8. Jh. ist gering (assyrische Palastkeramik!). Phase 6 (= Stratum VI A und B von Feld VII) gliedert sich wieder in die Subphasen 6b und 6a. 6b schließt unmittelbar an Phase 7 und weist eine gewaltsame Zerstörung auf [6]. Phase 5 (Persische Periode) ist gekennzeichnet durch Ziegelkonstruktionen. Die Fußböden sind aus ḥuwwar. Die Phase ist sehr arm. Die Besiedlung findet am Ende der persischen Zeit durch Feuer ihren Ausgang [7].

Auf D 1, D 2, D 3, D 4 fand man ebenfalls Mauern und Häuser aus der EZ II [8]. Von D 4 stammt ein geräumiges Haus [9].

---

[1] Vgl. E. F. Campbell, Jr. / J. F. Ross, Shechem, BA 26 (1963) fig. 9.

[2] Vgl. J. F. Ross, Shechem, BASOR 204 (1971) 4 f.

[3] Vgl. J. A. Callaway, Shechem, BASOR 180 (1965) 9 f.

[4] A. a. O., 9.

[5] J. A. Callaway, Shechem, BASOR 169 (1963) 47.

[6] A. a. O., 46.

[7] A. a. O., 46.

[8] Vgl. E. Sellin, Sichem, AKAW 1914 38 f. 205. ders., Sichem, ZDPV 49 (1926) 231 f., 317–319. ders., Sichem, ZDPV 50 (1927) 208–210.272 f. H. Steckeweh, Sichem, ZDPV 64 (1941) 3–10.

[9] H. Steckeweh, Sichem, ZDPV 64 (1941) 3–10.

Die Phasen der EZ II weisen im Gesamten eine viermalige Zerstörung und einen viermaligen Wiederaufbau auf (Strata IX B: ca. 900 bis 860, IX A: ca. 860–810, VIII: 810–748, VII: ca. 748 bis 724 v. Chr.) [1]. Die erste Zerstörung ist sehr wahrscheinlich auf ein Erdbeben zurückzuführen [2]. Stratum IX A ist mehr oder weniger ein genauer Wiederaufbau von IX B. Die anderen Phasen unterscheiden sich jedoch durch den Grundriß der Häuser etc. erheblich [3].

Nach der Zerstörung am Anfang des letzten Viertels des 8. Jh. v. Chr. hat sich Sichem Jahrhunderte nicht mehr erholt. Die Menschen des Stratums VI (7. Jh.) waren arm. Es wurde kaum eine Bautätigkeit entwickelt. Man bewohnte die Ruinen des Stratums VII [4]. Stratum V (persische Zeit) [5] zeigt ein schwaches Wiederaufleben Sichems, das jedoch um ca. 480 v. Chr. ein jähes Ende findet. Sichem war zu dieser Zeit aufgegeben [6].

Die Gräber am Fuße des Ebal (Feld X) wurden in der EZ weiterhin benützt [7]. Askar und seine Umgebung weisen für die EZ ebenfalls eine Besiedlung von unterschiedlicher Intensität auf [8].

### *4.1.4. Hellenistische Zeit (ca. 331 bis gegen 100 v. Chr.)*

Im späten 4. Jh. v. Chr. setzt in Sichem der Wiederaufbau plötzlich ein. Diese letzte große Periode Sichems dauerte über 200 Jahre. Das Verteidigungssystem wird wieder hergestellt. Mauer A wird im Osten mit Glacis bedeckt [9] und das Osttor instandgesetzt (vgl. Abb. 100). G. E. Wright, Shechem fig. 97 zeigt die Ausbesserung des südöstlichen Turmes des Tores [10]. Am Abhang des Osttores fand man einen Silo (Stratum IV) aus dieser Zeit [11]. In der späthellenistischen Zeit wurde östlich des Osttores ein Turm gebaut

---

[1] Vgl. S. H. Horn, Shechem, JEOL 18 (1959–1966) 305. G. E. Wright, Shechem 145.

[2] Vgl. Seite 46.

[3] Vgl. S. H. Horn, a. a. O., 305.

[4] Vgl. Seite 46.

[5] Stratum VI endet um die Wende vom 6. zum 5. Jh. v. Chr.; vgl. S. H. Horn, a. a. O., 305.

[6] Vgl. S. H. Horn, a. a. O., 305. G. E. Wright, Shechem 163–169.

[7] Vgl. Seite 37 Anm. 5.

[8] Vgl. Seite 38 Anm. 1.

[9] Vgl. S. H. Horn, Shechem, JEOL 18 (1959–1966) 306. In Feld III stieß man ebenfalls auf massive Mauern; vgl. G. E. Wright, Shechem 24 f.

[10] Vgl. G. E. Wright, Shechem fig. 106.

[11] A. a. O., fig. 100.

(vgl. Abb. 52 und 101). Kurz vor 100 v. Chr. wurde die ganze Anlage zerstört.

Auf Feld II wurde ein Haus gefunden, das aus der 1. Hälfte des 2. Jh. stammt (Phase 2). Die Fundamente des Hauses ruhen auf einer dicken, eingeebneten Füllung der MB II C. Das Haus der Phase 2 hatte nur einen Raum (vgl. Abb. 102). Etwa ab 150 v. Chr. wurde das Haus um zwei Räume (Raum 2 und 3) erweitert [1]. Die Innenwände waren rot, grau und orange. Der Hauptraum ist fast ein Quadrat (4,20 m × 4,15 m). Das Haus wurde gegen Ende 100 v. Chr. zerstört.

Von Feld VII stammen einige Gebäudereste (Strata II–IV, ca. 335 bis 150), die sich in eine spätere und frühere Phase gliedern (vgl. Abb. 103).

Auf Feld IX ließen sich für die hellenistische Zeit die Phasen 4–2 feststellen. Phase 4 weist die Subphasen 4b und 4a auf, Phase 3 gliedert sich ebenfalls in zwei Subphasen 3b und 3a [2], wobei z. B. 3a die Wiederverwendung eines früheren Hauses aufweist. Phase 2 ist mit Stratum III A von Feld VII gleichzusetzen [3]. Dieses Feld dürfte das Armenquartier der hellenistischen Zeit gewesen sein.

Im Nordgraben von Feld XV wurde ebenfalls eine hellenistische Schicht festgestellt [4]. Auf D 1, D 2, D 3 wurden auch hellenistische Schichten festgestellt [5], auf D 4 ganze Anlagen und ein Haus [6].

Für die hellenistische Zeit lassen sich also exakt vier Strata feststellen: Stratum IV B und A (ca. 335 bis 250), Stratum III B und A (ca. 250 bis 190), Stratum II (ca. 190 bis 150) und Stratum I (ca. 150 bis gegen 100 v. Chr.) [7].

Im hellenistischen Sichem wurde kein Tempel entdeckt. Die ASOR-Drew-McCormick Expedition konnte jedoch mit großer Wahrscheinlichkeit die Reste eines Tempels aus hellenistischer Zeit auf dem zweiten Gipfel des Garizim, Tell er-Râs, Feld XII, nachweisen [8]. Der Unterbau von Gebäude A

---

[1] Vgl. auch a. a. O., fig. 104 und G. E. Wright, Shechem, BASOR 148 (1957) fig. 5.

[2] Vgl. J. A. Callaway, Shechem, BASOR 169 (1963) 45 f.

[3] Vgl. J. A. Callaway, Shechem, BASOR 169 (1963) 45.

[4] Vgl. J. F. Ross, Shechem, BASOR 204 (1971) 5–7.

[5] Vgl. E. Sellin, Sichem, AKAW 1914 38 f. 205 f. ders., Sichem, ZDPV 49 (1926) 231 f. 317–319. ders., Sichem, ZDPV 50 (1927) 208–210. 272 f. H. Steckeweh, Sichem, ZDPV 64 (1941) 3–10.

[6] Vgl. H. Steckeweh, a. a. O., 3–10.

[7] Vgl. S. H. Horn, Shechem, JEOL 18 (1959–1966) 305 f. G. E. Wright, Shechem 181–184.

[8] Vgl. R. J. Bull, Shechem, BASOR 180 (1965) 37–41. ders., The Excavation of Tell ER-RAS, BASOR 190 (1968) 4–41. ders., The Excavation of Tell ER-RAS, BA

(Zeus-Tempel, den Hadrian erbauen ließ) ruhte auf einer 80 cm dicken Zementschicht. Darunter lag etwa koaxial eine 2. Plattform, die die Ausgräber mit Gebäude B bezeichnet haben. B ist vier Meter breiter als A, aber kürzer. Aus diesem Grund mußte auch der Südteil von Gebäude A mit einer 3 m dicken Zementschicht unterfangen werden. Gebäude B besteht aus vermörtelten, rohen Steinen, die noch in 18 Lagen (8 m hoch) erhalten sind. Die Anlage wird an der Westseite in einem Abstand von 2,15 m durch eine parallele Mauer abgestützt (vgl. Abb. 104, 105, 106, 107).

Feld X: Schon E. Sellin [1] hatte 1935 einige Gräber auf der Nekropole des Ebalabhanges geöffnet (byzantinische Gräber). Abb. 108 zeigt den Plan eines hellenistischen Grabes aus dem 2. Jh. oder frühen 1. Jh. v. Chr. Von der zentralen Kammer (4,55 m × 3,88 m) gehen rechts und links je drei Grabnischen von 2,38 m bis 2,53 m Länge aus. An den Hauptraum schließt sich hinten die Hauptnische an von 2,48 m Länge und 1,47 m Breite. Das Grab wurde auch in der byzantinischen Periode noch benützt [2].

Auch Askar und seine Umgebung waren in hellenistischer Zeit besiedelt [3].

Gegen 100 v. Chr. endet die Geschichte Sichems wie die des hellenistischen Tempels auf Tell er-Ras durch eine radikale Zerstörung.

## *4.2. Auswahl von Einzelfunden* [4]

### *4.2.1. Keramik*

Vom Chalkolithikum bis zur endgültigen Zerstörung läßt sich die «Geschichte» der Stadt Sichem auf Grund der Keramik verfolgen. Im folgenden

---

31 (1968) 58–72. DERS., Tell er-Ras, RB 75 (1968) 238–243. DERS., A Preliminary Excavation of an Hadrianic Temple at Tell er Ras, AJA 71 (1967) 387–393. DERS., IEJ 18 (1958) 192 f. G. WILHELM, Tell er-Ras, AfO 23 (1969–1970) 185 f.

[1] Sichem, ZDPV 64 (1941) 2.

[2] Vgl. R. J. BULL, Shechem, BASOR 180 (1965) 33.

[3] Vgl. Seite 38 Anm. 1.

[4] Das Zusammenstellen der einzelnen Sichem-Funde erweist sich als mit nicht geringen Schwierigkeiten verbunden, zumal sich die Grabungen über einen Zeitraum von 60 Jahren hinzogen, viel von den Deutschen Grabungen durch die Bombardierung des Hauses E. Sellins in Berlin verloren gegangen ist und sich manches durch die spärlichen Angaben der vorläufigen Grabungsberichte E. Sellins nicht mehr genau einordnen läßt. Da der endgültige Grabungsbericht der ASOR-Drew-McCormick Expedition noch nicht erschienen ist (in seinem Brief vom 20. Mai 1975 teilt S. H. Horn dem Verfasser mit, daß der endgültige Grabungsbericht noch eine Weile auf sich warten lassen wird. Die Verzögerung ist begründet durch den plötzlichen Tod des archäologischen Direktors der Ausgrabungen: G. E. Wright), stehen auch für die amerikanischen Grabungen nur die vorläufigen Berichte zur Verfügung, in denen ebenfalls

Teil seien einige Stücke vorgestellt [1]. Die Abb. 109 bis 123 stellen einen Teil des Keramikbruches der ägyptisch-orientalischen Sammlung des Kunsthistorischen Museums Wien dar. Diese Objekte werden hier zum erstenmal publiziert.

Abb. 109: MI: S 54, MZ: 390, A: 447, SB, Gefäßscherbe aus vier Bruchstücken mit konzentrischen Kreisen in roter und graubrauner Farbe, hellgrauer Ton, 17,3 cm × 11 cm [2].

Abb. 110: MI: S 90, MZ: 307, A: 241, SB, Gefäßhenkel mit Resten von drei senkrechten und einem waagrechten Streifen in dunkelbrauner Farbe, rot-gelber Ton, ca. 7,5 cm lang [3].

Abb. 111: MI: S 149, MZ: 282, A: 229, SB, Gefäßscherbe mit Resten eines Gittermusters in roter Farbe, hellgrauer Ton, 5,5 cm × 4 cm.

---

nur sporadisch Einzelfunde publiziert wurden. Für Münzen, Skarabäen, Siegel stehen bereits kleine Monographien zur Verfügung. In der ägyptisch-orientalischen Sammlung des Kunsthistorischen Museums Wien befinden sich 454 Objekte (30 aus Bein, 18 aus Stein, 92 aus Metall, 8 aus Kiesel, 2 Schalen, 21 aus Tonerde, 50 Gefäße, 233 Tonscherben) der Grabungen 1913/14. S. H. Horn hat das ganze Material in Wien studiert und will es im endgültigen Grabungsbericht publizieren. Inzwischen hat er in zwei Artikeln (vgl. S. H. Horn, Objects from Shechem, JEOL 20 (1968) 71–90. figs. 1–5. Pls. XV–XIX. S. H. Horn / L. G. Moulds, Pottery from Shechem, AUSS 7 (1969) 17–46) Tongefäße, Stein-Bein und Metall-Objekte veröffentlicht. Nicht veröffentlicht sind bisher die Tonscherben. Nachdem ich dieses Material im Kunsthistorischen Museum Wien untersucht hatte (am 29. Oktober 1974), wurde mir von Herrn Direktor Dr. E. Komorzynski und von S. H. Horn die Erlaubnis zur Publikation der Tonscherben (Brief von S. H. Horn vom 19. Sept. 1974 an E. Komorzynski. Im Brief vom 30. Sept. 1974 (Zl. 34 / AeS / 1974) gab E. Komorzynski und im Brief vom 16. Okt. 1974 gab S. H. Horn dem Verfasser die Erlaubnis) gegeben. Den Herren E. Komorzynski, S. H. Horn, sowie Herrn Kanzleidirektor Nowotny, der mir auch die von ihm erstellten Unterlagen und Zeichnungen zur Verfügung stellte, sei für ihr großes Entgegenkommen gedankt. Für die Sichem-Sammlung in Leiden vgl. V. J. Kerkhof, Catalogue, OMRO 50 (1969) 28–108.34 Abb.

[1] Für einen Überblick zur Keramik Palästinas verweise ich auf die Studie von R. Amiran, Ancient Pottery. Vgl. S. Holladay, Jr., The Pottery of Northern Palestine, in the Ninth and Eight Centuries B. C., Harvard University 1966 (Mikrofilm). Speziell für Sichem verweise ich auf: D. P. Cole, Middle Bronze II B Pottery at Shechem, Drew University 1965. J. D. Seger, The Pottery of Palestine at the Close of the Middle Bronze Age, Harvard University 1965 (Mikrofilme). Diese Dissertationen werden mit dem endgültigen Grabungsbericht veröffentlicht (nach einer Auskunft von S. H. Horn). Vgl. auch G. E. Wright, Shechem fig. 111.112.113. G. M. Landes, Shechem, BASOR 169 (1963) fig. 22.23.24.25. J. A. Callaway, Shechem, BASOR 180 (1965) fig. 3.26. J. D. Seger, Shechem, BASOR 205 (1972) fig. 5.

[2] Vg . O. Tufnell, Lachish IV Pl. 52,46.

[3] Vgl. a. a. O., Pl. 52,39.

Abb. 112: MI: S 151, MZ: 279, A: 229, SB, Gefäßscherbe mit Resten geometrischer Verzierungen in rotbrauner Farbe, grauer Ton, ca. 7 cm × 4,5 cm [1].

Abb. 113: MI: S 155, MZ: 260, A: 89, SB, Gefäßscherbe mit geometrischem Muster in rotbrauner Farbe, grau-roter Ton, ca. 2,5 cm × 2,4 cm.

Abb. 114: MI: S 221, MZ: 389, A: 445, SB, Gefäßscherbe mit aufgemalten konzentrischen Kreisen (Kreisfragmenten) in roter Farbe, gelblicher Ton, ca. 4,8 cm × 3,5 cm.

Abb. 115: MI: S 256, MZ: 226, A: —, SB, Gefäßscherbe mit Resten von Strich- und Wellenlinienverzierung in (einst schwarzer) dunkelgrauer Farbe, außen hellgelb gefärbter, innen ockerfarbener Ton, ca. 5,2 cm × 4 cm.

Abb. 116: MI: 257, MZ: 225, A. —, SB, Gefäßscherbe mit Strich und Wellenlinienverzierung in brauner Farbe, ockerfarbener Ton, ca. 4 cm × 2,8 cm.

Abb. 117: MI: S 287, MZ: 193, A: —, SB, Gefäßscherbe mit Resten von Bemalung in dunkelroter und graubrauner Farbe, rötlicher Ton, ca. 7,2 cm × 7,3 cm.

Abb. 118: MI: S 179, MZ: 341, A: 272, SB, Gefäßscherbe mit Resten von Bemalung in dunkelbrauner Farbe, hellgrauer Ton, ca. 4 cm × 4 cm.

Abb. 119: MI: S 180, MZ: 340, A: 266, SB, Gefäßscherbe, glatt poliert, hellbraun gefärbt mit dunkelbraunem Streifenmuster, gelblicher Ton, ca. 2,5 cm × 2,5 cm.

Abb. 120: MI: S 222, MZ: 392, A: 447, SB, Gefäßscherbe mit Resten von Streifenmuster in dunkelbrauner bis lichtbrauner Farbe, gelb-grauer Ton, ca. 6,5 cm × 6,5 cm.

Abb. 121: MI: S 232, MZ: 173, A: —, SB, Gefäßscherbe mit Resten von Bemalung in Form von dünnen und dicken Streifen sowie Punkten in dunkelbrauner Farbe, schwarzgrauer Ton, außen rötlich gefärbt, ca. 5 cm × 6,5 cm.

Abb. 122: MI: S 265, MZ: 249, A: —, SB, Gefäßscherbe mit geometrischen Mustern und Punkten in dunkelbrauner Farbe, gelbgrauer Ton, ca. 5 cm × 4,2 cm.

Abb. 123: MI: S 289, MZ: 189, A: —, SB, Gefäßscherbe unverziert, Rest eines Standringes, grauer, an der Oberfläche roter Ton, Außenwand einst weiß? bemalt, ca. 6,8 cm × 4,8 cm.

Abb. 124: Reg. 207, Fragment einer griechischen Vase mit schwarzen Figuren verziert, Stratum Vx, zwischen 7. und 5. Jh. v. Chr.

---

[1] Vgl. a. a. O., Pl. 55,10.

Abb. 125: Tonkrugfragment, Feld V, Vorratsraum, 8. Jh. v. Chr.; Auf dem Fragment sind die hebräischen Buchstaben: קי eingraviert. Es handelt sich möglicherweise um Teile der Namen «Hilkiah» oder «Hezekiah».

Abb. 126: Reg. 11, Beschriebene Scherbe, Strata III–II (250–150 v. Chr.). Die griechische Inschrift lautet: «Simonide(s)».

Abb. 127: Drei Gefäße, Feld VI, zwei Krüge von Phase 902 (ca. 1725–1700 v. Chr.), eine Schale von Phase 901 (ca. 1700–1675 v. Chr.), MB II B [1].

Abb. 128: MI: 30, MZ: 265, A: 195, PN: 136, Aus Scherben zusammengesetztes Gefäßfragment, rotbrauner Ton, unterer Durchmesser: 12,6 cm, MB, Feld IV, gefunden am 4. April 1914 [2].

Abb. 129: MI: 48, MZ: 133, A: 485, PN: 150, Kyprisches Gefäß, das aus vielen Scherben zusammengesetzt ist, graurötlicher Ton, gut gebrannt und poliert (Außenseite), typisch kyprische Verzierung, 10 cm hoch, größter Durchmesser: 16 cm, SB, gefunden am 5. Mai 1914 [3].

Abb. 130: MI: 59, MZ: 261, A: 115, PN: 155, Großes Fragment eines Tongefäßes ohne Basis. Das Fragment besteht aus 18 Teilen und ist verziert mit orange-rot-braunen Streifen, grauer Ton, gut gebrannt, Randdurchmesser: 41 cm, SB, gefunden am 12. Sept. 1913 [4].

Abb. 131: MI: 25, MZ: 120, A: —, PN: 158, Schwarzer Krug, gebrannt, SB, größter Durchmesser: 6,8 cm, Höhe: 9,2 cm [5].

Abb. 132: MI: 1, MZ: 140, A: 197, PN: 181, Großer Krug mit einem Henkel, orangefarbenen Ton, gut gebrannt und poliert, größter Durchmesser: 16,5 cm, Höhe: 25 cm, EZ, gefunden am 4. April 1914 [6].

Abb. 133: MI: 71, MZ: 121, A: 469?, PN: 184, Delphinförmige Öllampe, orangefarbener Ton, schön geformt, Hellenistische Zeit, Durchmesser: 6,2 cm, Höhe: 3 cm, gefunden am 5. Mai 1914 [7].

Abb. 134: Reg. 725, Kyprisch-phönikischer Importkurg, verziert mit konzentrischen Kreisen, Haus Nr. 1727, Stratum V, 8. Jh. v. Chr.

Abb. 135: Tonkrug, Feld I, Stratum VI, Ende des 8. Jh. v. Chr. [8].

---

[1] Für Tongefäße von Sichem vgl. auch: S. H. Horn / L. G. Moulds, Pottery, AUSS 7 (1969) 17–46. E. Sellin, Sichem, ZDPV 50 (1927) Taf. 29b. E. Sellin / H. Steckeweh, Sichem, ZDPV 64 (1941) Taf. 2 B. G. E. Wright, Shechem fig. 88. L. E. Toombs, Shechem, BASOR 204 (1971) fig. 6.

[2] S. H. Horn, / L. G. Moulds, a. a. O., 24 f.

[3] A. a. O., 31 f. Vgl. Y. Yadin, Hazor I Pl. XCII, 16.

[4] A. a. O., 33 f.

[5] Vgl. S. H. Horn, L. G. Moulds, Pottery, AUSS 7 (1969) 35.

[6] A. a. O., 42.

[7] A. a. O., 43.

[8] Vgl. Y. Yadin, Hazor I Pls. LXVIII, 3 und 4. LXXXIV, 17 (Stratum V).

### *4.2.2. Verschiedene Geräte und Gebrauchsgegenstände* [1]

Abb. 136: MI: S 84, A: 332, PN: 25, Alabasterkrug, Durchmesser 6,4 cm bis 7 cm, Höhe: 9,1 cm, 0,7 cm stark, MB II bis SB I [2].

Abb. 137: Paläolithische Feuerstein Hand-Axt, Feld VI, ältester Fund aus Sichem [3].

Abb. 138: Scharfer Ghassulian Feuerstein-Kiesel mit scharfer Schneide. Aus der Füllung der MB-Befestigungsanlagen.

Abb. 139: MI: S 47, A: 479, PN: 7, Griff eines Gerätes aus Bein, Durchmesser 2,3 cm, Höhe 2,1 cm, SB I [4].

Abb. 140: Achtseitiger Elfenbeinwürfel, Feld V, Gebäude 5900, 9. bis 8. Jh. v. Chr.

Abb. 141: Eisenschlüssel, Feld II, hellenistisches Haus.

Abb. 142: MI: S 41, A: 480, PN: 55, Nadel aus Bronze, 9 cm lang, MB II [5].

Abb. 143: MI: S 52, A: 395, PN: 8, Spindel-Quirl aus Bein, Durchmesser 4,5 cm, 1,5 cm dick. MB II bis EZ I [6].

Abb. 144: MI: S 37, A: 436, PN: 44, Breitbeilblatt aus Bronze, 11,2 cm lang, 5 cm weit, 1 cm dick [7], MB.

Abb. 145: MI: S 23, A: 324, PN: 60, Meißel aus Bronze, 7,6 cm lang, 9,5 cm weit, 0,6 cm dick, MB [8].

Abb. 146: MI: S 20, A: 268, PN: 62, Messerklinge aus Bronze, 10,5 cm lang, 3,0 cm weit, 0,45 cm dick, MB [9].

Abb. 147: Museum Leiden Nr. B 1929.1.199, Gewicht aus Kalkstein, Basisdurchmesser: 4 cm, Gewicht: 188,5 Gramm. Das Gewicht ist beschrieben mit RL Zeichen, ein Symbol für 16. Es ist ein 16 Scheckel Gewicht, das erste, das beschrieben gefunden wurde, 7. Jh. v. Chr. [10].

---

[1] Für Pressen und Öfen vgl. E. Sellin / H. Steckeweh, Sichem, ZDPV 64 (1941) Taf. 2 A. G. E. Wright, Shechem fig. 89. E. F. Campbell, Jr. Shechem, BASOR 180 (1965) fig. 6 und 8. J. D. Seger, Shechem, BASOR 205 (1972) fig. 7. Gußformen: E. Sellin, Sichem, ZDPV 50 (1927) Taf. 21.

[2] Vgl. S. H. Horn, Objects, JEOL 20 (1968) fig. 2, 26.27.

[3] Vgl. E. Anati, Palestine before the Hebrews 50 ff.

[4] Vgl. S. H. Horn, Objects, JEOL 20 (1968) fig. 1.

[5] A. a. O., fig. 3.

[6] A. a. O., fig. 1. Dalman, Arbeit und Sitte V 42–44 figs. 6–9.

[7] A. a. O., fig. 3.

[8] A. a. O., fig. 3.

[9] A. a. O., fig. 3.

[10] Vgl. auch a. a. O., fig. 2. Ein weiterer Gebrauchsgegenstand ist z. B. auch ein Schleifstein (vgl. G. E. Wright, Shechem fig. 78). Für das Kalksteingewicht vgl. auch V. I. Kerkhof, An Inscribed Stone Weight from Shechem, BASOR 184 (1966) 20 f.

### *4.2.3. Waffen*

Abb. 148: Sichelschwert. Im Jahre 1908 kam beim Ausheben der Schächte des Hauses des Fellachen Salim u. a. [1] ein Sichelschwert zum Vorschein. F. W. Freiherr von Bissing [2] beschreibt das Sichelschwert folgendermaßen: «... Länge 0,452 m. größte Breite 0,04 m. Kupfer mit Goldeinlagen. ... Der Griff (aus Holz oder Elfenbein) fehlt. In der Mitte der Klinge läuft eine rechts und links durch erhabene Bänder abgesetzte 0,01 m. breite flachgewölbte Rippe. Wo sie gerade verläuft und auf dem halbmondförmig gebogenen Ende unterhalb der Nymphaeen-Blüte sind in feinem Golddraht zwei gegenständig gerichtete fortlaufende Spiralbänder eingelegt; je vier Spiralen umschließen ein sphärisches Viereck; diese Bänder werden oben und unten durch in Gold eingelegte Stabbänder abgeschlossen. Das s-förmig gebogene Verbindungsstück ist mit gleichsam ein Netz bildenden vierblättrigen Blüten bedeckt, zwischen die Kreuze eingeschoben sind. Auch das Zierglied wird von Stabbändern eingefaßt und durch schmale undekorierte Streifen gegen die Spiralen abgesetzt. Dort, wo die Harpe sich zu einer breiten jetzt stark bestoßenen Schneide erweitert, setzt eine gleichfalls in Gold eingelegte Nymphaea-Coerulea-Blüte an. Einzelne der Blütenblätter sind aus dem Goldblatt ausgeschnitten und weisen Punktierung in Gold auf dem Kupfergrund auf. Ebenso sind der Fruchtknoten und die großen, spitzen Deckblätter behandelt. Der in den Griff eingelassene 0,084 m. lange Dorn weist zwei kleine Durchbohrungen übereinander auf.»

Zum erstenmal erscheint das Sichelschwert in der Ur I Zeit (ca. um 2400 v. Chr.). Auf einem Rollsiegel aus altbabylonischer Zeit [3] hält Ischtar in der gesenkten rechten Hand das Sichelschwert. Es ist in Mesopotamien durchwegs als «ein Ideogramm für die kämpferische Macht und göttliche Sieghaftigkeit» [4] belegt und nur selten als Gebrauchswaffe, wie etwa die Sichelaxt auf dem Fragment einer Stele des Sargon von Akkad aus Susa [5]. Die

---

[1] Weiters wurden sechs Dolche, drei Speerspitzen, eine Beilklinge, ein Relief aus Bronze und einige undefinierbare Objekte gefunden (vgl. F. W. Freiherr von Bissing, De geschiedenis, MAA 62 (1926) 20–24. C. Watzinger, Denkmäler I:Taf. 24.26). Die Funde kamen zuerst in das niederländische Museum Lunsingh-Scheurleer und wurden dort unter den Nummern: Vorder-Asien: 120, 112, 116, 110, 111, 113, 114, 115, 115A, 118, 117, 119, 107, 108, 109 geführt. Zur Zeit sind die Funde in der ägyptischen Staatssammlung, München (Nr. 2907–2920); vgl. M. Müller, Staatliche Sammlung 50 und Farbtafel zwischen Taf. 24 und 25. O. Keel, Siegeszeichen 30.

[2] F. W. Freiherr von Bissing, a. a. O., 20 f.

[3] Vgl. O. Keel, Siegeszeichen Abb. 4.

[4] A. a. O., 41.

[5] A. a. O., Abb. 7.

ideogrammatische Bedeutung des Sichelschwertes hat sich im syrischen Raum nicht verändert [1], wohin es von Mesopotamien eingedrungen ist. Ein syrisches Rollsiegel aus altbabylonischer Zeit [2] zeigt die kriegerische Anat/Astarte, die dem König einen Kriegsgefangenen zuführt. Der König trägt in der linken Hand das Sichelschwert. In Byblos wurden drei Sichelschwerter in Fürstengräbern aus der Zeit Amenhets III. (1842–1792 v. Chr.) und Amenhets IV. (1797–1788 v. Chr.) gefunden, die von byblischen Kunsthandwerkern gefertigt wurden [3]. Weitere Sichelschwerter stammen aus Bet-Schean, Geser, Ras-Schamra, Amman, Beirut (spätes 14. Jh. bis zum frühen 13. Jh. v. Chr.), die sich ob ihrer Schmucklosigkeit als Gebrauchswaffen verstehen lassen. Das Sichelschwert ist im syrischen Raum daher sowohl Ideogramm als auch Gebrauchswaffe (frühestens seit 1600 v. Chr.). Von Syrien-Palästina her ist das Sichelschwert in Ägypten eingedrungen. Die ersten Belege stammen vom Anfang der 18. Dynastie. Auch in Ägypten ist es ein Ideogramm des Sieges [4], jedoch nicht nur ein Attribut der Kampfes- und Siegesmacht des Königs, sondern auch Schutz gewährendes Amulett [5]. Es wird als Gabe der Gottheit an den König betrachtet, was aus ägyptischen Texten [6] und aus der Ikonographie [7] hervorgeht. Spätestens seit dem 14. Jh. v. Chr. wird das Sichelschwert in Ägypten als Gebrauchswaffe verwendet [8]; in der Zeit Ramses' III. (1204–1173 v. Chr.) war es die Nahkampfwaffe des ägyptischen Heeres schlechthin [9].

Das sichemitische Sichelschwert ist dem von Byblos (vgl. Abb. 149) sehr ähnlich. Das Exemplar aus Byblos trägt das Uräussymbol und ist mit einer Lotusblume geschmückt, das sichemitische Exemplar nur mit einer Lotusblume. Die äußere Form der beiden ist gleich. Das byblische Sichelschwert kann ungefähr in die 2. Hälfte des 19. Jh. v. Chr. datiert werden. Dadurch wird die Theorie des Freiherrn von Bissing, daß eine einigermaßen höhere [10] Datierung als 1600 v. Chr. zu erwägen sei, nur bestätigt. Das sichemitische Exemplar kann etwa in die 2. Hälfte des 19. Jh. v. Chr. oder gegen Anfang des 18. Jh. v. Chr. datiert werden. Was die Verbreitung des Sichemschwertes als Ideogramm und Gebrauchswaffe betrifft, läuft die Linie von Mesopotamien über Syrien-Palästina nach Ägypten. Wir haben daher in dem byblischen und dem sichemitischen Sichelschwert keine ägyptischen Importwaren zu sehen, sondern einheimische, palästinische Waren. Beide Exem-

---

[1] A. a. O., 49.
[2] A. a. O., Abb. 20.
[3] A. a. O., 28 f.
[4] A. a. O., 51.
[5] A. a. O., 61.
[6] A. a. O., 59 ff.
[7] Vgl. O. Keel, Siegeszeichen 24 ff.
[8] A. a. O., 31 ff.
[9] A. a. O., 33 f.
[10] F. W. Freiherr von Bissing, a. a. O., 20 f.

plare sind keine Gebrauchswaffen, sondern haben ideogrammatischen Wert. Dafür spricht die Tatsache, daß Sichelschwerter in Syrien erst ab 1600 v. Chr als Gebrauchswaffen belegt sind; ferner spricht die Nähe zur altbabylonischen Zeit dafür, in der die Sichelschwerter durchwegs ideogrammatisch verstanden wurden. Es ist naheliegend, daß das sichemitische Exemplar (wie das von Byblos) aus einem Fürstengrab stammt. Das Schwert sollte gleichsam die Siegesmacht des toten Fürsten vergegenwärtigen [1].

Abb. 150: MI: S 6, A: ?, PN: 65, Dolchklinge aus Bronze, 10,8 cm lang, 4,4 cm weit, 0,68 cm dick, MB II.

Abb. 151: MI: S 27, A: 343, PN: 49, Speerspitze aus Bronze, 12,2 cm lang, 1,4 cm weit, 0,3 cm dick, MB II [2].

Abb. 152: MI: S 10.139, A: ?, PN: 68, Pfeilspitze mit langem Schaft, Bronze, 5,8 cm lang (Klingenlänge), 2 cm weit, letzte Phase der SB [3].

#### *4.2.4. Rollsiegel und Siegel*

Abb. 153: Balata 1960, Obj. 661, Rollsiegel aus Serpentin, 3,6 cm hoch, 1,3 cm Durchmesser, Feld VII, Area 3, Locus 1029a, Strata VII und VI. Das Rollsiegel zeigt starke Benützungsspuren, im Zentrum ist die geflügelte Scheibe über einem stilisierten Baum. Rechts ist ein geflügelter Stier, darüber die sieben Sterne der Plejaden und der zunehmende Mond. Die geflügelte Scheibe über hl. Baum, die Plejaden und der zunehmende Mond sind allgemein assyrische Motive [4]. Die geflügelte Sonne ist Symbol des Nationalgottes Assur. Die Kombination von geflügelter Scheibe mit dem Lebensbaum ist mitannisch und wurde in der SB von den Assyrern übernommen [6]. Die Art der Darstellung weist ins 13. bis 11. Jh. v. Chr. [5]. Der Fundkontext weist ins 8. Jh. v. Chr. Da das Siegel lange in Gebrauch war, ist immerhin eine höhere Datierung als das 8. Jh. v. Chr. zu erwägen [7].

---

[1] Vgl. K. Jaroš, Zur Datierung des sichemitischen Sichelschwertes, (erscheint in «Kairos» 1976).

[2] Vgl. S. H. Horn, Objects, JEOL 20 (1968) fig. 4.

[3] A. a. O., fig. 4.

[4] G. E. Wright, Seals, BASOR 167 (1962) 5.

[5] Vgl. H. Frankfort, Cylinder Seals 204–215.277–278 und Pls. XXXII d. XXXIII a, h.

[6] Vgl. dazu G. E. Wright, a. a. O., 8. Vgl. weitere Rollsiegel, Siegel und Abdrücke bei G. E. Wright, a. a. O., fig. 3.2. G. E. Wright, Shechem fig. 54. E. Sellin, Sichem, ZDPV 50 (1927) Taf. 30. E. F. Campbell, Jr. / J. F. Ross, Shechem, BA 26 (1963) fig. 2. G. E. Wright, Shechem fig. 92 und 93.

[7] Vgl. G. E. Wright, Seals, BASOR 167 (1962) 6 ff.

Abb. 154: Balata 1960, Obj. 712, Konisches Siegel aus gebranntem Ton, grau bis schwarz, Durchmesser: 1,8 cm, Feld VII, Area 3, Locus 1030, Stratum VIII (= 8. Jh. v. Chr.). Das Siegel zeigt zwei gehörnte Hirsche, darüber einen Skorpion. Das Siegel kann palästinischer oder ägyptischer Herkunft sein, typisch für das 9. bis 8. Jh. v. Chr. [1].

Abb. 155: Balata 1960, Reg. 26, skaraboides Siegel aus Amethyst, Feld VII, Locus 1202, Stratum III, 1,35 cm × 0,5 cm. Inschrift: למבן, darunter ist ein Streitkolben, der das ägyptische «ank»-Zeichen darstellt, was für die spätassyrisch-neubabylonische Zeit charakteristisch ist. Die Schrift weist das Siegel eindeutig ins späte 7. Jh. oder frühe 6. Jh. v. Chr. Auf dem Siegel dürfte vermutlich Jahwe zu ergänzen sein. מבן leitet sich vom Stamm בנה her. מבנה ist das Substantiv «Bauwerk», das auch auf eine Person bezogen werden kann [2]. Ausgeschrieben würde dann die Inschrift lauten: למבנ ה (יהוה) «für (meinen) Schöpfer (Jahwe)». In 1 Aght I 25 kommt als Epitheton für El vor: lbny.bnwt «o Schöpfer der Geschöpfe» [3]. Man könnte daher ל auch als emphatische Partikel auffassen [4] und übersetzen: «fürwahr Schöpfer ist Jahwe».

Abb. 156: Tonsiegelabdruck, Feld II, Er haftete einmal an einem Papyrus, er zeigt einen persischen König auf der Jagd, Durchmesser: 2,5 cm, persische Zeit.

### *4.2.5. Skarabäen*

Abb. 157: Nr. 2045, Hyksos-Skarabäus, weißer Steatit, ein Schlangen- oder Ibis-köpfiger Gott (König) hält Lotusblumen in der linken Hand, aus den MB-Kasematten der Nordmauer [5].

Abb. 158: Nr. 1670, Skarabäus, 19. Dynastie, lichtgrauer Steatit, zeigt einen nackten, gehenden Mann, Inschrift: kꜣḏn r ḫꜣświt pẖr «Wagenlenker der Länder des Kreislaufes», gefunden auf D 2 [6].

---

[1] Vgl. G. E. Wright, Seals, BASOR 167 (1962) 11–13.

[2] A. a. O., 15 Anm. 9.

[3] Vgl. C. H. Gordon, Ugaritic Textbook 247.373 Nr. 483.

[4] Vgl. W. Gesenius, Wörterbuch 372.

[5] Zu Sichemskarabäen vgl. S. H. Horn, Scarabs I, JNES 21 (1962) 1–14. ders., Scarabs II, JNES 25 (1966) 48–56. ders., Scarabs III, JNES 32 (1973) 281–289. J. D. Seger, Shechem, BASOR 205 (1972) fig. 6. L. E. Toombs, Shechem, BASOR 204 (1971) fig. 7.

[6] Vgl. E. Sellin, Sichem, ZDPV 49 (1926) 319. A. Rowe, Catalogue 165 Pl. XVIII Nr. 693. S. H. Horn, Scarabs I, JNES 21 (1962) 6.

Abb. 159: Balata 1957, Skaraboid, grauer Steatit, späte Hyksos-Zeit oder Neues Reich, Feld III, zeigt sitzenden König (?) mit ḫpš-Schwert in der erhobenen Hand, rechts und links sind Bäume. Dieses Motiv ist äußerst selten [1].

Abb. 160: Balata 64, Nr. 575, Skarabäus, grauer Steatit, Feld VII, Area 2, Stratum XI (9. Jh. v. Chr.), zeigt einen Stier, das Zeichen oben dürfte ein Uräussymbol sein. Vermutlich handelt es sich um eine El oder Baal Darstellung [2]. Der Skarabäus stammt aus der Hyksoszeit und war sehr lange in Gebrauch [3].

Abb. 161: Balata 1966, Nr. 245, Skarabäus, grau-gelblicher Steatit, Feld I, Area 4, aus MB II C Kontext, zeigt einen stehenden Mann, wahrscheinlich einen König. Unter seinem ausgestreckten, rechten Arm und gegenüber seinen Füßen ist die Krone Unterägyptens. Der Mann trägt einen kurzen, farbigen Rock, von seinem Bauch flattert ein Band hervor. Der linke Arm hängt herab, während die ausgestreckte Rechte ein Weihrauchfaß [4] oder ein Opfergefäß hält [5]. Über dem rechten Arm ist vermutlich das Lebenszeichen dargestellt; Hyksoszeit.

Die ältesten Sichem-Skarabäen stammen aus dem Mittleren Reich, die meisten sind Hyksos-Skarabäen, aber auch aus dem Neuen Reich gibt es eine Fülle von Skarabäen. Das läßt auf eine lose Verbindung Sichems mit dem Ägypten des Mittleren Reiches bis zu einer engen Verbindung ab der Hyksoszeit schließen.

### *4.2.6. «Geld» und Münzen*

Abb. 162: Depot von Silber und Gold-«Geld» aus der SB, Feld III, solches Geld wurde für finanzielle Transaktionen verwendet, wenn es notwendig wurde, Silber und Gold auf einer Waagschale zu wiegen.

Abb. 163: Münze aus einer Silber- und Weißgoldlegierung, Feld I, Area IV, Durchmesser: 2 cm, Gewicht: 145 Gramm. Die Münze ist aus Griechenland importiert, wahrscheinlich aus Thasos. Es ist die Gottheit Selinus dargestellt. Zeit: ca. 550–463 v. Chr.; es ist eine der ältesten Münzen, die in Palästina gefunden wurden [6].

---

1 Vgl. S. H. Horn, a. a. O., 12.
2 M. H. Pope, El 35. A. S. Kapelrud, Baal 20 f. K. Jaroš, Elohist 353 ff.
3 Vgl. S. H. Horn, Scarabs II, JNES 25 (1966) 54.
4 Zum Räuchern vgl. O. Keel, Sühneriten, VT 25 (1975) 424 ff.
5 Vgl. S. H. Horn, Scarabs III, JNES 32 (1973) 283.
6 Vgl. G. E. Wright, Shechem, BASOR 144 (1956) 19 f.

Abb. 164: Silbermünze aus der Zeit Ptolemäus' I. (312–285 v. Chr.), vermutlich in Alexandria geprägt, die Vorderseite trägt das Abbild des Herrschers, die Rückseite einen Adler und die Inschrift: Ptolemaion Basileos [1].

Abb. 165: Silbermünze aus der Zeit Ptolemäus' V. (204–181 v. Chr.), die Vorderseite zeigt den bartlosen König, die Rückseite einen Adler und die Inschrift: basileios. Die Münze ist ohne Datum und Monogramm [2].

Abb. 166: Seleukidische Bronzemünze aus der Zeit Demetrius' II. (129–125 v. Chr.), die Vorderseite zeigt das bärtige Haupt des Königs, die Rückseite den nackten Apoll mit Pfeil und Bogen, die Inschrift rechts lautet: Basileos Demetrion, links: Theou Nikatoros. Das Monogramm Delta-Pi-Rho ergibt die Zahl 184, das ist das Jahr 128 v. Chr.

### *4.2.7. Schmuck*

Abb. 167: Vierzehnteiliger Goldschmuck, fünf Monde, drei Sonnen, zwei Ischtarsterne. Es handelt sich um einen Schmuck, den man mit einer Schnur um den Hals tragen konnte. Der Einfluß auf die Motive und Gestaltung ist teils ägyptisch teils babylonisch, gefunden auf D 1 in einem Abfallhaufen der SB [3].

Abb. 168: Balata 1960, Reg. 615, Silbernadel als Zierde für ein Kleid oder einen Umhang, Feld V, frühe SB, 5,2 cm lang.

Abb. 169: MI: S 50, A: 407, PN: 16, Ringfragment aus Bein, Durchmesser: 1,6 cm, Dicke: 0,3 cm, vermutlich aus hellenistischer Zeit [4].

Abb. 170: MI: S 74, A: 50, PN: 32, Kosmetik-Palette, feiner, gelblicher Kalkstein, z. T. gebrochen, in Feuer gebrannt, Durchmesser: 8,3 cm, Durchmesser der Kuppe: 3,6 cm, Dicke: 2,8 cm, die Palette ist am Rand mit Kreisen verziert. Es dürfte sich um eine phönikische Importware handeln, vermutlich aus EZ II [5].

---

[1] Vgl. O. R. SELLERS, Coins, BA 25 (1962) 90. Die zahlreichen ptolemäischen und seleukidischen Silber- und Bronzemünzen zeigen den grandiosen Aufstieg Sichems während der hellenistischen Zeit an. Es sind Münzen vom Anfang der hellenistischen Periode Sichems bis zum endgültigen Untergang Sichems vertreten. Viele dieser Münzen wurden in Palästina (Gaza, Sidon, Tyrus) geprägt. Manche tragen das Fabrikatszeichen; vgl. dazu O. R. SELLERS, a. a. O., 89 ff.

[2] Vgl. O. R. SELLERS, a. a. O., 91.

[3] Vgl. E. SELLIN, Sichem, ZDPV 49 (1926) 231. DERS., Zu dem Goldschmuck von Sichem, ZDPV 66 (1943) 20–24.

[4] Vgl. S. H. HORN, Objects, JEOL 20 (1968) 78.

[5] A. a. O., 80.

Abb. 171: MI: S 35, A: 422, PN: 121, Dreieckige Fibula aus Bronze, unvollständig, 7,8 cm lang, 8. Jh. v. Chr. [1].

### *4.2.8. Religiöse Embleme*

Abb. 172: Bronzefigur, teils versilbert, die eine männliche Gottheit darstellt. Gesamtgröße: 18,4 cm, Feld VII, Stratum 15 (1450–1400 v. Chr.), gefunden 1965 [2]. Von den Ausgräbern wurde diese Figur zuerst als Baalsfigur gedeutet, man dachte aber auch an eine Rescheffigur [3]. Bronzefiguren dieser Art sind für den palästinisch-syrischen Raum typisch [4].

Abb. 173: Astartekopf, Terrakotta, von D 1, SB [5].

Abb. 174: Drei Bruchstücke verschiedener Astartefiguren, Feld VI, SB [6].

Abb. 175: Drei weibliche Idole aus Ton, gefunden im Abfallhaufen auf D 1, SB [7]. Es dürfte sich um die Darstellung der Fruchtbarkeits- und Muttergöttin handeln [8].

---

[1] Vgl. zur Fibula die grundlegende Studie von D. Stronach, The Development of the fibula in the Near East, Iraq 21 (1959) 181–206.

[2] Vgl. E. F. Campbell, Jr., Shechem, BASOR 180 (1965) 24.

[3] A. a. O., 24.

[4] Charakteristisch sind einige Baalsfiguren. Der Gott hat den rechten Arm erhoben. Die Figuren stammen aus Minet el-Beida (vgl. C. F. A. Schaeffer, Syria 9 (1929) Pl. LIII. R. Dussaud, L'Art phénicien du IIe millénaire, Paris 1949, 68 fig. 34. A. Vanel, L'Iconographie fig. 54, ANEP 481), Ugarit (vgl. C. F. A. Schaeffer, Syria 16 (1935) Pl. XXXIII fig. 1–3). Die genaueste Parallele zu unserer Figur ist vermutlich bei C. F. A. Schaeffer, Nouveaux Témoignages, Syria 43 (1966) 8 fig. 4 zu finden. Es ist eine Baalsfigur aus Ugarit. Alle diese Baalsfiguren stammen ca. aus derselben Zeit wie unsere Figur (vgl. auch ANEP 484 und V. Karageorgis, Cyprus Abb. 65 und 95. O. Keel, Siegeszeichen Abb. 60 f.). Meistens deutet man diese Figuren als Baalsdarstellungen. Die Figuren entsprechen auch der typischen Ikonographie Baals (vgl. z. B. ANEP 490). Die Möglichkeit, daß es sich jedoch um eine Rescheffigur handelt, ist nicht völlig auszuschließen, da Reschef weitgehend ähnliche Funktionen wie Baal ausübt und im lokalen Bereich auch als Hauptgott verstanden werden konnte (vgl. D. Conrad, Der Gott Reschef, ZAW 83 (1971) 157–183). Vgl. zum Ganzen auch D. Collon, The Smiting God, Levant 4 (1972) 111–134.

[5] Vgl. E. Sellin, Sichem, ZDPV 50 (1927) 206.

[6] A. a. O., 266.

[7] Vgl. E. Sellin, Sichem, ZDPV 49 (1926) 231.

[8] Solche Fruchtbarkeitsidole wurden in Palästina fast überall gefunden. MB-EZ (vgl. ANEP 469. J. B. Pritchard, Palestinian Figurines. U. Winter, Die Frau im Alten Testament). Die Zuordnung des Materials zu bestimmten Göttinnen ist fast unmöglich. Es handelt sich durchwegs um Darstellungen der Mutter-, Fruchtbarkeits- und Liebesgöttin.

Abb. 176: Hausaltar, 60 cm hoch, 36 cm breit, 8.–7. Jh. v. Chr., gefunden im OW-Probegraben. Er trägt zwischen vier Knäufen eine Schalenvertiefung von 30 cm Durchmesser [1].

Abb. 177: Hausaltar, gefunden in der Erweiterung des OW-Grabens, 90 cm hoch, kultischer Kontext: sechs tönerne Thymiaterien und 35 zierliche Ölfläschchen [2].

Abb. 178: Reg. 27, Widderkopf aus Ton, Feld VII, gemischtes Stratum III A, 3 cm hoch, 3,6 cm breit, EZ II [3]. Widderdarstellungen sind im Alten Orient und in Ägypten [4] häufig. Auf ägyptischen Darstellungen der Erschaffung der Welt ist z. B. der widderköpfige Gott Chnum dargestellt [5]. Chnum ist es auch, der Leib und Ka des Königs bildet [6]. Im Alten Testament ist der Widder, der Stärke verkörpert, ein bevorzugtes Opfertier [7]. Die Quelle bei ʿArtās wird von weißen und schwarzen Widdern bewacht [8]. In Zypern ist der Widder das hl. Tier der Astarte-Aphrodite [9].

Abb. 179: Scherbe aus grünlich-grauem Ton, mattweiß bemalt. Eine braun gesprenkelte Schlange ist plastisch auf die Scherbe aufgesetzt, Feld V, der Keramik-Kontext weist auf die MB [10]. Es dürfte sich um eine Votivgabe handeln [11].

### *4.2.9. Grabstätten und Grabinschriften*

Abb. 180: Kruggrab eines Kindes, Feld VI, unterhalb des Pflasters der Temenosphase 901 (ca. 1700 bis 1675 v. Chr.). Ob es sich bei diesem und anderen Funden [12] um Reste von Bauopfern handelt, ist nicht mit letzter

---

[1] Vgl. E. Sellin, Sichem, ZDPV 49 (1926) 232. Es könnte sich auch um einen Hörneraltar handeln, dem die Hörner abgebrochen wurden. Die Form ist der des Hörneraltars von Megiddo sehr ähnlich (vgl. ANEP 575). Speziell zum Hörneraltar vgl. Y. Aharoni, The Horned Altar of Beerscheba, BA 37 (1974) 2–6, A. Biran, An Israelite Horned Altar at Dan, BA 37 (1974) 106 f. Für verschiedene Altäre vgl. AOB 439 ff. ANEP 575 ff. K. Galling, Der Altar.

[2] Vgl. E. Sellin, Sichem, ZDPV 49 (1926) 233.

[3] 9. bis 7. Jh. v. Chr.

[4] Vgl. ANEP 364.502.520.622.845.

[5] Vgl. ANEP 542.

[6] O. Keel / M. Küchler, Texte II 71 Abb. 8.

[7] M. L. Heury, Widder, BHH III 2169 f.

[8] Vgl. W. R. Smith, Religion 136.

[9] Vgl. a. a. O., 344 f. und figs. 9.10. H. Gese, Religionen 206.

[10] Vgl. E. Sellin, Sichem, ZDPV 50 (1927) 207.

[11] Zur Schlange vgl. K. Jaroš, Elohist 259–281.

[12] Vgl. E. F. Campbell, Jr. / J. F. Ross, Shechem, BA 26 (1963) fig. 6. E. F. Camp-

Sicherheit zu entscheiden. Für ein Bauopfer würde sprechen, daß der Krug in keiner Nekropole, sondern im Temenosgebiet vergraben wurde. Außerdem könnte die Art der Bestattung in Krügen auf ein Bauopfer hindeuten [1].

Abb. 181: Kalksteinplatte mit griechischer Inschrift [2], vermutlich Teil eines hellenistischen Sarkophages, das Bruchstück ist in der Mitte auseinandergebrochen, größte Länge: 59 cm, größte Breite: 29,5 cm, Dicke: 5 cm, hellgrau, Feld X, Zeile 1: ΣΑΡΑΒ Λ.ΑΚΑ. Zeile 2: ΤΙΦΑ

In der ersten Zeile: der Buchstabe nach dem Λ ist unklar, vermutlich handelt es sich um ein Ψ. Der letzte Buchstabe der ersten Zeile ist ein T, das etwas zu klein geraten ist. Es könnte sich aber auch um den Teil eines Π handeln (Vermutung von E. Puech). Paläographisch läßt sich die Inschrift ins Ende des 2. Jh. / Anfang 1. Jh. v. Chr. datieren [3]. Die erste Zeile ist vermutlich ein Name mit einem Epitheton, die zweite Zeile «Tipha» könnte die Herkunft des Toten angeben. Tipha ist eine Stadt in Böotien [4].

### *4.2.10. Die Sichem-Tontafeln* [5]

Abb. 182: Tafel Nr. 1350, gebrannter Ton, rotbraun, 3,5 cm × 2,5 cm, gefunden am 19. August 1926 in der Fortsetzung des SO-Grabens, die obere Hälfte der Tafel ist abgebrochen. Text und Übersetzung: [6]

Vorderseite

1 [mK] a-na-bi-LAK (possibly RU)
2 mḪa-ba-du mâr Na-ṣi-ib-ti
3 mSu(!)-ar-da(?)-ta(?) mâr Pá-al-sí-i
4 mYa-da(!) -aḫ-a(?)- du

---

BELL, Jr., Shechem, BA 23 (1960) fig. 4. J. F. ROSS / L. E. TOOMBS, Shechem, Arch 14 (1961) Abb. auf 173. G. E. WRIGHT, Shechem, ILN Aug. 10 (1963) fig. 26.

1 Vgl. zu dieser komplexen Frage K. JAROŠ, Elohist 284–327.

2 Da das Photo (vgl. R. J. BULL, Shechem, BASOR 180 (1965) fig. 14) nicht eindeutig genug ist, habe ich am 18. Sept. 1975 die Inschrift im Rockefeller Museum in Jerusalem untersucht. Für das Entgegenkommen danke ich besonders Herrn Prof. Dr. Raḥmani und Fräulein Marcia.

3 Vgl. E. M. THOMPSON, Palaeography 143 (Tafeln nach dieser Seite).

4 Eine völlige Entzifferung wird kaum möglich sein, da wahrscheinlich Buchstaben fehlen. Auch nach Beratung mit Spezialisten für Epigraphik (E. Puech, Paris und Prof. J. Strugnell, Harvard University) konnte die Inschrift nicht völlig entziffert werden.

5 Zuerst veröffentlicht von F. M. TH. DE LIAGRE BÖHL, Keilschrifttafeln ZDPV 49 (1926) 320–327. W. F. ALBRIGHT, A Teacher, BASOR 86 (1942) 28–31. E. F. CAMPBELL, Jr., Two Cuneiform Tables, G. E. WRIGHT, Shechem 208–213.

6 Nach W. F. ALBRIGHT, a. a. O., 29 f.

Rückseite

5 [mYa-da(?) -a] ḫ -a-bi
6 mYa-an-ti-na-du
7 mBa-ab-lu-ba-di

Vorderseite

1 [K] anabilak(?)
2 Khabaddu son of Naṣibtu
3 Suardada (?) son of Palsîyu
4 Yada[kh-ad] du

Rückseite

5 [Yada] kh(?)-abi
6 Yantin-addu
7 Bakhlu-badi

Es handelt sich um das unterste Stück eines Kontraktes. Es werden die Namen von sieben Zeugen aufgezählt. Es wurde versucht, jeden Zeugennamen mit Vater- und Mutternamen auf je eine Zeile zu bringen. Der Raum für Zeile 2 und 3 reichte nicht aus und so wurde die Zeile auf der Rückseite fortgesetzt [1]. Die Namen sind semitisch, hurritisch, hethitisch und indoarisch [2].

Abb. 183: Tafel Nr. 1378, ungebrannter Ton, hellbraun, 5 cm × 3 cm, gefunden am 19. August 1926 im Hauptraum des kanaanäischen Hauses am Hof Salim.

Text und Übersetzung [3]:

Vorderseite

1 a-na Pé-ra-aš-še-na
2 qi-bí-ma
3 um-ma Ba-ni-ti [......]
4 iš-tu šatti III$^{kam}$ a-n ai-na-an -na
5 tu-uš-pí-la-an-ni
6 ú-ul še' am ú-ul šaman x.x
7 ša tu-ša-ab-ba-lu- [in-ni]
8 mi-nu-ú-um ḫi-tì
9 i-nu-ma ú-ul ta-pa-ul- [an-ni]

---

1 F. M. Th. de Liagre Böhl, a. a. O., 323.

2 Vgl. W. F. Albright, a. a. O., 30 f.

3 Nach F. M. Th. de Liagre Böhl, Der Keilschriftbrief aus Sichem, Deutsches Archäologisches Institut, Abt. Baghdad, Baghdader Mitteilungen 7 (1974) 21–30.

10 ṣú-ḫa-ru-ú ša it-ti-ia
11 il-ta-na-pá-tù
12 a-bu-šu-nu ù um-ma-šu- [nu]

Rückseite

13 ka-la [. . . . . . . . . . . .]- ka-a
14 a-na-ku x [. . . . . . . . . . . . . . .]
15 ar-tu-ú [ub . . . . . . . . . . . .]
16 i-na-an-na [. . . . . . . . . . . . . . . . . . . . .]
17 mi-im-ma x [. . . . . . . . . . . . .]
18 šu-pal šēpi- [Ka . . . . . . . . . . . . . . . . . .]
19 a-na-mu uḫ-hi-i [a . . . . . . . . . . . .]
20 ù li-ša-ḫi ⸢za-an-ni⸣

1 Zu Pirassena (oder Pirazina)
2 sprich
3 folgendermaßen (hat) Baniti-$^{d}$ . . . . . (gesagt):
4 Seit drei Jahren bi(s jet)zt
5 hast du für mich eingetauscht (d. h. mir vergütet)
6 weder Getreide noch Schweinefett (? oder: Wein? . . .)
7 was du mir (nunmehr) zukommen lassen solltest.
8 Worin besteht mein Versäumnis
9 daß du mir nicht geantwortet hast?
10 Die Gehilfen, welche bei mir sind
11 haben schon wiederholt (an dich) geschrieben.
12 Ihre Eltern
13 (müssen) alles (entbehren)
14 Ich selber (kam in Verlegenheit)
15 und geriet in Zorn ...
16 Nun denn, (sende einen Boten)
17 mit allen (Vorräten, welche du bei dir)
18 zur Verfügung hast, (baldigst)
19 zu mir hin (und er möge mir die Vorräte bringen)
20 und sie mich in Besitz nehmen lassen.

W. F. Albright [1] hat angenommen, daß der Schreiber ein Lehrer oder eine Lehrerin ist, die nach Sichem an eine indo-arische Person schrieb. Der Schreiber dürfte Westsemite gewesen sein und wohnte außerhalb Sichems.

[1] A Teacher, BASOR 86 (1942) 31.

F. M. Th. de Liagre Böhl [1] hat diese Erklärung vor kurzem zurückgewiesen und festgestellt, daß wir es mit einem Bittbrief in der Sphäre des Handels- und Geschäftslebens zu tun haben. Falls die Übersetzung von Zeile 6 «Schweinefett» richtig ist, haben wir ein interessantes Zeugnis vor uns, daß Schweinefleisch im vorisraelitischen Kanaan genossen wurde (doch die Lesung ist unsicher) [2].

Beide Tontafeln können gegen das Ende der Amarnazeit datiert werden [3].

## 4.2.11 Die Sichemplakette [4]

Abb. 184: Nr. 3063.3.10–R 11, Plakette aus weißem Kalkstein, 5 cm × 8 cm (vollständig wäre die Plakette ca. 7 cm × 12 cm). Terminus ad quem: 17. Jh. v. Chr., gefunden am 3. Okt. 1934 auf dem Grundstück östlich der Akropolis. Auf der Plakette ist eine halbpiktographische Schrift eingraviert[5]. Auf der Plakette abgebildet ist ein babylonisches Plaidkleid, das mit dem Wickelkleid verwandt ist [6]. Der Saum des Kleides ist wulstartig, so daß er einer Schlange ähnlich sieht [7]. Diese Ähnlichkeit könnte jedoch bewußt gestaltet sein [8]. Das Alter der Schrift stimmt mit dem Alter der Plakette überein [9]. F. M. Th. de Liagre Böhl [10] entziffert: ראש שערא «Haupt des Tores (oder: Spitze des Tores)» [11]. W. F. Albright [12] liest: [...t] ⟨b⟩ rḡm m'r [t ...]

---

[1] Der Keilschriftbrief aus Sichem, Baghdader Mitteilungen 7 (1974) 21–30.

[2] Vgl. a. a. O., 28.

[3] Vgl. F. M. Th. de Liagre Böhl, Keilschrifttafeln, ZDPV 49 (1926) 321. W. F. Albright, a. a. O., 28 f.

[4] Vgl. E. Sellin / H. Steckeweh, Balata, QDAP 5 (1936) 196. A. Alt, Das Institut im Jahre 1934, PJB 31 (1935) 5 f. R. Thomsen, Sichem, AfO 10 (1935/36) 303. 11 (1936/37) 271. A. van Selms, De Archaeologie in Syrie en Palaestina, JEOL 3 (1935) 107–110. F. M. Th. de Liagre Böhl, Sichemplakette, ZDPV 61 (1938) 1–25.

[5] Vgl. F. M. Th. de Liagre Böhl, a. a. O., 2.

[6] A. a. O., 4 f.

[7] Vgl. W. F. Albright, The Proto-Sinaitic Inscriptions 11.

[8] Vgl. F. M. Th. de Liagre Böhl, a. a. O., 4.

[9] A. a. O., 22.

[10] A. a. O., 22 f.

[11] In Ps 118,22 meint ראש פנה möglicherweise den über dem Portal befindlichen Schlußstein des Baues. Vielleicht war einmal das Original der Plakette in einem solchen Schlußstein eingelassen gewesen: als Wächter und als Weihe des Eingangs (vgl. Ps 24,7.9); vgl. a. a. O., 22 f.

[12] The Proto-Sinaitic Inscriptions 10 f.

«[... shall] come to pass the words of [this] curse», er liest also von links nach rechts [1].

Abb. 185: Fragment mit Inschrift. Es ist vermutlich nur ein ה zu erkennen [2].

[1] E. Puech berichtete mir in einem Gespräch (Sommer 1975) in der École Biblique Française in Jerusalem, daß er einen neuen Vorschlag dazu publizieren wird.

[2] Vgl. F. M. Th. de Liagre Böhl, a. a. O., 24 f.

# II.
# SICHEM IM ALTEN TESTAMENT

(außer Jos 24,1–28)

## 1. Sichem soziologisch-religiöser Mittelpunkt des Jakob-Josef-Israel Clans [1]

Sichem liegt im Gebiet des «Hauses Josef», das sich mindestens in die Stämme Efraim und Manasse teilt [2]. «Manasse nahm die nördliche Hälfte des Mittelteils des westjordanischen Gebirges ein von Sichem im Süden ab» [3] (vgl. Abb. 186). Die alte kanaanäische Stadt Sichem dürfte in den Verband Manasse [4] aufgenommen worden sein, so in der P-Liste von Num 26,31b [5]. Doch ist das nicht so ganz eindeutig. Nach Jos 17,7 dürfte Sichem zum Stammesgebiet Efraims gerechnet werden [6]. Ebenso nennt auch 1 Chr 7,28 [7]

---

[1] In Abschnitt II geht es vor allem darum, unabhängig von der Archäologie die Sichemtexte des Alten Testamentes zu besprechen und zu prüfen: inwieweit können diese Texte auf das historische Sichem Licht werfen und was ist daraus für die politische und religiöse Bedeutung Sichems zu gewinnen? Erst wenn diese Fragen geklärt sind, scheint es mir sinnvoll, die Ergebnisse der Archäologie heranzuziehen, mit den Texten zu konfrontieren und das Bild abzurunden. Die Sichemtexte sind im Gesamten nicht allzuoft einer eingehenden Untersuchung unterzogen worden (vgl. E. Sellin, Wie wurde Sichem eine israelitische Stadt. W. Harrelson, The City of Shechem, Its History and Interpretation, Diss. Union Theological Seminary 1953 (unveröffentlicht). E. Nielsen, Shechem. D. B. Anderson, Shechem in the Bible, BA 20 (1957) 10–19. E. F. Campbell, Jr. / J. F. Ross, Shechem, BA 26 (1963) 1–27. S. H. Horn, Shechem, JEOL 18 (1959–1966) 285 f.), im deutschsprachigen Raum seit E. Sellin überhaupt nicht, so daß es angezeigt ist, diese Texte ausführlich zu besprechen. Es geht mir dabei hauptsächlich um Texte, die Sichem ausdrücklich nennen.

[2] Vgl. Y. Aharoni, The Land of the Bible 192 ff.

[3] M. Noth, Geschichte 61.

[4] Vgl. A. van den Born / H. Haag, Manasse, BL 1089.

[5] Vgl. M. Noth, Geschichte 135.

[6] Vgl. M. Noth, Josua 97 f. G. E. Wright, Shechem 142. K. Elliger, Neues über die Grenze, JPOS 18 (1938) 7–16. E. Jenni, Grenze, ZDPV 74 (1958) 25–40.

[7] Vgl. J. M. Myers, I Chronicles 55 f.

Sichem im Stammesgebiet von Efraim [1]. Aus dem AT geht somit hervor, daß sowohl Manasse als auch Efraim Sichem zu sich gehörig rechneten, was sich aus der Lage der Stadt als Grenzstadt zwischen beiden Verbänden ergab.

Sowohl nach der Aussage des Jahwisten als auch der des Elohisten steht der Jakob-Josef-Israel Clan in enger Beziehung zu Sichem. J ist sogar bemüht, den Stammvater Abraham mit Sichem zu verknüpfen. Gen 12,6–7 heißt es: ויעבר אברם בארץ עד מקום שכם עד אלון מורה והכנעני אז בארץ: וירא יהוה אל־אברם ויאמר לזרעך אתן את־הארץ הזאת ויבן שם מזבח ליהוה הנראה אליו: [2]

Die beiden Verse werden einhellig J zugeschrieben. Es liegt auch keine alte Tradition vor, die etwa J übernommen und bearbeitet hätte. Die Verse sind ad hoc von J geschaffen [3]. Das bedingt natürlich, daß sie für das Sichem der vorköniglichen Zeit kaum interessant sind. Es waltet das J-Interesse, auch die ursprünglich in Südpalästina beheimatete Gestalt Abraham [4] mit Sichem zu verbinden. J will ausdrücklich betonen, daß Sichem ein Ort der Jahweoffenbarung ist [5], daß hier Jahwe verehrt wird (ויבן שם מזבח ליהוה). J will das einst kanaanäische Heiligtum schon in der Erzväterzeit jahwistisch wissen und verwendet die entsprechenden religionsgeschichtlichen Motive, um das zu erreichen [6]. Wenn J ein solches Interesse an Sichem hatte – es darf vom J-Kontext her nicht unterschätzt werden, daß in Sichem J Abraham seinen ersten Halt in Kanaan machen läßt – so wird das kein Zufall sein. Sichem mußte in seinen Augen noch eine große Bedeutung haben [7].

Der Targumist hat אלון im Sinne von «Ebene» [8] verstanden. In diesem Sinn versteht auch Raschi [9] die Stelle: «הנה שכם. הראהו הר גריזים והר עיבל, ששם קבלו ישראל שבועת התורה»

A. Greiff [10] sieht in אלון einen Hügel. Diese Auffassung dürfte aber für unsere Stelle nicht zu halten sein. אלון meint ganz allgemein einen großen

---

[1] Vgl. auch noch die Glosse in Ri 21,19.

[2] Zur Textkritik vgl. E. Nielsen, Shechem 213.

[3] A. a. O., 213 f. G. von Rad, Das erste Buch Mose 235.

[4] Vgl. R. de Vaux, Die hebräischen Patriarchen 32.

[5] ב. מזר, מקום שכם, ארץ שומרון, ירושלים 1973, 1–7 lokalisiert die מקון außerhalb der Stadt am Fuße des Ebal. Vgl. auch O. Procksch, Genesis 98 f.

[6] Vgl. K. Jaroš, Elohist 217.

[7] Vgl. E. König, Genesis 458–460. A. Clamer, Genèse 239.

[8] מישר = «Ebene»; vgl. J. Levy, Wörterbuch III 108.

[9] ברשית 49. S. Bamberger, Raschis Pentateuchkommentar 30.

[10] Was war ein ‘elon?, ZDPV 76 (1960) 161–170.

Baum[1]. Daß der Targumist אלון anders versteht und übersetzt, dürfte damit zusammenhängen, daß die hl. Bäume im späten Jahwismus total abgelehnt wurden [2]. מורה ist ein hi. pt. von ירה [3]. E. Nielsen wird im Recht sein, wenn er אלון מורה eine «construct-group» nennt [4]. «The genetive may be considered possive (to oak belongs to the tōra-imparter, the diving priest) or definitive (the oak itself is an imparter of tōra)» [5]. Beide Deutungen sind möglich, auch religionsgeschichtlich. Der Mensch erwartet sich vom Baum (Rauschen der Äste) einen Zukunftsspruch und es gibt auch Priester / Propheten, die unter Bäumen solche Sprüche und Orakel weitergeben bzw. deuten [6]. Eine sachliche Ähnlichkeit von אלון מירה besteht mit אלון מעוננים in Ri 9,37. Welche Bedeutung אלון מורה haben könnte, kann aus Ri 4,4 f. gesehen werden, wo es heißt, daß Debora Israel unter der Deborapalme Recht sprach. Es ist hier genau das gegeben, was auch מורה אלון meint: Ein(e) Prophet(in) gibt unter einem Baum, der seinen (ihren) Namen trägt, zukunftsgerichtete Weisungen, Orakel. «... ēlōn mōreh in itself a testimony to the transition, or oscillation, between 'oracle' and 'law'» [7]. Wir können עד אלון מורה als eine Spezifizierung von עד מקום שכם, der hl. Stätte von Sichem verstehen, d. h. also, daß J nicht irgendeinen Baum bei Sichem meint, sondern den Baum des Heiligtums. Es könnte direkt das Heiligtum der Stadt gemeint sein, oder das nahe Baumheiligtum bei der Quelle zu Askar.

Nach dieser grundsätzlichen Feststellung, daß bereits der Stammvater Abraham Sichem geheiligt hat, weiß J in Gen 37,12–14b [8] zu berichten, daß Israels Wohnsitz bei Sichem war [9]. Israel schickt Josef zu seinen Brüdern, die in der Umgebung von Sichem die Herden hüten. Josef findet sie dann bei Dotan, nicht weit von Sichem entfernt. Es besteht kein Grund, diese J-Notiz anzuzweifeln [10]. Halbnomaden halten sich gerne im Radius von

---

[1] Vgl. W. Baumgartner / E. Y. Kutscher, Lexikon 52.

[2] Josephus, Contra Apionem I § 199 (E. H. Warmington, Josephus I 244). Vgl. auch K. Jaroš, Elohist 237.

[3] «Unterweisen, weitergeben (des Gesetzes)», vgl. E. Nielsen, Shechem 216 ff.

[4] A. a. O., 217. E. Burrows, Note on Moreh, JThS 41 (1940) 161.

[5] E. Nielsen, Shechem 217.

[6] Vgl. K. Jaroš, Elohist 217 f.

[7] E. Nielsen, Shechem 219.

[8] Vgl. K. Jaroš, Elohist 25.

[9] «Tal Hebron» ist Glosse; vgl. H. Gunkel, Genesis 406. L. Ruppert, Josefserzählung 35.

[10] Vgl. J. Skinner, Genesis 445 f. E. Nielsen, Shechem 283.

Städten auf und stehen notwendigerweise in wirtschaftlicher Beziehung mit der ansässigen Bevölkerung [1], wenngleich sie deswegen noch lange nicht ihre Eigenart aufgeben [2].

Von der J-Tradition kann daher als historisch glaubwürdig festgehalten werden, daß der Aktionsradius des Israel-Clans primär das Gebiet um Sichem ist.

Die E-Tradition Gen 33,18a.19.20 [3] bringt Jakob in Verbindung mit Sichem. Nach dem friedlichen Treffen mit Esau (Gen 33,1–16 JE) läßt sich Jakob in Sukkot nieder [4], überschreitet dann den Jordan und kommt nach Sichem: ויבא יעקב שלם עיר שכם ... ויקן את חלקת השדה אשר נטה־שם אהלו מיד בני חמור אבי שכם במאה קשיטה: ויצב שם מזבח ויקרא־לו אל אלהי ישראל:

Der Text ist nicht ganz eindeutig [5]. שלם kann ein Adjektiv sein, aber auch eine Städtename. So meint שלם in Ps 76,3 Jerusalem [6]. שלם ist jedoch auch ein Ortschaft bei Sichem [7]. L. Wächter hat jedoch mit guten Gründen dargelegt, daß שלום in unserem Text kein Ortsname ist [8]. Die BHK (z. St.) schlägt vor, mit dem Samaritanischen Pentateuch שלום bzw. בשלם zu lesen. Es genügt jedoch, שלם als Adjektiv aufzufassen und «friedfertig» zu übersetzen [9]. Das Verb נצב im Hi. «errichten» dürfte kaum auf die Errichtung eines Altares hinzielen [10]. Man wird daher mit der BHK (z. St.) ... מצבה לה zu lesen haben. Vermutlich änderte man in מזבח, da es auch in Gen 12,7 heißt: ויבן שם מזבח.

Jakob hat in Sichem Grundrecht erworben und errichtet eine Massebe, die den אל אלהי ישראל vergegenwärtigen soll [11]. Es erhebt sich hier die Frage,

---

[1] Vgl. R. Hartmann, Zur heutigen Lage der Beduinentums, WdI 20 (1938) 55 R. de Vaux, Die hebräischen Patriarchen 67 ff. R. de Vaux, Histoire I 241–243 M. Rowton, Enclosed Nomadism, JESHO 17 (1974) 1–30.

[2] Vgl. R. de Vaux, Patriarchenerzählungen 27 ff. R. de Vaux, Histoire I 255 ff.

[3] Vgl. E. Nielsen, Shechem 225 f. F. E. Fretheim, The Jacob Traditions, Interpr 26 (1972) 419–436.

[4] Vgl. G. von Rad, Das erste Buch Mose 387.

[5] Vgl. E. König, Genesis 635 f. A. Clamer, Genèse 400.

[6] Vgl. E. Nielsen, Shechem 223.

[7] Vgl. F. M. Abel, Géographie II 26. L. Wächter, Salem, ZDPV 84 (1968) 70 f.

[8] L. Wächter, Salem, ZDPV 84 (1968) 71. Peschitta, LXX, Vg. fassen שלם als Ortsnamen auf. D. R. Hillers, A Note on some Treaty Terminology. BASOR 176 (1964) 46–47 weist darauf hin, daß im Akkadischen «tobtu» und «Sulumnû» für einen Freundschaftsvertrag verwendet wird.

[9] L. Wächter, a. a. O., 71.

[10] Vgl. H. Gunkel, Genesis 369. E. Nielsen, Shechem 225 und Anm. 3 f.

[11] Es ist keine Identifikation ausgesprochen (gegen H. Gunkel, Genesis 369); vgl. K. Jaroš, Elohist 170 f. So auch schon Raschi, Bereschit 164.

warum die Massebe nicht als eine Vergegenwärtigung des אל אלהי יעקב verstanden wird? Daß in Sichem der אל אלהי ישראל verehrt wird, macht deutlich, daß Sichem primär Siedlungsgebiet des Israel-Clans gewesen ist, während die Umgebung Betels das Gebiet des Jakobs-Clans gewesen sein wird. Die Umbenennung Jakobs in Israel (vgl. Gen 35,10 32,29) [1] in Gen 35,10 E ist noch ein Hinweis auf die Identifizierung der beiden Erzväter. Diese Identifizierung dürfte schon vor J und E geschehen sein [2]. Die Gestalt Josefs dürfte eher zur Gegend Sichems gehören denn zur Gegend Betels. Im Zuge der israelitischen Genealogisierung wurden von den drei Erzvätern Jakob und Israel identifiziert und Josef als Sohn Jakobs / Israels gedeutet. Diese Verwandtschaft ist jedoch nicht aus der Luft gegriffen, sondern setzt eine confédération des Jakob-Israel-Josef Clans voraus [3]. Der E-Text («שכם») legt nahe, daß das Grundstück, das Jakob kauft und zum Heiligtum macht, nicht das Stadtgebiet von Sichem selber ist. Die E-Interpretation will den Besitzanspruch Jakobs in dieser Gegend begründen, und zwar schon für die kanaanäische Zeit.

Hat J mit Hilfe der Abrahamsgestalt eine Jahwisierung des Heiligtums von Sichem versucht, so versucht E sinngemäß seiner theologischen Konzeption eine Israelitisierung [4]. Die Aussage des E ist klar: Es gibt eine Koexistenz des Jakob / Israel Clans mit den Sichemiten. Der Clan hat sogar ein Grundrecht und sein Massebenheiligtum [5], das auf den Stammvater zurückgeführt wird, auch wenn er historisch gesehen nicht der Gründer ist.

In Gen 49,22 [6] versucht E [7], ideologisch den Besitzanspruch des Hauses Josef auf Sichem zu begründen [8], d. h. E will aufzeigen, daß die Verheißung,

---

1 Gen 32,29 dürfte gegenüber 35,10 sekundär sein; vgl. H. SEEBASS, Erzvater 20.

2 H. SEEBASS, Erzvater 34.

3 Vgl. dazu unter Abschnitt IV.

4 Vgl. O. PROCKSCH, Genesis 378. E. NIELSEN, Shechem 231 tritt für den sichemitischen Ursprung des אל אלהי ישראל ein.

5 Historisch gesehen geht es um das Heiligtum der Stadt selber; vgl. dazu unter Abschnitt IV.

6 Vgl. L. GRY, La bénédiction de Joseph, RB 26 (1917) 508–520. J. M. ALLEGRO, A Possible Mesopotamian Background, ZAW 64 (1952) 249–251. V. SALO, Josef, BZ NF 12 (1968) 94 f. A. und R. NEHER, Histoire Biblique I 29 f.

7 Vgl. K. JAROŠ, Elohist 26.

8 Jakob spricht in seinem Segen Josef als Erstgeborenen an (vgl. I. MENDELSOHN, Status, BASOR 156 (1959) 38 ff.). Dadurch ist es gerechtfertigt zu übersetzen: «Ich gebe dir Sichem als einen über deine Brüder hinausgehenden Anteil ...» (vgl. H. SEEBASS, Erzvater 27 f.). Sichem ist also ein besonderes Geschenk!

der Segen, sich in seiner Zeit erfüllt haben. Läßt E Sichem für die Patriarchenzeit als «israelitisches» Heiligtum gelten, so nicht mehr für das Jetzt! In Gen 35,4 wird Sichem zugunsten Betels abgewertet [1], indem E Jakob die fremden Götter תחת האלה אשר עם־שכם vergraben läßt, was bedeutet, daß Sichem im jahwistischen Sinn kein Heiligtum mehr ist [2]. Es wird zum Grab der fremden Götter, zum Grab der Epoche kanaanäischer Religiosität [3]. Es geht hier offensichtlich nicht um historische Ereignisse, wie etwa um die von A. Alt [4] postulierte Wallfahrt, sondern um das Heute. E versucht noch mit allen Mitteln, das Reichsheiligtum von Betel für einen legitimen Jahwismus zu retten [5]; dabei wird Sichem als jahwistisches Heiligtum geopfert, und das mit Hilfe der Autorität Jakobs [6]. E läßt also Jakob ein Heiligtum bei Sichem gründen und zugleich annulieren.

E unterscheidet sich hier also erheblich von J, was durch die unterschiedliche geschichtlich-soziologische und religiöse Situation und Struktur von J und E erklärbar ist.

Der Anspruch auf dieses Land wird nicht nur ideologisch, sondern auch rechtlich begründet. Aber erst dann gilt nach israelitischer Auffassung [7] der Besitzanspruch als perfekt, wenn sich auch das Grab der Ahnen dort befindet. Es ist daher gar nicht verwunderlich, daß es in dem späten Zusatz Jos 24,32 [8] heißt, Josef sei in Sichem begraben worden [9]. Es sind wörtliche Entlehnungen aus Gen 33,19E 50,25E und Ex 13,19E festzustellen [10]. Ein historisches Josefsgrab hat es in der Gegend Sichems wohl nie gegeben. G. R. H. Wright [11] hat einleuchtend dargelegt, daß die Gestalt Josefs in der Bibel von religionsgeschichtlich-mythologischen Elementen geprägt ist: «(1) the birth of the divine son is more or less miraculous – generally the conception is immaculate and such that the figure shares more than one

---

[1] Vgl. O. Keel, Götter, VT 23 (1973) 333. K. Jaroš, Elohist 250 f.

[2] Vgl. K. Jaroš, a. a. O., 248–251.

[3] Die Ausführungen J. A. Soggins, Zwei umstrittene Stellen, ZAW 73 (1961) 78–87 sind im wesentlichen überholt.

[4] Wallfahrt, KlSchr I 79–88.

[5] Vgl. dazu K. Jaroš, Elohist 179 ff. und 378 ff.

[6] Vgl. auch Gen 28,10 ff. E.

[7] So begründet z. B. P seinen Aufruf an die Exilierten, in die Heimat zurückzukehren, damit, daß die Gräber der Ahnen in Kanaan sind (vgl. dazu O. Keel / M. Küchler, Texte II 44 f.).

[8] Vgl. M. Noth, Josua 141.

[9] Vgl. G. R. H. Wright, Joseph's Grave, VT 22 (1972) 477 f.

[10] Vgl. J. Gray, Joshua 199. J. A. Soggin, Josue 180.

[11] Joseph's Grave, VT 22 (1972) 479.

nature. (2) the child (youth) is hidden, made away with; killed, dismembered by evil men or beasts. (3) The child/youth reappears, is brought life. All these features can be recognized in the biblical account of Joseph» [1]. Ebenso muß auch die Grabtradition mythologisch verstanden werden. Er ist – ähnlich wie andere Heroen – beim Zentrum der Welt, beim Lebensbaum, beim hl. Stein, bei der Quelle [2] bestattet. Der Platz, an dem für die Gegend Sichems dies zutrifft, ist am ehesten das Baumheiligtum bei der Quelle von Sychar / Askar. Die Vitalität sollte den Toten umfangen und ihn in das Leben zurückholen; und der Tote konnte sich durch das Rauschen der Äste und Blätter kundtun [3]. Es ist wahrscheinlich, daß etwa seit Josua das Grab des legendären Ahnvaters Josef bei der Quelle zu Sychar mythologisch lokalisiert wurde. Die biblischen Traditionen versuchen, diese mythologische Lokalisierung geschichtlich zu interpretieren und lokalisierten das Grab auf dem Jakobsacker, ein verständlicher Vorgang, da im Zuge der biblischen Genealogisierungen aus dem Erzvater Josef der Sohn Jakobs und Rahels wurde [4].

Wir können zusammenfassend festhalten:

- Die ursprünglichen drei Clans: Jakob (Betel), Israel und Josef (Sichem) sind in einer confédération zusammengeschlossen, die ihre spätere Identifizierung bzw. Sohnschaft Josefs ermöglichte. Das Weide- und Siedlungsgebiet der Clans ist die Gegend Betels und Sichems [5].

---

[1] G. R. H. Wright, a. a. O., nennt Josef sogar Kultgott von Sichem, was jedoch zu übertrieben ist. Vgl. auch D. Amir, The Tradition Concerning the Birth of Jacob's Children (hebr.), BMikra 49 (1972) 220–224.

[2] Vgl. K. Jaroš, Elohist 218–220.

[3] Vgl. a. a. O., 217 f.

[4] Aus Joh 4,5.6a (vgl. H. M. Schenke, Jakobsbrunnen, ZDPV 84 (1968) 159–184. L. Schottroff, Johannes 4,5–15, ZNW 60 (1969) 199–214. L. Soubigon, As Couversas de Jesus em Sicar, na Samaria, (Jo 4,1–12), Atulidades Biblicas, Rio de Janeiro 1971) scheint mir doch auch hervorzugehen, daß das Josefsgrab zur Zeit Jesu beim Jakobsbrunnen auf dem Jakobsacker gezeigt wurde: ὃ ἔδωκεν Ἰακώβ τῷ Ἰωσὴφ τῷ υἱῷ αὐτοῦ. Apg 7,15 f. bezeugt das Grab wohl in Anlehnung an Jos 24,32 – auf dem Jakobsacker. Im Eifer des Gefechtes (Stephanusrede!) ist dem Erzähler ein Fehler unterlaufen, da Abraham das Grundstück gekauft haben soll.

[5] R. de Vaux, Die hebräischen Patriarchen 62 hat darauf hingewiesen, daß die Wanderungen der Seminomaden von gewissen geographischen und klimatischen Bedingungen abhängen. Sie bewegen sich bevorzugt in einer Gegend, deren Niederschlagsmenge zwischen 250 und 500 mm beträgt, was für Sichem und seine Umgebung zutrifft. Sichem dürfte durchschnittlich sogar noch etwas mehr Niederschlagsmenge jährlich aufweisen (vgl. auch die Regenmenge der letzten Jahrzehnte: Atlas of Israel IV/2).

- Die Clans stehen mit der kanaanäischen Stadt Sichem in freundschaftlicher Beziehung. Sie benützen das kanaanäische Heiligtum und führen es auf ihre Ahnen zurück. Es kommt zur Identifizierung ihrer Vatergötter mit dem El von Sichem unter der Bezeichnung: אל אלהי ישראל
- J deutet das Heiligtum von Sichem bzw. in der Umgebung von Sichem bereits für die kanaanäische Epoche als Jahweheiligtum (Anachronismus).
- E israelitisiert das Heiligtum von Sichem, erkennt es aber für seine Zeit zugunsten Betels nicht mehr als Jahweheiligtum an.

Hosea nennt in 6,9 [1] Sichem. Es ist eine unklare und dunkle Stelle. H. W. Wolff [2] hält daran fest, daß Hosea Sichem noch als Heiligtum versteht, daß jedoch der Weg zu diesem Heiligtum durch räuberische Machenschaften der Priester (welcher ist nicht gesagt) unsicher geworden ist. Diese Interpretation ist aber nicht zu rechtfertigen. Daß Hosea wohl gegen Samaria und Betel polemisiert und nicht gegen Sichem ist kein Argument, da es ein Heiligtum Sichem zur Zeit des Propheten gar nicht mehr gegeben hat. E. Sellin [3] hat zu dieser Stelle eine interessante Deutung vorgetragen: Auf Grund der Erinnerung Hoseas an Ri 9 und Gen 34,35 (vgl. auch Gen 49,5) ist Sichem deswegen eine unheilige Stadt, weil sie durch die Verbrechen der Israeliten und Leviten geschändet wurde. Hosea ist ein Zeuge, WIE Sichem «israelitisch» wurde: durch Mord und Frevel.

Aus der dtr Stelle Jer 41,5 [4] geht noch hervor, daß Angehörige des Nordreiches, Leute aus Sichem, nach Jerusalem zum zerstörten Tempel pilgern [5].

In der vermutlich aus exilischer Zeit stammenden Stelle Ps 60,8 (108,8) [6] ist der Besitzanspruch Jahwes auf das Land Kanaan ausgesprochen [7]. Die beiden Städte Sichem und Sukkot sind möglicherweise im Hinblick auf die

---

[1] Echtes Wort; vgl. H. W. Wolff, Hosea 155 f. E. Nielsen, Shechem 290 f. W. Rudolph, Hosea 145.

[2] Hosea 156. Anders urteilt W. Rudolph, Hosea 145. Er kann der Stelle nichts über Sichem abgewinnen.

[3] Wie wurde Sichem eine israelitische Stadt 66–74.

[4] Vgl. A. Weiser, Jeremia 356. F. Nötscher, Jeremias 284. W. Rudolph, Jeremia 252.

[5] Vgl. H. J. Kraus, Psalmen I 428. A. Weiser, Psalmen I 297: vorexilisch. A. Deissler, Psalmen II 67: nachexilisch. H. Herkenne, Psalmen 209. Für eine frühe Datierung tritt auch E. Nielsen, Shechem 289 ein. Vgl. auch Chr. R. North, שכם, VT 17 (1967) 242–243.

[6] Vgl. P. Diepold, Israels Land 46 Anm. 2.

[7] Vgl. H. Gunkel, Psalmen 257. H. J. Kraus, Psalmen I 429.

Jakobsüberlieferung der Genesis genannt [1]. Sichem galt in dieser Zeit noch immer als der Hauptort des mittleren Westjordanlandes [2].

Ben Sira 50,25 f. [3] hat nur noch ein verächtliches Wort für die Leute aus Sichem: 'Εν δυσὶν ἔθνεσιν προσώχθισεν ἡ ψυχή μου καὶ τὸ τρίτον οὐκ ἔστιν ἔθρος ... καὶ ὁ λαὸς ὁ μωφὸς ὁ κατοικῶν ἐν Σικιμοις.

Von den bisher besprochenen Sichemtexten können wir folgendes festhalten:

| SICHEM | |
|---|---|
| JAKOB ISRAEL JOSEF | |
| 10. Jh.: J | Gen 12,6 f.: kein hist. Hintergrund<br>Gen 37,12–14b: Israel / Jakob – Josef Clan um Sichem |
| 800–750: E | Gen 33,18a.19.20: Israel / Jakob Clan Grundrecht in Sichem, Heiligtum: Massebe<br>Gen 48,22: Der Segen hat sich erfüllt<br>Gen 35,4: Sichem kein jahwistisches Heiligtum mehr |
| 750–735: Hosea | 6,9: Sichem das von Israel geschändete Heiligtum |
| 621 ff.: Dtr | Jer 41,5: nur Nennung Sichems |
| 857 ff.: Exil | Jos 24,32: Grab Josefs in der Gegend Sichems<br>Ps 60,8 (108.8): Sichem noch bedeutende Stadt des mittleren Westjordanlandes |
| Anf. 2. Jh. | Sir 50,25 f.: Schimpfwort |
| Num 26,31b Jos 17,7 1 Chr 7,38 bezeugen Sichem im Stammesgebiet Josefs (Efraim / Manasse) | |

[1] Vgl. E. PODECHARD, Le Psautier I 262.

[2] Vgl. R. KITTEL, Psalmen 209. A. WEISER, Psalmen I 298.

[3] Anfang des 2. Jh. v. Chr.; vgl. E. KAUTZSCH, Die Apokryphen I 235 ff. A. WEISER, Einleitung 356. J. D. PURVIS, Ben Sira and the foolish People of Shechem, JNES 24 (1965) 88–94.

## 2. Sichem und Abimelech (Ri 9)

Die LXX gibt zwei verschiedene Übersetzungen des Richterbuches wieder. Der Codex Alexandrinus übersetzt, speziell was unser Kapitel betrifft, verschiedene Termini, während der Codex Vaticanus das Hebräische transskribiert. In Personennamen und topographischen Bezeichnungen weichen beide Codices stark voneinander ab, ebenso vom MT und von der Peschitta [1].

Ri 9 hat vor einigen Jahren eine sehr gründliche Bearbeitung durch W. Richter [2] erfahren. Seit dieser Zeit hat es zur Ri 9 keine ausführliche Untersuchung mehr gegeben, so daß wir zuerst auf die Ergebnisse W. Richters einzugehen haben. Kapitel 9 besteht aus folgenden kleinen Einheiten: V 8–15 (Fabel), V 26–40(41) (Erzählung um Gaal und Abimelech), V 46–49 (Abimelechs Kampf gegen Sichem), V 50–54 (Abimelechs Tod), V 42–45 (die Zerstörung Sichems), V 1–6 (Abimelechs Brudermord und seine Königseinsetzung, V 7.16a.19b–21 (Rahmen der Fabel), V 23 f. 56 f. (Rahmen der Geschichten), V 22.55 und 16b–19a (verschiedene Zusätze) [3]. Von diesen kleinen Einheiten gehören zusammen:

- V 1–7.16a.19b–21.23 f. 41–45.56 f.: Die Struktur weist auf einen Verfasser hin. Es lassen sich aus diesen Versen kaum historische Daten gewinnen. Es geht nicht erstrangig um eine Kritik an Abimelechs Königtum, sondern um eine grundsätzliche Kritik am Königtum, das als Abfall zu kanaanäischem Brauchtum gewertet wird, ein Abfall von der altisraelitischen Tradition. Der Verfasser will auch manches umgestalten und konstruiert z. T. auch Erzählungen (V 41–45) [4]. Hinter der ganzen Konstruktion steht jedoch die Erfahrung einer längeren Zeit mit dem Königtum. Man wird den Verfasser in der Zeit Jehus [5] ansetzen können [6].
- An bereits geformten Traditionen hat dieser Verfasser V 26–40.46–54 mit der Fabel V 8–15 vorgefunden und in sein Konzept eingearbeitet. Die Fabel ist natürlich nicht älter als die darin kritisierte Institution des

---

[1] Vgl. zur Textkritik E. Nielsen, Shechem 142 ff.

[2] Richterbuch 246–318. Vgl. auch A. P. Crown, A Reinterpretation of Judges IX in the Light of its Humour, Abr-Nahrain 3 (1961–1962) 90–98. H. Reviv, The Rulers of Shechem, Yediot 27 (1963) 270–275. H. Reviv, The Government of Shechem, IEJ 16 (1966) 252–257. H. Schmid, Die Herrschaft Abimelechs, Jud 26 (1970) 1–11.

[3] W. Richter, Richterbuch 261.

[4] Vgl. A. M. Honeyman, The Salting of Shechem, VT 3 (1953) 192–195.

[5] 845–818 v. Chr.; vgl. A. van den Born, Jehu, BL 809.

[6] Vgl. W. Richter, Richterbuch 281.292.250.311 f. 314–316.

Königtums. Sie hat eine politisch-soziologische Funktion und erst zweitrangig eine moralisierende Tendenz. Das allgemeine Unbehagen der Nordstämme mit dem Königtum [1] macht es wahrscheinlich, daß die Fabel nach der Reichstrennung (926 v. Chr.) im Nordreich entstanden ist. V 26–40.46–54 gehören mit großer Wahrscheinlichkeit zusammen. Für den Sammler dieser Tradition läßt sich die davidisch-salomonische Ära wahrscheinlich machen. Der Sammler dürfte in der Nähe der Verfasser der Thronfolgegeschichten [2] zu suchen sein, wobei aber das Material selber in vorkönigliche Zeit weist [3]. Die aus diesem Material geformte Erzählung wird man kaum sehr weit von den Ereignissen selber abrücken dürfen. Aus dieser Erzählung lassen sich daher historische Rückschlüsse ziehen [4].

- V 16b–19a.22.55 sind von späterer Hand beigefügt. Es sind Israelitisierungstendenzen zu erkennen [5].
- V 25 steht isoliert, versprengte Notiz? [6]

Aus der Untersuchung W. Richters ergibt sich, daß für uns V 26–40.46–54 interessant sind. Die Fabel V 8–15 ist historisch gesehen ziemlich bedeutungslos. Es ist nur naheliegend, daß sie in Sichem selber entstanden ist [7], da Sichem das Zentrum des Nordens war [8] und in Sichem der Bruch mit der davidischen Dynastie erfolgte [9]. Diese Hypothese kann überzeugen, zumal auch die literarische Untersuchung die Herkunft der Fabel aus dem Nordreich nahelegt. Für die Entstehung der Fabel kommt die Zeit nach Jerobeam I. in Frage, eventuell die Zeit der Errichtung Samarias als Hauptstadt. Terminus a quo wäre also Jerobeam I., terminus ad quem Samaria [10].

Die Erzählung, V 26–40.46–54, hält folgendes fest: Gaal kommt nach Sichem. Beim Weinfest schürt Gaal gegen Abimelech. Der Stadthauptmann Sebul meldet es aber Abimelech. Darauf rückt Abimelech in vier Abtei-

---

[1] Vgl. J. Dishon, Gideon and the Beginnings of Monarchy in Israel (hebr.), Tarb 41 (1972) 255–268.

[2] Vgl. 2 Sam 11,21.

[3] Der Sammler hat dabei kaum etwas umformuliert!

[3] Vgl. W. Richter, Richterbuch 269 f. 271–273.275.277.281. 292.250.316.

[5] A. a. O., 316.

[6] A. a. O., 316.

[7] Vgl. B. Lindars, Jotham's Fable. JThS NS 24 (1973) 355–366. U. Simon, The Parable of Jotham, Tarbiz 34 (1964–1965) 1–34.

[8] N. Allan, Jeroboam and Shechem, VT 24 (1974) 353 f.

[9] Vgl. 1 Kön 12.

[10] Vgl. W. Richter, Richterbuch 293.

lungen heran. Es kommt zum Kampf vor den Toren Sichems. Gaal kann entfliehen. Seine Leute werden abei völlig geschlagen.

Die Vorsteher von Migdal Sichem versammeln sich in dem צדיח des Tempels des El-berit. Abimelech läßt Zweige auf dem Tempel aufschichten und läßt sie anzünden. Es kommen dabei alle Bewohner von Migdal Sichem um. Bei dei Belagerung von Tebez findet Abimelech den Tod.

Abgesehen davon, daß das Geschehen von V 26–40 in bzw. um Sichem spielt, ist V 37 sehr aufschlußreich: ויסף עוד געל לדבר ויאמר הנה־עם יורדים מעם טבור הארץ וראש־אחד בא מדרך אלון מעוננים: Gaal nennt den Garizim טבור הארץ [1]. Der Begriff stammt aus der mythischen Kosmologie [2]. Die Vorstellung vom Nabel der Welt ist religionsgeschichtlich sehr bekannt [3] und wird für ein Heiligtum außergewöhnlichen Charakters verwendet. Ez 38,12 bezieht den Ausdruck auf Jerusalem [4]. In unserem Text wird der Garizim so verstanden [5]. Es gehört zu den Gesetzmäßigkeiten der Religionsgeschichte daß jedes

---

[1] Vgl. E. Sellin, Wie wurde Sichem eine israelitische Stadt 43. C. Schedl, Geschichte IV 36. G. R. H. Wright, Mythology, VT 20 (1970) 79. J. M. Wilkie, The Peschitta Translation, VT 1 (1951) 144. W. Caspari, ṭabur, ZDMG 86 (1933) 49–65.

[2] Vgl. K. H. Bernhardt, Nabel der Welt, BHB II 1271. מערכת, טבור הארץ, אמ ג 362.

[3] Vgl. W. Richter, Richterbuch 271 Anm. 60 (Literatur).

[4] Vgl. W. Zimmerli, Ezechiel II 955 f.

[5] Es sei in diesem Zusammenhang auf folgendes hingewiesen: In dem D/Dtr Abschnitt Jos 8,30–35 (vgl. M. Noth, Josua 29. E. Nielsen, Shechem 75–85. J. M. Miller / G. M. Tucker, Joshua 71–73. J. A. Soggin, Josué 165 f. J. A. Soggin, Zwei umstrittene Stellen, ZAW 73 (1961) 78–87) heißt es, daß Josua auf dem Ebal einen Altar erbaute. M. Noth wird im Recht sein, wenn er nur den Altarbau und die Gesetzesverlesung für ursprünglich zu dieser Tradition gehörig hält und alle anderen Notizen für sekundär erklärt. Auch הברכה והקללה ist eine sekundäre Einfügung (vgl. Josua 29), dh. aber, daß diese Tradition ursprünglich weder den Segen über den Garizim, noch den Fluch über den Ebal kannte. Die Verfluchung des Ebal wäre auch höchst sonderbar, wenn kurz vorher ein Jahwealtar errichtet wurde. Nun schaut es auf den ersten Blick so aus, als sei Jos 8,30–35 eine Ausführungsbestimmung zu Dtn 11,26–29 und 27,12–13 (vgl. G. von Rad, Das fünfte Buch Mose 61 und 119. A. Philipps, Deuteronomy 81 und 179 f.). Doch es ist wohl sinnvoller, Dtn 11,26–29 und 27,12–13 dem dtr Redaktor zuzuschreiben, der in Jos 8,34 הברכה והקללה einfügte. Es ist dann erst der dtr Redaktor, der den Segen auf den Garizim und den Fluch auf den Ebal verlegte, wobei aber zu beachten ist, was nicht immer geschieht, daß nicht der Berg verflucht wird, sondern jene, die nicht nach Jahwes Gebot handeln (vgl. Dtn 27,14 ff.). Man versuchte, die Beschaffenheit des Ebal – Mangel an Vegetation – mit dem Fluch in Zusammenhang zu bringen (vgl. S. Bülow, Der Berg des Fluches, ZDPV 73 (1957) 100–107), was jedoch nicht möglich ist (vgl. E. Nielsen, Shechem 48. W. Schmidt, Zum Baumbestand des Garizim, ZDPV 78 (1962) 89 f.), da der Ebal durchaus nicht immer ohne Vegetation war. In dem Gedicht des Theodotus heißt es auch über den Ebal «reich an Gras und Wald» (vgl. P. Riessler, Schrifttum 1263). Wenn der dtr Redaktor «Segen und

Volk sein bedeutendstes Heiligtum für den Nabel der Welt hält. So bezieht auch das Judentum den Begriff auf den Tempel von Jerusalem [1].

Ferner nennt Gaal die אלון מעוננים. Wir werden darunter das Baumheiligtum von Sychar / Askar verstehen können.

Aus dem Weinlesefest (V 27) geht nicht hervor, daß es sich um ein israelitisch-jahwistisches Fest handelt; ja ויבאו בית אלהיהם schließt das förmlich aus. Die Tradition versteht daher Sichem noch als rein kanaanäisch. V 28 läßt erkennen, daß Abimelech kein Vollsichemit ist [2]. Es wird ein Unterschied zwischen Jerubbaal / Abimelech und Ḫamor / Sichem gemacht [3]. Nach Gen 34,2 ist Ḥamor Hiwwiter und nicht Israelit [4]. Unter Gideon / Jerubbaal [5], dem Vater Abimelechs, können wir einen «Israeliten» verstehen. Der soziologisch-religiöse Unterschied zwischen den zur Seßhaftigkeit übergehenden Stämmen und den verstädterten Kanaanäern ist noch mit aller Deutlichkeit an dieser Tradition zu erkennen [6]. Abimelech dürfte aus

---

Fluch» auch topographisch verstanden wissen wollte, dann haben ihn andere Gesichtspunkte geleitet. Bei einer Orientierung nach Osten – die allgemeine Orientierung der semitischen Völker (vgl. W. Schmidt, a. a. O., 90 Anm. 3) – liegt der Ebal linker und der Garizim rechter Hand. Rechts ist von altersher mit Heil, links mit Unheil verbunden (vgl. S. Morenz, Totengericht, ZAeS 82 (1957) 62–71. W. Grundmann, δεξιός, ThWNT II 37 f.). Dies mag wohl ausschlaggebend gewesen sein, den Fluch auf den Ebal zu verlegen. Der ursprünglichen Tradition war eine Wertung der Berge fremd. Erst die dtr Theologie, die mit ihrem «Bundesformular» – in Analogie zu altorientalischen Vasallenverträgen – Segen und Fluch als integrierenden Bestandteil des «Bundesformulars» kannte, hat diese Szenerie geprägt. E. Nielsen (Shechem 48) hat sehr treffend bemerkt: «that Mt. Gerizim is the centre of blessing is thus not a deduction from conditions of nature, but a theological or mythological dogma». Daß ursprünglich der Fluchkatalog mit «Sichem» nichts zu tun hat, darauf hat auch L. Perlitt (Bundestheologie 248 Anm. 3) eindrücklich hingewiesen.

[1] Vgl. Jub 8,19 (E. Kautzsch, Apokryphen II 56). Hen 26,1 (a. a. O., 254). G. W. Anderson, Shechem, BA 20 (1957) 10 f. F. M. Th. de Liagre Böhl, Über das Verhältnis vom Shetija-Stein und Nabel der Welt in der Kosmologie der Rabbinen, ZDMG 124 (1974) 233–270.

[2] A. Malamat, The Period of the Judges 149 sieht sehr richtig in Abimelech «a single authority ruled over both a tribal entity and an urban center». Er sieht auch bereits in dem Titel des Sohnes Sichems (vgl. Gen 34,2): nesi ha'arez diese Doppelfunktion ausgedrückt, was bedeutet, daß die Fürsten von Sichem schon sehr früh auch über ein Territorium größeren Ausmaßes herrschten.

[3] R. G. Boling, And who is S–K–M, VT 13 (1963) 479–482.

[4] Vgl. W. Richter, Richterbuch 271. G. Schmitt, Frieden 111 f. A. Malamat, The Period of the Judges 149.

[5] Vgl. A. Penna, Gedeone, Bi e Or 2 (1960) 86–89. H. Haag, Gideon, ZAW 79 (1967) 305–314.

[6] Vgl. M. Noth, Geschichte 142.

einer Verbindung Jerubbaals mit einer Sichemitin hervorgegangen sein [1]. All das zeigt deutlich, daß Sichem zu diesem Zeitpunkt noch nicht israelitisch war, daß es jedoch schon ein sichemitisch-israelitisches Konnubium gegeben hat.

In diesem Zusammenhang [2] scheint es angebracht, auf Gen 34 hinzuweisen. Das Kapitel ist nicht einheitlich [3]. Es setzt sich immer mehr die Meinung durch, daß die Geschichte exilisch-nachexilische Verhältnisse widerspiegelt [4]. Schon früh wurde erkannt, daß Gen 34 eine spätere Reflexion von Ri 9 ist [5]. In überlieferungsgeschichtlicher Hinsicht dürfte ein alter Stoff vorliegen [6]. Es geht um die Auseinandersetzung nomadischer Gruppen mit den Kulturlandbewohnern [7]. Eine ursprüngliche Auseinandersetzung der «Stämme» Simeon und Levi mit den Sichemiten ist hier reduziert dargestellt in den Gestalten Simeon und Levi und Sichem, dem Sohn des Königs [8], wobei ein historischer Aufenthalt der «Stämme» bei Sichem durchaus anzunehmen ist [9]. In Gen 34 geht es jedoch nicht um historische Ereignisse. Hinter Gen 34 «stehen ... Erfahrungen, die Israel mit den Kanaanäern machte» [10]. Wir haben somit israelitische und nicht vorgeschichtliche Verhältnisse vor uns [11]. Jedenfalls scheint auch daraus hervorzugehen, daß schon sehr früh ein israelitisch-sichemitisches Konnubium existierte und daß soziologisch-religiöse Differenzen immer wieder zum Ausbruch kamen.

An Abimelech wird sichtbar, daß es auch ein Halbsichemit weit bringen

---

[1] Vgl. Ri 8,31; vgl. M. Noth, Geschichte 141. J. Bright, History 173. H. Reviv, The Government of Shechem, IEJ 16 (1966) 256.

[2] Vgl. M. Noth, Überlieferungsgeschichte des Pentateuch 31 Anm. 99.

[3] A. Kuenen, Dina, ThT 14 (1880) 257–281. J. Wellhausen, Composition 314–322. H. Gunkel, Genesis 369–379. E. A. Speiser, Genesis 266–268. A. de Pury, Genèse XXXIV, RB 76 (1969) 5–49. E. Nielsen, Shechem 242–248. L. Wächter, Landnahme, WZ Rostock 17 (1968) 414 ff. J. Pedersen, Israel I–II 521 ff. G. H. Cornill, Beiträge, ZAW 11 (1891) 1–15. C. Raviv, Alien Cities 125–128. K. Luke, The Rape of Dinah, The Living Word 80 (1974) 99–113. E. A. Speiser, Coming, BASOR 144 (1956) 20–23.

[4] Vgl. O. Procksch, Genesis 542–549. W. Th. In der Smitten, Genesis 34, BiblOr 30 (1973) 7–9.

[5] Vgl. E. Meyer, Israeliten 412 ff.

[6] Vgl. G. von Rad, Das erste Buch Mose 292.

[7] Vgl. G. Wallis, Stadt, ZAW 78 (1966) 133–148.

[8] Vgl. S. Lehming, Gen 34, ZAW 70 (1958) 228–250.

[8] A. a. O., 233. A. de Pury, a. a. O., 42 ff.

[10] S. Lehming, a. a. O., 242.

[11] Vgl. D. B. Anderson, Shechem, BA 20 (1957) 12 f.

konnte, daß es jedoch auch starken Widerstand gegen solche Tendenzen in Sichem gab [1]. Diese Rivalität wird von der Tradition gut wiedergegeben.

V 46–49: Die Fehde Abimelechs mit Sichem findet ein jähes Ende [2]: Die Bewohner von Migdal-Sichem [3], verständlicherweise בעלי שכם genannt, gehen in den צריח des Tempels des El-berit [4], was damit zusammenhängen dürfte, daß ein Heiligtum als Asylstätte [5] galt. Doch das Heiligtum ging in Flammen auf und es kamen alle um [6]. Daß die ganze Stadt zerstört wurde, ist vom Text her nicht zu beweisen [7]. Unter dem Berg «Zalmon» könnte ein Teil des Ebal gemeint sein; aber das ist ungewiß [8].

Aus den aus der Zeit Jehus entstandenen Texten V 1–7.16a. 19b–21. 23 f. 41–45.56 f. lassen sich kaum viele historische Rückschlüsse ziehen. Eine echte geschichtliche Erinnerung nicht an ein Geschehen [9], aber an Dinge [10] dürfte in V 6 vorliegen: אלון מצבה [11]. In V 4 ist der Tempel des Baal berit genannt. Vom Kontext des 9. Kapitels wird sich das so erklären lassen: Zur Zeit Jehus bezeichnete man einen heidnischen Tempel kaum mehr als El-Tempel, sondern eher als Baal-Tempel.

Den hl. Baum, der in V 6 [12] genannt ist wird man in der Stadt Sichem selber zu suchen haben, während man den Baum von V 37 außerhalb der

---

[1] Gaal und seine Genossen verkörpern gleichsam diesen Widerstand. E. NIELSEN, Shechem 159 versteht sie als Kaufleute, die in Sichem akzeptiert waren!

[2] Vgl. P. J. NAGELE, Sichems Zerstörung durch Abimelech, JPOS 12 (1932) 152–161.

[3] Es besteht vom Text her kein Grund, Migdal Sichem außerhalb der Stadt zu suchen, wie es z. B. E. TÄUBLER, Epoche der Richter 277–282 tut.

[4] In V 4 ist von einem Tempel des Baal berit die Rede. Die Texte legen jedoch nahe, nur an einen Tempel zu denken. Die spätere Zeit (vgl. Ri 8,33) sah in Baal einen Götzen (vgl. G. W. AHLSTRÖM, Syncretism 23) und man nannte daher den früheren, heidnischen Tempel zu Sichem den Tempel des Baal berit; vgl. auch E. RÖSSLER, Jahwe und die Götter 39 f.

[5] Zum Asylrecht vgl. Abschnitt II 3.

[6] Vgl. H. W. HERTZBERG, Richter 207. F. SCHMIDTKE, Einwanderung 224.

[7] Vgl. W. RICHTER, Richterbuch 272.

[8] Vgl. E. NIELSEN, Shechem 166 f. 166 Anm. 1–3. M. NOTH, Die Welt des Alten Testamentes 50. P. J. NAGELE, a. a. O., 159 f. deutet Zalmon von צלם (Götzenbild) und meint, der Berg habe ein Götzenheiligtum geborgen.

[9] Gegen SH. YEIVIN, Conquest 109 f. 109 Anm. 180.

[10] Vgl. A. MALAMAT, The Period of the Judges 150.

[11] Vgl. E. NIELSEN, Shechem 142.

[12] J. A. SOGGIN, Il regno di Abimelek, Studi in onere di E. Volterra 6 (1973) 161–189 betont, daß das Königtum Abimelechs nicht der Form des altorientalischen Königtums entspricht. Vgl. auch E. OREN, The Story of Abimelech (hebr.), BMikra 52 (1972) 21–24.

Wenn wir das Ergebnis zusammenfassen, ergibt sich folgendes Bild:

SICHEM

| Tradition aus vorkönigl. Zeit<br>V 26–40.46–49 | Bearbeitung aus der Zeit Jehus<br>V 1–7.16a.19b–22.23 f. 41–45.51 |
| --- | --- |
| Sichem kanaanäische Stadt<br>sichemitisch-israelitisches Konnubium | |
| Tempel des El berit in der Stadt | |
| Baumheiligtum zu Askar | |
| Bezeichnung des Garizim als Nabel der Welt | |
| Zerstörung des Tempels durch Feuer und Tötung der Bewohner von Migdal Sichem, die im Tempel versammelt waren. | |
| | Baum und Massebe in der Stadt |
| | Tempel des Baal berit |
| | Nennung von Bet-Millo (vermutlich nur spätere Bezeichnung für Migdal-Sichem) |

Stadt (Sychar / Askar [1]) suchen muß. In V 6 und 20 wird das Bet-Millo genannt [2]. Nach 2 Kön 12,21 zu schließen, ist unter Bet-Millo «a village dependent on Shechem» [3] zu verstehen. Aus dem AT [4] wird die Bedeutung von Bet-Millo nicht ganz klar. Am einleuchtendsten ist jedoch, Millo von der hebräischen Wurzel מלא [5] «voll sein, anfüllen» abzuleiten und darunter ein Gebäude zu verstehen, das auf einer Aufschüttung ruht.

---

1 Der alte Name dieses Dorfes ist unbekannt!

2 Vgl. W. Richter, Richterbuch 305.

3 E. F. Campbell, Jr. / J. F. Ross, Shechem, BA 26 (1963) 14.

4 Vgl. 2 Sam 5,9 1 Kön 9,15 11,27 1 Chr 11,8 2 Chr 32,5. Nach 1 Kön 11,27 Vg. – Variante zu MT – heißt es: «coaequavit voraginem civitatis David ...», d. h. David hat den Millo über einer aufgeschütteten Schlucht gebaut.

5 Vgl. L. Köhler / W. Baumgartner, Lexicon 523 f. W. Baumgartner / E. Y. Kutscher, Lexikon 552.

Zur zeitlichen Ansetzung auf Grund der vorköniglichen Tradition läßt sich folgendes sagen: Wenn wir ungefähr den Beginn der «Landnahme» um 1250 v. Chr. [1] ansetzen und die Zeit Sauls zwischen 1012–1004 v. Chr. liegt, bleibt ein Zeitraum von rund 250 Jahren. Da die literarkritische Untersuchung nahelegt, daß die Tradition aus vorköniglicher Zeit stammt und von den Ereignissen nicht allzuweit entfernt ist, können wir etwa ins 12. Jh. v. Chr. zurückgehen. Eine genauere Datierung ist nicht zu erreichen [2].

## 3. Sichem als Asylstadt

Jos 20,7 nennt Sichem als Asylstadt. V 7–9ab gehören zum Kern der ganzen Bestimmung (20,1–21) über die Asylstädte [3]. Es sind sechs Städte: Kedes in Galiläa, Sichem, Kirjat-Arba (Hebron), Bezer, Ramot und Golan. «Die Auswahl der 6 Städte allerdings beruht darauf, daß deren Heiligtümer in vordeuteronomischer Zeit bekannte und besuchte Asylstätten gewesen waren» [4]. Daß diese vom Dtr stammende Überlieferung nicht mehr die Heiligtümer als Asyl nennt, sondern die Städte, mag tatsächlich damit zusammenhängen, daß Dtr das Asylrecht säkularisieren will, wobei die alten Lokalheiligtümer nicht mehr betont werden sollten [5], da zuviele Erinnerungen an kanaanäische Kulte damit verbunden waren [6].

In Dtn 19,1–7.8–10.11–13 ist ebenfalls von Asylstädten die Rede. Es fehlt aber die offizielle Bezeichnung als «ausgesonderte Stadt» [7]. Nach diesem Text soll es nur drei Asylstädte geben [8]. Diese Bestimmung ist zweifellos älter [9] als Jos 20,1–21. Das Asyl kann auch nicht jeder in Anspruch nehmen, sondern nur der, der unvorsätzlich und fahrlässig gehandelt hat [10]. Der Text

---

[1] R. de Vaux, Histoire I 624.

[2] J. Gray, Judges 317 gewinnt die Datierung mit Hilfe der Archäologie, was bei uns nicht der Fall ist.

[3] Vgl. M. Noth, Josua 123.

[4] A. a. O., 124 f.

[5] So z. B. N. M. Nicolsky, Asylrecht, ZAW 48 (1930) 162.174 f. M. David, Asylstädte, OTS 9 (1951) 45.48 sieht Jos 20 als nachexilisch an und unter Einfluß von Num 35,8–34 entstanden. Vgl. auch M. Löhr, Das Asylwesen.

[6] Vgl. E. Nielsen, Shechem 209.

[7] M. Noth, Josua 124.

[8] E. Nieslen, Shechem 208.

[9] Ein D-Text, so E. Nielsen, Shechem 208.

[10] G. von Rad, Das fünfte Buch Mose 91.

enthält auch die Bestimmung, daß die Zahl der Städte bei Erweiterung des Gebietes erhöht werden kann [1].

Num 35,9–15 [2] befiehlt, sechs Asylstädte zu errichten, nennt jedoch nicht die Namen [3]. Das Asylrecht kann nur der unvorsätzliche und fahrlässige Täter in Anspruch nehmen. Die Gemeinde entscheidet, ob der Täter Aufnahme in die Asylstadt finden kann [4].

Das Bundesbuch Ex 21,13 fE [5] bestimmt, daß bei unvorsätzlichem und fahrlässigem Totschlag der Täter eine מקום aufsuchen kann. Der Mörder genießt jedoch diesen Schutz nicht (V 14) [6]. Unter מקום meint E meist einen hl. Ort [7]. Schon in dem Terminus ושמתי לך kommt zum Ausdruck, daß nicht jede מקום gemeint ist, sondern ein Heiligtum mit Priesterschaft und Gerichtsbarkeit [8], wobei es sich möglicherweise um das Heiligtum handelt, das mit dem Bundesbuch in Zusammenhang steht [9]. Die מקום, wohin sich der Täter flüchten konnte, war der Altar, an dessen Hörnern man sich festhalten konnte [10]. 2 Kön 2,38 ff. berichtet, daß sich Joab vor Salomo ins Zelt Jahwes flüchtete und sich an den Hörnern des Altars [11] festhielt. Da jedoch Joab ohne Ursache unschuldiges Blut vergossen hatte (2,31) gilt das Asylrecht nicht und Joab wird von Benaja auf Befehl Salomos getötet (2,34) [12]. Salomo brauchte daher von dem Asylrecht keine Ausnahme zu machen [13]. In den Augen des Königs hatte Joab gar kein Recht auf das Asyl, da er ein vorsätzlicher Mörder war [14]. «The two Jerusalemite instances of 1. Kgs. 1 f. have no immediate relation to the slaying of men, and Dt. 23,16 f. deals with another case of refuge. This means that the text of Ex. 21,13 f. is

---

[1] G. VON RAD, Das fünfte Buch Mose 91. N. M. NICOLSKY, Asylrecht, ZAW 48 1930) 150.

[2] Erweiterung zu P (vgl. K. JAROŠ, Elohist 30).

[3] Vgl. M. NOTH, Das vierte Buch Mose 219 f.

[4] Vgl. A. M. GOLDBERG, Numeri 129. N. H. SNAITH, Leviticus-Numeri 343.

[5] Vgl. K. JAROŠ, Elohist 28.

[6] Vgl. E. NIELSEN, Shechem 208 f.

[7] Vgl. N. M. NICOLSKY, a. a. O., 148.174.

[8] Vgl. E. NIELSEN, Shechem 209.

[9] Vgl. N. M. NICOLSKY, a. a. O., 174. E. NIELSEN, Shechem 210 denkt dabei an (Sichem.

[10] Vgl. 1 Kön 1,51.

[11] Zum Hörner-Altar vgl. Y. AHARONI, The Horned Altar of Beer-sheba, BA 37 (1974) fig. 1. A. BIRAN, An Israelite Horned Altar at Dan, BA 37 (1974) fig. 15.

[12] Vgl. J. GRAY, Kings I & II 109. M. NOTH, Könige 37.

[13] Wie N. M. NICOLSKY, a. a. O., 149 angenommen hat.

[14] Vgl. auch S. LANDERSDORFER, Könige 24 f.

concerned with one of the 'hard causes' which according to Ex. 18,26 were reserved for the authority of the central judicial court» [1].

Nach der Notiz von Dtn 4,41–43, die offensichtlich eine späte P-Erweiterung ist [2], gibt es drei Asylstädte im Ostjordanland: Bezer, Ramot, Golan. Der P-Interpolator kannte wohl die anderen Traditionen von den Asylstädten und wollte ausdrücken, daß Mose selbst noch vor seinem Tod die drei Städte des Ostjordanlandes bestimmte [3]. Wir können feststellen, daß es im Asylwesen eine Entwicklung gab. Die Vorrechte der hl. Stätten (so das Bundesbuch) wurde vom Dtr auf die Städte und den Ältesten-Rat übertragen [4]. In den Augen des Dtr konnte es ja eigentlich nur ein legitimes Heiligtum geben: Jerusalem [5].

Wir können speziell für unsere Frage folgendes festhalten: Sichem zählt zu den sechs Asylstädten. Das Asylrecht ist besonders ein Schutz gegen die Blutrache [6] und dürfte sich besonders erst bei bzw. nach der Seßhaftwerdung eines Volkes systematisch entwickeln. Es scheint aus den Texten hervorzugehen, daß Israel von der kanaanäischen Kultur das Asylrecht übernahm, wobei z. B. ein Heiligtum wie Sichem schon vor der Israelitisierung als Asyl fungiert haben könnte. Das würde auch verständlich machen, daß in israelitischer Zeit die Stätte als Asyl übernommen wurde. Die Nennung Sichems in der Liste der Asylstädte stammt aus dtr Zeit [7] und wenn wir den Text aus dem Bundesbuch (Ex 21, 13 f.) heranziehen, wo unausgesprochen Sichem die Asylstätte sein könnte, kommen wir bis in die E-Zeit (1. Hälfte des 8. Jh. v. Chr.). Es würde dadurch wahrscheinlich, daß die Stätte von Sichem schon in früher Zeit als Asyl galt; denn das Material, das im Bundesbuch verarbeitet ist, ist jedenfalls älter als E. Dies zeigt besonders auch 1 Kön 2,28 ff., das von einem Verfasser aus der Zeit Salomos stammt [8]. Das Asylrecht ist damit bis in die Zeit Salomos schriftlich nachweisbar, und zwar in einer literarisch sehr ausgewogenen und kunstvollen Form. Das zeigt aber wiederum, daß man im 10. Jh. v. Chr. das Asylrecht am Heilig-

---

[1] E. Nielsen, Shechem 210.

[2] Vgl. K. Jaroš, Elohist 31.

[3] Vgl. G. von Rad, Das fünfte Buch Mose 38. Gegen A. van den Born, Asyl, BL 123.

[4] Vgl. R. de Vaux, Lebensordnungen I 263. E. Nielsen, Shechem 211.

[5] Vgl. E. Nielsen, Shechem 211.

[6] ב. דינור, דמותן הדתית של עיר המקלט וטכס מתן ההסות בהן, ארץ ישראל 3 (1954) 135–137.

[7] Vgl. auch E. Nielsen, Shechem 211.

[8] Wie M. Noth, Könige 8–12 überzeugend dargelegt hat.

tum (hier am Heiligtum zu Jerusalem, Zelt Jahwes) kannte, was bedingt, daß es älter sein wird, als dieser Text. Es ist somit ziemlich eindeutig, daß das «israelitische» Asylrecht vorisraelitisch ist, vermutlich kanaanäisch. Sichem galt dabei offiziell als Asyl. Dtr tritt der alten Tradition insofern entgegen, als er das Asylrecht nicht mehr auf das Heiligtum konzentriert, sondern auf die Stadt selber, die er zur Asylstadt erklärt [1].

## 4. Die Revolte zu Sichem (1 Kön 12)

Sowohl 1 Kön 12 als auch 2 Chr 10,1–19 bringen den Bericht über den Aufstand zu Sichem [2]. Der Bericht der LXX weicht sehr stark vom MT Text ab [3]. Es ist zu vermuten, daß den Übersetzern der LXX eine andere hebräische Rezension zur Verfügung stand [4]. Die LXX verdient jedoch nicht den Vorzug vor dem MT [5].

Die ersten Versuche der Literarkritik an diesem Kapitel gingen vielfach von textkritischen Überlegungen aus. Ein kurzer Überblick zu Form und Herkunft der Verse zeigt die Mannigfaltigkeit der Probleme [6].

---

[1] Die Nennung der sechs Asylstädte unter den Levitenstädten: Jos 21,8–42 (vgl. 1 Chr 6,39–66) ist sekundär und stammt von Jos 20 (vgl. M. Noth, Josua 127. E. Nielsen, Shechem 211 f.). Vgl. auch J. Wellhausen, Prolegomena 153–158. H. W. Hertzberg, Josua 119. Y. Kaufmann, The Biblical Account of the Conquest of Palestine 40–46. W. F. Albright, The List of Levitic Cities 56. B. Mazar. The Cities of the Priests, VTS 7 (1960) 193–205. Z. Kallai, נחלות שבטי ישראל 377–403. R. de Vaux, Histoire I 493. A. Alt, Bemerkungen, KlSchr III 294–301. A. Alt, Festungen, KlSchr III 306–315. M. Noth, Geschichte 131 f. A. H. J. Gunneweg, Leviten 64. M. Haran, Studies, JBL 80 (1961) 165. A. Cody, A History of Old Testament Priesthood 160.

[2] Die Unterschiede können bequem bei A. Bendavid, Parallels in the Bible 94–95 eingesehen werden.

[3] E. Meyer, Der Bericht der Septuaginta über Jerobeam, Israeliten 363–367.

[4] A. a. O., 363.

[5] Vgl. die ausführliche Studie: D. W. Gooding, The Septuagint's rival version, VT 17 (1967) 173–189, die die Ergebnisse E. Meyers bestätigt hat. Zur Textkritik vgl. vor allem E. Nielsen, Shechem 172 ff.

[6] J. Wellhausen (Composition 277) läßt auf 11,43 V 2 folgen und dann V 1 und 3b. V 3a wird gestrichen. Er liest mit LXX am Schluß von V 2: ממצרים. Er nimmt eine judäische Abhängigkeit von 2 Sam 20,1 an und streicht mit LXX V 17. Eine ähnliche Auffassung vertrat auch R. Kittel, Könige 102. G. Hölscher (Geschichtsschreibung 387 ff.) sieht die Quellen J (V 1.3b–11.12.13–14.16.18.19) und E (V 2–3a.20), ebenso auch S. Mowinckel (nach E. Nielsen, Shechem 173). M. Noth (Überlieferungsgeschichtliche Studien 80 Anm. 3) ist der Auffassung, daß V 2.3a, der Name «Jerobeam» in V 12 zugefügt und in V 20 der Anfang verändert worden sei. J. A. Montgomery (Kings 248 ff.) meint, V 2–3a seien von der Chronik eingedrungen, wo der

V 1 berichtet, daß sich Rehabeam nach Sichem begibt, um von den Nordstämmen die Anerkennung seines Königtums zu erlangen. V 2.3a unterbrechen unverständlicherweise die Erzählung. Es ist plötzlich von Jerobeam die Rede. V 3a wird z. T. wörtlich von V 20 wiederholt. Mit 3b wird wieder sinngemäß V 1 fortgesetzt. Außer in V 2 und 20 ist nur mehr in V 12 von Jerobeam die Rede. Es ist daher zu fragen, ob Jerobeam in V 12 ursprünglich ist? Es heißt: ... ויבו ירבעם וכל העם Schon der textkritische Befund [1] zeigt, daß Jerobeam vermutlich nicht immer dagestanden hat. Jerobeam spielt auch bei den Verhandlungen keine Rolle [2], so daß er in V 12 durchaus entbehrlich ist. V 15 und 16a gehen in ihrer formalen Aussage parallel [3]. V 15 nimmt auf 11,29–39 Dtr Bezug und kann daher mit gutem Grund als dtr Einfügung gelten [4]. V 17 fehlt in der LXX. M. Noth [5] sieht in V 17 einen pedantischen Zusatz. Der Vers war vermutlich ein Zusatz zu V 20 [6]. Nach diesen Überlegungen ergibt sich, daß folgende Verse zusammengehören:

---

Passus notwendig wäre. V 20 sage deutlich, daß Jerobeam mit der Rebellion nichts zu tun habe. Demnach hält J. A. Montgomery LXX B 11,43 für sekundär. S. Landersdorfer (Könige 83) tritt für eine Umstellung von V 1 und V 2 ein, ebenso A. Šanda (Könige 334 f.), O. Eissfeldt und H. Gressmann. E. Nielsen (Shechem 174 ff.) sieht in 1 Kön 12 die Verknüpfung zweier sichemitischer Traditionen. Die erste Tradition umfasse Rehabeams Verhandlungen in Sichem, die zweite Jerobeam und Sichem (außer V 2 und 20). W. Resenhöfft (Die Genesis 131) glaubt, die Pentateuchquellen J, E und P finden zu können. J. Gray (Kings I & II 299 ff.) ist der Auffassung, daß die LXX Version judäisch, MT dagegen israelitisch sei. I. Plein (Erwägungen zur Überlieferung von I Reg 11,26–14,30, ZAW 78 (1966) 11–15) sieht eine enge Beziehung mit der Überlieferung von der Thronfolge Davids (vgl. auch E. Würthewein, Die Erzählung von der Thronfolge Davids). H. Seebass (Zur Königserhebung Jerobeams I, VT 17 (1967) 325–333) versucht, aus LXX Zusätzen eine einzige Erzählvariante zu 1 Kön 12 zu schaffen. J. Debus (Sünde 21 ff.) sieht in V 1–20 zwei Darstellungen von der Reichsteilung. Die eine sei in V 2 und 20 erhalten, die andere in V 1.3b–16.18–19 (vgl. dazu A. Jepsen, Quellen 5). Die beiden Versionen seien schon vor der dtr Redaktion verbunden worden. V 15 sei mit Einschränkungen dtr, V 19 ein Nachtrag. M. Noth (Könige 268–278) war zuletzt folgender Auffassung: 2.3a sind ein Zusatz. Der Anfang von Kap. 12 sei 11,26–28.40. V 15 ist dtr und nimmt auf 11,29–39 dtr Bezug. Die Entstehung der Erzählung liege nur ein paar Generationen nach dem Tode Salomos. Vgl. auch E. Cortese, La schema, Bibl 56 (1975) 37–52. C. R. Smith, The Stories of Shechem, JThS 47 (1946) 33–38. J. H. Grønbaek, Benjamin, VT 15 (1965) 421–436.

[1] Wenn man mit der LXX «Jerobeam» streicht, dann wird der Singular des Verbums sinnvoll (vgl. V 20).

[2] J. Debus, Sünde 21.

[3] Vgl. dazu E. Nielsen, Shechem 181–183.

[4] Vgl. M. Noth, Könige 276.

[5] A. a. O., 277.

[6] Vgl. J. Gray, Kings I & II 302 Anm. i. E. Nielsen, Shechem 184.

- V 1.3b–14 (ohne «Jerobeam»).13-14.16.18–19.
- V 2.(3a).20 (= 17 als chronistischer Zusatz [1]).
- V 15 dtr.

In V 2.(3a). 20 haben wir einen kurzen Bericht darüber, daß Jerobeam von Ägypten zurückgekehrt ist und von der Versammlung zum König ausgerufen wurde. Da in V 3b dasselbe wie in V 20 gesagt wird (3a wurde nur notwendig, weil die Redaktion V 2 und 20 auseinanderriß), kann er wegfallen. Es ist nun durchaus möglich, daß der Anfang nicht in V 2 zu suchen ist, sondern in 11,26–28.40 [2]. V 2 – in der heutigen Fassung – ist zwar im MT notwendig geworden; d. h. der deutlich erkennbare Einschub: ויהי כשמע־ ירבעם והוא עודנו במצרים אשר ברח מפני המלך שלמה mußte sich daher einmal nicht auf das Kommen Rehabeams nach Sichem bezogen haben, sondern auf den Tod Salomos und auf die Königwerdung Rehabeams. Das veranlaßte Jerobeam, aus Ägypten zurückzukehren (וישב ירבעם ממצרים). Wir können daher annehmen, daß die Erzählung folgendermaßen aufgebaut war: 1 Kön 11,26–28.40: vermutliche Nachricht über den Tod Salomos und Königserhebung Rehabeams, 12,2 (ohne Einschub) und 12,30.

Wenn wir diese Verse besehen, erkennen wir, daß wir keine Erzählung vor uns haben, sondern einen knappen Bericht über Jerobeam, der folgenden Inhalt hat:

V 26: Vater, Mutter und Herkunftsort werden genannt [3] und festgestellt, daß Jerobeam Bediensteter Salomos war. Darauf folgt eine Notiz über die Empörung gegen Salomo. V 27 f. berichten ausführlich die Vorgeschichte der Empörung gegen Salomo. V 40 stellt fest, daß Salomo Jerobeam töten lassen wollte und daß Jerobeam zu Pharao Sisak floh. Unter Sisak ist Pharao Schoschenk I., 22. Dynastie, der von 945–924 v. Chr. regierte [4], zu verstehen. Salomo starb 926 v. Chr. 1 Kön 12,2: Für Jerobeam ist der günstige Augenblick gekommen, nach Palästina zurückzukehren.

V 20: Jerobeam wird zum König ausgerufen.

Dieser Bericht kann historische Glaubwürdigkeit beanspruchen. Es wird nun nicht berichtet, wo Jerobeam zum König ausgerufen wurde. Das ויקראו אתו אל־העדה meint jedoch zweifellos die Versammlung zu Sichem. Weiters geht aus V 25 hervor, daß Jerobeams erste Residenz Sichem war [5].

---

[1] Vgl. J. Debus, Sünde 20 Anm. 4.

[2] M. Noth, Könige 272.

[3] Vgl. a. a. O., 255 f.

[4] Vgl. BL X; vgl. J. Janssen / H. Brunner, Sisak, BL 1604 f.

[5] Vgl. M. Noth, Könige 280 f. J. Gray, Kings I & II 312 ff. N. Allon, Jerobeam and Shechem, VT 24 (1974) 353–357 bes. 353 f. R. W. Klein, Jeroboam's Rise to

Es scheint, daß V 25 noch zu unserem Bericht gehört [1]. Der Anlaß für die Flucht Jerobeams von Sichem nach Penuel [2] ist vermutlich der Palästinafeldzug Schoschenks I. gewesen [3]. V 25 spricht auch davon, daß Jerobeam Sichem ausbaute, d. h. daß er sich dort eine Residenz errichtete [4]. Wir können daher von diesem historisch zuverlässigen Bericht speziell für unsere Frage folgendes festhalten:

Der nach Ägypten geflohene Jerobeam kehrte, nachdem Salomo gestorben war, nach Israel zurück und wird in Sichem zum König ausgerufen. Er residiert vorerst in Sichem. Da Schoschenk I. um 920 starb, fällt sein Palästinafeldzug in die Jahre 922/21 v. Chr. [5]. Der Zeitpunkt dafür war günstig, da der Norden mit dem Süden zerstritten war. Die Bautätigkeit Jerobeams in Sichem konnte nicht sehr groß sein, da er sich bald nach Penuel zurückziehen mußte (923? v. Chr.). Sichem mußte als Residenz ein Provisorium bleiben.

Zum Unterschied von dem eben besprochenen historischen Bericht sind V 1.3b–14.16.18–19 einmal auf den ersten Blick eine volkstümliche Erzählung. So wie diese Erzählung lautet, läßt sich folgendes festhalten: Rehabeam kommt nach Sichem, wo ihn Israel zum König proklamieren soll. Das Volk will aber zuvor die Zusicherung für Erleichterungen. Rehabeam bedingt sich drei Tage aus. Er berät sich mit den «Ältesten», die ihm den Rat geben, auf die Forderungen des Volkes einzugehen. Er berät sich mit den «Jungen», die ihm das Gegenteil raten. Der König folgt dem Rat der «Jungen» und gibt dem Volk eine negative Antwort. Hierauf bekommt

---

Power, JBL 89 (1970) 217–218. R. W. KLEIN, Once More: Jeroboams Rise to Power, JBL 92 (1973) 582–584. M. ABERBACH / L. SMOLAR, Jeroboams Rise to Power, JBL 88 (1969) 69–77. D. W. GOODING, Jeroboams Rise to Power, JBL 91 (1972) 529–533. H. SEEBASS, Die Verwerfung Jerobeams I. und Salomos durch die Prophetie des Ahia von Silo, WdO 4 (1967–1968) 163–182.

[1] Vgl. E. NIELSEN, Shechem z. St., der mit guten Gründen V 2.20 mit 25 ff. verbindet.

[2] Vgl. dazu F. M. ABEL, Géographie II 406.

[3] Die Siegesstele Schoschenks I. (Relief auf der Südmauer des großen Amontempels von Karnak; vgl. AOB 114), beinhaltet auch Orte des Nordreiches: vgl. ANET 263–264. Vgl. E. VOGT, Expeditio Šošenk in Palestinam, Bibl 38 (1957) 234–23 B. MAZAR, The Campaign of Pharao Shishak to Palestine, VT S 4 (1957) 57–66. S. HERRMANN, Operationen Pharao Schoschenk I. im östlichen Ephraim, ZDPV 80 (1964) 55–79. Vgl. die Karte über den Palästinafeldzug Pharao Schoschenks I. bei Y. AHARONI, The Land of the Bible 284 Map 24.

[4] Vgl. M. NOTH, Könige 280.

[5] J. BRIGHT, History 229 f. folgt der Chronologie W. F. ALBRIGHTS (BASOR 130 (1953) 4–11).

Graphische Darstellung:

| Ägypten | | Salomos Großreich | | Sichem |
|---|---|---|---|---|
| Schoschenk I.<br>(ca. 945–920) | | Salomo (965–926) | | |
| Aufenthalt<br>Jerobeams | Flucht ← | Jerobeam I. | | |
| | → | Tod Salomos 926<br>Rückkehr Jerobeams 926 nach Sichem | | |
| | | JUDA | ISRAEL | |
| | | Rehabeam<br>(926–910) | Reichsteilung:<br>Jerobeam I. wird 926<br>in SICHEM König (907 †) | |
| | | | | 926 Sichem<br>erste Hauptstadt des Nordreiches;<br>beschränkte Bautätigkeit Jerobeams |
| Schoschenk I.<br>Palästinafeldzug:<br>(922/21) | | vgl. 1 Kön 14,<br>25–28 und<br>2 Chr 12,<br>2–9 | Jerobeam verlegt die<br>Residenz nach Penuel | |

Rehabeam die schärfste Antwort zurück. Der Fronvogt Adoram wird gesteinigt und Rehabeam konnte sich gerade noch nach Jerusalem retten.

Diese Erzählung erweckt nicht den Eindruck, daß hier Geschehnisse geschildert werden, die so und nicht anders stattgefunden hätten [1]. Zum Unterschied des sachlichen Berichtes läßt diese Erzählung beim Historiker

[1] Vgl. E. Kautzsch, Die Heilige Schrift I 522.

sofort Zweifel entstehen und die Frage aufwerfen: soll diese Geschichte nicht erklären, wieso es zur Trennung gekommen ist [1]? I. Plein [2] hat neulich auf die große Ähnlichkeit dieser Erzählung in sprachlich-stilistischer Hinsicht, wie auch auf die Unterschiede zur «Überlieferung von der Thronfolge Davids» hingewiesen, so daß unsere Erzählung in die Nähe der Verfasser der Thronfolgegeschichte gerückt werden kann. Die Erzählung beruht einerseits auf guter Kenntnis der tatsächlichen Lage nach dem Tod Salomos [3] und bringt diese Situation in anekdotenhafter Form [4]. Die Erzählung ist kaum nordisraelitisch, sondern spiegelt teils die Opposition zum Nordreich [5]. Die Schaffung des neuen Staates bedeutet für den Erzähler Auflehnung gegen das Haus David [6]; teils kommt aber eine massive Kritik am davidisch-salomonischen Königtum zum Ausdruck, da man Jerobeam so kindisch [7] und undiplomatisch handeln läßt, wie es nur irgendwie möglich ist [8]. Es gab in Jerusalem Kreise, die zwar das davidische Königtum grundsätzlich anerkannten, jedoch mit Kritik nicht sparsam waren [9]. Von diesen Jerusalemer Kreisen wird vermutlich unsere anekdotenhafte Erzählung stammen: die unkluge Politik der Davididen hat es sich selber zuzuschreiben, wenn es zum Bruch zwischen Norden und Süden gekommen ist. Schon David hatte seine erste Kraft nach dem Tod Sauls auf die Südstämme konzentriert. Die Spannungen zwischen Norden und Süden sind ja nicht neu[10]. Einem politischen Genie wie David gelang der große Plan der Vereinigung. Zum Teil kam ihm das Zerwürfnis zwischen Abner und dem Schattenkönig Eschbaal zu Hilfe, zum Teil seine frühere Heirat mit Michal [11]. So hielt eigentlich die zwei «Staatsgebilde» nur die charismatische Führerpersönlichkeit Davids zusammen [12], der klug genug war, nicht länger in Hebron zu bleiben, aber auch nicht so naiv war, in die Zentralstadt des Nordens, Sichem, zu gehen,

---

1 Nachdem der sachliche Bericht nur das Faktum der Trennung und die Erhebung Jerobeams zum König über das Nordreich festgestellt hatte.

2 Erwägungen zur Überlieferung von I Reg 11,26–14,30, ZAW 78 (1966) 11–15.

3 Vgl. C. Schedl, Geschichte III 398.

4 M. Noth, Könige 270.

5 Gegen J. Debus, Sünde 22, der dann allerdings V 19 für eine judäische Zutat halten muß.

6 Vgl. M. Noth, Könige 271.

7 Vgl. J. Bright, History 226.

8 Vgl. dazu die Ausführungen von J. Debus, Sünde 23.

9 Vgl. M. Noth, Könige 271.

10 Vgl. 2 Sam 20. Vgl. D. B. Anderson. The Place of Shechem, BA 20 (1957) 16.

11 Vgl. M. Noth, Geschichte 170 f.

12 A. a. O., 182 ff.

sondern die Jebusiterstadt Jerusalem in seine Pläne einzubeziehen, die er nach einem Handstreich mit seiner Söldnertruppe zur politischen und religiösen (Überführung der Lade!)[1] Metropole von Nord und Süd machte.

Salomo, der durch eine Hofintrige König wurde, hatte nicht den politischen Weitblick seines Vaters und es gelang ihm nicht, ein einheitliches Staatsgebilde zu schaffen. Seine unglücklichen Zentralisierungsversuche, seine ausgedehnte Bautätigkeit, sein aufwendiger Regierungsstil riefen schon bald Kritiker auf den Plan. Der Tod Salomos konnte nur das Signal sein, daß der alte Gegensatz zwischen Norden und Süden wieder aufbrach. Alles was danach geschehen ist, hat die Nordstämme die Richtigkeit dieser Entscheidung erkennen lassen: ihre Verhandlungen mit dem Nachfolger Salomos scheiterten, es kommt zur Steinigung des königlichen Stellvertreters, des Fronvogtes, und damit offiziell zum Bruch mit der davidischen Dynastie. Dieser geschichtliche Hintergrund ist in eine anekdotenhafte Erzählung gegossen, deren Entstehung nicht lange nach den Ereignissen selber liegen kann. Mit עד היום הזה ist ein gewisser zeitlicher Abstand ausgedrückt; d. h. als diese Erzählung niedergeschrieben wurde, war der Bruch bereits irreversibel[2]. Daß die Verhandlungen in Sichem stattfanden, gibt wohl V 1 richtig an. Schwieriger ist schon die Frage, ob Rehabeam tatsächlich nach Sichem gekommen ist[3]. Daß nach Sichem die Vertreter der Nordstämme gekommen waren, die Ältesten[4], ist zweifellos richtig. Es besteht aber auch kein zwingender Grund, die Anwesenheit Rehabeams in Sichem[5] zu leugnen. Gerade die Konzeption des nordisraelitischen Führertums – von den Richtern bis zu Saul – zeigt, daß für einen König über Israel beides verlangt wird: das Charisma, das Jahwe gibt, und die Anerkennung der Königsherrschaft durch Akklamation[6]. Rehabeam hatte nach der Ideologie

---

[1] Vgl. A. ALT, Königtum, KlSchr II 118–122.

[2] A. a. O., 176.

[3] Vgl. M. NOTH, Könige 272.

[4] J. DEBUS, Sünde 28 f. verneint diese Frage und sieht in dem Kommen des Königs ein Stilmittel, das die beiden großen Rivalen König und Volk zusammenbringen will. Der Hinweis auf 2 Sam 5,1.3 scheint mir aber in unserem Zusammenhang nicht gerechtfertigt zu sein. Die politische Situation war ganz anders! denn Rehabeam war auf Grund seines Erbes auch König über die Nordstämme, was jedoch vom Norden nicht eo ipso akzeptiert wurde. Von dieser geradezu umgekehrten Situation (gegenüber David) her ist es verständlich, daß das Nordreich keine diplomatische Gesandtschaft zu Rehabeam schickte, um mit ihm in seiner Residenz zu verhandeln, sondern daß die Verhandlungen auf dem Territorium der Nordstämme geführt werden mußten.

[5] Vgl. M. NOTH, Könige 272.

[6] Vgl. J. BRIGHT, History 226.

der davidischen Dynastie dieses Charisma erblich erhalten. Die Nordstämme jedoch begnügten sich damit nicht, daß der König selber seinen Nachfolger designierte. Dieser bedurfte auch der Anerkennung durch das Volk. Mit dieser Anerkennung verbanden die Stämme Bedingungen. Die unerträgliche Last eines despotischen Königtums fand kein Wohlgefallen. Sie widersprach der Eigenart des charismatischen Führertums. Wurde noch der Sohn des großen David – auch im Norden – akzeptiert – trotz vielfacher Beschwerden –, so änderte sich nach dem Tod Salomos die Lage schlagartig [1]. Die politische Situation dieser Zeit läßt es daher wahrscheinlich erscheinen, daß Rehabeam nach Sichem gekommen ist. Die Verhandlungen, die Rehabeam führt, machen einen sehr schematischen Eindruck [2]. Dem Text geht es offenbar nur darum, die wichtigsten Punkte herauszustellen. An den König wird sofort folgende Forderung gestellt: אביך הקשה את עלנו ואתה עתה הקל מעבדת אביך הקשה ומעלו הכבד אשר־נתן עלינו ונעבדך: Rehabeam ist offenbar unsicher geworden und ersucht um eine dreitägige Frist, um sich beraten lassen zu können. Hier nun haben die Erzähler ein altorientalisches Motiv verarbeitet. Im sumerischen Epos «Gilgamesch und Agga» [3] fragt der König Gilgamesch von Uruk die «Ältesten» der Stadt, bevor er seine Entscheidung über Krieg und Frieden trifft. Die «Ältesten» raten ihm den Frieden, die «Jungen» den Krieg, Gilgamesch richtet sich nach den «Jungen» und das Unternehmen geht schlecht aus. Es ist eines der kürzesten sumerischen Epen aus dem 1. Viertel des 3. Jt. v. Chr. Es umfaßt etwa 115 Verse [4]. Für uns besonders interessant ist der Anfang V 1–22 [5]:

---

[1] Vgl. a. a. O., 121.

[2] Vgl. J. Debus, Sünde 24.

[3] Dieses Epos wurde in letzter Zeit mit 1 Kön 12 verglichen und man zog staatsrechtliche Folgerungen daraus, so: Th. Jacobsen, Primitive Democracy, JNES 2 (1943) 159–172. Th. Jacobsen, Early Political Development, ZA 52 (1957) 91–140. A. Malamat, Kingship, JNES 22 (1963) 247–253. A. Malamat, Organs of Statecraft 164–198. In einem persönlichen Gespräch am 18. Aug. 1975 teilte mir Prof. A. Malamat in Jerusalem mit, daß er bei seinem Vergleich weitgehend mißverstanden wurde. Es ist natürlich kein «bicameral assembly» im modernen Sinn gemeint! Vor allem M. Noth, Könige 274 und J. Debus, Sünde 30–34 hatten sich gegen A. Malamat ausgesprochen. Vgl. auch M. Weinfeld, King-People, Leshonenu 36 (1971–1972) 3–13. D. G. Evans Rehoboam's Advisers, JNES 25 (1966) 273–279. E. Lipiński, Le récit de 1 Rois XII 1–19, VT 24 (1974) 430–437.

[4] Vgl. ANET 44–46.

[5] ANET 45. Deutsche Übersetzung bei S. N. Kramer, Geschichte beginnt mit Sumer 37 f.

| | |
|---|---|
| 1 (the en)voys of Agga, the son of Enmebaraggesi<br>2 Proceeded (from Kish) to Gilgamesh in Erech. | וילך רחבעם שכם כי שכם בא כל־ 1<br>ישראל להמליך אתו: |
| 3 (the lord) Gilgamesh before the elders of his city<br>4 Put the (matter), seeks out (their) word:<br>. . . . . . . . . . | ויועץ המלך רחבעם את־הזקנים 6<br>אשר־היו עמדים את־פני שלמה<br>אביו בהיתו חי לאמר איך אתם<br>נועצים להשיב את־העם הזה דבר: |
| 8 «Let us not submit to the house of Kish, let us smite it with weapons.» | |
| 9 the convened assembly of the elders of his city<br>10 Answer Gilgamesh:<br>14 «Let us submit to the house of Kish, let us not smite it with weapons.» | וידבר אליו לאמר אם־היום תהיה־ 7<br>עבד לעם הזה ועבדתם ועניתם ודברת<br>אליהם דברים טובים והיו לך<br>עבדים כל־הימים: |
| 15 Gilgamesh, the lord of Kullab<br>16 Who performs heroic deels for Inanna,<br>17 Took not the word of the elders of his city to heart. | ויעזב את־עצת הזקנים אשר יעצהו: 8a |
| 18 A second time Gilgamesh, the lord of Kullab,<br>19 Before the men of his city put the matter, seeks out (their) word:<br>23 «Do not submit to the house of Kish, let us smite it with weapons.» | ויועץ את־הילדים אשר גדלו אתו 9.8b<br>אשר העמדים לפניו: ויאמר אליהם<br>מה אתם נועצים ונשיב דבר את־העם<br>הזה אשר דברו אלי לאמר הקל מן־העם<br>אשר־נתן אביך עלינו: |

| | |
|---|---|
| 24 the convened assembly<br>of the men of his city<br>answer Gilgamesh:<br>29 «Do not submit to the<br>house of Kish, let us<br>smite it with weapons.» | 10.11 וידברו אליו הילדים אשר גדלו אתו לאמר<br>כה־תאמר לעם הזה אשר דברו אליך לאמר<br>אביך הכביד את־עלנו ואתה הקל מעלינו<br>כה תדבר אליהם קטני עבה ממתני אבי: ועתה אבי<br>העמים עליכם על כבד ואני אוסיף על־עלכם אבי<br>יסר אתכם בשוטים ואני איסר אתכם בעקרבים: |
| 41 At the word of the men<br>of his city his heart<br>rejoiced, his spirit<br>brightened. | 13 ויען המלך את־העם קשה ויעזב את־עצת<br>הזקנים אשר יעצהו: |

Obwohl in beiden Texten dasselbe Motiv vorhanden ist, so sind dennoch bedeutende Unterschiede festzustellen. Im sumerischen Epos geht es um Krieg und Frieden. In 1 Kön 12 geht es um die Frage, ob sich Rehabeam dem Volk beugen soll oder nicht. Im sumerischen Epos gibt Gilgamesch schon anfangs seine Meinung kund: «nicht unterwerfen», während Rehabeam anscheinend noch für beide Entscheidungen offen ist. Gilgamesch freut sich, daß ihm die Kämpen zustimmen, während Rehabeam nur wörtlich den Rat der «Jungen» wiedergibt. Das Entscheidende, die Beratung mit den «Ältesten» und «Jungen», ist jedoch beiden Texten gemeinsam. Wie schon ausgeführt, lassen sich aus den «Ältesten» und «Jungen» keine staatsrechtlichen Folgen im modernen Sinn – auch nicht für 1 Kön 12 – ziehen. Die זקנים, die Rehabeam zuerst befragt, sind wörtlich zu verstehen als Vertreter der älteren Generation [1]. Es ist auch unwahrscheinlich, daß es sich um die früheren Ratgeber Salomos handelt; denn würden die einen Rat geben, der der Politik ihres toten Königs zuwiderläuft? Es liegt auf der Hand, in den זקנים jene kritische Gruppe zu sehen, aus deren Hand die Thronfolgegeschichte stammt und aus deren Kreis auch unsere Erzählung stammt. Natürlich hatte sich Rehabeam mit diesen Leuten nie beraten. Und gerade das will ja gesagt werden, wenn es heißt, daß der König nicht auf die זקנים gehört hatte. Sozusagen anonym haben sich diese זקנים verewigt. Indirekt wird gesagt: Hätte der König auf die זקנים gehört und den Despotismus seines Vaters aufgegeben, dann hätte die Geschichte zwischen Norden und Süden eine andere Wendung genommen [2]. Doch der König hört nicht auf die זקנים,

---

[1] Vgl. M. Noth, Könige 274.

[2] Der Zeitpunkt für die Änderung der Politik wäre günstig gewesen; vgl. J. J. Finkelstein Ammisaduqu's Edict JCZt 15 (1961) 91–104. J. Gray, Kings I & II 304.

er hört nur auf die ילדים, auf «Kinder»[1]. ילדים ist hier durchaus – als Gegensatz zu der Weisheit der זקנים – im abwertenden Sinn zu verstehen[2]. Es ist die Generation, die mit Rehabeam groß geworden ist und die politische Situation des Landes völlig falsch einschätzte. Sie sind eben nach der Auffassung des Erzählers ילדים geblieben. Diese zwei Größen זקנים und ילדים mögen der historisch-politische Hintergrund sein: die זקנים, die das kommende Chaos sahen, jedoch ohne Einfluß auf Rehabeam waren, und die bestimmenden ילדים, die mit ihrem Rat das Schicksal der Trennung heraufbeschworen[3]. Damit erweist sich die Beratungsszene als literarische Fiktion (zumindest in bezug auf die «Ältesten»). Auf diese Weise hat das Ganze nie stattgefunden. Wie und was tatsächlich verhandelt wurde, darüber schweigt sich die Erzählung aus. Es ist nur das Verhandlungsergebnis in V 13 f. festgehalten, das die totale Abhängigkeit Rehabeams von den ילדים offenbart[4]. Dabei ist der Erzählung jedes Mittel recht, um die moralische Haltlosigkeit der ילדים aufzuzeigen: קטני עבה ממתני אבי: V 10c. מתנים heißt in diesem Zusammenhang wohl Phallus[5]. Daß dieses Sprichwort tatsächlich anstößig war, zeigt auch die verschleiernde, aber dennoch sinngemäße Übersetzung des Targums[6]: הלשיתי תקיפא מעול ימותיה ואבא, was soviel heißt wie: «Meine Schwäche ist stärker als die Jugendkraft meines Vaters.»

V 11 heißt es: ועתה אבי העמים עליכם על כבד ואבי אוסיף על־עלכם אבי יסר אתכם בשוטים ואני איסר אתכם בעקרבים :

Dieser Vers ist rhythmisch gehalten[7]. Unter עקרב[8] ist ein Skorpion zu verstehen, d. h. eine Geißel, die ähnlich schmerzende Wunden schaffen kann wie ein Skorpionstich. Die LXX übersetzt mit μάραγνα «Geißel». Und genau dieses Wort gibt der König weiter, bzw. läßt ihn die Erzählung weitergeben. So lehnte Rehabeam die Bedingungen ab, worauf das Volk den offiziellen Bruch mit den Davididen ausspricht. Der Erzähler läßt diese Aussage wie-

---

[1] Vgl. auch M. Noth, Könige 275. A. Malamat, Organs of Statecraft 177 f. sieht in den ילדים die Prinzen des Hofes.

[2] Vgl. auch A. Malamat, Organs of Statecraft 177 f.

[3] In dieser Weise möchte ich die These A. Malamats vom «bicameral Assembly» modifizieren.

[4] Daß die Erzählung aber überhaupt Rehabeam die «Ältesten» fragen läßt, zeigt noch eine gewisse Tendenz, den Davididen selber zu entlasten und die eigentliche Schuld den «Jungen» zuzuschreiben.

[5] Vgl. L. Köhler / W. Baumgartner, Lexicon 583. M. Noth, Könige 267. J. Debus, Sünde 23.

[6] z. St. מקרות גדולות, מלכים

[7] Vgl. J. Gray, Kings I & II 306.

[8] Vgl. L. Köhler / W. Baumgartner, Lexicon 371.

der rhythmisch erfolgen, und zwar mit einem Wort, das wahrscheinlich ein Schlagwort war [1]. Daß sich jedoch Rehabeam damit nicht abfand, zeigt V 18 [2]. Der König setzt einen Fronvogt ein, der aber vom Volk gesteinigt wird [3]. Damit war der Bruch mit dem davidischen Haus endgültig besiegelt (vgl. V 19) [4].

Als historisch läßt sich aus der Erzählung folgendes festhalten:

- Rehabeam kommt nach Sichem zu den Repräsentanten der Nordstämme.
- Die Repräsentanten wollen ihn als König anerkennen, wenn er auf gewisse Bedingungen eingeht.
- Der König, von unklugen «Prinzen» beeinflußt, lehnt ab.
- Die Repräsentanten brechen die Verhandlungen ab.
- Der König will offenbar Gehorsam erzwingen und setzt einen Fronvogt ein.
- Der Vogt wird gesteinigt; der König flieht nach Jerusalem.
- Der Bruch mit Jerusalem ist endgültig.

Das ganze Geschehen spielt in Sichem. Daraus ergibt sich schon die eminent politische Bedeutung dieser Stadt in der frühen Königszeit für die Nordstämme. Hier in dieser Stadt wird das selbständige Nordreich geboren!

Haben wir diese Erzählung Jerusalemer Kreisen zuweisen können, so wird der historische Bericht (V2 und 20) efraimitisch sein. Die Verbindung des Berichtes mit der Erzählung mußte schon sehr früh erfolgt sein, jedenfalls schon lange vor Dtr, der in V 15 [5] seine theologische Deutung gegeben hat [6], das Ganze in sein Geschichtswerk aufnahm und in Bezug zum Pro-

---

[1] Vgl. M. Noth, Könige 276 f. J. Gray, Kings I & II 206 f. Das לאהליך ישראל meint kaum, daß die Vertreter der Stämme in ein Zeltlager zurückkehren. אוהֶל kann in diesem Zusammenhang auch «Wohnung» heißen; vgl. A. Alt, Zelte und Hütten, KlSchr III 239–242.

[2] Vgl. E. Nielsen, Shechem 184 f.

[3] Vgl. M. Noth, Könige 278.

[4] «The Account of the actual disruption of Solomon's kingdom ... is transmitted in an early historical narrative which bears the clear stamp of reliability and a historical scence ...» (J. Gray, Kings I & II 299).

[5] E. Nielsen, Shechem 180 gibt dtr mehr Raum: «There appears thus to be not doubt that the story of the congregation at Shechem, I. Kgs. 12, acquired its final form among the Deuteronomists.»

[6] G. von Rad, Theologie I 65.

pheten Achija von Schilo [1] setzte. In V 17 setzt dann noch der Chronist eine Glosse.

Sowohl aus der Erzählung als auch aus dem historischen Bericht geht deutlich hervor, daß Sichem politisch in der 2. Hälfte des 10. Jh. v. Chr. von großer Bedeutung war, einer Bedeutung, die die Stadt in religiöser Hinsicht zu der Zeit nicht mehr hatte; denn Jerobeam I. wählte Betel und Dan als Reichsheiligtümer [2].

---

[1] Vgl. J. Bright, History 227. E. Nielsen, Shechem 182.

[2] Vgl. dazu K. Jaroš, Elohist 367–370.

# III.
# SICHEM IN AUSSERBIBLISCHEN TEXTEN

## 1. Ägyptische Texte

In der Khu-Sebek Inschrift [1] erscheint erstmals in außerbiblischen Texten der Name «Sichem». Der Adjutant König Sesostris' III. [2] berichtet auf einer Stele über Ereignisse seines Lebens, u. a. auch von einem Feldzug gegen Syrien. Die diesbezügliche Stelle der Inschrift lautet: «His Majesty proceeded northward to overthrow the Asiatics. His Majesty reached a foreign country of which the name was Sekmem. His Majesty *took the right direction* in proceeding to the Residence of life, prosperity, and health. Then Sekmem fell, together with the wretched Retenu» [3].

M. Müller [4] hat zuerst dieses «Sekmem» mit dem biblischen Sichem identifiziert; zum Teil wurde diese Interpretation abgelehnt [5]. Die Ächtungstexte [6] haben aber bestätigt, daß die These M. Müllers richtig war [7]. Wir können daher festhalten, daß dieser Text das biblische Sichem, bzw. auch die Gegend Sichems nennt, daß Sichem Zentrum des syrischen Wider-

---

[1] 1901 von J. Garstang (El Arabah, London 1901, Taf. IV–V) in Abydos gefunden. Vgl. T. E. Peet, The Stela of Sebek-khu, Manchester 1914.

[2] Ca. 1880–1840 v. Chr., 12. Dynastie.

[3] ANET 230 (ohne Anm. zitiert). Vgl. AOT 81 f. K. Sethe, Lesestücke 82 f. A. Alt, Herren und Herrensitze, ZDPV 64 (1941) 33. W. Harrelson, Shechem, BA (1957) 3.

[4] Die ägyptische 12. Dynastie, OLZ 6 (1903) 448 f.

[5] So z. B. von T. E. Peet, a. a. O., 21 und J. H. Breasted, Ancient Records I 303: «We are unfortunately unable to locate this Sekmem with certainty, but it could hardly have been very far northward.»

[6] Vgl. ANET 328 f.

[7] Vgl. S. H. Horn, Shechem, JEOL 18 (1959–1966) 285. W. Harrelson, a. a. O., 4 tritt dafür ein, daß Sekmem auch die Gegend Sichems meint, was eine durchaus richtige Beobachtung am Text ist.

standes gegen die ägyptische Zentralgewalt war und daß Sichem mit Syrien von Ägypten niedergeworfen wurde [1].

In den Ächtungstexten des Mittleren Reiches finden wir ebenfalls «Sichem» genannt. Alle wirklichen und potentiellen Feinde Ägyptens werden magisch geächtet [2]. Die Texte stammen aus der 12. oder 13. Dynastie [3] und wurden von K. Sethe [4] veröffentlicht. E 6 [5] heißt es:
«Le prince de Skmimi (appelé) 'Ibshddw'» [6].

Der Name des feindlichen Fürsten lautet «Ibshddw», eine Zusammensetzung mit «Hadad» [7]. R. Dussaud [8] deutet den Namen mit «Abas-Hadad». Er ist Fürst von Skmimi.

Unter «Skmimi» ist das biblische Sichem zu verstehen [9]. W. F. Albright [10] vokalisierte «Sakmâmi» oder «Sakmêmi», was «zwei Schultern» bedeutet. Damit wäre auch der geographischen Situation Sichems zwischen Ebal und Garizim Rechnung getragen [11].

G. Posener [12] versuchte, die Ächtungstexte noch genauer zu datieren und gibt die Zeit Sesostris' III. (ca. 1880–1840 v. Chr.) an [13]. Aus unserem Text

---

1 Vgl. auch ANET 230 Anm. 7 und 9.

2 Vgl. ANET 328 f.

3 Vgl. ANET 328.

4 Die Ächtung feindlicher Fürsten, Völker und Dinge auf altägyptischen Tongefäßscherben des Mittleren Reiches, AAB 5, Berlin 1925. G. Posener, Princes et Pays d'Asie et de Nubie, Bruxelles 1940.

5 G. Posener, a. a. O., 68.

6 Varianten: Skmim und Skmmi; vgl. S. H. Horn, Shechem, JEOL 18 (1959–1966) 287.

7 «Le nom du prince est composé avec 'Hadad' qui dans une copie est écrit ... hddi avec i à la place de ρω qu'on trouve sur toutes les autres statuettes;» (G. Posener, a. a. O., 68).

8 «'Hadad engraisse'. Cela vise le rôle de Hadad faisant tomber la pluie que les textes de Ras Shamra définissent comme la 'graisse de la terre'» (Nouveaux Textes, Syria 21 (1940) 172).

9 So schon G. Posener, a. a. O., 68: «... Skmm est la Sichem biblique.» Vgl. R. Dussaud, a. a. O., 172. W. Harrelson, Shechem, BA 20 (1957) 3. ANET 329 Anm. 8. S. H. Horn, a. a. O., 287. F. M. Th. de Liagre Böhl, Palästina in het licht der jongste opgravingen en onderzoekingen, Amsterdam 1931, 65–67 faßte «Skmimi» und Varianten als Dual auf, der dann auf zwei Städte hinweisen würde, auf Sichem und Migdal-Sichem; vgl. dazu S. H. Horn, a. a. O., 287 Anm. 3.

10 New Egyptian Date on Palestine in the Patriarchal Age, BASOR 81 (1941) 18 Anm. 11.

11 Vgl. W. Harrelson, a. a. O., 3. S. H. Horn, a. a. O., 287.

12 A. a. O., 31–35.

13 Vgl. W. F. Edgerton, Egyptian Phonetic writing, JAOS 60 (1940) 492. Anm. 44, der die Texte noch vor Sesostris III. ansetzen möchte. W. F. Albright, A Third Revision, BASOR 88 (1942) 32 spricht von der Mitte des 19. Jh. v. Chr.

geht hervor, daß Sichem und sein Fürst um die Mitte des 19. Jh. v. Chr. für Ägypten so gefährlich schienen, daß man sie magisch ächtete. Das würde sehr gut in die Zeit Sesostris' III. passen, da für das Mittlere Reich nur unter diesem Pharao ein Feldzug gegen Asien belegt ist und man sich vor allem in dieser Zeit mit Syrien-Palästina zu beschäftigen gezwungen war [1].

Auf Grund der beiden Texte aus der 12. Dynastie, näherhin aus der Zeit Sesostris' III., zu schließen, hatte Sichem mit seiner Umgebung eine bedeutende Funktion in strategischer und politischer Hinsicht. Nach dem Text der Khu-Sebek-Inschrift war Sichem der Hauptort des syrischen Widerstandes gegen Ägypten und vermutlich Hauptort eines Städtebündnisses.

Die nächsten Jahrhunderte mußte Sichem für das Pharaonenreich höchst unbedeutend gewesen sein, da die ägyptischen Quellen über Sichem schweigen. In der Inschrift des Tempels zu Karnak über die asiatischen Städte wird unter Thutmosis III. (18. Dynastie, 1490–1436 v. Chr.) ein «Jakob-El» und «Josef-El» genannt [2]. Da der Jakob-Josef Clan in den biblischen Texten ganz und gar mit Sichem in Verbindung gebracht wird, könnte man geneigt sein, dieses «Jakob-El» und «Josef-El» mit Sichem in Verbindung zu sehen. Eine direkte Gleichsetzung muß allerdings z. Zt. eine vage Hypothese bleiben [3].

Die letzte Nennung Sichems in einem ägyptischen Text treffen wir im Papyrus Anastasi I [4]. Der Text stammt vom Ende der 19. Dynastie, spätes 13. Jh. v. Chr., vermutlich aus Memphis [5]. Es heißt: «Where does the mountain of Shechem come?» [6] A. H. Gardiner [7] hat dieses Sichem mit dem biblischen Sichem identifiziert [8]. Der Verfasser hat sein topographisches Wissen vermutlich aus traditionellem Material geschöpft [9].

---

[1] A. Alt, Herren und Herrensitze, ZDPV 64 (1941) 16–21 datiert die Texte etwas später: um 1800 v. Chr.

[2] ANET 242.

[3] Vgl. auch W. Harrelson, Shechem, BA 20 (1957) 4. H. H. Rowley, From Joseph 36 f. Anm. 6 diskutiert fast alle Möglichkeiten durch und kommt zu dem Ergebnis: «At the most they can only be said to be possible.»

[4] ANET 475 ff.

[5] ANET 475.

[6] ANET 477. Vgl. auch die Übersetzung von A. H. Gardiner, Egyptian Hieratic Texts, Ser. I, Leipzig 1911, 23 *.

[7] A. a. O., 23 * Anm. 10.

[8] S. H. Horn, Shechem, JEOL 18 (1959–1966) 288 meint, daß die Städte Acre (nach A. H. Gardiner, a. a. O., 23 * heißt die Stadt «Acco»), Achshaph, Hazor und Hamath nicht in die Nähe des biblischen Sichems deuten würden und daß es daher ungewiß sei, ob der Verfasser tatsächlich das mittelpalästinische, biblische Sichem

## 2. Sichem in der Amarnazeit [1]

Aus der Amarnazeit haben wir nur einen einzigen Beleg von Sichem, der jedoch sehr aufschlußreich ist. Die Amarnabriefe geben ein Bild der Situation der letzten Jahre Amenophis' III. (1402–1364 v. Chr.) bis zu seinem Nachfolger Amenophis IV. (1364–1347 v. Chr.) [2].

Der Brief Nr. 289, in dem Sichem genannt wird, lautet [3]:

| | |
|---|---|
| [a-]na šarri$^{ri}$ bêli-ia [ki-bi-ma] | [Z]u dem König, meinem Herrn, [hat gesprochen] |
| um-ma $^{l}$abdi-ḫi-ba $^{l}$ardu-k[a-ma] | also Abdhiḫiba, d[ein] Diener: |
| a-na 2 šêpē bêli-ia a[m-ḳut-mi] | Zu den 2 Füßen meines Herrn fi[el] ich [nieder] |
| 7-ta-$^{d}$a-an ù 7-ta-$^{d}$a-an$^{e}$ – – | 7 mal und 7 mal – – –. |
| a-mur $^{l}$mil-ki-lim la-a i-pa-at[-ṭa-ar] | Siehe, Milkilim wei[cht] nicht |
| iš-tu mârē la-ab-a-ja ù [iš-tu] | von den Söhnen Labajas oder [von] |
| mârē ar-za-ja a-na e-ri-*š*[*i*] | den Söhnen Arzajas in bezug darauf, zu *verlang*[*en*] |
| mât šarri$^{ri}$ a-na ša-šu-nu | das Land des Königs für sie. |
| $^{amêlu}$ḫa-zi-a-nu ša e-pa-aš ip-ša an-ni-wa | Einen Regenten, der eine solche Tat verübt, |
| am-mi-nim šarri$^{ri}$ la-a ša-al-šu | warum zieht der König ihn nicht zur Rechenschaft? |
| a-mur $^{l}$mil-ki-lim ù $^{l}$ta-gi | Siehe Milkilim und Tagi, |
| ip-šu ša e-pu-šu an-ni-wa | die Tat, die sie verübt haben, ist diese: |
| e-nu-ma la-ki-ši $^{alu}$ru-bu-[*d*]*a*$^{fk}$[$^{ig}$] | nachdem sie Rubu[*d*]*a* genommen haben, |
| ù i-na-an-na $^{alu}$ú-ru-s[a]-l[i]m$^{ki}$ | [s]o (suchen sie) jetzt Ursu[a]l[i]m (zu nehmen). |
| šum-ma i-ba-aš-ši mâtu an-ni-tu | Wenn dieses Land gehört |
| a-na šarri$^{ri}$ am-mi-nim e-nu-ma | dem König, warum (*sich dabei aufhalten*), *ob* |
| $^{alua}$ḫa-za-ti$^{ki}$ a-na šarri$^{ri}$ ša-ak-na-at | Ḫazati dem König zur Verfügung *stände?* |
| a-mur mât $^{alu}$gín$^{b}$-ti-ki-ir-mi-il$^{ki}$ | Siehe, das Land von Gintikirmil |
| a-na $^{l}$ta-gi ù amêlūt $^{alu}$g[í]n$^{b}$-ti$^{ki}$ | gehört Tagi, und die Leute von G[i]nti |

---

meine. Diese Annahme scheint mir jedoch nicht überzeugend zu sein, so daß ich eher die These A. H. Gardiners, a. a. O., 23 * Anm. 10 für wahrscheinlich halte.

9 Vgl. W. Harrelson, Shechem, BA 20 (1957) 5.

1 Vgl. die ausführliche Studie von E. F. Campbell, Jr., Shechem in the Amarna Archive, G. E. Wright, Shechem 191–207.

2 Vgl. W. Wolf, Ägypten 117. H. Haag, Amarna, BL 57. Zur Chronologie vgl. C. Kühne, Die Chronologie der internationalen Korrespondenz von El-Amarna, Alter Orient Altes Testament 17, Kevelaer 1973.

3 J. A. Knudtzon, Die El-Amarna-Tafeln I 872–877.

ma-ṣar-tú i-na bît-sa-a-ni i-ba-aš-ši
ù lu ni-pu-uš-mi e-nu-ma
$^{l}$la-ab-a-ja
ù $^{mâtu}$ša-ak-mi i-din-nu$^{c}$
a-na $^{amêlutu}$ḫa-bi-ri$^{ki}$
$^{l}$mil-ki-lim [š]a-par a-na ta-g[i$^{d}$]
ù mârē lu-*ú* *2*$^{e}$ mi-la-tu-nu
id(!)-nu-mi gab-bi e-ri-iš-ti-šu-nu
a-na amêlūt ki-il-ti$^{ki}$
ù lu-ú ni-ip-tu-ur$^{f}$ $^{alu}$ú-ru-sa-lim$^{ki}$

amêlūta ma-ṣar-t$^{mês}$ ša tu-maše-ir
i-na ḳât $^{l}$ḫa-ja mâr mi-ia-ri-e$^{f}$
[!]a$^{g}$-ki-mi $^{l}$ad-da-ja ša-ka-an
i-na bîti-šu i-na $^{alu}$ḫa-za-ti$^{ki}$
[ù 2]0$^{b}$ [a]mêlati a-na $^{mâtu}$mi-iṣ-ri$^{ki}$

ú-ma-še[i]r[l]u-ú [i]-te-mi šarri$^{ri}$
ia-a-nu-mi amêlūtu ma-ṣar-tum šarri$^{ri}$
it-ti-ia$^{i}$
ki-na-an-na li-ib-lu-uṭ šarri$^{ri}$
lu-ú ir$^{k}$-bi-šu$^{k}$ $^{l}$pu-ú-ru
pa-ṭa-aı i-na ma-aḫ-ri-ia

i-na $^{alu}$ḫa-za-ti i-ba-aš-ši
ù li-iz-kúr šarri$^{ri}$ i-na pa-ni-šu
ù lu-ma-še-ir šarru 50 amêlūta$^{l}$
ma-ṣar-ta a-na na-ṣa-ar mâti$^{m}$
gab-bi mât šarri$^{ri}$ pa-ṭa-r[a-at⌋

mu-še-ra $^{l}$ji-iḫ-en-ḫa-m[u]
ù li-te mât šarri$^{rim}$
a(!)-na $^{amêlu}$túp-[š]ar šarri$^{ri}$[ *bêli-la*⌋
[um]-ma $^{l}$abdi-ḫi-ba ardu-[*ka*-ma]
a-wa-tú$^{mes}$ ba-n[a-*ta*]
i-din-mi a-na šar[ri]$^{ri}$ ma-at-ti danniš
a-na ka-tú ardu-ka a-na-ku

sind Besatzung in Bêtsâni,
und *mit uns wird* fürwahr *dasselbe geschehen*, nachdem Labaja
und das Land Śakmi (*alles*) gegeben haben
den Ḫabiru.
Milkilim ha[t⌉ ges[c]hrieben an Tag[i⌋
und (seine) Söhne: «*Fürwahr 2 sind unsere* ........
Gebet alles, was sie verlangen,
den Leuten von Kilti!»
*Sollen* wir denn Urusalim *fahren lassen?*
Die Besatzungs-Leute, welche du gesandt hast
durch Ḫaja, den Sohn von Miarê,
ha[t] Addaja ⌈ge]nommen (und) gelegt
in sein Haus in Hazati,
[un]d [2]0 [L]eute hat er nach Ägypten
gesa[nd]t. Es w[i]sse [fü]r[wa]hr der König,
(daß) keine Besatzungs-Leute des Königs
bei mir sind!
Unter solchen Umständen *ist*, so wahr der König lebt,
Puuru fürwahr *sein* .......
Er ist vor mir abgezogen
(und) ist in Ḫazati.
So möge der König ihm (*dies*) vor*halten*,
und der König möge senden 50 Besatzungs-Leute zum Schützen des Landes$^{m}$!
Das ganze Land des Königs
ist abgef[allen⌉.
Sende Ji'enḫam[u⌉,
und er kümmere sich um das Land
des Königs$^{m}$!
Zu dem Tafelschreiber des Königs[, *meines Herrn*,] [(sprach) al]so Abdiḫiba,
d[*ein*] Diener:
Sch[öne] Worte
übergib dem König! *Ich bin* in hohem Grade ... dir, dein Diener bin ich.

Es handelt sich um das biblische Sichem [1], bzw. um die Gegend Sichems, die Abdihiba von Jerusalem an den Pharao erwähnt. Ein gewisser Labaja wird beschuldigt, Sichem den Habiru übergeben zu haben. Welche Rolle

[1] Vgl. J. A. Knudtzon, Die El-Amarna-Tafeln II 1343. W. Harrelson, Shechem, BA 20 (1957) 6. E. F. Campbell, Jr., Shechem in the Amarna Archive 201 f. ANET 489.

dieser Labaja gespielt hat, ist nicht genau zu bestimmen. Labaja selber hat drei Briefe an den Pharao geschrieben: Der erste, Nr. 252 [1], in herausforderndem Ton an den Pharao gerichtet, weist die Beschuldigung seiner Gegner zurück. In Nr. 253 und 254 [2] betont Labaja seine Unterwürfigkeit. In den Briefen seiner Gegner erscheint Labaja jedoch nur in negativem Licht [3]. Aus all dem läßt sich folgendes festhalten:

- Labaja spielt in Sichem eine Rolle.
- Sichem hat auf die umliegende Gegend politischen Einfluß.
- Labaja steht in enger Verbindung mit den Habiru, bzw. hat mit ihnen ein Bündnis.
- Dadurch ist den Habiru großer Einfluß auf Sichem eingeräumt.
- Auch die Söhne des Labaja betreiben die gleiche Politik [4].

Labaja selber dürfte kein Sichemit gewesen sein [5], sondern aus der Gegend Sichems stammen [6]. Im Grunde ist diese Situation Sichems auch in Ri 9 belegt, bzw. in allen Texten, die den Jakob-Israel-Josef Clan in Verbindung mit der Stadt Sichem bringen. Die nomadisierenden Erzväter können mit jenen Elementen in Verbindung gebracht werden, die in den Amarnabriefen «Habiru» genannt werden [7].

Wir können daher schließen, daß Sichem in der Amarnazeit ein Zentrum des Widerstandes gegen die ägyptische Zentralgewalt gewesen war und daß Labaja, selber kein Vollsichemit, als Herrscher über Sichem in einem Bündnis mit den Habiru stand, ihnen entsprechenden Einfluß in Sichem gab, um dadurch seinen Widerstand gegen den Pharao noch effektiver zu machen.

### 3. Ein israelitisches Zeugnis

In Nr. 44 der Samaria-Ostraka wird Sichem genannt (vgl. Abb. 187). Die Samaria-Ostraka stammen aus der 1. Hälfte des 8. Jh. v. Chr. [8] Der Text von Nr. 44 lautet:

---

[1] J. A. Knudtzon, a. a. O., I 806–809.

[2] A. a. O., 808–813. E. F. Campbell, Jr., a. a. O., 196–198.

[3] Vgl. J. A. Knudtzon, a. a. O., II 1312–1315. E. F. Campbell, Jr., a. a. O., 294. W. Harrelson, a. a. O., 6–8.

[4] Vgl. W. Harrelson, a. a. O., 7 f.

[5] Vgl. H. Reviv, Shechem, IEJ 16 (1966) 253.

[6] A. a. O., 252–257.

[7] W. Harrelson, a. a. O., 8: «The events are comparable but certainly not identical.» (ohne Schrägschrift).

[8] Y. Yadin, Judean Weights, ScriptaH 8 (1961) 17–25 datiert die Ostraka in die Zeit Menachems (747–738 v. Chr), was jedoch nicht gerechtfertigt ist! A. Lemaire,

| | | | |
|---|---|---|---|
| (בשת) ה∧ר משכם | 1 | (Nell'anno) 15mo da Sikem | |
| ... הפ̇.ר. | 2 | ... HṖ.R | |
| ... הין. | 3 | ... HIN (il vino)[1] | |

Hier kann kein Zweifel bestehen, daß es sich um das biblische Sichem handelt [2]. Sichem gilt als Ursprungsland einer Schiffsladung Wein.

## 4. Josephus

Ant XI 8.6 schreibt Josephus [3]:

Ὁ μὲν οὖν Ἀλέξανδρος ταῦτα διοικησάμενος ἐν τοῖς Ἱεροσολύμοις ἐξεστράτευσεν ἐπὶ τὰς ἐχομένας πόλεις. πάντων δ' αὐτὸν πρὸς οὓς ἀφίκοιτο φιλοφρόνως ἐκδεχομένων, Σαμαρεῖται μητρόπολιν τότε τὴν Σίκιμαν ἔχοντες κειμένην πρὸς τῷ Γαριζεὶν ὄρει καὶ κατῳκημένην ὑπὸ τῶν ἀποστατῶν τοῦ Ἰουδαίων ἔθνους, ἰδόντες ὅτι τοὺς Ἰουδαίους Ἀλέξανδρος οὕτω λαμπρῶς τετίμηκεν, ἔγνωσαν αὑτοὺς Ἰουδαίους ὁμολογεῖν. εἰσὶν γὰρ οἱ Σαμαρεῖς τοιοῦτοι τὴν φύσιν, ὡς ἤδη που καὶ πρότερον δεδηλώκαμεν· ἐν μὲν ταῖς συμφοραῖς ὄντας τοὺς Ἰουδαίους ἀρνοῦνται συγγενεῖς ἔχειν, ὁμολογοῦντες τότε τὴν ἀλήθειαν, ὅταν δέ τι περὶ αὐτοὺς λαμπρὸν ἴδωσιν ἐκ τύχης, ἐξαίφνης ἐπιπηδῶσιν αὐτῶν τῇ κοινωνίᾳ, προσήκειν αὐτοῖς λέγοντες καὶ ἐκ τῶν Ἰωσήπου γενεαλογοῦντες αὑτοὺς ἐκγόνων Ἐφραίμου καὶ Μανασσοῦ. μετὰ λαμπρότητος οὖν καὶ πολλὴν ἐνδεικνύμενοι τὴν περὶ αὐτὸν προθυμίαν ἀπήντησαν τῷ βασιλεῖ μικροῦ δεῖν ἐγγὺς τῶν Ἱεροσολύμων. ἐπαινέσαντος δὲ αὐτοὺς Ἀλεξάνδρου οἱ Σικιμῖται προσῆλθον αὐτῷ προσπαραλαβόντες καὶ οὓς Σαναβαλλέτης πρὸς αὐτὸν στρατιώτας ἀπέστειλε καὶ παρεκάλουν παραγενόμενον εἰς τὴν πόλιν αὐτῶν τιμῆσαι καὶ τὸ παρ' αὐτοῖς ἱερόν. ὁ δ' ἐκεῖνο μὲν αὖθις ὑποστρέφων παρέξειν ὑπέσχετο πρὸς αὐτούς, ἀξιούντων δὲ ἀφεῖναι τὸν φόρον αὐτοῖς τοῦ ἑβδοματικοῦ ἔτους, οὐδὲ γὰρ αὐτοὺς σπείρειν ἐν αὐτῷ, τίνες ὄντες ταῦτα παρακαλοῦσιν ἐπυνθάνετο. τῶν δ' εἰπόντων Ἑβραῖοι μὲν εἶναι, χρηματίζειν δ' οἱ ἐν Σικίμοις Σιδώνιοι, πάλιν αὐτοὺς ἐπηρώτησεν εἰ τυγχάνουσιν Ἰουδαῖοι. τῶν δ' οὐκ εἶναι φαμένων «ἀλλ' ἔγωγε ταῦτα», εἶπεν. «Ἰουδαίοις ἔδωκα, ὑποστρέ-

---

Les Ostraka hébreux I 38–64 kommt nach einer eingehenden Untersuchung zu dem Ergebnis, daß die Samaria Ostraka auf jeden Fall in die Zeit Jerobeams II., genauer zwischen 774 und 778 zu datieren sind. Vgl. auch F. M. Cross, Epigraphic Notes, BASOR 165 (1962) 35. S. Moscati, L'epigraphia ebraica antica, BetO 15 (1951) 27–37. Y. Aharoni, The Use of Hieratic Numerals, BASOR 184 (1966) 13–19. I. Kaufmann, New Evidence, BASOR 188 (1967) 39–41. F. M. Cross, Ammonite Ostraca from Heshbon, AUSS 13 (1975) 8 Anm. 24. E. Puech bestätigt mir die Datierung ebenfalls.

[1] D. Diringer, Le Iscrizioni 32.

[2] A. a. O., 55.

[3] R. Marcus, Josephus VI 478–481. W. Whiston, Josephus 244 f.

ψας μέντοι γε καὶ διδαχθεὶς ὑ' ὑμῶν ἀκριβέστερον ποιήσω τὰ δόξαντα.» τοῖς μὲν οὖν Σικιμίταις οὕτως ἀπετάξατο. τοὺς δὲ τοῦ Σαναβαλλέτου στρατιώτας ἐκέλευσεν ἕπεσθαι εἰς Αἴγυπτον· ἐκεῖ γὰρ αὐτοῖς δώσειν κλήρους γῆς· ὃ καὶ μετ' ὀλίγον ἐποίησεν ἐν τῇ Θηβαΐδι, φρουρεῖν τὴν χώραν αὐτοῖς προστάξας.

Aus diesem Text geht hervor, daß Sichem in der Zeit Alexanders des Großen (356–323) Hauptstadt der Samariter war [1], daß Sichem am Fuße des Garizim lag und die Einwohner der Stadt von der jüdischen Nation abgefallen waren.

Ant XIII 9.1 schreibt Josephus [2]:

Ὑρκανὸς δὲ ἀκούσας τὸν Ἀντιόχου θάνατον εὐθὺς ἐπὶ τὰς ἐν Συρίᾳ πόλεις ἐξεστράτευσεν, οἰόμενος αὐτὰς εὑρήσειν, ὅπερ ἦν, ἐρήμους τῶν μαχίμων καὶ ῥύεσθαι δυναμένων. Μήδαβαν μὲν οὖν, πολλὰ τῆς στρατιᾶς αὐτῷ ταλαιπωρηθείσης, ἕκτῳ μηνὶ εἷλεν, ἔπειτα καὶ Σαμόγαν καὶ τὰ πλησίον εὐθὺς αἱρεῖ, Σίκιμά τε πρὸς τούτοις καὶ Γαριζεὶν τό τε Χουθαίων γένος, ὃ περιοκεῖ τὸν εἰκασθέντα τῷ ἐν Ἱεροσολύμοις ἱερῷ ναόν, ὃν Ἀλέξανδρος ἐπέτρεψεν οἰκοδομῆσαι Σαναβαλλέτῃ τῷ στρατηγῷ διὰ τὸν γαμβρὸν Μανασσῆν τὸν Ἰαδδοῦ τοῦ ἀρχιερέως ἀδελφόν, ὡς πρότερον δεδηλώκαμεν. συνέβη δὲ τὸν ναὸν τοῦτον ἔρημον γενέσθαι μετὰ ἔτη διακόσια. Ὑρκανὸς δὲ καὶ τῆς Ἰδουμαίας αἱρεῖ πόλεις Ἄδωρα καὶ Μάρισαν, καὶ ἅπαντας τοὺς Ἰδουμαίους ὑποχειρίους ποιησάμενος ἐπέτρεψεν αὐτοῖς μένειν ἐν τῇ χώρᾳ, εἰ περιτέμνοιντο τὰ αἰδοῖα καὶ τοῖς Ἰουδαίων νόμοις χρῆσθαι θέλοιεν. οἱ δὲ πόθῳ τῆς πατρίου γῆς καὶ τὴν περιτομὴν καὶ τὴν ἄλλην του βίου δίαιταν ὑπέμειναν τὴν αὐτὴν Ἰουδαίοις ποιήσασθαι. κἀκεῖνος αὐτοῖς ὁ χρόνος ἦρχεν ὥστε εἶναι τὸ λοιπὸν Ἰουδαίους.

Die Stelle berichtet von der Zerstörung Sichems und des Heiligtums am Garizim durch Johannes Hyrcanus (134–104 v. Chr.), vermutlich im Jahre 128 und 107/8 v. Chr. [3].

---

1 Vgl. G. E. WRIGHT, Shechem 178–181. G. E. WRIGHT, The Samaritans at Shechem, HThR 55 (1962) 357–366.

2 R. MARCUS, Josephus VII 354–357. W. WHISTON, Josephus 279.

3 Vgl. G. E. WRIGHT, Shechem 178–181.

## Zusammenfassung

| ÄGYPTEN | | PALÄSTINA |
|---|---|---|
| Sesostris III. (1880–1840) Khu-Sebek-Inschrift | → | Sichem und Umgebung Zentrum des Widerstandes |
| Ächtungstexte | → | Ächtung Sichems und seines Fürsten Ibshddw |
| Thutmosis III. (1490–1436) | → | Jakob-El / Josef-El Sichem? |

AMARNAZEIT

| | | |
|---|---|---|
| Amenophis III. (1402–1364) Amenophis IV. (1364–1347) EA 289 | → | Sichem und Umgebung Zentrum des Widerstandes. Labaja und seine Söhne geben den Habiru Einfluß auf Sichem |
| Papyrus Anastasi I, spätes 13. Jh. | → | Nennung Sichems |

NORDREICH

Jerobeam II.: Samaria Ostrakon Nr. 44: Schiffsladung Wein aus Sichem

HELLENISTISCHE ZEIT

Alexander der Große (356–323): Sichem Hauptstadt der Samariter (Ant XI 8.6)

Johannes Hyrcanus I. (134–104): zerstört Sichem und den Garizim-Tempel um 128 und 107/108. (Ant XIII 9.1)

# IV.
# ZUSAMMENSCHAU, WEITERFÜHRUNG UND INTERPRETATION DER BISHERIGEN ERGEBNISSE

Der älteste Fund aus Sichem stammt aus dem Paläolithikum. Es ist eine Flint-Handaxt (Feld IV). Doch die einigermaßen greifbare Geschichte Sichems beginnt mit dem Chalkolithikum (4. Jt. v. Chr.). Es wurden frühe und späte Ghassulian-Keramikscherben gefunden (Feld VI, VIII, IX), ein gepflasterter Untergrund (Feld IX) und ein Ghassulian Flint-Kiesel mit scharfer Schneide. Architektonische Hinweise – abgesehen von dem gepflasterten Untergrund, der möglicherweise für ein Rundgebäude diente, – aus dieser Zeit fehlen. Der Mangel an Architektur ist bis zur MB I (bis ca. 1850) gegeben. Sowohl aus der FB (ca. 3. Jt. v. Chr.) als auch aus der MB I (ca. 1950–1850 v. Chr.) ist nur Keramikbruch erhalten. Jedoch gegen Ende der MB I / Anfang MB II A (ca. 1850 v. Chr.) wird Sichem in ägyptischen Texten genannt. Auf der Khu-Sebek Inschrift erscheint Sichem und seine Umgebung als Zentrum des Widerstandes gegen die ägyptische Macht. In den Ächtungstexten aus derselben Zeit wird Sichem und sein Fürst Ibshddw geächtet. Also bereits in dieser frühen Zeit, für die die Archäologie keine Architektur festgestellt hat [1], ist Sichem eine Art Zentrum eines Städtebündnisses syrisch-palästinischer Kleinstädte gegen Ägypten. Ab dieser Zeit setzt in Sichem die Entwicklung zum Stadtstaat ein.

Von diesem Zeitpunkt an ist es auch grundsätzlich möglich, die Patriarchen der Bibel zu datieren [2]. Die Verbindung Abrahams mit Sichem bleibt

---

[1] Das darf auch nicht wundern; denn wenn es keine gigantische Architektur war, kann gar nicht allzuviel erhalten sein. Ich verweise nur daraufhin, wie schnell tulūl nach Ausgrabungen veröden; z. B. Tell Marescha.

[2] Vgl. R. DE VAUX, Histoire I 623. Siehe die Gegenposition bei TH. L. THOMPSON, The Historicity of the Patriarchal Narratives, The Quest for the Historical Abraham, BZAW 133, Berlin–New York 1974.

zwar höchst problematisch (Gen 12,6–7 J), doch die Notizen der Genesis (Gen 33,18a. 19.20 37,12–14b) über die Verbindung und Koexistenz Jakob/Israels und Josefs mit Sichem können durchaus geschichtliche Glaubwürdigkeit beanspruchen. Es ist jedoch die Frage, ob sich diese Koexistenz nicht genauer bestimmen läßt. Man könnte geneigt sein, diese Koexistenz in die Zeit Thutmosis' III. (ca. 1490–1634 v. Chr.) zu legen, da auf einer Inschrift des Tempels zu Karnak unter den asiatischen Städten auch ein «Jakob-El» und «Josef-El» genannt wird. Aber auch das Jahrhundert danach (Amarnazeit), wo Sichem wiederum Zentrum gegen die ägyptische Macht ist, könnte dafür in Frage kommen. Aus den Amarnabriefen geht hervor, daß Labaja und seine Söhne die Macht in Sichem und seiner Umgebung innehaben, daß sie mit den Habiru Bündnisse eingehen und den Habiru Einfluß in Sichem geben.

In Gen 33,19 werden die Einwohner Sichems «bene ḥamor» genannt. Der Ausdruck «bene ḥamor» kann mit «Bundesgenossen» wiedergegeben werden. G. Dossin [1] hat darauf aufmerksam gemacht, daß das Schlachten eines Esels bei jenen Amoriten einem Vertragsabschluß gleichwertig war [2]. Aufgrund einer minäischen Inschrift [3] kann die Übersetzung «Vertrag, Bündnis» bestätigt werden: Zeile 2 heißt es: צפם עתתר שרקן ובל אלאלת אשאכם דאלם ושימם
די ובן דסוכרם בן וחמרם וחבלם «ŝfum sous la protection de ʿAthtar Šarqân et de toutes les divinités des tribus [rattachées entre elles par] un dieu et un patron et un pacte et une alliance(?), contre qui-» [4]. G. Ryckmans hat hier das südarabische Wort ḥmrm «Esel» wegen des Parallelismus und Sinnzusammenhanges mit «une alliance» übersetzt; d. h. aber, daß jenes Wort sowohl im Südarabischen als auch im Hebräischen nicht nur eine Tierbezeichnung ist, sondern ein Begriff, der in sich «den kultisch-sozialen Gedanken vom Bund» [5] birgt. Diese «bene ḥamor» werden in Gen 34,2 «Hiviter» genannt [6], worunter wohl auf das hurritische Element in Palästina angespielt wird [7]. Aus diesen biblischen Texten geht dann klar hervor, daß zwischen

---

[1] Les Archives Epistolaires, Syria 19 (1938) 105–126 bes. 109.

[2] Vgl. J. C. L. Gibson, Light from Mari, JSS 7 (1962) 44–62. G. E. Mendenhall, Mari, BA 11 (1948) 1–9. ders., Puppy, BASOR 133 (1954) 26–30. F. Willesen, Die Eselssöhne VT 4 (1954) 216 f. L. E. Toombs / G. E. Wright, Shechem, BASOR 169 (1963) 27 Anm. 29.

[3] RES V Nr. 2831.

[4] Vgl. J. B. Chabot / G. Ryckmans, RES V 172.

[5] F. Willesen, Die Eselssöhne VT 4 (1954) 217.

[6] Vgl. R. de Vaux, Les Hurrites de l'Histoire et les Horites de la Bible, RB 74 (1967) 481–503.

[7] J. A. Soggin, Bemerkungen, ZDPV 83 (1967) 194 spricht sich sogar für eine indoarische Aristokratie in Sichem aus.

dem Jakob / Israel Clan und den Sichemiten ein Vertragsverhältnis bestand [1], möglicherweise schon ein Konnubium [2]. Somit haben wir bereits aus einigen außerbiblischen und biblischen Texten Belege, daß in Sichem Verträge abgeschlossen und Bündnisse eingegangen wurden.

Archäologisch ist seit der MB II A (ab ca. 1850 v. Chr.) in Sichem Architektur bekannt. Um 1750 v. Chr. wurden Mauer D und der erste Hoftempel (Temenos 2, 939, Phase 4), sowie Wohnanlagen (Feld IX und XIII) gebaut. Es sind Prä-Hyksos Anlagen. Etwa 25 Jahre später wurden Mauer C, die Temenosmauer 900 und der Kasematten-Hoftempel (Temenos 3, 902, Phase 3) errichtet, der gegen 1700 v. Chr. zerstört wurde. Der Hoftempel wurde gleich darauf wiedererrichtet mit Zentralhof und Massebe, die nicht mehr vorhanden ist (Temenos 4, 901, Phase 2). Gegen 1675 v. Chr. wurde dann der Hoftempel erweitert (Temenos 5, 909–910, Phase 1). Er bleibt bis ca. 1650 v. Chr., beginnende MB II C, in Funktion. Die Struktur dieses Hoftempels legt seine Funktion als Vertragsheiligtum nahe: «The presence of a maṣṣebah in the centre of the court ... the round pedestals in the middle of the temple courts were for the purposes we have suggested in the Shechem courtyards temples, namely as supports for sacred pillars, that is, they were to commemorate, to serve as witnesses of a covenant ...» [3] Ferner wies G. R. H. Wright [4] darauf hin, daß der NO-Komplex der Temenosphase 4 (vgl. Abb. 30 und 31) eine Art behelfsmäßiger Zentral-Quadrattempel ist, der ähnlich wie sein Nachfolger, z. B. der Airport Tempel von Amman, als «Tribal League Shrine» verstanden werden kann [5]. So legt also auch die Existenz der Hoftempel in Sichem (speziell ab Temenos 4, ca. 1700–1650 v. Chr.) nahe, daß Sichem mit Vertragsabschlüssen und Bündnissen eng verbunden war.

Zu Beginn der MB II C (ca. 1650 v. Chr.) wurden die kyklopische Mauer A und das NW-Tor und der erste Migdaltempel (Temenos 6, Phase 2) errichtet. Der Tempel ruht auf einer Erdaufschüttung. Etwas später baute man Mauer B und das Osttor und renovierte den Migdaltempel (Temenos 7, Phase 1). Zwei Tormasseben flankierten jetzt seinen Eingang. In den Gebäuden des NW-Tores (Komplex 7200) wurde ein Privatheiligtum untergebracht. Diese

---

[1] Das שלם von Gen 33,18a kann nach dem Akkadischen «Sulumnû» auch als Terminus für einen Freundschaftsvertrag verstanden werden; vgl. D. R. Hillers, A Note on some Treaty Terminology in the Old Testament, BASOR 176 (1974) 46 f.

[2] Vgl. A. de Pury, Genèse XXXIV et l'Histoire, RB 76 (1969) 48.

[3] G. E. Wright, Shechem 107 f.

[4] Temples at Shechem – A Detail, ZAW 87 (1975) 57.

[5] Vgl. auch G. R. H. Wright, Shechem and League Shrines, VT 21 (1971) 590 ff.

Anlagen sind für die Hyksos typisch [1]. Durch die Hyksos kommt zweifellos fremdes Kulturgut nach Sichem [2]. Es ist vermutlich hurritisches Kulturgut.

Mit der Erstarkung der Pharaonen und der Gründung des Neuen Reiches durch Pharao Amosis I. (ca. 1552–1527, 18. Dynastie) [3] werden die Hyksos zurückgedrängt. Um 1550/40 v. Chr. weist Sichem eine zweimalige Zerstörung auf, die mit der Rückeroberung der palästinisch-syrischen Städte durch Amosis [4] zusammengebracht werden muß. Sichem hat sich nach dem ägyptischen Schlag fast 100 Jahre nicht mehr erholt.

Ab der SB (ca. ab 1450 v. Chr.) läßt sich in Sichem wieder eine reiche Bautätigkeit nachweisen: Mauer A, Mauer B und Tore wurden wiedererrichtet. Mauer B wurde Ende des 13. Jh. vor Chr. zerstört [5]. Der Migdaltempel 2a mit Türmen, Hof, Mauer und der großen Kultmassebe wurde errichtet. Eine gute Besiedlung ist in Feld VII, IX, XIII nachgewiesen. Auf Feld IX gab es auch ein kleines Heiligtum. Ende des 13. Jh. v. Chr. wurde der Tempel erneuert (Migdaltempel 2b). Am Beginn der EZ (gegen Ende des 12. Jh. v. Chr.) wurde die ganze «sacred Area» durch Feuer vernichtet, wie auch Feld VII, IX, XIII [6].

Es ist nun nicht nur naheliegend, sondern es bietet sich geradezu an, die Zerstörung Sichems am Ende des 12. Jh. v. Chr. mit den Ereignissen von Ri 9 in Verbindung zu bringen. Im wesentlichen sind wir in Ri 9 auf zwei Traditionen gestoßen. Die eine Tradition stammt aus der Zeit Jehus (V 1–7.16.19b–21.23 f. 41–45.56 f.). Diese Tradition hat historisch gesehen nicht allzuviel Wert; einige Erinnerungen dürften wertvoll sein: So ist in V 6 vom heiligen Baum der Massebe die Rede, bei dem Abimelech zum König ausgerufen wird. Es dürfte sich um den hl. Baum handeln, der in Sichem wie wohl an jedem kanaanäischen Heiligtum stand. Die Massebe ist

---

[1] Vgl. die Anlagen von Qatna, Hazor und Jericho; S. H. Horn, Shechem, JEOL 18 (1959–1966) 299.

[2] Ob die Hyksos allerdings mit dem indo-arischen Einwanderungsstrom in Verbindung stehen, bleibt ungesichert; vgl. M. Mayrhofer, Die Indo-Arier 27.

[3] Vgl. A. und R. Neher, Histoire Biblique I 79 ff.

[4] Die in Sichem gefundenen Skarabäen weisen auf eine lose bis enge Verbindung mit Ägypten vom Mittleren Reich bis zum Neuen Reich hin.

[5] Es ist ungewiß, woher diese Zerstörung rührt. Es ist möglich, hier eine Verbindung mit Gen 34, 25 f. zu sehen; denn trotz freundschaftlicher Beziehungen zwischen nomadisierenden Gruppen und Stadtbewohnern wird es öfters auch zu Reibereien gekommen sein. Es ist aber auch möglich, an eine innerkanaanäische Auseinandersetzung zu denken (A. Malamat am 18. Aug. 1975 mündlich an den Verfasser in Jerusalem).

[6] Ab Beginn der SB scheint es mir am passendsten, die Genesiserzählungen (37, 12–14b. 33,18a.19.20) zu lokalisieren.

eindeutig die von E. Sellin gefundene Kultmassebe des Migdaltempels 2a [1]. V 4 nennt den Tempel des Baal-berit [2]. Dieser Tempel ist mit dem Migdaltempel 2b zu identifizieren [3]. V 6 und 20 nennen den Bet-Millo, worunter wahrscheinlich ein Gebäude zu verstehen ist, das auf einer Aufschüttung ruht. Nun ruht die ganze «sacred Area» Sichems auf einer Aufschüttung und wir können deshalb annehmen, daß Bet-Millo eine Bezeichnung für die gesamte «sacred Area» gewesen ist, für diese Tradition aus der Zeit Jehus.

Die andere Tradition (V 26–40.46–54) dagegen ist älter. Sie wurde bereits im 10. Jh. v. Chr. von einem Sammler weitertradiert und kann uns weit mehr Einblick vermitteln. Die Szene von V 37 kann sich sinngemäß nur am NW-Tor abgespielt haben. Dem NW-Tor gegenüber liegt der Garizim und der Ebal. Wenn nun Gaal vom «Nabel der Erde» spricht, wird er kaum etwas anderes gemeint haben als den Gipfel des Garizim und unter אלון מעוננים wird pars pro toto ein Baumheiligtum am südwestlichen Abhang des Ebal gemeint sein, das man vom NW-Tor aus nicht mehr sehen kann [4]. Die Fehde Abimelechs mit Sichem findet in V 46–49 ein jähes Ende. Die Bewohner von Migdal-Sichem gehen in den צריח des Tempels des El-berit. Dies dürfte einmal mit dem Asylrecht zusammenhängen. Wie wir wissen, war Sichem in israelitischer Zeit Asylstadt, was sich darauf zurückführen läßt, daß das Heiligtum von Sichem schon in kanaanäischer Zeit Asylheiligtum gewesen ist. Andererseits bot der gewaltige Tempel für die בעלי שכם den entsprechenden Schutz [5]. J. A. Soggin [6] lokalisiert Migdal-Sichem außerhalb der Stadt, d. h. von Bet-Millo getrennt. Dies kann man jedoch nur, wenn man die beiden Traditionen nicht auseinanderhält. In der Tradition V 26–40. 46–54 meint Migdal-Sichem nichts anderes als die «sacred Area», deren Bewohner die בעלי שכם sind [7]. Für gewöhnlich wendet man dagegen ein, daß die Archäologen im Tempel 2b keinen צריח (Ri 9,46.49) gefunden haben. Man bekommt allerdings nur Schwierigkeiten, wenn man צריח als Keller oder Krypta

---

[1] Zur Topographie siehe die wichtigen Studien von: J. Simons, Topographical and Archaeological Elements, OTS 2 (1953) 35–78. R. S. Boraas, Judges IX (Mikrofilm). J. A. Soggin, Bemerkungen, ZDPV 83 (1967) 183–198.

[2] Es handelt sich ursprünglich um einen El-Tempel.

[3] Vgl. J. A. Soggin, a. a. O., 194.

[4] Vgl. a. a. O., 195. Wahrscheinlich handelt es sich um das Baumheiligtum von Sychar / Askar; vgl. Gen 12,6.

[5] Zur Schutzfunktion des Tempels vgl. O. Keel, AOBPs 158 ff.

[6] Bemerkungen, ZDPV 83 (1967) 195.

[7] Mit einer ähnlichen Begründung auch E. Nielsen, Shechem 165. Vgl. auch A. Malamat, The Period of the Judges 150.

deutet [1]. Das Wort צריה hat aber eine umfassendere Bedeutung [2], was nabatäische Inschriften nachweisen können [3]: Zeile 1 der Inschrift vom Wâdi Išé [4] heißt es: קברא דני וצריחא רבא די בה רצריחא זעיכא די גוא מגא די בה בתי מקברין עקברין עבידן גוהין.

«Hoc monumentum, et conclave magnum quod in eo est, et conclave parvum quod intus est et quae in isto sunt sepulchra, opus loculorum [5].» Ich glaube, daß hier צריה als Innenraum des Oberbaues eines Grabes am besten erklärt werden kann [6].

In der Inschrift CIS II,I Nr. 213, 250 kann צדיה am besten mit «cella» wiedergegeben werden [7].

Zeile 1 und 2 einer nabatäischen Inschrift aus Petra [8] lautet:

1 אלך צריחיא וגבא זי עבד אצלח בר אצלח

2 דנה צריחא די עבד אצלח בר אצלח

«1 Jenes sind die Säle und die Cisterne, welche machte Ạslaḥ, Sohn des Ạslaḥ. 2 Das ist der Saal, welchen machte Ạslaḥ, Sohn des Ạslaḥ.»

In einer anderen nabatäischen Inschrift vom Jahre 36 n. Chr. heißt es: ולארסכסה תלתין תכין מן כפרא וצריחא «und der Arioxe zwei Drittel von der Grabhöhle und Kammer» [9].

Auf Grund dieses inschriftlichen Befundes kann man zu der Überzeugung kommen, daß צריה primär eine *abgeschlossene – eingeschlossene Räumlichkeit* meint: dies kann ein gewöhnlicher Raum sein, eine Cella, der Oberbau eines Grabes und eine Grabkammer [10]. Somit ist צריה in unserem Fall keine

---

[1] J. T. Milik, Baal Berit à Sichem, RB 66 (1959) 561 schreibt: «Le seriah du temple de Ba'al Berit est une grotte aménagée dans la pente du mont Ebal.»

[2] Schon den alten Übersetzern ist es nicht eingefallen, צדיה hier als Krypta zu verstehen. Das Targum (vgl. A. Sperber, The Bible in Aramaic II 68) übersetzt צריה nicht und interpretiert es auch nicht (J. Levi, Chaldäisches Wörterbuch über die Targumim I 336 versteht צריה im Sinne von «Turm»; vgl. auch M. Jastrow, Dictionary II 1301), die LXX A übersetzt mit ὀχύρωμα «Festung», LXX B mit συνέλευσις «Zusammenkunft». Peschitta liest statt צריה vermutlich בריה (vgl. E. Nielsen, Shechem 164), die Vg. übersetzt mit «turris».

[3] Die Konkordanz kann zum Verhältnis von צליה nichts beitragen, da das Wort außer an unseren Stellen nur in 1 Sam 13,6 vorkommt.

[4] CIS II Nr. 350.

[5] CIS II,1 310 läßt die Interpretation von «cella, fossa» oder «columbarium» zu. Vgl. auch DISO 247. J. T. Milik, Recherches d'épigraphie proche-orientale I 149.

[6] Vgl. auch AOB 239 f.

[7] Vgl. auch DISO 247.

[8] RES III Nr. 1432.

[9] E. Euting, Nabatäische Inschriften Nr. 15 53–55.

[10] Es ist auch darauf hinzuweisen, daß צריה im Äth. «Oberraum», im Sab. (vgl. M. Höfner / A. Jamme, Sabaean Inscription 104) und Arab. «Turm» heißen kann

Krypta, sondern eine Räumlichkeit im Innern des Tempels. Die Zerstörung, die nun berichtet wird, paßt genau zu dem archäologischen Ergebnis, daß Ende des 12. Jh. v. Chr. die «sacred Area» vollkommen vernichtet wurde.

Aus den Traditionen von Ri 9 geht auch klar hervor, daß Sichem zu diesem Zeitpunkt noch nicht israelitisch war, daß jedoch ein sichemitisch-israelitisches Konnubium bestand, daß der Einfluß von außersichemitischen Elementen in Sichem groß war [1], eine Tatsache, die ja auch schon in der Genesis belegt ist und seit der Amarnazeit auf jeden Fall bestand (Labaja), und daß es zwischen den verschiedenartigen Elementen zu kriegerischen Handlungen kommen konnte.

Für die «sacred Area» von Sichem ist für die SB die gewaltige Massebe und der hl. Baum charakterisitisch. An anderer Stelle [2] habe ich dargelegt, daß Masseben bei Vertragsabschlüssen im Alten Orient eine Rolle spielten, indem sie den Vertragsgott repräsentierten und über die Einhaltung der Verträge wachten [3].

Auch der hl. Baum kann bei Vertragsabschlüssen eine solche Bedeutung haben. Bereits Z. Mayani [4] hat diese Funktion des hl. Baumes nachgewiesen [5]. Abb. 188 zeigt eine Stele aus dem Baalstempel von Ugarit [6]. Zwei Männer schließen unter einem Baum einen Vertrag ab [7]. Diese Vertragsdarstellung von Ugarit dürfte nicht so singulär sein, wie sie auf den ersten Blick

---

(vgl. W. Gesenius, Thesaurus II 1186. W. Gesenius, Wörterbuch 673. L. Köhler / W. Baumgartner, Lexicon 816. L. E. Toombs / G. E. Wright, Shechem, BASOR 169 (1963) 30 Anm. 35). Vgl. auch G. E. Wright, Shechem 126 f. A. Malamat, The Period of the Judges 150. צריח in 3Q 15 VII 11 und IX. 4 7 bedeutet «Grotte» (vgl. J. T. Milik, Les Petites Grottes 237.292).

[1] Abimelech hat, ähnlich wie der «n^e^si ha 'arez» genannte Sohn Sichems, über ein Stämmeterritorium und über die Stadt geherrscht. Diese Art der Regierung ist von Mari bekannt (vgl. A. Malamat, The Period of the Judges 149). Dies zeigt Sichem ebenfalls als Stadtstaat.

[2] Vgl. K. Jaroš, Elohist 147–211.

[3] Zu bemerken ist, daß es bereits im Hoftempel, Temenos 4, eine Massebe gegeben hat.

[4] L'Arbre Sacré 66–97, vgl. die drei Rollsiegel 75 Abb. 11.12.13 «L'arbre sacré est ici témoin de l'Alliance et médiateur.»

[5] Vgl. H. Danthine, Le Palmier-Dattier 147 f. und E. Dhorme, RHR 1936 I 104–106 (Besprechung von Z. Mayanis Buch).

[6] Vgl. C. F. A. Schaeffer, Les fouilles de Ras Shamra, Syria 17 (1936) 105–147 Pl. XIV. ders., Ug III Pl. VI. G. R. H. Wright, Shechem and the League Shrines, VT 21 (1971) 579 fig. b.

[7] G. R. H. Wright, a. a. O., 578: «... then it is difficult to think the scene bears other than the same significance.»

erscheint. Rollsiegel können ganz ähnliche Motive aufweisen: Auf Abb. 189 [1], 190 [2], 191 [3] sind jeweils zwei Männer vor einem Baum dargestellt. Es scheint naheliegend, an Vertragsabschlüsse zu denken [4]. Es gibt noch zahlreiche andere Beispiele, die man auf solche Weise deuten könnte [5]. S. H. Horn [6] hat ein aramäisches Siegel publiziert: Abb. 192 [7].

Die Darstellung zeigt vermutlich eine Vertragsszene. Das Siegel ist 26,5 mm lang, 21 mm weit und 16 mm dick. Es stammt aus Palästina, ca. 8. bis 7. Jh. v. Chr. Die Inschrift lautet: lbrk' «Belonging to Beraka» [8]. In der Mitte des Siegels ist ein stilisierter Baum (Dattelpalme), auf jeder Seite des Baumes kniet je eine Figur. Die Insignien (ägyptische Doppelkrone) weisen die Männer als Könige aus. Unter der linken Figur ist das phönikische Zeichen für «L», unter der rechten Figur das phönikische Zeichen für «B».

Diese Funktion des hl. Steines und des hl. Baumes verstärken weiters die Ansicht, daß Sichem ein altes Vertragsheiligtum war. Da diese religiöse Topik bereits im Hoftempel, Temenos 4, vorhanden war, ist es höchst wahrscheinlich, daß man diese Hoftempel als Vertragstempel bezeichnen kann. «That there were leagues of tribes throughout the desert fringe from Euphrates to the Arabian Peninsula that they were structured by Covenant not unlike Israel of the premonarchic period: and that sancturies at certain

---

[1] Vgl. G. Contenau, Le Glyptique Syro-Hittite Pl. XXVII fig. 189.

[2] Vgl. H. Danthine, a. a. O., Album Pl. 85 fig. 574.

[3] Vgl. L. Delaporte, Catalogue des Cylindres Orientaux Pl. XXXII fig. 49.

[4] Vgl. auch G. R. H. Wright, Shechem and League Shrines, VT 21 (1971) 578 fig. 1.

[5] Z. B. bei H. Danthine, a. a. O., Album Pls. 16,19 17,95. 18,100 25,143.151 27,165 45,313? 85,572–574. 114,750 f. 152,930 f. 181,1084 f. 206,1206. N. Perrot, Les Représentations de l'Arbre Sacré Pls. 10,41. 42.44 13,67 14,65.66 15,71 23,96 24,97. 98.100 26,110 30,129. Für Bundesschlüsse unter Bäumen sehr aufschlußreich ist auch G. Lecher, The Tree of Life in European and Islamic Cultures, ArsIsl 4 (1937) 369–416. Zum Baum in der Religionsgeschichte vgl. E. O. James, The Tree of Life. H. Bergema, De Boom des Levens. U. Holmberg, Der Baum des Lebens. G. Widengren, The King and the Tree of Life. A. Wünsche, Die Sagen vom Lebensbaum und Lebenswasser. A. Evans, Mycenaean Tree and Pillar Cult, JHSt 21 (1901) 99–203 bes. 130 ff. Bei K. Jaroš Elohist 214–215 Anm. 1–2 ist weitere Literatur zu dem Thema zu finden. Hinzuweisen wäre auch noch auf zahlreiche Darstellungen auf Skarabäen der Amarnazeit, wo meistens zwei Männer die Hand an einen stilisierten Baum legen.

[6] An Early Aramaic Seal with an unusual Design, BASOR 167 (1962) 16–18. Vielen Dank dafür schulde ich Herrn Prof. O. Keel, der mich im Sommer 1975 in der École Biblique Française in Jerusalem auf diesen Artikel aufmerksam machte und mich auch auf die Möglichkeit, die Szene als Vertragsszene zu deuten, hinwies.

[7] S. H. Horn, a. a. O., 17.

[8] Ähnliche biblische Namen: Ijob 32,2.6 1 Chr 15,23 2 Chr 28,12.

religious points served as the focus of the religious undergirding of the tribal unions ...» [1]. Ob nun der Migdaltempel von Sichem auch als Vertragstempel angesprochen werden kann, ist ungewiß. Die religiöse Topik: Baum, Stein lassen die Möglichkeit jedenfalls zu. Von der Architektur her bleibt es ungewiß. G. R. H. Wright [2] hat darauf hingewiesen, daß selbst der Apollo-Tempel von Delphi, der Zentrum der Amphiktyonie war, von seiner Architektur her den Schluß auf einen Vertragstempel nicht zuläßt. «The divinity (or his servants) could play the rôle of leaguer among peoples in whatever type of Temple he (or they) otherwise inhabited; and that there was a special architectured category to mark this sacred function is demonstrated no more in Shechem that at the amphictyonic centres of classical Greece» [3]. «If some nomadic or seminomadic 'Tribal League Temples' are distinguished by a courtyard arrangement, then it is because the type of temple in use by these nomadic tribes is a 'Courtyard' type. With changing circumstances the Sanctury of the League could be and was identified with any other architectural type of temple current» [4].

Der Schluß daraus wäre, daß auch der Migdaltempel von Sichem durchaus wie die früheren Hoftempel als Vertragstempel dienen konnte.

Aber auch noch andere Gründe sprechen dafür, daß Sichem ein Vertragsheiligtum gewesen ist.

Ab ca. 1520 v. Chr. tritt das Mitanni-Reich auf die Weltbühne des Alten Orient. Die Mitanni-Hurriter sind im Vorderen Orient in Texten des 18. und 17. Jh. v. Chr. noch unbekannt. Dagegen tauchen in den Texten von El-Amarna, Bogazköy, Nuzi, Alalah IV mitannisch-hurritische, teils auch indo-arische Namenselemente auf [5]. Erster sicher belegter König von Mitanni ist Šuttarna, dem Paratarna (um 1500 v. Chr.) und Saussattar (um 1440 v. Chr.) folgen. Der nächste König: Aratama (um 1420 v. Chr.) stand nachweislich mit Thutmosis IV. (1412–1402 v. Chr.) in Kontakt und seine Tochter wurde mit Thutmosis verheiratet. Die nächsten Könige pflegten die enge Verbindung mit Ägypten weiter, so Šuttarna II. (um 1400 v. Chr.) mit Amenophis III. (1402–1364 v. Chr.), ebenso Tušratta (um

---

[1] E. F. Campbell, Jr. / G. E. Wright, Tribal League Temples, BA 33 (1969) 116. Vgl. H. H. Orlinsky, The Tribal System of Israel, OA 1 (1962) 11 ff.

[2] Shechem and the League Shrines, VT 21 (1971) 585 f.

[3] G. R. H. Wright, Shechem and the League Shrines, VT 21 (1971) 586. 603.

[4] A. a. O., 603.

[5] Vgl. M. Mayrhofer, Die Indo-Arier 26 f. Zur Problematik der indo-arischen Namen vgl. A. Kammenhuber, Die Arier im Vorderen Orient, Heidelberg 1968. I. M. Diakonoff, Die Arier, Or 41 (1972) 91–120.

1380 v. Chr.) mit Amenophis. Zwei mitannische Königstöchter wurden mit diesem Pharao verheiratet. Tušrattas Sohn Mattinaza (ca. 1360 v. Chr.) stand mit dem Hethiterkönig Šuppiluliuma und dann mit seinem Sohn Piiaššili in Verbindung; ebenso heiratete Mattinaza die Tochter Šuppiluliumas. Doch seit König Mattinaza war der einst so gefürchtete Name «Mitanni» verschwunden und durch die alte Landschaftsbezeichnung «Ḫanigalbat» ersetzt worden [1]. Die letzten drei Könige von Ḫanigalbat: Šattuara I., Uasašatta und Šattuara II. waren ziemlich unbedeutend. Sie standen mit dem Assyrerkönig Adadnirari I. (ca. 1306–1274 v. Chr.) und dem Assyrerkönig Salmanassar I. (127–1244 v. Chr.) noch in Verbindung, bis Salmanassar I. Šattuara II. endgültig besiegte und ca. 144 000 als Gefangene deportierte. Schon die Genealogie der Könige von Mitanni zeigt, wie sehr dieses Reich in vielfältiger Verbindung mit den anderen orientalischen Großmächten und Ägypten stand [2]. Der mitannische Einfluß läßt sich daher ab der Amarnazeit eindrücklich im syro-palästinischen Raum feststellen. In Alalah, Ugarit, Akšap, Kades, Sichem, Ta'anek, Damaskus und sogar in Südpalästina läßt sich dieser Einfluß in Namen und Begriffen feststellen [3]. Ebenso findet man den mitannischen Einfluß auf die Kunst Syrien-Palästinas, so besonders auf zahlreichen Siegeln [4]. Das Rollsiegel aus Sichem (vgl. Abb. 153) mit der kombinierten Darstellung von geflügelter Scheibe und Lebensbaum ist ein typisch mitannisches Motiv, das dann von Assur übernommen wurde. Es zeigt den Einfluß Mitannis auf Sichem.

Die Sichemtontafel Nr. 1350 (Abb. 182), die einen Kontrakt festhält, beinhaltet sehr wahrscheinlich den indo-arischen Namen «Suardata». Auf der Sichemtontafel Nr. 1378 (Abb. 183) findet sich der indo-arische Name «Birashshena» [5]. Beide Tafeln können gegen das Ende der Amarnazeit datiert werden. All das zeigt, daß der mitannische Einfluß auf Sichem groß gewesen ist [6].

---

1 Vgl. M. Mayrhofer, Die Indo-Arier 39. ders., Arier 3.

2 Vgl. A. Scharff / A. Moortgat, Ägypten und Vorderasien 340–348.

3 Vgl. M. Mayrhofer, a. a. O., 29 f. W. F. Albright, A Prince of Tanaach in the fifteenth Century B. C., BASOR 94 (1944) 12–27 bes. 22 Anm. 59.

4 J. Nougayrol, Cylindres-Sceaux et empreintes de Cylindres Trouvés en Palestine, Paris 1939. Vgl. auch N. Perrot, Les représentations de l'Arbre Sacré 69 ff. G. Contenau, Le Glyptique.

5 Vgl. auch F. M. Th. de Liagre Böhl, Der Keilschriftbrief aus Sichem, Baghdader Mitteilungen 7, Berlin 1974, 26.

6 Vielleicht gab es sogar eine mitannische Aristokratie in Sichem; es wäre aber wohl übertrieben, von einer indoarischen Aristokratie zu sprechen; vgl. I. M. Diakonoff, Die Arier, Or 41 (1972) 116.

Für uns von besonderem Interesse ist der akkadische Staatsvertrag, den der Hethiterkönig Šuppiluliuma mit seinem mitannischen Schützling, König Mattinaza (oder: Kurdiwazza), (um 1360 v. Chr.) schloß und der im Staatsarchiv von Bogazköy gefunden wurde [1]. Die Götter der beiden Reiche werden als Schwurgottheiten angerufen. Neben hethitischen und hurritischen Göttern tauchen am Ende des Vertrages [2] auch indo-arische Götter auf. Der entsprechende Teil des Textes lautet:

DINGIR$^{\text{MEŠ}}$ Mi-it-ra-aš-ši-il DINGIR$^{\text{MEŠ}}$ Ú-ru-un-na-aš-si-el
DINGIR$^{\text{MEŠ}}$ Mi-it-ra-aš-si-il DINGIR$^{\text{MEŠ}}$ A-ru-na-aš-ši-il
$^{\text{d}}$In-dar DINGIR$^{\text{MEŠ}}$ Na-ša-a [t-ti-ia-a] n-na
$^{\text{d}}$-In-da-ra DINGIR$^{\text{MEŠ}}$ Na-ša-at-ti-ia-an-na [3]

Nach Ablösung der mitannischen Elemente (-ssil, – nna) sind das vedische Götterpaar Mitra und Varuna, der vedische Gott Indra und die Götterzwillinge Nāsatyā zu erkennen [4]. Von diesen Göttern ist für uns wiederum «Mitra» interessant. «Mitra» heißt «Vertrag» und bezeichnet zugleich den Vertrag [5]. Er ist gleichsam der personifizierte Vertrag [6]. Dieser Gott «Mitra», der in Mitanni verehrt wurde, dürfte durch die kulturelle und politische Expansion des Mitannireiches auch in Syrien-Palästina bekannt geworden sein, wenngleich hier nicht mehr unter dem Namen «Mitra». Andere Götter des syrisch-palästinischen Raumes dürften die Funktion Mitras als Schwurgottheit und Vertragsgottheit attributiv übernommen haben. In Ugarit läßt sich besonders mitannischer Einfluß feststellen, so z. B. in den Personennamen [7].

---

[1] Vgl. E. F. Weidner, Politische Dokumente aus Kleinasien. ANET 205 f.

[2] Vgl. dazu I. M. Diakonoff, a. a. O., 106.

[3] M. Mayrhofer, Die Indo-Arier 14 f.

[4] A. a. O., 15.

[5] M. J. Vermaseren, Mithras, RGG IV 1020; auch in den Veden und im Avesta ist er Beschützer der Verträge. M. A. Meillet, Le Dieu Indo-Iranien Mitra, JA 10 (1907) 143–159 hat die Bedeutung «Vertrag» eindeutig nachgewiesen.

[6] Vgl. G. Schmitt, El-Berit-Mitra, ZAW 76 (1964) 325.

[7] Zu den Personennamen vgl. F. Gröndahl, Personennamen 298 f., der über 20 Namen aufzählt, «Mitra» ist in Ugarit auch ein Personenname! Vgl. J. Aistleitner, Wörterbuch 6 Nr. 67. S. Segert / L. Zgusta, Indogermanisches in den alphabetischen Texten aus Ugarit, ArOr 21 (1953) 272–275. M. Mayrhofer, Indo-Iranisches Sprachgut aus Alalah, IIJ 4 (1960) 136–149 bes. 143 Anm. 56. M. Mayrhofer, Die Indo-Arier 29. Vgl. auch die Polemik gegen indo-arische Namen von I. M. Diakonoff, Die Arier, Or 41 (1972) 94. I. M. Diakonoff (a. a. O., 100 ff.) ist jedoch im Recht, wenn er behauptet, daß diese Reste von indo-arischen Namen kaum auf eine ethnische Größe in Mitanni hinweisen, zumindest nicht für das 15. / 14. Jh. v. Chr.

E. Laroche [1] hat neulich einen hurritischen Text [2] aus Ugarit publiziert, in dem Zeile 14 und 15 die Ausdrücke «il brt» und «il dn» vorkommen. Der Text ist ein Hymnus zu Ehren des Gottes El. E. Laroche übersetzt: «El des sources, El du jugement??» [3] E. Lipiński [4] hat jedoch zurecht darauf hingewiesen, daß das Wort «brt» nicht mit «source» [5] wiederzugeben ist, sondern seine genaue semantische Entsprechung in ברית hat. Somit ist «il brt» mit «El d'Alliance ou le El du contrat» zu übersetzen. Es ist deshalb zu vermuten, daß die Verbindung «il brt», das Epitheton Els «brt», auf mitannischen Einfluß zurückgeht, d. h. daß also für den Bereich von Ugarit El den Mitra-Aspekt «Vertrag» übernommen hat. Das Ugaritische «il brt» ist eigentlich die genaue semitische Wiedergabe des indo-arischen Wortes «Mitra», das Gott und Vertrag bezeichnet. Zum mindesten ist aber durch den Text aus Ugarit gesichert, daß der Gott El in Ugarit und dessen Einflußgebiet als Vertragsgott bekannt war.

Nun taucht in Verbindung mit dem sichemitischen Fürsten Labaja der Name Ba'lu-Mi-hi-ir [6] auf. Es heißt in den Texten, daß Labaja und Ba'lu Mihir entkommen sind, da sie Zuratu entkommen ließ. Vermutlich ist Ba'lu Mihir eine Art Fürst wie Labaja, der ähnlich wie dieser gegen den Pharao umtrieb, wahrscheinlich gegen Amenophis IV. (1364–1347 v. Chr.). «Mihir» ist nun aber nichts anderes als die spätiranische Form von Mitra [7]. Somit haben wir für Mittelpalästina in einem Personennamen das theophore Element «Mitra», was doch auf das Bekanntsein und die Verehrung dieses Gottes in Mittelpalästina hinweist. G. Schmitt [8] sieht nun in dem Gott El berit von Sichem direkt die sichemitische Entsprechung des Gottes Mitra. Diese These G. Schmitts kann auf Grund des vorher besprochenen Textes aus Ugarit, wo «il brt» belegt ist, modifiziert und bestätigt werden. Der mitannische Einfluß auf Sichem ist indirekt / allgemein gegeben und direkt in zwei Personennamen, in Ba'lu Mihir und einem Rollsiegel nachgewiesen.

---

[1] Ug V 520 f.

[2] Der Sprache Mitannis; vgl. K. H. Bernhardt, Umwelt 316.

[3] Ug V 515.

[4] El-Berit, Syria 50 (1973) 50 f.

[5] Das wäre b'ir.

[6] EA 245,44 (vgl. J. A. Knudtzon, Die El-Amarna-Tafeln I 794 f.). Ba'lu-Mi-hi-ir (EA 257,3 EA 259,2) und ein Balu-Mi-ir (EA 260,2); vgl. S.A.B. Mercier / F. H. Hallock, The Tell-El-Amarna Tablets II 885. Es handelt sich um dieselbe Person; vgl. E. F. Campbell, The Chronology of the Amarna Letters z. St.

[7] Vgl. H. Stephano, Thesaurus Graecae Linguae V 1047. G. R. H. Wright, Shechem and the League Shrines, VT 21 (1971) 583.

[8] El Berit-Mitra, ZAW 76 (1964) 325–327.

Bereits in Ugarit wird «brt» = Mitra als eine Eigenschaft des Gottes El aufgefaßt; auf ähnliche Weise dürfte diese Eigenschaft auf den sichemitischen El übertragen worden sein, weil Sichem ein Heiligtum für Vertragsabschlüsse gewesen ist, sowohl für andere kanaanäische Stadtstaaten, als auch für die nomadisierenden Gruppen um Sichem [1]. Diese Benennung des sichemitischen El wäre ab der Amarnazeit möglich. Auf diese Weise scheint mir die Herkunft und Benennung der sichemitischen Gottheit «El berit» am besten erklärt zu sein [2].

Nach der Zerstörung Sichems durch Abimelech gegen Ende des 12. Jh. v. Chr. ruhte das Leben in Sichem über 100 Jahre. Ab dem 10. Jh. v. Chr. ist Sichem wieder bewohnt (Feld II, IX). Es wurde ein Kasematten-Mauernsystem errichtet und die Tore installiert (gegen Ende des 10. Jh. v. Chr. zerstört). Das Heiligtum auf Feld IX mit Kultpodium und unvollendeter Massebe wurde am Ende des 10. Jh. v. Chr. zerstört. Die Traditionen von 1 Kön 12 können folgendermaßen in die Geschichte Sichems eingearbeitet werden:

G. E. Wright [3] hat in einer ausführlichen Studie die Provinzeinteilung der salomonischen Zeit behandelt und ist zu dem Ergebnis gekommen, daß Sichem zur Zeit Salomos ein Verwaltungszentrum gewesen ist [4]. Die Instandsetzung der Befestigungsanlagen würde daher gut in die salomonische Zeit passen. Auch das kleine Heiligtum auf Feld IX, das es schon in der SB gegeben hat, kann zu dieser Zeit wiedererrichtet worden sein. Es handelt sich offensichtlich um ein privates Jahweheiligtum. Nach dem historischen Bericht 1 Kön 11,26–28. 40 12,2 (ohne Einschub) und 20 kommt es in Sichem 926 v. Chr. zur Reichsteilung. Sichem wird erste Hauptstadt des Nordreiches unter Jerobeam I. (926–907 v. Chr.). Jerobeam führt auch eine beschränkte Bautätigkeit in Sichem durch (1 Kön 12,25). Durch den Palästinafeldzug Pharao Schoschenks I., (vermutlich 922/21 v. Chr.; vgl. 1 Kön

---

[1] Vgl. E. Rössler, Jahwe und die Götter 39 f.

[2] Daß jedoch die israelitische ברית-Vorstellung (Gott-Volk/ Mensch) daher komme, ist damit weder gesagt noch bewiesen. Mitra-il brt-El berit ist nirgends im Zusammenhang einer ברית zwischen Gott – Volk / Mensch belegt! Die israelitische Vorstellung einer solchen ברית ist Theologie viel späterer Zeit (D/Dtr), wo man, da «Verträge» zwischen Clans wie in alter Zeit soziologisch und politisch nicht mehr aktuell waren, z. B. die alten Traditionen der Sinai-berit, die ursprünglich wie jede berit nur unter dem Schutz der Gottheit gestanden hat, als eine ברית zwischen Jahwe und Volk interpretierte. Gleichwohl reichen aber die Vorstellungen einer ברית zwischen Gott und Mensch bis zum Jahwisten (Gen 15) zurück.

[3] The Provinces of Solomon, EI 8 (1967) 58 *–68 *.

[4] A. a. O., 61 *. F. M. Abel, Géographie II 460.

14,25–28) [1], mußte Jerobeam etwa 923/24 v. Chr. seine Residenz nach Penuel verlegen [2]. Schoschenk nahm aber auch Penuel, berührte jedoch Sichem nur, so zumindest nach der ägyptischen Inschrift. Doch da genau für diese Zeit die Archäologie in Sichem eine radikale Zerstörung nachweisen kann, dürfte es wohl eindeutig sein, daß Schoschenk auch Sichem getroffen hatte. Die sogenannte Residenz Jerobeams I. könnte in dem Komplex von Feld IX, Area 3, gewesen sein, wo sich auch das kleine Heiligtum befunden hat. Hier könnte Jerobeam eine geringe Bautätigkeit ausgeübt haben. Die Massebe des Heiligtums war noch unvollendet, als der ganze Komplex zerstört wurde! Es wird sich aber um ein rein privates Heiligtum der Stadt und des Königs gehandelt haben, da Jerobeam Betel und Dan zu offiziellen Kultorten des Nordreiches bestimmte [3].

Aus der volkstümlichen Erzählung 1 Kön 12,1.3b–14 (ohne «Jerobeam») 13–14.16.18–19, wo Rehabeam zu den Repräsentanten der Nordstämme nach Sichem kommt, die Verhandlungen scheitern, der Fronvogt gesteinigt wird und das von der davidischen Dynastie unabhängige Nordreich geboren wird, geht ebenfalls hervor, daß Sichem im 10. Jh. v. Chr. von eminent politischer Bedeutung war; allerdings war es nur mehr ein Abglanz der früheren Jahrhunderte. In religiöser Hinsicht war Sichem bereits zur Bedeutungslosigkeit herabgesunken.

Nach der Zerstörung durch Schoschenk wurde Sichem wieder aufgebaut. Die alte «sacred Area» wurde völlig profaniert, indem man über den Ruinen des Migdaltempels ein Vorratshaus errichtete. Vom Beginn des 9. Jh. v. Chr., EZ II, an ist Sichem viermal zerstört worden. Die erste Zerstörung ist auf ein Erdbeben [4] zurückzuführen, die nächsten auf kriegerische Handlungen mit den Aramäern [5] und Assyrern. Der assyrische Druck auf Sichem wird ab der Mitte des 8. Jh. v. Chr. immer intensiver [6]. In der vierten Zerstörung haben wir die assyrische Okkupation vor uns, mit der das Nordreich sein Ende findet.

Sowohl aus der Archäologie als auch aus den Texten wird klar, daß Sichem

---

[1] Vgl. Y. Aharoni, The Land of the Bible 283–285.

[2] Vgl. a. a. O., 284 Map 24.

[3] Es hat sich sicherlich um ein Jahweheiligtum gehandelt. Auch Betel und Dan waren ja – trotz der Stierbilder – Jahweheiligtümer; vgl. K. Jaroš, Elohist 367 ff.

[4] Ob es das Erdbeben ist, das auch Am 1,1 und Sach 14,5 (vgl. H. M. J. Löwe, Zechariah 14,5, ET 52 (1940/41) 277–279) nennen, bleibt ungewiß. Das Erdbeben wurde auch in Hazor festgestellt; vgl. Y. Yadin, Hazor II 24–36.

[5] Vgl. J. A. Soggin, Amos VI: 13–14 443 ff. E. Cavaignac / P. Grelot / J. Briend, Introduction à la Bible II 48 ff.

[6] Dies ist auch an der Keramik ablesbar.

im 9./8. Jh. v. Chr. kein religiöses Zentrum mehr gewesen ist. Schon in der 1. Hälfte des 8. Jh. v. Chr. spricht der Elohist eine Ablehnung Sichems als Jahweheiligtum aus (vgl. Gen 35,4). Nach Jerobeam dürfte Sichem für den elitären Jahwismus überhaupt immer mehr undiskutabel geworden sein. Hosea, der erbarmungslose und scharfsinnige Kritiker seines Volkes, verurteilt Sichem nicht deswegen, weil es einmal eine heidnische Kultstätte gewesen ist (Hos 6,9). Die einstmals heilige Stadt, die ein freundschaftliches Verhältnis zu Israels Vorfahren hatte, wurde durch Verbrechen: Mord, Gewalt und Treubruch israelitisch (Gen 34,35 49,5 Ri 9). Keine andere Stadt wurde mehr durch israelitische Verbrechen geschändet. Hosea, der Jakob auch Betrüger nennt [1], vertuscht nicht die Wirklichkeit, wie Sichem «israelitisch» wurde. Durch Verbrechen ist die Stadt unheilig und soll deswegen gemieden werden.

Nach der assyrischen Zerstörung hat sich Sichem Jahrhunderte nicht mehr erholt. Die Archäologie kann höchstens eine Subkultur aufweisen. In der persischen Zeit (ab ca. 600 v. Chr.) tritt eine leichte Erholung ein. Doch um 480 v. Chr. findet die Stadt durch Feuer ein Ende und wird aufgegeben. Der dtr Text Jer 41,5 nennt noch Sichem und die aus exilischer Zeit stammenden Texte: Jos 24,32 Ps 60,8 (108,8) kennen Sichem wohl nur mehr vom Hörensagen denn von der Wirklichkeit und haben vielfach ideologischen Charakter.

Um ca. 331 v. Chr. setzt in Sichem der Wiederaufbau und eine letzte Blüte ein. Durch welche Umstände ist es zu dieser letzten Blüte Sichems gekommen?

Sichem hatte seit der Wiederbelebung in israelitischer Zeit (Salomo) keine große religiöse Bedeutung mehr. Es wird im 9. Jh. v. Chr. ein provinzielles Verwaltungszentrum. Mit dem Fall Samarias, 722 v. Chr. [2], der Deportierung der Oberschicht und der Ansiedlung einer neuen Oberschicht durch die Assyrer, ist Sichem auch politisch erledigt und wird dann nach dem Fall Jerusalems mit Samaria Teil des neubabylonischen Reiches [3]. Als im Jahre 538 nach dem Exil in Jerusalem der Tempel wiederaufgebaut wird [4], werden die samarischen Machthaber davon ausgeschlossen. Wir haben es hier mit einer politischen und nicht mit einer religiösen Auseinandersetzung zu tun. Es ist nicht der Beginn des samaritanischen Schismas [5]. Die Bibel, die Ele-

[1] Vgl. Hos 12,4.

[2] Vgl. AOT 348 Zeile 15–17.

[3] Vgl. 2 Kön 24,7.

[4] Vgl. Esr 4,1–3.

[5] Vgl. H. G. Kippenberg, Garizim 38.

phantine-Papyri [1], die Papyri von der Höhle im Wadi Daliyeh [2] aus der Zeit von 337–335 v. Chr. [3] werfen einiges Licht auf die Politik der Wende von persischer zu griechischer Herrschaft. Auch Josephus [4] ist eine wertvolle Quelle. F. M. Cross [5] hat auf Grund dieser Quellen eine relative Chronologie samarischer Statthalter zusammengestellt: Sanballat I. [6] (um ca. 485 v. Chr. geboren), sein Sohn Delaja [7] (um 460 v. Chr. geboren), Sanballat II. [8] (ca. um 435 v. Chr. geboren), Hananja [9] (ca. um 410 v. Chr. geboren), Sanballat III. [10] (ca. um 385 v. Chr. geboren).

Mit Alexander dem Großen beginnt auch für Palästina eine neue Zeit. Q. Curtius Rufus [11] berichtet, daß die Samarier den von Alexander eingesetzten Präfekten Andromachus lebendig verbrannt hätten, worauf Alexander sofort von Ägypten zurückgekehrt sei und Menon eingesetzt habe [12]. Dies bestätigt auch eine Mitteilung in der Chronik des Eusebius [13]. Weiters heißt es, daß Alexander die Samarier durch Ansiedlung von Makedoniern bestrafte [14]. Dem widerspricht eine Notiz des Eusebius für die Zeit der 121. Olympiade (296/5 v. Chr.): «Demetrios ... Poliorketes: die Samyrtäer-Stadt, die von Perdika besiedelte, nahm er mit einem Male» [15]. Die Ansiedlung von Makedoniern in Samaria bleibt zwar höchst problematisch [16], doch aus den Berichten geht hervor, daß Samaria seit Alexander eine hellenistische Stadt geworden ist und daher für die Samarier nicht mehr akzeptabel

[1] A. E. Cowley, Aramaic Papyri of the fifth Century B. C., Oxford 1923, 108–119 Nr. 30. AOT 450–452, ca. 410–407 v. Chr.

[2] 14 Km nördlich des alten Jericho.

[3] F. M. Cross, The Discovery of the Samaria Papyri, BA 26 (1963) 110–121.

[4] Ant XI 7,2 (R. Marcus, Josephus VI 461).

[5] Aspects, HThR 59 (1966) 199–211.

[6] Bekannt aus Nehemia.

[7] Bekannt aus den Elephantine-Papyri.

[8] Bekannt von dem Siegel aus der Höhle vom Wadi Daliyeh: «(Ḥana)iah, son of (San)ballat, governor of Samaria» und auf einem Fragment: «(J)esus son of Sanballat, Ḥanan, the prefect.» (vgl. H. G. Kippenberg, Garizim 44).

[9] Papyrus 8.

[10] Josephus, Ant XI 7,2.

[11] Alexanderbiographie IV 8,9–11 (H. G. Kippenberg, Garizim 45).

[12] Vgl. R. Marcus, Josephus VI, Appendix C 523.

[13] I. Karst, Griechische christliche Schriftsteller XX 197.

[14] Ähnlich Hieronymus und Syncellus; vgl. die Texte bei R. Marcus, Josephus VI Appendix C 524.

[15] I. Karst, Griechische christliche Schriftsteller XX 179. H. G. Kippenberg, Garizim 46.

[16] F. M. Abel, Alexandre, RB 44 (1935) 42–61 hält an der Kolonie fest.

war [1]. Die Wiederbelebung Sichems, etwa ab 331 v. Chr., kann einmal damit zusammenhängen, daß die Samarier auf der Suche nach einer neuen Niederlassung Sichem wählten [2]. H. G. Kippenberg [3] hat auf Grund einer Analyse von Ant XI 7,2 bis 8,7 wahrscheinlich gemacht, daß Sichem von Priestern und Leuten aus Jerusalem besiedelt wurde. Die Priester verließen Jerusalem deswegen, weil sie in Mischehen lebten, die man in Jerusalem nicht mehr duldete. Einen Reflex darüber kann man schon in Neh 13,28 sehen, wo Menasse, der Sohn des Hohenpriesters Jojoda, eine Tochter Sanballats I. heiratet und deswegen von Jerusalem vertrieben wird; d. h. Mischehe war nun auch eine Ehe mit einer Samarierin. Jene Gruppen der Jerusalemer Priester, die auch nach Selbständigwerden der Provinz Juda im 5. Jh. v. Chr. weitere Beziehungen zum Norden pflegen wollten, wurden in unerhörter Intoleranz ausgeschaltet und des Landes verwiesen. Diese Gruppen gingen nach Sichem und sind auch die Begründer des Garizim-Kultes [4]. Wir können also die Wiederbelebung Sichems und die Gründung des Garizim-Kultes als einen Akt betrachten [5].

Die Tatsache, daß im hellenistischen Sichem kein Tempel gefunden wurde, macht wahrscheinlich, daß der Tempel am Garizim (Tell er-Râs) gebaut wurde. In den 200 Jahren nach 331 v. Chr. entwickelte sich Sichem zum Zentrum der Samarier bis zum Zentrum der Samaritaner. In diese Zeit fällt auch die Entstehung der samaritanischen Hohenpriesterliste und die Endredaktion des samaritanischen Pentateuchs [6]. Schon um 274 v. Chr. setzt der Kampf der Seleukiden und Ptolemäer um Syrien und Palästina ein. Der Kampf endet mit dem Sieg des Seleukiden Antiochus III., des Großen (222–189 v. Chr.), über Skopas den Heerführer Ptolemäus' V. (um 200 v.

---

[1] Vgl. H. G. Kippenberg, Garizim 47.

[2] So G. E. Wright, Shechem 170 ff.

[3] Garizim 50–57.

[4] «Es bildete sich also am Ende des 4. Jh. v. Chr. in Israel ein neues Zentrum von Glauben und Kult heraus. Allerdings haben beide Gemeinden sich nicht sofort als schismatisch betrachtet. Die Kommunikation hat noch länger bestanden.» (H. G. Kippenberg, Garizim 59).

[5] Josephus, Ant XI 7,2 bringt einiges Durcheinander: Menasse, der die Tochter Sanballats I. geheiratet hat, sichert Sanballat I. den Bau eines Tempels auf dem Garizim zu. Alexander der Große wird für die Zustimmung dieses Vorhabens gewonnen, weil ihn Sanballat bei der Belagerung von Tyrus unterstützt. Zwei völlig zeitlich verschiedene Fakten werden hier durcheinander gebracht. Historisch könnte nur sein, daß Alexander die Zustimmung zum Tempelbau gegeben hat, aber das hat mit Menasse und Sanballat I., ein Jahrhundert vorher, nichts zu tun. Es kann sich nur um Sanballat III. handeln, der wiederum mit Menasse nichts zu tun hat.

Chr.) [1]. Samaria ist nun seleukidisch [2]. Wirtschaftlich steht es in dieser Zeit um Sichem gut [3]. Doch mit Antiochus IV., Epiphanes (175–164 v. Chr.), beginnt eine radikale Hellenisierungspolitik, die auch Sichem und den Garizim nicht verschont [4]. Von diesem Hintergrund her sind die Berichte zu verstehen, daß der Garizim-Tempel in einen Zeustempel umgewandelt wurde [5]. Trotz der jüdischen Polemik kann man kaum an der Echtheit zweifeln [6]. Dieser Synkretismus geht aber im wesentlichen nicht auf die Leute von Sichem zurück, sondern auf eine Kolonie von Sidoniern, die sich in Sichem festgesetzt hatten [7]; denn Makk 5,22 f. läßt erkennen, daß nicht alle Leute so gedacht haben [8]. Mit dem Makkabäeraufstand (167/66 v. Chr.) verschlechtert sich die Lage der Bewohner Samarias [9]. Die Seleukiden, durch Thronwirren verhindert, konnten kaum eingreifen. Es gab eine gewaltige Grenzverschiebung, so daß die judäische Grenze gefährlich nahe an Sichem herankam [10]. Johannes Hyrcanus I. holte dann auch zum endgültigen Schlag aus, zerstörte 128 v. Chr. den Garizim-Tempel [11] und bei der Aktion gegen Samaria im Jahre 109/108 v. Chr. Sichem selber [12]. Ein literarisches Nachspiel hat diese Aktion wohl in Jub 30,5.7 erfahren [13], in einem Text, der über Gen 34 handelt. «So ist nicht zu übersehen, daß die at. Erzählung Gen 34 von der heimtückischen Erschlagung der Bewohner Sichems durch Simeon und Levi zur Magna charta jüdischer Gewalttätigkeit gegen die Sichemiter wurde. Diese Auslegung von Gen 34 begegnet außer Jub 30 noch Jdt 9,2–4. Auch Josephus Ant I § 337–340, ist die Szene ganz offen-

---

[1] Vgl. H. G. Kippenberg, Garizim 60–74.

[2] Ant XII 3,3 (R. Marcus, Josephus VII 65 ff.).

[3] Aus dieser Zeit stammt auch die Bemerkung von Sir 50,25 f. über das törichte Volk von Sichem; vgl. H. G. Kippenberg, Garizim 74.

[4] Die wirtschaftliche Blüte läßt sich auch ganz vorzüglich an den Münzen dieser Zeit erkennen. Vgl. auch Ant. XII 4,1 (R. Marcus, Josephus VII 81 ff.).

[5] Vgl. 1 Makk 1,41 ff.

[6] Vgl. 2 Makk 6,1–3. Ant XII 5,5 (R. Marcus, Josephus VII 133 ff.).

[7] Vgl. H. G. Kippenberg, Garizim 79.

[8] Vielleicht spielt auch Jdt 5,26 darauf an (vgl. A. E. Cowley, Charles I 245). Manche samarische Versuche kamen dem Synkretismus sehr entgegen; vgl. z. B. Pseudo-Eupolemos (B. Z. Wacholder, Pseudo-Eupolemos', HUCA 34 (1963) 83–113. N. Walter, Zu Pseudo-Eupolemos, Klio 43–45 (1965) 282–290).

[9] Vgl. H. G. Kippenberg, Garizim 80–85.

[10] Vgl. F. M. Abel, Histoire de la Palestine depuis la conquète d'Alexandre jusqu'à l'invasion arabe I 200.

[11] Am 21. Kislew, etwa am Anfang Dezember; vgl. J. Jeremias, Die Passahfeier 58.

[12] Vgl. H. G. Kippenberg, Garizim 86 f.

[13] Ende des 2. Jh. v. Chr.

sichtlich von samar. Verhältnissen getragen. Die Sichemiter halten ein Fest, während dessen Verlauf der König Sichem Dina verführt. Während eines anderen Festes rächen Simeon und Levi ihre Schwester. Diese Wiedergabe von Gen 34 deckt sich (zum Teil wortwörtlich) mit dem Gedicht des Theodotus über Sichem. Wir haben hier einen Midrasch vor uns, der in die Zeit vor der Zerstörung Sichems zurückgeht. Hauptmerkmal: jede Erwähnung einer Beschneidung der Sichemiter ist getilgt» [1].

Erst in der Makkabäerzeit kann man von einer Trennung zwischen Sichemitern und Juden sprechen. Die Trennung wurde durch die Aktion Johannes' Hyrcanus I. endgültig [2].

Nach der Zerstörung Sichems zerstreuten sich die Samaritaner auf ganz Palästina, die Mehrzahl siedelte sich jedoch in Sychar an [3]. Erst im Jahre 63 v. Chr. setzte Pompeius der jüdischen Tyrannis über die Provinz Samaria ein Ende.

Diese hochberühmte Stadt: SICHEM, die einst Pharaonen ob ihrer Wirkmächtigkeit verfluchten, die «ungekrönte Königin Palästinas», findet ein unrühmliches Ende.

---

[1] H. G. Kippenberg, Garizim 90.

[2] Erst die späte Polemik wendet 2 Kön 17,29 שמרנים MT und Σαμαρῖται LXX auf die Sekte an und erst ab diesem Zeitpunkt kann man von Samaritern sprechen; vgl. H. G. Kippenberg 92.

[3] Vgl. H. M. Schenke, Jakobsbrunnen, ZDPV 84 (1968) 159–184. H. G. Kippenberg, Garizim 94.

# V.
# JOS 24,1–28

## 1. Zum Text

Textkritisch ist Jos 24 genügend behandelt worden [1], so daß wir darauf weiter nicht eingehen. Für uns von Interesse sind nur V 1 und 25. Hier liest die LXX und die arabische Version statt Sichem Schilo [2]. Für gewöhnlich nimmt man an, daß die Übersetzer der LXX Schilo geschrieben hätten, weil Schilo bis zu dem Zeitpunkt, da Jerusalem gemeinsames Heiligtum wurde, «Zentralheiligtum» gewesen sei [3]. Doch den griechischen Übersetzern dürfte tatsächlich ein Text vorgelegen haben, in dem Schilo stand [4]. Trotzdem ist aber das «Sichem» des MT ursprünglich; denn wenn «Schilo» ursprünglich wäre, entstünde die Frage, warum die Masoreten in «Sichem» änderten. Die

---

[1] Vgl. J. Hollenberg, Textkritik, ZAW 1 (1881) 97–105. S. Holmes, Josue, the Hebrew and Greek Text, Cambridge 1914. M. L. Margolis, The Washington MS of Joshua, AJSL 31 (1911) 364–367. ders., Additions to field from the Lyons Codex of the old Latin, JAOS 33 (1913) 254–258. ders., Specimen of New Edition of Greek Joshua, Jewish Sudies in Memory of I. Abrahams, New York 1927, 307–323. ders., Corrections of the Book of Joshua in the Larger Cambridge Septuagint, JBL 49 (1930) 234–264. O. Pretzl, Die griechischen Handschriftengruppen im Buche Josue untersucht nach ihrer Eigenart und ihrem Verhältnis zueinander, Bibl 9 (1928) 377–427. H. M. Orlinsky, The Hebrew Vorlage of the Septuagint of the Book of Joshua, VTS 17 (1969) 187–195. BHK z. St. BHS z. St. E. Nielsen, Shechem 87–90.99–100.108–109 (besonders für die Lesearten der Peschitta interessant). G. Schmitt, Landtag 8–10.

[2] Auch die rabbinische Auslegung hält an Sichem fest, obwohl Sichem zu dieser Zeit längst samaritanisch war. Rabbi David Kimchi (um 1200 n. Chr.) schreibt in seinem Kommentar zu Jos 24,1: «Josua versammelte sie nach Sichem und nicht nach Schilo, wo doch die Lade war.» (M. J. Bin Gorion, Sinai und Garizim 387 § 437).

[3] Nach Jos 18,1 19,15 21,2 22,9.12 1 Sam 1 f. Jer 7,12 Ps 78,60; vgl. G. Schmitt, Landtag 9.

[4] Vgl. L. E. Toombs / G. E. Wright, The Biblical Traditions of Shechem's sacred Area, BASOR 169 (1963) 28 Anm. 31.

Frage kann demnach nur gelöst werden, wenn man annimmt, daß die LXX auf einer anderen hebräischen Textüberlieferung fußt (für unsere Stelle!) denn auf der masoretischen Überlieferung. Schon in dem hebräischen Text, der der LXX vorlag, war vermutlich Sichem bereits in Schilo geändert [1]. Der Text, dem die Masoreten folgten und den sie zur allgemeinen Anerkennung brachten, hatte jedoch immer Sichem [2].

Zum Buch Josua liegt auch eine arabisch-hebräisch-samaritanische Rezension vor. 1848 veröffentliche T. W. Juynboll [3] eine arabisch-samaritanische Rezension des Buches Josua [4]. Für diese Version kann als terminus post quem die Mitte des 12. Jh. n. Chr. gelten [5]. Bereits 1902 hatte A. M. Lunez [6] einen hebräischen Text des Buches Josua veröffentlicht. 1908 veröffentliche M. Gaster [7] einen hebräischen Text, den er bei den Samaritanern erworben hatte. Für M. Gaster stand fest, daß er einen ca. 2000 Jahre alten Text entdeckt hatte. A. S. Yahuda [8] hat jedoch mit guten Gründen die Echtheit dieses Textes bestritten und das Buch als eine Kompilation von MT und arabischer Version bezeichnet [9]. Er schließt ironisch mit der Bemerkung: «Die Samaritaner, 'das Unvolk von Sichem', wie sie Josua Sirach 50,26 nennt, haben sich niemals weder in wissenschaftlicher noch in literarischer Produktion sehr hervorgetan; ihre letzte bemerkenswerte Leistung, der vorliegende Samaritanisch-hebräische Josua, schließt sich dieser ihrer literarischen Vergangenheit würdig an» [10].

Neulich ist A. D. Crown [11] wieder für die Echtheit eingetreten und nimmt

---

[1] Es ist ja zu beachten, daß Sichem ab 331 v. Chr. Zentrum der Samaritaner war.

[2] Vgl. L. E. Toombs / G. E. Wright, The Biblical Traditions of Shechem's sacred Area, BASOR 169 (1963) 28 Anm. 30.

[3] Chronicum Samaritanum Arabice conscriptum cui titulus est Liber Joshuae, Leyden 1848.

[4] Übersetzt von O. T. Crane, The Samaritan Chronicle, New York 1897.

[5] Vgl. G. Graf, Zum Alter des samaritanischen «Buches Josua», Bibl 23 (1942) 62–67 bes. 67.

[6] The Samaritan Book of Joshua in Hebrew, JY 7 (1902) 138–155.

[7] Das Buch Josua in hebräisch-samaritanischer Rezension, ZDMG 62 (1908) 209–279.494–549.

[8] Über die Unechtheit des samaritanischen Josuabuches, SAB 39 (1908) 887–913.

[9] So auch P. Kahle, Zum hebräischen Buch Josua der Samaritaner, ZDMG 62 (1908) 550–551. A. S. Yahuda, Zum samaritanischen Josua, Eine Erklärung, ZDMG 62 (1908) 754.

[10] A. S. Yahuda, Über die Unechtheit des samaritanischen Josuabuches, SAB 39 (1908) 913. Vgl. auch A. S. Yahuda, Zum samaritanischen Josua, Eine Erklärung, ZDMG 62 (1908) 754.

[11] The Date and Authenticity of the Samaritan Hebrew Book of Joshua as seen in its Territorial Allotments, PEQ 96 (1964) 79–97.

als terminus ad quem das 4. Jh. n. Chr. und datiert dann das Buch gegen Ende des 2. Jh. n. Chr. [1] 1969 hat J. Macdonald [2] auf Grund der verfügbaren samaritanischen Handschriften den Text von Jos bis II Chr herausgegeben. Ob jedoch die Gründe Macdonalds ausreichen, um die Echtheit dieser Texte zu beweisen, ist noch immer fraglich [3]. Für uns ist die vorliegende samaritanisch-hebräische Rezension nicht weiter von Interesse. Keine der samaritanischen Lesearten scheint mit wert zu sein, dem MT vorgezogen zu werden [4].

## 2. Kurzer Überblick über die literarkritisch-formgeschichtliche und traditionsgeschichtliche Arbeit an Jos 24

Der Anfang der historisch-kritischen Forschung konzentrierte sich – neben der Textkritik – auf die literarkritische [5] Erfassung von Jos 24. Doch gerade

---

[1] A. a. O., 96 f.

[2] The Samaritan Chronicle No. II or: Sepher Ha-Yamim, from Joshua to Nebuchadnezzar, BZAW 107, Berlin 1969.

[3] A. a. O., 29–31 ist Jos 24 abgedruckt. Das ermöglicht einen Vergleich mit MT. Der MT ist klein, der samaritanische Text ist dort, wo er vom MT abweicht, groß gedruckt.

[4] Für uns von Interesse wäre es höchstens, wenn z. B. der samaritanische Text in Jos 24,26 statt «Stein» «Mazzeba» lesen würde u. ä.

[5] J. Wellhausen, Composition 133 rechnet mit E und sieht das Kapitel für die Rekonstruktion von E als sehr wichtig an. In der Nachfolge von J. Wellhausen rechnen nach J. Hollenberg, A. Dillmann, A. Kuenen, H. Holzinger mit E. O. Procksch, Elohimquelle 165–174 zählt 25–27a. 28 f. 32 f. zu E. E. Oettli, Deuteronomium, Josua, Richter 203 rechnet mit einem J-, noch mehr aber mit einem E-Grundstock und wertet die V 7.8.10.11.13.17.20.26 als dtr bearbeitet. O. Eissfeldt, Synopse 248 *–250 * rechnet mit seiner Laienquelle, mit dem Elohisten und Jahwisten; vgl. auch O. Eissfeldt, Einleitung 340. M. Noth, System 133–140 rechnet 5b. 6aβ. 7. 26b. 27a zu J, 1–4, 6aαb. 8-15. 17bβ. 18. 19. 27b. 25. 28 zu E und 1bβ. 2ac. 9aβ. 11 (Völker) 12b. 21.24.26a.22 f. als Glossen und Erweiterungen. M. Noth, Josua 135–141 gibt auch noch eine andere Analyse: 4 (לרשת אותו), 8b.9b.10ab.12a. 17 (מבית עבדים). 19–24. 31 sind dtr, 1bα. 2 (Terach). 11 (Liste). 12b. 14 (und in Ägypten). 17a (ואת אבותינו). 18.22b sind Glossen. Der Rest ist vordtr. W. Rudolph, Elohist 244–252 zählt das Kapitel zu J und streicht ein paar Glossen. E. Auerbach, Die große Überarbeitung der biblischen Bücher, VTS I (1953) 3 sieht Jos 24 als nachexilisch an. R. de Vaux, Histoire I 610–614: 1–15 alte Tradition (Zusätze in 2 und 15). 16–18.19–22 D, 23–24. 25–28 alt. H. Seebass, Erzvater 5–8: V 2–15 sind ein vorgegebener Rahmen; terminus ad quem ist das dtr Schrifttum. J. Bright, The Book of Joshua 666–673 gibt keine Quelle an. F. M. Abel / M. du Buit, Le Livre de Josué 103 Anm. d: 1.23–28 alte

bei diesem Kapitel konnte, wie der Überblick zeigt, keine einheitliche Meinung erzielt werden [1].

Mit G. E. Mendenhall [2] beginnt man, Jos 24 mit den hethitischen Vasallenverträgen zu vergleichen. Das Ergebnis Mendenhalls kann man mit seinen Worten zusammenfassen: «Man kann die Schlußfolgerung kaum umgehen, daß dieser Bericht auf Überlieferungen beruht, die noch in jene Zeit zurückreichen, als die Bundesform noch eine lebendige Größe war, daß aber der spätere Schreiber nur die ihm wertvoll und wichtig scheinenden Traditions-

---

Tradition. J. J. de Vault, The Book of Joshua 28–30: alte Tradition. R. P. Fourmond, Josué 117: sichemitische Tradition. J. Maxwell Miller / G. M. Tucker, The Book of Joshua 179: alte Tradition und D. E. Osty / J. Trinquet, Josué 144: D und P. I. Hunt, The Books of Joshua and Judges 55–58 «exhortation». J. H. Kroeze, Het Boek Jozua 249–259 gibt eine gute Exegese der Endredaktion! K. Gutbrod, Josua 156: Kap. 24 älter als Kap. 23. D. Baldi, Giosuè 160 ff. äußert sich kaum zur Quellenzugehörigkeit. A. Gelin, Josué 127: wesentlich E, dtr Elemente. H. W. Hertzberg, Josua 132 f. dtr bearbeitet. A. Schulz, Josua 74 f. streicht ein paar Glossen und wertet das Kapitel als alt. J. Gray, Joshua 32–27: D und Dtr. J. A. Soggin, Josué 163 ff.: dtr bearbeitet. L. Perlitt, Bundestheologie 242 ff.: im 7. Jh. v. Chr. entstanden, dtr glossiert. G. Schmitt, Landtag 10.31. 24.28: Zusätze V 2 (Terach, der Vater Abrahams und Nachors) 12 (nicht mit deinem Schwert und nicht mit deinem Bogen). 18 (alle Völker und). 27b (Erweiterung zu 27a), 2–24 ist jünger als E, nahe Dtn. 1.25–27 sind die ältere Schicht, nahe E. 24–26 sind speziell dtr gefaßt. J. Muilenberg, The Form and Structure of the Covenantal Formulations, VT 9 (1959) 357 sieht E mit dtr Überarbeitung. J. L'Hour, L'Alliance de Sichem, RB 69 (1962) 5–36.161–184.350–368 wertet das Kapitel als nachdtr. Der Stil sei teils priesterlich, teils weisheitlich. K. Möhlenbrink, Die Landnahmesagen des Buches Josua, ZAW 56 (1938) 250 und K. Möhlenbrink, Silo-Sichem, ZAW 59 (1942–1943) 14–18: E. J. Alonso-Asenjo, Investigación, EstBibl 32 (1973) 257–270 sieht speziell in «el qanno» eine liturgische Formel, in «Elohe nekar» eine D/dtr Wendung. C. A. Simpson, The Early Tradition 316 ff. löst das Kapitel völlig auf. E. Nielsen, Shechem 86–141 dtr. A. D. H. Mayes, Israel in the Period of the Judges 35: «While this makes it extremely unlikely that J or E (or both) is present in Jos. 24, it does not necessarily mean that old Tradition is also absent from this chapter. Joshua 24 has certainly undergone deuteronomistic editing on an extensive scale ...» (ohne Anmerkungen zitiert). Ich möchte auch noch auf den interessanten Versuch einer Rekonstruktion von Jos 24 hinweisen: J. M. Bin Gorion, Sinai und Garizim 514–516: Jos 23,1 24,1.2a Dtn 29,9–12 Jos 24,2–13.14–24 Jos 8,30.31b.33a (Dtn 27,13.12) Dtn 27,14–26 Jos 24,26b. 27 Jos 24,25 Dtn 27,9 Dtn 26,16–19 Jos 24,28. Weitere Literatur und Kommentare zu Josua, besonders solche, die vor 1961 erschienen sind, siehe bei E. Jenni, Zwei Jahrzehnte Forschung an den Büchern Josua bis Könige, ThRu 27 (1961) 1–32.97–146.

[1] Vgl. auch L. Perlitt, Bundestheologie 239.

[2] Recht und Bund, Zürich 1960.

stoffe benutzte und sie den Verhältnissen seiner Zeit anpaßte» [1]. K. Baltzer [2] führt den Vergleich von Jos 24 mit den hethitischen Vasallenverträgen am konsequentesten durch [3]. Ch. H. Giblin [4] versucht die strukturalistische Methode an Jos 24. Die treffendste formgeschichtliche Auseinandersetzung mit Jos 24 bietet wohl D. J. McCarthy [5]. Der Text berichtet nach D. J. McCarthy nicht einfach einen Bund [6] und die Aussage von V 19 «ihr könnt nicht Jahwe dienen» ist für einen aktuellen Bund unmöglich [7]. Für D. J. McCarthy ist Jos 24 wesentlich eine Einheit [8]. W. C. Moran [9] spricht von einem Vertrag im Werden [10].

Mehr Nachfolger hat die traditionsgeschichtliche Forschungsrichtung an Jos 24 gefunden. E. Sellin [11] hat als erster die Hypothese aufgestellt, daß sich die Israeliten auf dem «Landtag zu Sichem» zu einem Verband zusammenschlossen. M. Noth [12] hat diese Hypothese aufgegriffen und weiter ausgebaut: Auf dem «Landtag zu Sichem» schlossen sich die israelitischen Stämme zur Amphiktyonie zusammen, ihr Gott ist Jahwe und das Zentralheiligtum ist Sichem, wo es regelmäßige Kultakte gibt [13]. M. Noth hat seine Erkenntnis auch aus dem Vergleich mit den griechischen Amphiktyonen [14] gewonnen. Er hatte mit seiner Hypothese lange Zeit die Zustimmung der alttestamentlichen Forschung [15]. In letzter Zeit tauchten jedoch immer mehr Gegenstimmen auf [16].

---

[1] A. a. O., 44 (ohne Anmerkungen zitiert).

[2] Das Bundesformular 29–37.

[3] Vgl. auch W. Beyerlin, Sinaitraditionen 172 Anm. 6. J. A. Thompson, The Near Eastern Suzerain-Vassal Concept 9. H. Seebass, Erzvater 98 Anm. 54.

[4] Structural Patterns in Jos 24,1–25, CBQ 26 (1964) 50–69.

[5] Treaty and Covenant 145–151. «This complication makes it extremely difficult to find the full covenant form in the text.» (a. a. O., 147).

[6] A. a. O., 148.

[7] A. a. O., 149.

[8] A. a. O., 150.

[9] Moses und der Bundesschluß 125 f.

[10] Zur Kritik an den Vergleichen siehe: W. C. Moran, a. a. O., 125 f. F. Nötscher, Bundesformular, BZ NF 9 (1965) 179 f. V. Maag, Sichembund, VTS 16 (1967) 207. W. H. Schmidt, Alttestamentlicher Glaube 102 f. L. Perlitt, Bundestheologie 283.

[11] Geschichte des israelitisch-jüdischen Volkes I 98–102.

[12] System. Ders., Geschichte 82–104.

[13] Vgl. M. Noth, System 74.

[14] Vgl. M. Noth, Geschichte 88.

[15] Wenngleich natürlich die Hypothese M. Noths modifiziert wurde; vgl. J. Bright, History 156 ff. N. K. Gottwald, A Light to the Nations, New York 1959, 162.170. V. Maag, Sichembund, VTS 16 (1967) 205 f. G. Schmitt, Landtag 55–79. R. Smend, Zur Frage der altisraelitischen Amphiktyonie, EvTh 31 (1971) 623–630. Vgl. auch die

Der Begriff «Amphiktyonie» kann auch kaum auf die hebräischen Stämme angewendet werden:

– Die Amphiktyonie ist speziell eine griechische und italische Erscheinung [1]. Sie ist eher anwendbar auf die Philisterstädte: Aschdod, Ekron, Gat, Gaza, die voneinander unabhängig waren, doch in Zeiten der Not gemeinsam vorgingen und in Aschdod (Dagon-Tempel) ein Zentralheiligtum hatten [2]. Diese Institution ist jedoch nicht so ohne weiters auf semitische Verhältnisse anwendbar [3]. Ferner ist zu berücksichtigen, daß die griechischen und italischen Stämme keine Nomaden oder Halbnomaden nach Art der israelitischen Stämme waren. «Die soziologischen Unterschiede aber schließen weitreichende Folgen für die gesamte Lebenshaltung ein, die einen Vergleich nahezu unmöglich machen» [4].

---

Sammlung der Belege bei G. Fohrer, Altes Testament-»Amphiktyonie» und «Bund», ThLZ 91 (1966) 802–864.

[16] Vgl. R. Smend, Jahwekrieg und Stämmebund. S. Herrmann, Das Werden Israels, ThLZ 87 (1962) 561–574. G. Fohrer, a. a. O., 901–816. H. M. Orlinsky, The Tribal System of Israel and Related Groups in the Period of the Judges, OA 1 (1962) 11–20. B.D. Rahtjen, Philistine and Hebrew Amphictyonies, JNES 24 (1965) 100–104. O. Eissfeldt, The Hebrew Kingdom, The Cambridge Ancient History II 10 f. S. Herrmann, Geschichte 138 f. G. Fohrer, Geschichte der israelitischen Religion 78. R. de Vaux, Histoire I äußert sich nicht direkt zur Amphiktyonie, lehnt jedoch in seiner Histoire II 19–36 die These der Amphiktyonie völlig ab; vgl. auch R. de Vaux, La thèse de l'Amphiktyonie Israélite, HThR 64 (1971) 129–140. J. Weingreen, The Theory of the Amphiktyony, JANESCol 5 (1973) 427–433 lehnt die These mit der Begründung ab, daß man nicht von 12 Stämmen sprechen kann, sondern von zwei Gruppierungen: Josef – Juda. J. A. Soggin, Der Beitrag des Königtums, VTS 23 (1972) 9–26 bezeichnet den Ausdruck «Amphiktyonie» als unglücklich, hält jedoch an der Existenz eines Stämmebundes fest. Aus Ri 5 gehe hervor, daß es doch etwas «Gemeinsames, Verbindendes zwischen den Stämmen gegeben hat ...» (A. a. O., 12). Vgl. auch die Belege bei G. Fohrer, Altes Testament-«Amphiktyonie» und «Bund», ThLZ 91 (1966) 805 ff. M. Noth hat in letzter Zeit schon selber an seiner Hypothese gezweifelt (nach einer mündlichen Information der früheren Assistentin M. Noths Frau Dr. Ute Lux am 9. Sept. 1975 in Jerusalem); vgl. auch O. Bächli, Nachtrag, ThZ 28 (1972) 356.

[1] Vgl. dazu H. Bürgel, Die pyläisch-delphinische Amphiktyonie, München 1877. E. A. Freeman, The History of federal Government in Greece and Italy, New York 1893. F. Cauer, Amphiktyonia, PW I 1904–1935. F. R. Wüst, Amphiktyonie, Hist 3 (1954–1955) 129–153. R. de Vaux, Histoire II 21–24.

[2] Vgl. B. D. Rahtjen, Philistine and Hebrew Amphictyonies, JNES 24 (1965) 100 f.

[3] Auch W. W. Hallo, A Sumerian Amphictyony, JCSt 14 (1960) 88–114 belegt keine sumerische Amphictyonie, wie es der Titel erscheinen lassen würde.

[4] G. Fohrer, Geschichte der israelitischen Religion 80.

- Es gibt keinen hebräischen Begriff für «Amphiktyonie», obwohl die hebräische Sprache für andere grundlegende Institutionen Begriffe geprägt hat. «Schon diese begriffliche Lücke läßt Zweifel an der Existenz einer Amphiktyonie entstehen» [1].
- Eine Amphiktyonie setzt ein gemeinsames, zentrales Heiligtum voraus, das abwechselnd von den Mitgliedern betreut wird. Doch ein Zentralheiligtum in diesem Sinn hat es im vorköniglichen Israel nie gegeben [2].
- Es gibt kein alttestamentliches Zeugnis für eine Amphiktyonie. Auch Ri 5 und 19–21 bezeugen keine Amphiktyonie [3]. «Israel in the period of the Judges consisted of tribes and city-states that shared much in religious belief and practice and that spoke the same language; but their ... geographical conditions, their disposition to commerce rather than to agriculture, the extent to which they were exposed to invasion and even conquest of varying might and duration – these were the factors that determined the actions of the tribes. The tribes and city-states came, or neglected to come, to each other assistance insofar as they were, or were not, threatened seriously by the invading force. The concept and structure of amphictyony existed in Israel no more than it did in Transjordan or anywhere else in Western Asia at the time» [4].
- Auch die Zahl «Zwölf» der israelitischen Stämme weist nicht direkt auf eine Amphiktyonie, sondern ist eine ideale Konstruktion, angepaßt an die symbolische Zahl der Gesamtheit (zwölf) [5]. Überhaupt scheint die Zahl «zwölf» oder «sechs» auch in der griechischen Amphiktyonie nicht diese Rolle gespielt zu haben, die M. Noth postuliert hat [6].
- Das, was Jos 24 darstellt, ist nicht für eine Amphiktyonie spezifisch charakteristisch [7].

---

[1] G. Fohrer, Altes Testament-«Amphiktyonie» und «Bund», ThLZ 91 (1966) 806 f. Vgl. G. Fohrer, Studien 90 f.

[2] Vgl. B. D. Rahtjen, Philistine and Hebrew Amphictyonies, JNES 24 (1965) 100–102. R. de Vaux, Histoire II 26–32. Die Ansicht von J. Dus, Stierbildheiligtum, ZAW 77 (1965) 268–286, daß Betel in vorstaatlicher Zeit Zentralheiligtum war, ist reine Spekulation; vgl. K. Jaroš, Elohist 367 ff.

[3] Vgl. die guten Gründe bei O. Eissfeldt, Gibeas Schandtat, KlSchr II 64–80. G. Fohrer, Geschichte der israelitischen Religion 81.

[4] H. M. Orlinsky, The Tribal System of Israel, OA 1 (1962) 19 f.

[5] Vgl. K. H. Rengstorf, δώδεκα, ThWNT II 321–328. A. Jaubert, La symbolique des Douze, Hommage à A. Dupont-Sommer 453–460.

[6] Vgl. B. D. Rahtjen, a. a. O., 103 f. G. Fohrer, Geschichte der israelitischen Religion 81–83. A. D. H. Mayes, Israel in the Period of the Judges 109: «This is a reflection, not of an amphictyonic organization ..., but of a community ...»

[7] R. de Vaux, Histoire II 26.

- Es existierte kein amphiktyonischer Rat wie in der griechischen Amphiktyonie [1].

  Somit läßt sich weder aus Jos 24 noch aus anderen Texten des Alten Testamentes eine präisraelitische Amphiktyonie als wahrscheinlich nachweisen. «Toutes ces recherches conduisent à la même conclusion: le rapprochement qu'on a proposé entre le groupement des tribus d'Israël et les amphictyonies grecques n'est pas justifié. La différence des milieux le rend dès l'abord improbable» [2].

  Weder die literarkritische, noch die formgeschichtliche, noch die traditionsgeschichtliche Forschung konnte bei Jos 24 zu einem allgemein anerkannten Ergebnis kommen [3].

## 3. Der Versuch L. Perlitts

Am gewichtigsten von allen neueren Versuchen zu Jos 24 scheint mir der von L. Perlitt [4] zu sein. L. Perlitt setzt mit einer sehr harten Kritik an der bisherigen Forschung ein: «Alle 'Urgeschichte' entzieht sich im Halbdunkel; im Bereich der israelitischen Religionsgeschichte galten 'Sinai' und 'Sichem' immer als diesbezügliche Stichworte. Darum stimulierte auch Jos 24 den ganzen Erfindungsreichtum der Forschung, so daß hier schon in literarkritischer Hinsicht beinahe alles ... möglich war» [5]. Jeder Versuch zu Jos 24 muß von der D/dtr Sprache des Kapitels ausgehen. «Daß Jos 24 die bedeutendste Überlieferung aus der Zeit der Entstehung des Zwölfstämmeverbandes sei, kann keine Voraussetzung der Untersuchung, höchstens ein Ergebnis sein» [6]. Jos 24 hat keinen erzählerischen Zusammenhang mit sei-

---

[1] Vgl. G. W. Anderson, Amphictyony, Essays in Honor of H. G. May 135–151 bes. 147. R. de Vaux, Histoire II 32–34.

[2] R. de Vaux, Histoire II 36.

[3] Vgl. auch die volkstümlichen Darstellungen zu Jos 24: J. G. Rembry, Les Deux Grandes Assemblées de Sichem, TS 11–12 (1965) 259–264. A. Gelin, Le Testament de Josué, Bible et vie chrétienne 3 (1953) 63–71. J. M. Fenasse, L'Assemblée de Sichem, BTS 44 (1962) 2–3 und die volkstümlichen Kommentare, bei denen man die Unsicherheit in der Forschung sofort spürt.

[4] Bundestheologie 239–284.

[5] A. a. O., 239.

[6] L. Perlitt, Bundestheologie 240. So hat z. B. H. J. Kraus, Gottesdienst 161 sehr unkritisch festgestellt: «Der Bericht vom Landtag zu Sichem ... ist die bedeutendste Überlieferung, die uns aus der Zeit der Entstehung des Zwölfstämmeverbandes Israels zugekommen ist.»

nem Kontext und ist in der heutigen Gestalt eine Einheit von Redestücken «mit einem äußerst schmalen erzählerischen Rahmen» [1]. Jos 24 ist auch nicht «Heiratsurkunde» zwischen Jahwe und Israel oder des Stämmebundes, sondern setzt bereits eine lange und teils problematische Ehegeschichte voraus. Was hier diskutiert wird, ist die Arbeit von Bekehrungspredigern [2]. Die Verfasser kennen nur das Interesse an der eigenen Stunde. Für die Frühgeschichte Israels läßt sich aus Jos 24 alles herauslesen; «aber vestigia terrent. Wenn die Überlieferungsgeschichte nicht zum Deckel der historiographischen Bosheit werden soll, dann ist ... unverzüglich zurückzukehren zu der einzigen Gewißheit, von der ein Ausgang hier überhaupt möglich ist; zu der ganz und gar dt Form und Sprache von Jos 24, die das Herauslesen einer alten Überlieferung verbietet, weil man damit das Ganze zerstört» [3]. Auch die V 1.25–27 gehören dieser Sprache und Form an und es läßt sich daraus für die Frühgeschichte Israels nichts gewinnen. Die gesamte Analyse von Jos 24 weist auf die D-Theologie, also ins 7. Jh. v. Chr. Aber auch geschichtlich läßt sich Jos 24 in diesem Kontext erklären; L. Perlitt bietet drei Möglichkeiten an:

- Das Jahrhundert zwischen Hiskija und Joschija. Jos 24 kann in Samaria entstanden sein. Flüchtlinge von Samaria konnten den Entwurf von Jos 24 nach Juda gebracht haben [4].
- Jos 24 könnte in Juda unter dem Ketzerkönig Manasse entstanden sein. So verstanden wäre Jos 24 ein Durchhalteprogramm, der Ruf in die innere Emigration [5].
- Jos 24 ließe sich aus den Aktionen König Joschijas verstehen (Niedergang der assyrischen Großmacht!). «Dies ist die Situation, in der Jos 24 spätestens denkbar und sinnvoll ist. Aus ihr würde sich der Text als ein programmatisches Postulat an die für den Jahweglauben noch ansprechbaren Provinzbewohner erklären lassen. In ihr würde wiederum sowohl das herkunftsmäßige Nebeneinander der bekämpften Götter als auch die Wahl des Ortes für die paradigmatische Verpflichtungsszene verständlich: Sichem garantierte Dignität ...» [6] L. Perlitt selber neigt dazu, Modell zwei für wahrscheinlich zu halten [7].

---

[1] L. Perlitt, Bundestheologie 241.
[2] A. a. O., 245.
[3] A. a. O., 272.
[4] L. Perlitt, Bundestheologie 276.
[5] A. a. O., 277.
[6] A. a. O., 278 f. (ohne Anmerkungen zitiert).
[7] A. a. O., 279. Diese drei Lokalisierungsversuche sind aber sehr widersprüchlich;

Ich halte es nun nicht für sinnvoll, dem Versuch L. Perlitts einen weiteren Versuch hinzuzufügen. Grundsätzlich überzeugen seine Ausführungen: Jos 24 geprägt von D/Dtr Sprache ist eine Predigt aus dem 7. Jh. v. Chr.

Es erheben sich aber trotzdem einige Fragen, die L. Perlitt ungenügend oder überhaupt nicht beantwortet:

- L. Perlitt kümmert sich nicht um die Geschichte Sichems, wie sie uns die Archäologie, die profanen und biblischen Quellen zeichnen [1].
- Er verkennt bei der Gattung «Predigt», daß die Verwendung alten Traditionsmaterials nicht auszuschließen ist [2].
- L. Perlitt übersieht die Erinnerungen der Bibel, daß die Väter fremde Götter verehrt haben und geht auf die Frage der Gottesnamen in Jos 24 nicht entsprechend ein. Auch wenn in Jos 24 nur das Jetzt zählt, ist damit nicht auszuschließen, daß «die Götter» einmal als die der Väter und der Kanaanäer verstanden wurden.
- Ferner wird die religionsgeschichtliche Bedeutung von Baum und Stein übersehen [3]. Was sollen in einer D-Predigt diese alten, verhaßten kanaanäischen Symbole? D und Dtr hätten ihre Nennung – noch dazu in einer Predigt – unbedingt vermieden.

Es geht natürlich nicht an, aufgrund dieser Einwände nun doch eine alte Schicht aus Jos 24 herauszulösen. Ich halte einen solchen Versuch angesichts der kunstvollen Komposition für barbarisch [4], aber ich meine, es gibt in

---

ob z. B. Sichem noch «Dignität» garantiert, ist für diese Zeit sehr fraglich, nachdem E Sichem entwertet und Hosea in Sichem gleichsam die Schande und die Verbrechen Israels verkörpert sieht.

[1] Er bagatellisiert das zu sehr; vgl. a. a. O., 266.

[2] Nur ansatzweise spricht L. Perlitt, Bundestheologie 274, davon: «Das Kap. knüpft an die (wahrscheinliche) Voraussetzung einer alten Heiligtumslegende eine auch im dt Sprachgebrauch so außergewöhnliche Forderung auf Grundsatzentscheidung, daß die Wahl des Ortes einen geschichtlichen Signalwert haben muß.» So kann sich z. B. heute eine Predigt über die Auferstehung Jesu nicht in der Nacherzählung neutestamentlicher Perikopen erschöpfen, sondern wird von der aktuellen Situation der Gemeinde bestimmt sein. Ist deswegen das metahistorische Ereignis der Auferstehung Jesu darin nicht mehr «sichtbar»?

[3] A. D. H. Mayes, Israel in the Period of the Judges 39 spricht ebenfalls von alten Elementen (fremde Götter, Bundesschluß, Deklaration des Gesetzes, Stein als Zeuge des Bundes), die unverkennbar trotz dtr Sprache in Jos 24 enthalten sind. Vgl. auch M. J. Bin Gorion, Sinai und Garizim 366.

[4] Vgl. auch das Urteil eines großen Kenners hebräischer Literatur: M. J. Bin Gorion, Sinai und Garizim 365: «Wenn man sich durch die letzten vier Bücher Moses durchgearbeitet hat ... wirkt dieser schlichte Bericht (= Jos 24) geradezu befremdend. Eine eigene Schönheit wohnt ihm inne, die sonst kaum in den Büchern Moses zu finden ist.»

diesem Text Phänomene, die den Horizont des D/Dtr übersteigen, auch wenn sie im derzeitigen Text vom Milieu des D/Dtr her interpretiert werden können und sich in seine Situation einzupassen vermögen.

## 4. Religionsgeschichtliche Untersuchung [1]

Jos 24,1 bringt alle Stämme Israels nach Sichem. Wir wissen heute von der vorköniglichen Zeit des israelitischen Volkes nicht sehr viel, jedenfalls aber genug, um die historische Glaubwürdigkeit dieser Feststellung zu bezweifeln [2]. Israel als «Zwölf»-Stämmevolk hat zur Zeit Josuas nicht existiert [3]. Josua selber ist eine Gestalt, von der wir historisch gesehen nicht allzuviel wissen. Nach der Überlieferung des Josua-Buches ist Josua die führende Gestalt der Landnahmezeit. Doch das ist die spätere, gesamtisraelitische Perspektive, die nicht historisch verstanden werden kann [4]. Nach A. Alt [5] ist Josua ein Mann aus Efraim [6], der besonders bei der Landnahme der mittelpalästinischen Stämme beteiligt gewesen sei [7]. Die Bedeutung Josuas bei der Landnahme wird in der modernen Forschung sehr unterschiedlich bewertet [8]. Allen Untersuchungen ist jedoch gemeinsam, «daß Josua eine

---

1 Zu Beginn dieser Untersuchung möchte ich auf folgendes hinweisen: Dieser letzte Abschnitt ist nur im Rahmen der vorausgehenden Kapitel möglich und verständlich. Er darf nicht für sich allein genommen werden. Er ist Ergebnis der Sichtung des gesamten Materials über Sichem, auch wenn jetzt im einzelnen nicht alles wiederholt werden kann. Ich gehe mit E. Auerbach, Überarbeitung, VTS 1 (1953) 3 völlig überein, daß Jos 24 im eigentlichen Sinn keine geschichtliche Quelle ist. «Wichtiger aber ist hier die Erkenntnis, daß Jos XXIV in den Kreis der 'deuteronomistischen Bearbeitung' ... gehört. Dieses Kapitel spielt eine erhebliche Rolle in zahlreichen neueren Publikationen. Man sieht in ihm eine historische Quelle für einen 'Sichembund der zwölf Stämme' und hat darauf weitreichende Theorien aufgebaut. Es muß mit aller Schärfe gesagt werden, daß *hier von einer historischen Quelle gar keine Rede sein kann.*»

2 Vgl. S. Herrmann, Geschichte 116–166. A. Elliger, Frühgeschichte (unveröffentlicht), kommt nach einer gründlichen Analyse des Debora-Liedes zu der interessanten Feststellung, daß zehn Stämme erst in der Zeit Sauls und Eschbaals existierten. Für diese zehn Stämme wirbt das Debora-Lied (nach ThLZ 98 (1972) 557).

3 So bereits J. Wellhausen, Geschichte 28.

4 Vgl. S. Herrmann, Geschichte 132.

5 Josua, KlSchr I 176–192.

6 Vgl. Num 13,8 P.

7 Vgl. J. Bright, History 127.

8 Es lassen sich grob gesprochen drei Schulen feststellen: 1) Die traditionsgeschichtliche Schule: A. Alt, Josua, KlSchr I 176–192. M. Noth, System. M. Noth, Josua.

wichtige Rolle in der Frühzeit Israels gespielt haben muß ...» [1]. Josua wird außerhalb des Josua-Buches sehr wenig erwähnt, was vermutlich daher kommt, daß er eine Gestalt des Nordreiches ist, aus Efraim [2]. Besonders mit den Orten Gilgal [3], Schilo [4] und Sichem [5] ist Josua verbunden. In Jos 19,49b–50 heißt es, daß die Efraimiten Josua Erbbesitz gegeben haben, d. h. aber, daß dieses Gebiet nicht erobert, sondern schon längere Zeit bewohnt war [6]. Zumindest «Efraim» wäre in Mittelpalästina ansässig gewesen, als Josua mit seiner Gruppe aus dem Ostjordanland zuwanderte und sich durch seine Blitzsiege über Kanaanäer bei den schon ansässigen Gruppen Autorität verschaffen konnte [7]. Zwischen Josua, seiner Gruppe und den Ansässigen wird es öfter zu einer confédération gekommen sein. Dazu gibt es

---

2) Die archäologische Schule: W. F. ALBRIGHT und dann vor allem sein Schüler G. E. WRIGHT, Biblical Archaeology 62 ff. 3) Die soziologische Schule: G. E. MENDENHALL, The Hebrew Conquest of Palestine, BA 25 (1962) 66–87; vgl. dazu M. WEIPPERT, Landnahme 14–66. R. DE VAUX, Histoire I 443–454. Vgl. auch die Zusammenschau bei J. HELLER, Sozialer Hintergrund der israelitischen Landnahme, ComViat 15 (1972) 211–222. Unannehmbar ist die Theorie von Y. KAUFMANN, The Biblical Account of the Conquest of Palestine, Jerusalem 1953. DERS., Traditions concerning Early Israelite History in Canaan, ScriptaH 8 (1961) 303–334. Vgl. auch I. BEN-SHEM, The Conquest of Trans-Jordan, A Biblical Study (hebr.), The Students Organisation of Tel-Aviv University, Tel-Aviv 1972, 7–125. Auch die Theorie von J. DUS, Mose oder Josua? Zum Problem des Stifters der israelitischen Religion, ArOr 39 (1971) 16–45 ist aufs Ganze gesehen unannehmbar. Hier werden einfach die Texte überbewertet. Eine ähnliche Theorie hatte bereits M. J. BIN GORION, Sinai und Garizim, Über den Ursprung der israelitischen Religion, Forschungen zum Hexateuch auf Grund rabbinischer Quellen, Berlin 1926, in seinem umfangreichen Werk, das eine fantastische Sammlung rabbinischer Texte zum Sinai und Garizim darstellt, vorgetragen. Der Grundthese M. J. BIN GORIONS, daß der Garizim zugunsten des Sinai immer mehr zurückgedrängt wurde, stimme ich durchaus zu. Doch historisch gesehen steht der Sinai / Horeb vor dem Garizim und vor Sichem. Es kann letztlich nicht darum gehen, Sinai und Garizim gegeneinander auszuspielen. Der Sinai / Horeb (ganz gleich wo man ihn nun lokalisiert) ist unauslöschlich mit dem Beginn des Jahwismus verknüpft, während Gaıizim / Sichem einen Fixpunkt in der frühen Geschichte des Jahwismus darstellen.

[1] H. SCHMID, Erwägungen zur Gestalt Josuas in Überlieferung und Geschichte, Jud 24 (1968) 47.

[2] A. a. O., 48 ff.

[3] Vgl. Jos 4,19.20 5,9 f. 10,6.7.9.15.43 14,6.

[4] Vgl. Jos 18,1.8.9.10 19,51b 21,2 22,9.12.

[5] Jos 8,30–35 24,1 ff.

[6] Vgl. H. SCHMID, Erwägungen zur Gestalt Josuas, Jud 24 (1968) 52.

[7] Vgl. Jos 10–11. K. D. SCHUNCK, Benjamin 26 ff. hat nachgewiesen, daß Josua im Kern dieser Erzählung durchaus historisch ist.

Analogien aus dem Orient, die uns diesen Schluß erlauben. Die Maritexte aus dem 18. Jh. v. Chr. sprechen von Nomaden der syrischen Wüste und in Obermesopotamien, die teils schon seßhaft sind. Diese Stämme sind eine soziale Einheit [1]. Der König von Mari schließt z. B. mit sieben Vätern der Ḫana eine Koalition. Die Jaminiten, vier Stämme, tragen Personennamen und sind durch eine confédération zusammengeschlossen. Sie bezeichnen sich auch als Brüder [2].

Über das 1. Jt. v. Chr. geben die keilinschriftlichen Annalen der Assyrer Aufschluß. In den Annalen des assyrischen Königs Sargon II. [3] heißt es: «The Tribes of Tamud, ⟨Ibâdid⟩, Marismanu and Haiapâ, distant Arabs, who inhabit the desert, who know neighter high nor low official (governors nor superintendents) and who had not brought their tribute to any king, – with the weapon of Assur, my lord, I struck them down, the remnant of them I deported and settled them in Samaria» [4]. In dem Bericht Assurbanipals über seinen neunten Feldzug gegen den arabischen König Uaite, der den Eid verletzt hatte und eine confédération mit anderen arabischen Stämmen eingegangen war, wird klar gesagt, daß Assurbanipal deswegen gegen Uaite zu Feld zog, weil jener diese confédération eingegangen war [5].

Auch aramäische Stämme werden in den keilinschriftlichen Kriegsberichten der Assyrer erwähnt [6]. Tiglat-Pileser III. zählt für seine Regierungszeit folgende aramäische Stämme auf: Itu', Rubu', Hamarani, Luhûatu, Harilu, Rubbû, Rapiku, Hirâni, Rabilu, Nasiru, Gulusu, Nabatu, Rahiku, Ka- ...,, Rummultu, Adilê, Kipre, Ubudu, Gurumu, Bagdadu, Hindiru, Damunu, Dunanu, Nilku, Radê, Da ..., Ubulu, Karma', Amlatu, Ru'a, Kabi', Sitâu, Marusu, Amatu, Hagarânu [7]. Der König rühmt sich, über diese Stämme einen Herrscher gesetzt und sie als Untertanen zu haben [8]. Sargon II. [9]

---

[1] Vgl. J. R. Kupper, Les nomades en Mésopotamie au temps des rois de Mari, Bibliothèque de la faculté de Philosophie et Lettres de l'Université de Liège, Fasc. 142, Paris 1957, 20.32 f.49–52.59–71.

[2] Vgl. A. Malamat, Aspects of Tribal Societies in Mari and in Israel, XVe Rencontre Assyriologie Internationale 1966, Liège 1967, 133–135 bes. 137 (auch abgedruckt in: Mari and the Bible, A Collection of Studies, Jerusalem 1975, 42–51 bes. 50).

[3] ARAB II 7 § 17.

[4] Vgl. dazu auch R. de Vaux, Histoire II 57.

[5] Vgl. ARAB II 33–54 § 817–834. § 337.869. Vgl. auch R. de Vaux, Histoire II 57.

[6] S. Schiffer, Die Aramäer 1–6.

[7] ARAB I 283 § 788.

[8] A. a. O., 283 § 788.

[9] ARAB II 25 f. § 54.

zählt zwölf aramäische Stämme auf: Itu'a, Rubu'u, Harilum, Labdudu, Hamranu, Ubulum, Ru'na, Li'tau, Gambulu, Hindaru, Pukudu, Satû. Er rühmt sich, diese Stämme unterworfen zu haben. Alle diese Stämme waren durch confédération verbunden.

Am meisten geben jedoch die arabischen Quellen Aufschluß. Im alten Arabien gibt es zwischen Stämmen ein Verhältnis mit Pflichten und Rechten, genannt: 'ahd. Falls nun zwei Parteien ein 'ahd eingehen, bilden sie dadurch eine Lebensgemeinschaft von derselben intimen Art wie die zwischen Verwandten. Das Eingehen in ein solches 'ahd heißt: ḥilf [1]. Ḥilf bedeutet «Eid» und «Bund» zugleich [2]. Mehrere Stämme konnten sich so zur Wahrung ihrer Interessen zusammenschließen. Auch einzelne konnten einer solchen «Eidgenossenschaft» beitreten. Auch wenn diese Gruppen nicht miteinander verwandt sind, werden sie mit der Zeit in ein genealogisches Verhältnis zueinander gebracht. Oft tritt ein schwacher Stamm in ein Bündnissystem ein. Der schwächere Teil mußte meist seine lokale Selbständigkeit opfern. Es gibt aber auch den Zusammenschluß von zwei aḥlāf. Die aḥlāf konnten beiläufiger Natur, aber auch ganz feierlich sein [3]. Die Entstehung solcher aḥlāf war eine regelmäßige Erscheinung in der arabischen Welt [4]. Die Form eines solchen Zusammenschlusses konnte vielfältig sein. Sie konnte darin bestehen, daß man die Kleider über den Partner warf [5], einander küßte, die Hand gab oder auch eine gemeinsame Mahlzeit feierte [6]. W. R. Smith [7] hat nachweisen können, daß der Abschluß eines ḥilf auch ein zutiefst religiöser Akt war [8]. Das Bündnis wurde oft an einem Heiligtum vor der Gottheit abgeschlossen. Das ganze Bündnis basiert auf einem Eid. Mekka, die Ka'ba war besonders ein solch bevorzugter Platz für den Abschluß eines ḥilf. So wurden die Hörner der Ka'ba mit Zemzemwasser gewaschen und das Wasser von beiden Parteien getrunken oder man tauchte die Hände in Parfum und trocknete sie an der Ka'ba ab, auch rubb, ein dicker Saft aus Datteln und anderen Früchten konnte verwendet werden (ribab = Bund) [9]. So sollte

---

[1] Vgl. J. Pedersen, Eid 21. W. R. Smith, Kinship 53: ḥalif oder ḥilf (Pl. ḥolāfa, aḥlāf) vom Verb: ḥalāfa «schwören».

[2] J. Pedersen, Eid 21.

[3] Vgl. I. Goldziher, Studien I 63–69. G. Jacob, Altarabisches Beduinenleben 222 ff.

[4] Vgl. I. Goldziher, Studien I 65.

[5] Vgl. zum Kleidertausch K. Jaroš, Elohist 135 Anm. 9.

[6] Vgl. J. Pedersen, Eid. 24.

[7] Kinship 53–61.

[8] A. a. O., 54.

[9] Vgl. J. Pedersen, Eid 26.

die Gottheit, die der hl. Stein symbolisch vergegenwärtigte, am Abschluß des ḥilf teilhaben [1]. Älter noch als der Wasser- und Parfum-Ritus dürfte der Blutritus sein. Die Banu ʻAbd al-Dār und Banu ʻAdi b. Ka'bb. Lu'aij vollzogen z. B. den Ritus in Mekka, indem beide Parteien die Hand in eine Schale mit Blut legten. Man nannte dann die Parteien la'acat al-dam «Blut-Lecker» [2]. W. R. Smith [3] spricht mit Recht von einer «sacramental ceremony». Der Brauch, ein solches Bündnis einzugehen, war so gut entwickelt, daß es einen Terminus technicus gab: «asḥam» und für den Abschluß die Phrase gebraucht wurde: «'ghamasa ḥalifan fi ā li-folān'» «he entered into covenant with them» [4] oder: «taḥālafu», sie bildeten ḥilf miteinander = sie leisten den Bundeseid [5].

Den Ritus des Bündnisschließens vor hl. Steinen überliefert auch Herodot: [6] σέβονται δὲ 'Αράβιοι πίστις ἀνθρώπων ὅμοια τοῖσι μάλιστα ποιεῦνται δὲ αὐτὰς τρόπῳ ποιῷδε, τῶν βουλομένων τὰ πιστὰ ποιέεσθαι ἄλλος ἀνήρ, ἀμφοτέρων αὐτῶν ἐν μέσῳ ἐστεώς, λίθῳ ὀξέι ... χειρῶν παρὰ τοὺς δακτύλους τοὺς μεγάλους ἐπιτάμνει τῶν ποιευμένων τὰς πίστις, καὶ ἔπειτα λαβὼν ἐκ τοῦ ἱματίου ἑκατέρου κροκύδα ἀλείφει τῷ αἵματι ἐν μέσῳ κειμένους λίθους ἑπτά ...

Der arabische Dichter Rashid ibn Ramid vom Stamm der 'Anaza schreibt: «I swear by the flowing blood round 'Aud, and by the sacred stones which we left beside So'air» [7]. So'air war die Gottheit der 'Anaza.

Dieses alte Bündnissystem läßt sich bei Nomaden und Halbnomaden bis in unsere Zeit feststellen [8]. Eine derartige sozial-religiöse Struktur, die wir bei Nomaden und Halbnomaden treffen, ist die beste Vergleichsbasis für die «hebräischen» Stämme im Stadium ihrer Seßhaftwerdung. Schon J. Peder-

---

[1] W. R. Smith, Kinship 58.

[2] A. a. O., 57. J. Pedersen, Eid 26.

[3] Kinship 57.

[4] A. a. O., 57.

[5] Vgl. J. Pedersen, Eid 28.

[6] Hist. III 8; vgl. K. Jaroš, Elohist 151.

[7] W. R. Smith, Kinship 60 f. Vgl. auch J. Wellhausen, Reste 84–91.

[8] So z. B. bei den 'Anéze und Sammar (vgl. M. Freiherr von Oppenheim, Die Beduinen I 62–165. L. Stein, Die Sammar-Gerba). bei den 'Agédât im mittleren Euphratgebiet (H. Charles, Tribus moutonnières du Moyen-Euphrate) und bei den ben 'amé in Transjordanien (vgl. A. Jaussen, Coutumes des Arabes au pays de Moab). Vgl. auch A. Malamat, Tribal Societies, Archives Européennes de Sociologie 14 (1973) 126–136. A. Malamat, Tribal Societies, Anthropos 69 (1974) 283 f. R. de Vaux, Histoire II 55 f. P. Spencer, Nomads in Alliance, London 1973.

sen [1] hatte darauf hingewiesen, daß die Verträge der Babylonier und Assyrer nicht als Vergleichsbasis dienen können; dasselbe gilt natürlich von den hethitischen Staatsverträgen [2]. Eine noch schlechtere Vergleichsbasis sind die griechischen Amphiktyonen [3]. Die altarabischen Analogien, die derselben ethnischen Sphäre und demselben Milieu entstammen, das auch den protohebräischen Stämmen vorgegeben war, machen es höchst wahrscheinlich, daß auch die protohebräischen Stämme solche Bündnisse miteinander [4] und auch mit Kulturlandbewohnern eingegangen sind [5]. Das alte Israel hatte im wesentlichen dieselbe Bündnisvorstellung wie die Araber [6]. ברית bedeutet wie ʿahd in umfassender Weise das Pflichtverhältnis, aber auch das Eingehen in diese Verpflichtung heißt ברית (ḥilf). Was also im Arabischen durch die Begriffe ʿahd und ḥilf ausgesagt wird, ist im Hebräischen in ברית zusammengefaßt. «Wenn Leute einen Bund schließen, werden ihre Sphären vereinigt»[7].

Aus den J und E-Erzählungen der Genesis geht eindeutig hervor, daß das Weide- und Siedlungsgebiet des Jakob / Israel – Josef Clans das Gebiet Sichems ist und daß der Jakob / Israel Clan mit Sichem in einer confédération festgelegt war, ja daß es wahrscheinlich schon ein Konnubium gegeben hat. Auch die außerbiblischen Nachrichten über Sichem können eine ähnliche Situation nachweisen [8]. Das, was historisch diesen Erzählungen der Genesis entnommen werden kann, entspricht auch ungefähr der späteren territorialen Festlegung, nach der die Stämme Efraim und Manasse [9] das

---

[1] Eid 51.

[2] Gegen G. M. Mendenhall, K. Baltzer, D. J. McCarthy.

[3] Vgl. auch R. de Vaux, Histoire II 58–60.

[4] Vgl. auch Ri 5, das solche Zusammenschlüsse nahelegt.

[5] Vgl. A. Lemaire, Le «Pays de Hépher», Sem 23 (1973) 13–20 und A. Lemaire, Les Ostraca Hébreux II 457–465. A. Lemaire konnte nachweisen, daß «Hepher» eine Regionsbezeichnung ist (N und NOe von Sichem). In diesem Gebiet sind auch die fünf Töchter Zelofhads zu suchen. Tirza war vermutlich die Hauptstadt. Hinter Num 27,1–11 36,1–12 Jos 19,4–6 und 1 Chr 7,14–19 steht die historische Nachricht, daß es zwischen Hepher und dem später als Manasse bezeichneten Verband in SICHEM zu einer confédération kam. Als der letzte König von Hepher Zelofhad ohne männliche Erben starb, wurde sein Reich der confédération angeschlossen.

[6] Hier geht es jetzt nicht um die Akzentuierung von ברית in der D oder dtr Theologie. Die späteren biblischen Autoren hatten kaum mehr eine Ahnung von der alten ברית – Vorstellung; vgl. auch J. Pedersen, Eid 31.

[7] J. Pedersen, Eid 47.

[8] Vgl. auch Y. Aharoni, The Land of the Bible 193.

[9] Vgl. a. a. O., 192 f. Das Haus Josef besteht mindestens aus Efraim und Manasse. A. Elliger, Frühgeschichte, kommt zu dem Ergebnis, daß der Begriff «Haus Josef» später auf verschiedene Stämme gestülpt wurde. Der Begriff «Haus Josef» ist nicht vor

Gebiet nördlich und südlich von Sichem bewohnen. Es ist daher zu folgern, daß der Jakob / Israel Clan, später mindestens Efraim und Manasse [1], bereits längere Zeit in der Gegend Sichems siedelte, als Josua mit seinem Clan zu ihnen stieß [2]. Auch der ägyptische Text aus der Zeit Thutmosis' III. (1490–1436 v. Chr.) nennt unter den palästinischen Orten ein «Jakob-El» und «Josef-El». Jakob wird nach dem Zeugnis der Bibel [3] mit Israel identifiziert. Der erste außerbiblische Beleg für Israel begegnet uns bereits auf der Merneptah-Stele (um 1225 v. Chr.), wo Israel neben palästinischen Städten wie Gezer, Aschkelon etc. als Volk/Stamm – nicht als Land – genannt wird [4]. Das setzt natürlich voraus, daß die Stammesbezeichnung älter ist als der Text der Stele [5]. A. Lemaire [6] konnte auf Grund der Samaria-Ostraka 42 und 48 überzeugend nachweisen, daß der alttestamentliche Ausdruck beny asri'el [7] mit Israel gleichzusetzen ist [8] und mit der Ortschaft ysb (yosbey), heute vermutlich Yassuf, südlich von Nablus, assoziiert werden kann [9]. «Israel» wäre somit innerhalb des späteren «Hauses Josef» zu lokalisieren. Zwischen dem Clan Asriel / Israel und Jakob dürfte es zu einer confédération gekommen sein, so daß dann die beiden Vatergestalten mit

---

der salomonischen Zeit anzusetzen (nach: ThL 97 (1972) 556). Y. Aharoni, Settlement 109.

[1] Vgl. C. Steuernagel, Einwanderung 1–49. E. Meyer, Israeliten 233–235. B. Luther, Die israelitischen Stämme, ZAW 21 (1901) 1–76. M. Noth, System 75–85. M. Noth, Geschichte 86 f. S. Mowinckel, Rahelstämme, BZAW 77 (1958) 129–150. H. J. Zobel, Stammesspruch 112 ff. O. Eissfeldt, Jakob-Lea, KlSchr IV 170–175. R. de Vaux, Histoire II 61. E. C. Kingsbury, He Set Ephraim Before Manasse, HUCA 38 (1967) 129–136. H. Weippert, Das geographische System der Stämme Israels, VT 23 (1973) 76–89.

[2] Vgl. C. Steuernagel, Jahwe 331–349 bes. 345. E. Nielsen, Shechem 130 f. O. Kaiser, Stammesgeschichtliche Hintergründe der Josephsgeschichte, VT 10 (1960) 12 ff.

[3] Vgl. Gen 32,24–33 J und 35,10 P; vgl. A. de Pury, Genèse XXXIV, RB 76 (1969) 39. H. Seebass, Erzvater 11 ff.

[4] Vgl. AOT 20–25. K. Galling, Textbuch 39 f.; abgebildet bei AOB 109 und ANEP 342 f. «The earliest possible reference to the biblical Israel occurs in the Merneptah Stele in the form Ysyri}r. It occurs with the designation of a tribe or group in a list of names of cities and regions in Palestine.» (Th. L. Thompson, The Historicity 43).

[5] Vgl. A. und R. Neher, Histoire Biblique I 86 f.

[6] Asriel, VT 23 (1973) 239–243.

[7] Vgl. Num 26,31 Jos 17,2 1 Chr 7,14.

[8] Das א in Asriel ist ein א Prosthetikum (a. a. O., 240).

[9] A. a. O., 240. So auch Y. Aharoni, The Land of the Bible 325 f. Anders G. E. Wright, The Provinces, EI 8 (1967) 63 *.

der Zeit auch identifiziert wurden [1]. Es ist zu vermuten, daß die Zeit dieser confédération zwischen der Liste Thutmosis' III. (1490–1436 v. Chr.) und der Merneptah-Stele (ca. 1225 v. Chr.) liegt, wo «Israel» [2] bereits Stammesbezeichnung ist und daß diese confédération in Sichem [3] geschlossen wurde. Sichem ist unbestreitbar ein Zentrum für Vertragsabschlüsse und Bündnisse gewesen. Gen 33,20 E berichtet davon, daß Jakob in Sichem eine Massebe errichtet, die den אל אלהי ישראל vergegenwärtigen soll [4]. Abgesehen von der späteren E-Interpretation scheint hier doch hervorzugehen, daß eine Art religiöser Akt in Sichem stattgefunden hat, der mit dem Massebenheiligtum zusammenhängt. Kann für Betel nachgewiesen werden, daß hier Jakob seinen Vatergott mit dem El des Heiligtums identifizierte [5], so scheint für Sichem wahrscheinlich zu sein, daß hier der Jakobs-Clan durch eine confédération mit dem Israel-Clan seine Gottheit nun als אל אלהי ישראל verstand [6]. Dies scheint auch deswegen möglich zu sein, weil unter der Gottheit אל sowohl der אלהי יקוב als auch der אלהי ישראל subsumiert werden konnten.

Das ist in etwa die historische und religionsgeschichtliche Situation, die Josua bei der Einwanderung vorfindet [7]. Josua stammt wahrscheinlich aus dem Ostjordanland [8]. Sein Name ist ein Wort, das mit der Kurzform des Gottesnamens Jahwe gebildet ist, was darauf hinweist, daß er Jahwe-Verehrer war [9]. Josua und sein Clan dürften Jahwe im ostjordanischen Mosebereich kennengelernt haben [10]. Der Name «Israel» war mit Manasse, bzw. mit den Vorfahren Manasses, die aus dem aramäischen Bereich kamen und

---

[1] So auch H. Seebass, Erzvater 34.

[2] Vgl. R. Coote, The Meaning of the Name Israel, HThR 65 (1972) 137–142.

[3] Analog kann man für die arab. Stämme auf Mekka hinweisen.

[4] Vgl. E. Nielsen, Shechem 130.

[5] Vgl. H. Seebass, Erzvater 24. K. Jaroš, Elohist 179 ff.

[6] Die Tradition vom אל אלהי ישראל ist am tiefsten in und mit Sichem verwurzelt; vgl. H. Seebass, Erzvater 25 ff.

[7] Vgl. Y. Aharoni, Settlement 110 f. B. Mazar, The Exodus and the Conquest 85. E. Nielsen, Shechem 106.

[8] Zur Herkunft anderer Clans aus dem mesopotamischen Bereich vgl. A. Malamat, Aspects of Tribal Societies in Mari and Israel, XVe Rencontre Assyriologie Internationale 1966, Liège 1967, 129 ff. (Mari and the Bible 42 ff.). E. Nielsen, Shechem 127.130. H. Schmid, Erwägungen zur Gestalt Josuas, Jud 24 (1968) 53.

[9] Josua ist außer der Mutter des Mose Jokebed (vgl. Ex 6,20 P Num 26,59 P) der einzige Träger eines solchen Namens für diese Zeit; vgl. R. Smend, Jahwekrieg 85. H. Schmid, a. a. O., 53. A. D. M. Mayes, Israel in the Period of the Judges 36. G. H. Jones, «Holy War», VT 25 (1975) 642–658 bes. 649 f.

[10] H. Schmid, a. a. O., 53.

von Transjordanien nach Cisjordanien einwanderten, verbunden [1]. Efraim, bzw. die Vorfahren Efraims, kommen mit Josua aus dem Süden und bringen die Jahweverehrung nach Cisjordanien mit [2]. Über die genaue Herkunft der Jahweverehrung und des Gottes Jahwe läßt sich nicht sehr viel sagen. Am akzeptabelsten erscheint die Keniter-Midianiter Hypothese [3]. Die Gründe, die für eine Lokalisierung des Sinai-Horeb in Midian, Oase al-Jaw, in dem vulkanischen Kegel Ḥala el Bedr (vgl. Abb. 193) sprechen, sind sehr überzeugend [4]. Es kann als ganz eindeutig angesehen werden, daß das Stammesgebiet Midians NIE auf der heutigen Sinaihalbinsel gewesen ist; auch wenn sich midianitische Einflüsse in Timna [5] nachweisen lassen, heißt das noch nicht, daß hier midianitisches Stammesgebiet, sondern eine Einflußsphäre war [6].

Die Autorität, die Josua zukommt, erklärt H. Schmid [7] treffend, wenn er ihn als einen Mann des Jahwe-Krieges deutet [8], der im Namen Jahwes seine Blitzaktionen gegen kanaanäische Festungen führte und erfolgreich war; das heißt aber auch für den damaligen Menschen, daß sich Jahwe, der Gott Josuas, stärker erwies als die Götter der Kanaanäer und wirkmächtiger als die Vätergötter, der im Land ansässigen Clans, bzw. die Vätergötter, die

---

1 E. Nielsen, Shechem 127.130.

2 E. Nielsen, Shechem 130 f.

3 So schon A. Musil, AKAW 48 (1911) 139–159. Vgl. auch A. Musil, The Northern Heğâz, New York 1926, 214–216. Vgl. J. Koenig, Aux origines des théophanies Jahwistes, RHR 169 (1966 A) 1–36). ders., Itinéraires sinaïtiques en Arabie, RHR 166 (1964 B) 121–141. ders., La localisation du Sinaï et les traditions des scribes, RHPhR 43 (1963) 2–31. 44 (1964) 200–235. ders., Le Sinaï montagne de feu dans un désert de ténèbres, RHR 167 (1965 A) 129–155. ders., Le Site de Al-Jaw dans l'ancien Pays de Madian, Paris 1971. J. Pirenne, Le site préhistorique de al-Jaw, la Bible, le Coran et le Midrash, RB 82 (1975) 34–69 kritisiert zwar energisch die Interpretation der Inschriften durch J. Koenig, akzeptiert aber die These: Sinaï = Bedr (a. a. O., bes. 55 ff.).

4 Vgl. auch M. Weippert, Landnahme 105 Anm. 3.

5 Vgl. B. Rothenberg, Timna 180–184.

6 Vgl. dazu vor allem die Nachweise von H. Gese, Τὸ δὲ Ἁγὰρ Σινὰ ὄρος ἐστὶν ἐν τῇ Ἀραβίᾳ (Gal 4,25), BZAW 106 (1967) 81–94. Die Gegenposition von G. I. Davies, Hagar, el-Hegra and the Location of Mt. Sinai, VT 22 (1972) 152–163 scheint mir wenig überzeugend zu sein. Auch der eigenartige Blutritus von Ex 24,3–8 deutet sehr intensiv auf Arabien hin; vgl. W. R. Smith, Kinship 61. K. Jaroš, Elohist 201 ff.

7 Erwägungen zur Gestalt Josuas, Jud 24 (1968) 54.

8 Josua ist kein Landnahmeführer!

bereits mit dem El von Sichem identifiziert worden waren [1] und unter dem Ausdruck אל אלהי ישראל ein eher unwirksames Dasein führten [2]. Nun findet Josua die kanaanäische Religion mit ihrem Pantheon [3] und den bereits ansässigen Stamm Jakob / Israel, der durch confédération verbunden, seiner Hirtenreligion noch im wesentlichen treu geblieben ist, aber seine Vätergötter [4] bereits mit dem kanaanäischen El von Sichem identifiziert hatte, vor. Josua und sein wirkmächtiger Gott Jahwe war aber überzeugender geworden als alle bisherigen politischen, religiösen Bemühungen der ansässigen Stämme Jakob / Israel, so daß sie unter dem Druck der Verhältnisse eine confédération mit Josua und seinem Haus eingingen [5]. Auch weitschichtige verwandtschaftliche Bande können dabei mitgespielt haben. Eine Gruppe des Jakob-Clans (Josef) dürfte nach Ägypten abgewandert sein [6]. Ihre Nachkommen kehren nun von Ägypten über Arabien und Transjordanien wieder in ihr ehemaliges Stammesgebiet zurück [7]. In Sichem kommt es zwischen den erfolgreichen, kämpferischen Neuankömmlingen und Jakob / Israel zu einer confédération. Folgende Teile von Jos 24,25–27 scheinen mir eine echte historische Erinnerung an diese confédération bewahrt zu haben:

25: ויכרת יהושע ברית לעם ביום ההוא
26: ... ויקח אבן גדולה ויקימה שם תחת האלה אשר במקדש יהוה:
27: ויאמר יהושע אל־כל־העם הנה האבן הזאת תהיה־בנו לעדה כי־היא שמעה את־כל אמרי יהוה ...

Schon vom D-Text von V 25 her ist es ausgeschlossen, daß Josua einen «Bund» zwischen Jahwe und Israel schließt [8]. Der Sinn ist der, daß die,

---

[1] Vgl. dazu V. Maag, Sichembund, VTS 16 (1967) 205–218. ders., Der Hirte Israels, SThU 28 (1958) 2–38. M. Haran, The Religion of the Patriarchs, ASTI 4 (1965) 30–55. F. M. Cross, Yahweh and the God of the Patriarchs, HThR 55 (1962) 225–257.

[2] Dieses «unwirksame Dasein» erklärt sich einerseits aus dem diskreten Charakter der Vätergötter und andererseits aus dem Charakter Els, dem heiligen Hintergrund, dem transzendenten Numinosum; vgl. H. Gese, Religionen 94 ff.

[3] Vgl. auch Jos 24,15.

[4] Jos 24,2 gibt historisch richtig an, daß die Väter fremden Göttern dienten und nicht Jahwe. Es ist durch die Arbeiten A. Alts hinlänglich bekannt, daß diese Götter dem Typ nach Vätergötter waren (vgl. H. W. Schmidt, Alttestamentlicher Glaube 17). Das bedarf keiner Erörterung!

[5] Vgl. analog dazu das arabische ḥilf mit allen seinen Formen.

[6] Vgl. E. Nielsen, Shechem 126.

[7] Vgl. S. Herrmann, Geschichte 82–96.

[8] Die eigentliche Bundestheologie interessiert uns hier nicht. Mit G. Fohrer, Altes Testament-«Amphiktyonie» und «Bund», ThLZ 91 (1966) 901 kann festgehalten wer-

welche noch nicht Jahwe dienen «auf die Einhaltung ihrer Zusage, Jahwe allein zu dienen verpflichtet» [1] werden. Eine günstige Übersetzung scheint zu sein: «Und es legte Josua das Volk auf seine eidliche Verpflichtung fest.» Worin kann für die historische Situation diese eidliche Verpflichtung liegen? Einmal darin, daß für die ansässigen Stämme nicht mehr der אל אלהי ישראל ihr אלהים ist, sondern daß der אלהים nun der אלהים Josuas und seines Clans ist: יהוה, so daß es jetzt die Formel geben kann: יהוה אלהי ישראל [2]. Wenn Josua «Israel» an seinen Gott Jahwe eidlich bindet, so ist religiös ausgesprochen, was politisch-soziologisch heißt, daß Josua und sein Clan mit «Israel» eine confédération eingegangen ist, in der der Stärkere die Schwächeren an sich bindet oder auch die Schwächeren beim Stärkeren Hilfe suchen (ḥilf). Was unser D-Text bewahrt hat, ist nur die religiöse Seite dieses Aktes. Es ist nun allerdings zu berücksichtigen, daß in Sichem El unter der Bezeichnung El-berit verehrt wurde, und daß diese Bezeichnung über das im Mitanni-hurritischen konservierte indo-arische Wort «Mitra» und das Ugaritische «brt» zu verstehen ist [3]. Der kanaanäische El von Sichem ist angesichts der sichemitischen Situation zu einem Vertragsgott geworden [4]. Das heißt aber,

---

den, daß eine wirkliche Bundestheologie erst mit D beginnt, was ja auch L. Perlitt in seiner hervorragenden Studie zur Genüge bewiesen hat. Vgl. auch M. Weinfeld, ברית, ThWAT I 781–808. L. Wächter, Die Übertragung der Beritvorstellung auf Jahwe, ThLZ 99 (1974) 807 betont, daß Gott bei Vertragsszenen nicht Partner ist!

[1] E. Kutsch, Der Begriff ברית in deuteronomischer Zeit, BZAW 105 (1967) 141. L. Perlitt, Bundestheologie 260 ff. Vgl. auch E. Kutsch, Verheißung und Gesetz, Zum sogenannten «Bund» im Alten Testament, BZAW 131, Berlin-New York 1973.

[2] R. Smend, Jahwekrieg 29 meint, die Formel יהוה אלהי ישראל komme nicht aus Sichem, sondern vom Sinai. Das ist historisch jedenfalls falsch. Am Sinai hat es keinen Stamm Israel gegeben und der Ausdruck אלהי ישראל in der Tradition von Ex 24,9–11 ist sekundär; vgl. Th. C. Vriezen, The Exegesis of Exodus XXIV 9–11. OTS 17 (1972) 100–133 bes. 108 f. Vgl. auch E. W. Nicholson, The Interpretation of Exodus XXIV 9–11, VT 24 (1974) 77–97. ders., The Antiquity, VT 25 (1975) 69–79.

[3] Die Meinung E. Nielsens, Shechem 117 f., daß das Wort durch nomadisierende Stämme vom mesopotamischen Raum bis nach Sichem vorgedrungen sei, ist heute überholt.

[4] Diese Schattierung von ברית wird man einmal von der nomadischen Auffassung: ḥilf – wozu wir den umfassenden Begriff confédération verwenden – zu unterscheiden haben. Aber die Kulturlandauffassung von ברית «Vertrag», der durch einen Eid festgelegt wird, was eine Kodifizierung in den meisten Fällen wohl miteinschloß, und die nomadische Auffassung von ברית «confédération» sind mit der Zeit ineinander übergegangen in demselben Wort: ברית. Die formgeschichtliche Schule (Mendenhall, Baltzer, McCarthy) ist insofern im Recht, als sie die Herkunft des «Bundesformulars» aus dem Kulturland (Hethiter, Assyrer) zu erklären vermag. Aber das ist nur eine Seite und trifft auf die frühe Situation des Volkes Israel nicht zu. Für unsere Zeit ist der

daß sich ברית nicht ausschließlich von seiner Bestimmung im Alten Testament festlegen läßt, sondern durchaus eine confédération meinen kann (ʿahd und ḥilf), die den einen Partner auf seine eidliche Verpflichtung gegenüber dem anderen Partner festlegt. Daß dabei der Mächtigere dem Schwächeren Bedingungen aufdiktiert, ist ja eine Wirklichkeit, die keines Beweises bedarf. Im arabischen ḥilf wird auch deutlich, daß der Schwächere seine territoriale Integrität oft aufgeben mußte. Man könnte in Jos 17,14–18 einen Hinweis darauf sehen, daß durch den Josua-Clan der Raum im Gebirge Efraim zu klein geworden ist [1] und daß nun Josua den schwächeren, ansässigen Stämmen [2] lakonisch den Rat gibt, Wälder zu roden: «... Du bist ein großes Volk und weil du stark bist, sollst du nicht nur ein Los haben, 18: sondern das Gebirge soll dein sein, wo der Wald ist; dort kannst du roden, und er soll dein sein, soweit er reicht.» Josua ist Realpolitiker genug, um zu wissen, daß er zu schwach ist, kanaanäische Städte auf Dauer zu besetzen – trotz Erfolgen in Blitzaktionen –; deshalb müssen die ansässigen Stämme als die Schwächeren neues, unbewirtschaftetes Land kultivieren, damit sein Clan Platz hat. Es scheint, daß dies eine Konsequenz jener confédération gewesen ist [3].

Jos 24,26 führt den hl. Stein auf Josua zurück. Josua soll ihn unter dem hl. Baum im Heiligtum Jahwes aufgestellt haben. Außer der Nennung Josuas, des Steines und Baumes ist in diesem Vers nichts Historisches. Aber

---

nomadische Akzent von ברית (ḥilf) allein maßgebend, wo es bei den eidlichen Verpflichtungen feierliche, archaische Zeremonien vor hl. Steinen und hl. Bäumen gegeben hat etc., aber **keine** Kodifizierung (so ähnlich, wenn auch durch eine andere Voraussetzung, schon J. M. Bin Gorion, Sinai und Garizim 366). Es sollte vielleicht in Zukunft untersucht werden, wieweit Kulturlandeinflüsse *und* nomadische Einflüsse auf die Bundestheologie des Alten Testamentes eingewirkt und in der berit-Vorstellung des Alten Testamentes weitergewirkt haben.

[1] «Efraim» bekam wohl von der geographischen Bezeichnung seinen Namen; vgl. E. Nielsen, Shechem 126. Y. Aharoni, The Land of the Bible 193. In Efraim ist der Josef-Josua Clan aufgegangen.

[2] Der Text Jos 17,14 spricht von den Nachkommen Josefs, die hier verstanden werden als Efraim und Manasse (V 17), was die spätere Sicht darstellt und nicht die historische Situation, wonach im wesentlichen nur Jakob / Israel ansässig war. Zur literarkritischen Problematik von Jos 17,14–18 siehe G. Schmitt, Du sollst keinen Frieden schließen 89 ff.

[3] Daß jedoch die ansässigen Clans auch Vorteile durch diese confédération hatten, liegt auf der Hand. Sie bestanden einmal im Schutz und im Beginn des Prozesses zur Werdung eines Volkes, das in seiner steten Expansion – auch militärischen – die kanaanäischen Elemente immer mehr verdrängte und dann über Saul und vor allem über den genialen David zu einer Nation und einem Weltreich werden konnte.

wir können von diesem Vers her schließen, daß sich der eidliche Akt vor der großen Kultmassebe des Tempels des El-berit abgespielt hat [1]. Der feierliche Ritus kann in Analogie zu Ex 24,3–8 und den arabischen Beispielen vielleicht sogar als Blutritus verstanden werden [2]. Das kanaanäische Heiligtum von Sichem war bedingt durch seine jahrhundertelangen, freundschaftlichen Beziehungen [3] mit Seminomaden geradezu für den Abschluß einer solchen confédération prädestiniert. In V 27 ist der Stein Zeuge, weil er die Worte Jahwes gehört hat; Eine spätere Interpretation (E?) [4] hat die ursprüngliche Bedeutung dieser Stelle verwischt. Der Stein braucht nicht die Worte zu hören, um Zeuge werden zu können [5], sondern ist Zeuge auf Grund seines realsymbolischen, die Gottheit repräsentierenden Charakters. Die Massebe von Sichem, die bereits von der vorjosuanischen Gruppe als Repräsentation ihrer Gottheit אל אלהי ישראל verstanden wurde, ist nun für den Josua-Clan Repräsentation seines Gottes Jahwe geworden [6]. Somit wären auch die ursprünglich verschiedenen Gottheiten beim Abschluß der confédération durch die Massebe gegenwärtig gedacht; nur daß ab jetzt der starke Gott Jahwe (und der starke Clan Josuas) dominiert und die anderen eidlich an sich bindet [7].

Als Fazit unserer Untersuchung können wir festhalten, daß Jos 24 eine echte historische Erinnerung an die Zeit Josuas bewahrt hat. Es hat zwar

---

1 Man könnte sogar versucht sein, האלה אשרה zu lesen «Baum der Aschera», was dem kanaaänischen Heiligtum von Sichem durchaus entsprechen würde; vgl. K. Jaroš, Elohist 256.

2 Daß davon unser Text nichts mehr weiß, deutet wohl auch auf die Verhandlung des Stoffes zu einer D-Predigt.

3 Solche freundschaftliche Beziehungen «Israels» lassen sich z. B. noch zu den Gabaoniten (Jos. 10) feststellen; vgl dazu R. de Vaux, Histoire I 107 f.

4 Vgl. dazu K. Jaroš, Elohist 208 f.

5 Vgl. dazu Don Isaak Abravanel (1437–1508 n. Chr.), der in seinem Kommentar über die ersten Propheten zu Jos 24,27 schrieb: «Das Aufstellen von Steinen war Sitte bei den Alten: Sie stellten einen großen Stein auf, damit die Menschen, die ihn sähen, an die Worte des Bundes erinnert würden und sie zu Herzen nähmen.» (nach J. M. Bin Gorion, Sinai und Garizim 385 § 427).

6 Daß eine solche religionsgeschichtliche Zuordnung Jahwes möglich ist, zeigt auch die Tradition von Ex 24,3–8, aber auch die wahrscheinliche Herkunftsgegend des Gottes Jahwe: Al-Jaw, wo am Fuße des Ḥala el-Bedr Kultsteine stehen; vgl. J. Koenig, Le site de Al-Jaw 103–143.

7 Auch im Zurücktreten der Bezeichnung Jakob / Israel zugunsten des Ausdrucks «Haus Josef» im Buche Josua, kann die dominierende Stellung des Josua-Clans abgelesen werden.

keinen «Landtag zu Sichem» gegeben [1], aber eine confédération mit feierlichem, eidlichem Abschluß in Sichem zwischen dem von Transjordanien kommenden Josua-Clan und dem ansässigen Clan Jakob / Israel, wobei Jakob / Israel auf die Jahweverehrung festgelegt wurde, was Vorteile (Hilfe, Schutz, Entwicklung zum Volk) und Nachteile (Verlust der territorialen Integrität) hatte [2]. Zeitlich gesehen kann dieses Ereignis etwa gegen Ende des 13. Jh. v. Chr. angesetzt werden, eventuell in die Periode des Migdal-Tempels 2b.

Dieses Ergebnis bringt aber für die vorkönigliche Zeit Israels manche Konsequenzen mit sich [3]:

Das vorkönigliche Israel kannte keine sechser / zwölfer Amphiktyonie [4] mit Sichem als sakralem Zentrum. Sichem war zu keiner Zeit Zentralheiligtum der sechs / zwölf Stämme, sondern ein kanaanäisches Heiligtum, das Jakob / Israel – Josef (Josua) benützte.

Es hat nie ein sichemitisches Bundesfest gegeben [5]. Da Sichem gegen Ende des 12. Jh. v. Chr. zerstört wurde und damit überhaupt das Ende der «sacred Area» gegeben ist, so ist es auch zeitlich schwer einzusehen, wann dieses Bundesfest gefeiert worden sein soll. Etwa im Anschluß an den

---

[1] Diesen auf das germanische «Thing» zurückgehenden Ausdruck sollte man überhaupt vermeiden, da er ähnlich wie der Begriff «Amphiktyonie» einem anderen Milieu entspringt.

[2] Zu einem ähnlichen Ergebnis ist auch E. Nielsen, Shechem 140 gekommen, wenn er von einer «alliance» zwischen Efraim und Israel / Mahir-Manasse spricht und von der Verbreitung Jahwes durch Josua. Doch die Terminologie: Josua-Clan (Josef-Clan) und Jakob / Israel-Clan scheint mir der historischen Situation mehr zu entsprechen, als die Begriffe Efraim etc., die sich erst ab der frühen Königszeit nachweisen lassen. Auch V. Maag, Sichembund, VTS 16 (1967) 206 kommt zu der Feststellung: «In der Ursituation war es primär darum gegangen, daß zwei Stämmegruppen miteinander in ein Vertragsverhältnis treten.» H. H. Rowley, From Joseph to Joshua 128 glaubt daran, daß Jos 24 einen Bund mit den Sichemiten spiegle und Josua in die Tradition eingeführt wurde. Sicherlich hatte es Bündnisse mit den Sichemiten gegeben, aber Jos 24 scheint mir einer solchen Situation nicht zu entsprechen.

[3] Natürlich gilt auch hier, was R. Smend, Jahwekrieg 9 sagt: «Die Größen, mit denen zu arbeiten ist, sind überwiegend hypothetischer Natur. Man kann auf diesem Gebiet viel vermuten, aber wenig beweisen.»

[4] M. Weippert, Edom 437 ff. hat auch für die Edomiter keine Amphiktyonie nachweisen können.

[5] Wie es z. B. A. Weiser, Einleitung. G. von Rad, Das formgeschichtliche Problem 33 ff., W. Beyerlin, Sinaitraditionen 171–181. G. Schmitt, Landtag 55 ff. H. Ringgren, Religion 176 f. H. J. Kraus, Gottesdienst 167–193 u. a. postulieren. J. N. M. Wijngaards, Deuteronomic School, OTS 16 (1969) 94–105 spricht sogar von einem «west-Jordanian Land-Scheme», das kultisch in Sichem beheimatet wäre.

«Landtag zu Sichem», den es nie gegeben hat? Sogar das Sinai-Ereignis hat man vom sichemitischen Festkult her erklären wollen, von einem «Festkult» her, der – hätte er überhaupt existiert – doch noch gar nicht jahwistisch sein konnte [1]. Man kann für die Zeit Josuas höchstens von einem *Jahwismus im Werden* sprechen, wo es praktisch noch keinen Kult im Sinne des Kulturlandes gegeben hat. Vom Ende des 12. Jh. v. Chr. bis hin zu David und Salomo gibt es in Sichem archäologisch nachweisbar keine Kultur, ja nicht einmal eine normale Besiedlung. Ab der salomonischen Zeit kann für Sichem nur ein kleines Privat-Jahwe-Heiligtum (Feld IX) nachgewiesen werden. Sichem ist jetzt israelitisch, aber kein religiös-politisches Zentrum alten Stils mehr, sondern ein provinzielles Verwaltungszentrum für den Norden. Für den eigentlichen, gesamten jahwistischen Kult hatte Sichem nie eine große Bedeutung gehabt [2], nur für Jakob / Israel – Josef (Josua). Das historische Gewicht, das uns in Jos 24 überkommen ist, soll aber auch nicht unterschätzt werden: Der Jahwismus im Kulturland wird grundgelegt durch den eidlichen Abschluß einer confédération zwischen Josua (Josef) und Jakob / Israel. Die politischen Bedingungen dieser confédération sind mit der Zeit vergangen und nicht mehr aktuell gewesen. Die konföderativen Stämme wurden allmählich ein Volk.

Jahwe, einst der Gott der Wüste, Jahwe, der wirkmächtige Gott, der Josua und seinen Clan siegreich führte, Jahwe, der Gott der confédération dominierte auch in der künftigen, wechselvollen Geschichte.

---

[1] Sichem war zu dieser Zeit eine durch und durch kanaanäische Stadt, auch wenn sie freundschaftliche Beziehungen zu nomadisierenden Elementen unterhielt.

[2] Vgl. E. Elliger, Frühgeschichte (nach ThLZ 97 (1972) 558).

# ABKÜRZUNGSVERZEICHNIS [1]

*1. Allgemeine Abkürzungen und Zeichen* [2]

| | |
|---|---|
| D | Deuteronomische Literatur. |
| Dtr (dtr) | Deuteronomistisches Geschichtswerk, Deuteronomist (-isch). |
| E | Elohist. |
| J | Jahwist. |
| P | Priesterschrift. |
| R | Redaktor. |
| ... | Drei Punkte im Text bedeuten, daß ein Wort, ein Satz oder mehrere Sätze ausgelassen wurden. |

*2. Archäologische Abkürzungen und Erklärungen*

| | |
|---|---|
| B | Balata. |
| FB | Frühe Bronzezeit. |
| MB | Mittlere Bronzezeit. |
| SB | Späte Bronzezeit. |
| EZ | Eisenzeit. |
| A | Ausgrabungsnummer. |
| MI | Museum-Inventarnummer. |
| MZ | Museum-Zettelkatalognummer. |
| PN | Publikationsnummer [3]. |
| D 1 | Probeloch im Südosten des Tells, Nordwestgraben vom Haus Salim weg + Erweiterungen (K-M/7–11). |
| D 2 | Grabung am Hof des Hauses Salim (K-O/11–12). |
| D 3 | Ostwestgraben von 1926 + Erweiterungen (K–N/5-6). |
| D 4 | Feld zwischen Feld VI/XIII und VIII von 1934 (G–H/3–5). |

---

[1] Die biblischen Abkürzungen sind nach den Loccumer Richtlinien 5 f. verwendet.

[2] Die meisten allgemeinen Abkürzungen, die in der vorliegenden Arbeit verwendet werden, sind in sich verständlich und werden nicht angeführt.

[3] Die Abkürzungen: A–PN gelten nur für die Sichem-Bestände der ägyptisch-orientalischen Sammlung des Kunsthistorischen Museums Wien.

| | |
|---|---|
| Feld I | Osttor und Umgebung (M–P/7– 8). |
| Feld II | Gebiet östlich der Hoftempel (F/7). |
| Feld III | Gebiet nördlich des Osttores (M–O/4–5). |
| Feld IV | Nord-West-Tor und Umgebung (D–G/2–5). |
| Feld V | Migdal-Tempel (D–E/5–6). |
| Feld VI | Hoftempel (E–G/5–7). |
| Feld VII | Mittleres Quartier (I–K/5–6). |
| Feld VIII | (H–M/3–6). |
| Feld IX | Unteres Quartier (G/9). |
| Feld X | Gräber am Ebal. |
| Feld XI | Graben beim Josefsgrab. |
| Feld XII | Tell er-Râs, Garizim. |
| Feld XIII | Feld zwischen IV und VIII (F–G/4–5). |
| Feld XIV | Außerhalb von Tell Balata. |
| Feld XV | Im SW-Teil des Tell (D/11–12). |

*3. Quellen*

| | |
|---|---|
| ANEP | Pritchard J. B., The Ancient Near East in Pictures relating to the Old Testament, Princeton [2]1969. |
| ANET | Pritchard J. B., Ancient Near Eastern Texts relating to the Old Testament, Princeton [3]1969. |
| AOB | Gressmann H., Altorientalische Bilder zum Alten Testament, Berlin–Leipzig [3]1927. |
| AOBPs | Keel O., Die Welt der altorientalischen Bildsymbolik und das Alte Testament, Am Beispiel der Psalmen, Zürich–Einsiedeln–Köln und Neukirchen–Vluyn 1972. |
| AOT | Gressmann H., Altorientalische Texte zum Alten Testament, Berlin–Leipzig [2]1927. |
| ARAB I–II | Luckenbill D. D., Ancient Records of Assyria and Babylonia I–II, Ancient Records of Assyria, Chicago 1926–1927. |
| BHK | Biblia Hebraica, ed. R. Kittel, Editio quarta decima emendata typis editionis septimae expressa, Stuttgart 1966. |
| BHS | Biblia Hebraica Stuttgartensia, ed. K. Elliger et W. Rudolph, Fasc. 1–4.6.8.9.11, Stuttgart 1969–1974. |
| CIS | Corpus Inscriptionum Semiticarum, Paris 1881 ff. |
| KAI | Donner H. / Röllig W., Kanaanäische und aramäische Inschriften, Wiesbaden [2]1966–1969. |
| LXX | Septuaginta, Id est Vetus Testamentum graece iuxta LXX interpretes, hrg. von A. Rahlfs, I–II, Editio octava Stuttgart 1965. |
| MPG | Migne J. P., Patrologiae cursus completus, series Graeca et Orientalia, Paris 1846–1855. |
| MPL | Migne J. P., Patrologiae cursus completus, series Latina, Paris 1844–1855. |
| RES | Répertoire d'épigraphie sémitique, publié par la Commission du Corpus Inscriptionum Semiticarum, Paris. |
| Ug | Schaeffer C. F. A., Ugaritica, Etudes Relatives aux Découvertes de Ras Shamra I, II, III, IV, V, VI, Mission de Ras Shamra III, V, VIII, XV, XVI, XVII, Paris 1939, 1949, 1956, 1962, 1968, 1969. |

*4. Lexika*

| | |
|---|---|
| BHH | Biblisch-Historisches Handwörterbuch I–III, hrg. von Bo. Reicke und L. Rost, Göttingen 1962–1966. |
| BL | Bibel-Lexikon, hrg. von H. Haag, Einsiedeln ²1968. |
| BRL | Biblisches Reallexikon, hrg. von K. Galling, Handbuch zum Alten Testament 1,1, Tübingen 1937. |
| DB | Dictionnaire de la Bible, publié par F. Vigoureux, Paris 1895–1912. |
| DBible | Dictionary of the Bible, ed. J. Hastings / F. G. Grant, H. H. Rowley, Edinburgh ²1963. |
| DBS | Supplément au Dictionnaire de la Bible, publié par L. Pirot, Paris 1928 ff. |
| DISO | Jean Ch. H. / Hoftijzer J., Dictionnaire des Inscriptions sémitiques de l'ouest, Leiden 1965. |
| אא | אנציקלופדיה לחפירות ארכיאולוגיות בארץ ישראל א־ב, ירושלים 1970. |
| EBiblia | Enciclopedia de la Biblia I–VI, Dirección Téchnica A. D. Macho, S. Bartina, Barcelona 1963. |
| EncJud | Encyclopaedia Judaica, Band I–XVI, Jerusalem 1971–1972. |
| אמ | אנציקליפדיה מקראית, איצר הידיעות על המקרא ותקופתו, ירושלים 1971-1965. |
| InterprDB | The Interpreters Dictionary of the Bible I–IV, ed. G. A. Buttrick u. a., New-York–Nashville 1962. |
| JüdLex | Jüdisches Lexikon, Ein enzyklopädisches Handbuch des jüdischen Wissens, hrg. von G. Herlitz / B. Kirschner, Berlin 1927–1930. |
| LThK | Lexikon für Theologie und Kirche, hrg. von J. Höfer und K. Rahner, Freiburg ²1957–1965. |
| PW | Paulys Realencyclopädie der classischen Altertumswissenschaft, neue Bearbeitung begonnen von Wissowa, Stuttgart 1894 ff. |
| RÄRG | Bonnet H., Reallexikon der Ägyptischen Religionsgeschichte, Berlin 1952. |
| RGG | Die Religion in Geschichte und Gegenwart, Handwörterbuch für Theologie und Religionswissenschaft, hrg. von K. Galling, Tübingen ³1957–1965. |
| ThWAT | Theologisches Wörterbuch zum Alten Testament, I, II (Fas. 1–4), hrg. von G. J. Botterweck und H. Ringgren, Stuttgart–Berlin–Köln–Mainz 1973 ff. |
| ThWNT | Theologisches Wörterbuch zum Neuen Testament, begründet von G. Kittel, hrg. von G. Friedrich, Stuttgart 1932 ff. |

*5. Zeitschriften und Sammelwerke*

| | |
|---|---|
| AA | Archäologischer Anzeiger, Beiblatt zum Jahrbuch des Archäologischen Instituts, Berlin. |
| AAB | Abhandlung der Deutschen (Preußischen) Akademie der Wissenschaften zu Berlin, Phil.-Hist. Klasse, Berlin. |
| Abr-Nahrain | Abr-Nahrain, An Annual under the Auspices of the Department of Semitic Studies, University of Melbourne, Leiden. |
| AfO | Archiv für Orientforschung, (Berlin), Graz. |
| AJA | American Journal of Archaeology, Norwood (Mass.). Concord (N. H.). |
| AJSL | American Journal of Semitic Languages and Literatures, Chicago (Ill.). |

| | |
|---|---|
| AKAW | Abhandlungen der Kaiserlichen Akademie der Wissenschaften, Phil.-Hist. Klasse, Wien. |
| Alt KlSchr | Alt A., Kleine Schriften zur Geschichte des Volkes Israel I–III, München [3]1964, [4]1968. |
| Anthropos | Anthropos, Internationale Zeitschrift für Völker- und Sprachenkunde, Fribourg, St. Augustin bei Bonn. |
| Arch | Archaeology, Cambridge (Mass.). |
| ArOr | Archiv Orientálni, Prag. |
| ArsIsl | Ars Islamica, Ann Arbor (Mich.). |
| ASTI | Annual of the Swedish Theological Institute in Jerusalem, Leiden. |
| AUSS | Andrews University Seminary Studies, Berrien Springs (Mich.). |
| BA | The Biblical Archaeologist, New Haven (Conn.). |
| BASOR | Bulletin of the American Schools of Oriental Research. New Haven (Conn.), Baltimore (Md.). |
| BetO | Biblia et Orientalia, Sacra Scriptura antiquitatibus orientalibus illustrata, Roma. |
| Bibl | Biblica, Roma. |
| BiblOr | Bibliotheca Orientalis, Leiden. |
| Bi e Or | Bibbia e Oriente, Milano. |
| BMikra | Beth Mikra, Jerusalem. |
| BTS | Bible et Terre Sainte, Paris. |
| BZ | Biblische Zeitschrift, Freiburg i. Br., Paderborn. |
| BZAW | Beihefte zur Zeitschrift für die alttestamentliche Wissenschaft, Gießen, Berlin. |
| BZ NF | Biblische Zeitschrift, Neue Folge, Paderborn. |
| CBQ | Catholic Biblical Quarterly, Washington. |
| ComViat | Communio Viatorum, Prag. |
| Didask | Didaskalia, Revista de Facultade de Teologia de Lisboa, Lisboa. |
| EI (א״י) | Eretz Israel (ארץ ישראל), Jerusalem (ירושלים). |
| Eissfeldt KlSchr | Eissfeldt O., Kleine Schriften I–V, Tübingen 1962–1972. |
| EstBibl | Estudios Biblicos, Madrid. |
| ET | The Expository Times, Edinburgh. |
| EvTh | Evangelische Theologie, München. |
| FF | Forschungen und Fortschritte, Berlin. |
| HeilLand | Das Heilige Land, Köln. |
| Hist | Historia, Baden–Baden. |
| HThR | Harvard Theological Review, Cambridge (Mass.). |
| HUCA | Hebrew Union College Annual, Cincinnati (Ohio). |
| IEJ | Israel Exploration Journal, Jerusalem. |
| IIJ | Indo Iranian Journal, Den Haag. |
| ILN | Illustrated London News, London. |
| Interpr | Interpretation, Richmond (Virginia). |
| Iraq | Iraq, London. |
| JA | Journal Asiatique, Paris. |
| JANESCol | Journal of Ancient Near Eastern Studies of the Columbia University. |
| JAOS | Journal of the American Oriental Society, Boston (Mass.), New Haven (Conn.). |

| | |
|---|---|
| JBL | Journal of Biblical Literature, New York, New Haven (Conn.), Philadelphia (Pa.). |
| JCSt | Journal of Cuneiform Studies, New Haven (Conn.). |
| JEOL | Jaarbericht van het Vooraziatisch-Egyptisch gezelschap (genootschap) «Ex Oriente Lux», Leiden. |
| JESHO | Journal of the Economic and Social History of the Orient, Leiden. |
| JNES | Journal of Near Eastern Studies, Chicago (Ill.). |
| JPOS | Journal of the Palestine Oriental Society, Jerusalem. |
| JSS | Journal of Semitic Studies, Manchester. |
| JThS | Journal of Theological Studies, Oxford. |
| JThS NS | Journal of Theological Studies, Nova Series, Oxford. |
| Jud | Judaica, Beiträge zum Verständnis des jüdischen Schicksals in Vergangenheit und Gegenwart, Zürich. |
| JY | Jerusalem Yearbook, Jerusalem. |
| KAIROS | Kairos, Zeitschrift für Religionswissenschaft und Theologie, Freilassing-Salzburg. |
| Klio | Klio, Beiträge zur Alten Geschichte, Leipzig. |
| LA | Studii Biblici Franciscani Liber Annuus, Jerusalem. |
| Leshonenu | Lĕšonénu, A Journal for the Study of Hebrew Language and Cognate Subjects, Jerusalem. |
| Levant | Levant, Journal of the British School of Archaeology in Jerusalem, London. |
| MAA | Mededeelingen der Koninklijke Akademie van Wetenschappen te Amsterdam, Afdeeling Letterkunde, Amsterdam. |
| MDOG | Mitteilungen der Deutschen Orient-Gesellschaft, Berlin. |
| NTS | New Testament Studies, Cambridge. |
| Numen | Numen, International Review for the History of Religions, Leiden. |
| OA | Oriens Antiquus, Roma. |
| OLZ | Orientalistische Literaturzeitung, Leipzig, Berlin. |
| OMRO | Oudheidkundige Mededeelingen uit het Rijksmuseum van Oudheden te Leiden, Leiden. |
| Or | Orientalia, Commentarii periodici Pontificii Instituti Biblici, Roma. |
| OTS | Oudtestamentische Studien, Leiden. |
| PEFQSt | Palestine Exploration Fund, Quarterly Statement, London. |
| PEQ | Palestine Exploration Quarterly, London. |
| PJB | Palästinajahrbuch, Berlin. |
| Qad | Qadmoniot, Quarterly for the Antiquities of Eretz Israel and Biblical Lands, Jerusalem. |
| QDAP | The Quarterly of the Department of Antiquities in Palestine, London. |
| RB | Revue Biblique, Paris. |
| RHPhR | Revue d'Histoire et de Philosophie Religieuses, Strasbourg. |
| RHR | Revue de l'Histoire des Religions, Paris. |
| SAB | Sitzungsberichte der Königlich-Preußischen (Deutschen) Akademie der Wissenschaften zu Berlin, Phil-Hist. Klasse, Berlin. |
| ScriptaH | Scripta Hierosolymitana, Publications of the Hebrew University, Jerusalem. |
| Sem | Semitica, Cahiers publiées par l'Institut d'Etudes Sémitiques de l'Université de Paris, Paris. |

| | |
|---|---|
| SThU | Schweizerische Theologische Umschau, Bern. |
| Syria | Syria, Revue d'Art Oriental et d'Archéologie, Paris. |
| Tarbiz | Tarbiz, A Quarterly for Jewish Studies, Jerusalem. |
| ThLZ | Theologische Literaturzeitung, Leipzig, Berlin. |
| ThRu | Theologische Rundschau, Tübingen. |
| ThT | Theologisch Tijdschrift, Leiden. |
| TS | La Terre Sainte, Revue illustrée de la Custodie de Terro-Sainte, Jerusalem. |
| VT | Vetus Testamentum, Leiden. |
| VTS | Supplements to Vetus Testamentum, Leiden. |
| WdI | Welt des Islam, Berlin. |
| WdO | Die Welt des Orients, Wissenschaftliche Beiträge zur Kunde des Morgenlandes, Wuppertal, Stuttgart, Göttingen. |
| WZRostock | Wissenschaftliche Zeitschrift der Universität Rostock. |
| Yediot | Yediot, Bahaqinat Eretz-Israel Weatiqoteha, Jerusalem. |
| ZA | Zeitschrift für Assyriologie, Leipzig, Berlin. |
| ZÄS | Zeitschrift für Ägyptische Sprache und Altertumskunde, Leipzig, Berlin. |
| ZAW | Zeitschrift für die Alttestamentliche Wissenschaft, Gießen, Berlin. |
| ZDMG | Zeitschrift der Deutschen Morgenländischen Gesellschaft, Leipzig, Wiesbaden. |
| ZDPV | Zeitschrift des Deutschen Palästina-Vereins, Leipzig, Stuttgart, Wiesbaden. |
| ZNW | Zeitschrift für die Neutestamentliche Wissenschaft, Gießen, Berlin. |

# LITERATURVERZEICHNIS [1]

*1. Texte und Übersetzungen* [2]


Albright W. F., The Proto-Sinaitic Inscriptions and their Decipherment, Harvard Theological Studies 22, London 1969.

– – A Teacher to Man of Shechem about 1400 B.C., BASOR 86 (1942) 28–31.

Baillet M. / Milik J. T. / Vaux R. de, Les petites grottes de Qumran, Discoveries in the Judaen Desert of Jordan III, Oxford 1962.

Bamberger S., Raschis Pentateuchkommentar, Basel [5]1962.

Bendavid A., Parallels in the Bible, Jerusalem 1972.

Bin Gorion M. J., Sinai und Garizim, Über den Ursprung der israelitischen Religion, Forschungen zum Hexateuch auf Grund rabbinischer Quellen, Berlin 1926.

Böhl F. M. Th. de Liagre, Die bei den Ausgrabungen von Sichem gefundenen Keilschrifttafeln, ZDPV 49 (1926) 320–327.

– – Die Sichem-Plakette, Protoalphabetische Schriftzeichen der Mittelbronzezeit vom tell balāṭa. ZDPV 61 (1938) 1–25.

– – Der Keilschriftbrief aus Sichem (Tell Balâṭa), Baghdader Mitteilungen 7, Berlin 1974, 21–30.

Breasted J. H., Ancient Records of Egypt I, Chicago 1906.

Campbell E. F., Jr., Two Cuneiform Tables form Shechem, G. E. Wright, Shechem 208–213.

Chabot J. B. / Ryckmans G., Répertoire d'Epigraphie Sémitique publié par la commission du Corpus Inscriptionum Semiticarum, Tome V, Deuxième livraison, Paris 1924 (= RES V).

Cowley A. E., Aramaic Papyri of the fifth Century B. C., Oxford 1923.

Crane O. T., The Samaritan Chronicle, New York 1897.

Cross F. M., Epigraphic Notes on Hebrew Documents of the Eight-Sixth Centuries B. C.: II. The Murabba'ât Papyrus and the Letter found Near Yabueh-Yam, BASOR 165 (1962) 34–46.

– – The Discovery of the Samaria Papyri, BA 27 (1963) 110–121.

– – Ammonite Ostraca from Heshbon, Heshbon Ostraca IV–VII, AUSS 13 (1975) 1–20.


---

[1] Lexikonartikel sind nur wichtige aufgenommen.

[2] Vgl. auch Seite 156.

Diringer D., Le Iscrizioni Antico-Ebraiche palestinensi, Pubblicazioni della Università degli Studi di Firenze, Facoltà di Lettere e Filosofia, III. Serie, Vol. II, Firenze 1934.

Dussaud R., Nouveaux Textes Egyptiens d'Exécration contre les Peuples Syriens, Syria 21 (1940) 170–182.

Eissfeldt O., Hexateuchsynopse, Die Erzählung der fünf Bücher Mose und des Buches Josua mit dem Anfange des Richterbuches in ihre vier Quellen zerlegt ..., Leipzig 1922, Darmstadt 1962.

Euting E., Nabatäische Inschriften aus Arabien, Berlin 1885.

Galling K., Textbuch zur Geschichte Israels, Tübingen 1950.

Gardiner A. H., Egyptian Hieratic Text, Ser. I, Leipzig 1911.

Gaster M., Das Buch Josua in hebräisch-samaritanischer Rezension, ZDMG 62 (1908) 209–279.494–549.

Gordon C. H., Ugaritic Textbook, Grammar, Texts in Transliteration, Cuneiform selections, Glossary, Indices, Analecta Orientalia 38, Roma 1967.

Höfner M. / Jamme A., Sabaean Inscriptions from Maḥram Bilqîs (Mârib), Baltimore 1962.

Holmes S., Josue, The Hebrew and Greek Text, Cambridge 1914.

Jaussen J. A., Inscriptions arabes du sanctuaire de Sitt Sulaymiyah au Mount Ebal, à Naplouse, JPOS 6 (1926) 75–81.

Juynboll T. W., Chronicum Samaritanum Arabice conscriptum cui titulus est Liber Joshuae, Leyden 1848.

Karst I., Die Griechischen Christlichen Schriftsteller der ersten Jahrhunderte 20, Leipzig 1911.

Kautzsch E., Die Apokryphen und Pseudepigraphen des Alten Testaments, 2 Bände, Tübingen 1900, Darmstadt 1962.

Keel O. / Küchler M., Synoptische Texte aus der Genesis, Erster Teil: Die Texte, Biblische Beiträge 8,1, Fribourg $^{2}$1975.

Klostermann A., Das Onomastikon der biblischen Ortsnamen, 1904, Neudruck Hildesheim 1966.

Knudtzon J. A., Die El-Amarna-Tafeln, 2 Bände, Aalen 1915, 1964.

Kramer, S. N., Geschichte beginnt mit Sumer, München 1959.

Laroche E., Ug V 520 f.

Lemaire A., Les Ostraca hébreux de l'Epoque Royale Israélite, Diss. Univ. Paris fac. des Lettres, Tome I, II, III, Paris 1973 (unveröffentlicht).

Lunez A. M., The Samaritan Book of Joshua in Hebrew, JY 7 (1902) 138–155.

Macdonald J., The Samaritan Chronicle No. II or: Sepher Ha-Yamim, from Joshua to Nebuchadnezzar, BZAW 107, Berlin 1969.

Marcus R., Josephus VI, Jewish Antiquities Books IX–XI, Josephus VII, Jewish Antiquities Books XII–XIV, The Loeb Classical Library, London 1966.

Margolis M. L., The Washington MS of Joshua, JAOS 31 (1911) 364–367.

– – The K Text of Joshua, AJSL 28 (1911/12) 1–55.

Mercier S. A. B. / Hallock F. H., The Tell-El-Amarna Tablets II, Toronto 1939.

מקראות גדולות, בראשית, ירושלים (בלי שנה).

Mayhoff C., C. Plinii Secundi Naturalis Historiae Libri I–IV, Vol. I, Lipsiae 1906.

Peet T. E., The Stela of Sebek-Khu, Manchester 1914.

Posener G., Princes et Pays d'Asie et de Nubie, Textes Hiératiques sur les figurines d'Envoûtement du Moyen Empire, suivis de Remarques paléographiques sur les textes similaires de Berlin par B. van de Walle, Bruxelles 1940.

RIESSLER P., Altjüdisches Schrifttum außerhalb der Bibel, Augsburg 1928, Darmstadt 1966.
SETHE K., Die Ächtung feindlicher Fürsten, Völker und Dinge auf altägyptischen Tongefäßscherben des Mittleren Reiches, AAB 5, Berlin 1925.
– – Ägyptische Lesestücke zum Gebrauch im akademischen Unterricht, Leipzig ²1928.
SPERBER A., The Bible in Aramaic based on Old Manuscripts and Printed Texts. II, The Former Prophets according to Targum Jonathan, Leiden 1959.
THACKERAY H. ST. J., Josephus III, The Jewish War Books IV–VII, The Loeb Classical Library, London 1968.
WACHOLDER B. Z., Pseudo-Eupolemus' Two Fragments on the Life of Abraham, HUCA 34 (1963) 83–113.
WEIDNER E. F., Politische Dokumente aus Kleinasien, Die Staatsverträge in akkadischer Sprache aus dem Archiv von Boghazköi, Bogh. Studien 8, Leipzig 1923.
WELLHAUSEN J., Reste Arabischen Heidentums, Berlin ³1961.
WHISTON W., Josephus, Complete Works, Grand Rapids (Michigan) ¹²1974.

*2. Spezielle Archäologische und Ikonographische Literatur*

ABEL F. M., Le puits de Jacob et l'église Saint-Sauveur, RB 42 (1933) 384–402.
Atlas of Israel, Publ. by Survey of Israel, Ministry of Labour, Jerusalem–Amsterdam 1970.
AVI-YONA, M. The Madeba Mosaic Map, Jerusalem 1954.
BAGATTI B., Nuovi apporti archeologici sul Pozzo di Giacobbe in Samaria, LA 16 (1965–1966) 127–164.
BISSING, F. W. FREIHERR VON, Ein Waffenfund aus Sichem, MAA 62, Serie B (1926) 20–24.
BOLING R. G., Bronze Age Buildings at the Shechem High Place, ASOR-Excavations at Tananir, BA 32 (1969) 82–103.
– – Tananir, RB 76 (1969) 419–421.
BÖHL F. M. TH. DE LIAGRE, De geschiedenis der stad Sichem en de Opgravingen Aldaar, MAA 62, Serie B (1926) 1–19.
– – De Opgraving van Sichem, Bericht over de voorjaarscampagne en de zomercampagne in 1926, Zeist 1927.
BULL R. J. / CAMPBELL E. F., Jr., The Sixth Campaign at Balâṭah, BASOR 190 (1968) 2–41.
BULL R. J., Tell er Ras, RB 75 (1968) 238–243.
– – The Excavations of Tell er-Râs on Mt. Gerizim, BA 31 (1968) 58–72.
– – A Preliminary Excavation of an Hadrianic Temple at Tell er-Ras on Mt. Gerizim, AJA 71 (1967) 387–393.
BULL R. J. / WRIGHT G. E., Newly discovered Temples on Mt. Gerizim in Jordan, HThR 58 (1965) 234–237.
BULL R. J., A Reexamination of the Shechem Temple, BA 23 (1960) 110–119.
BULL R. J. / CALLAWAY J. A. / CAMPBELL E. F., Jr. / ROSS J. F. / WRIGHT G. E., The Fifth Campaign at Balâṭah, BASOR 180 (1965) 7–41.
CAMPBELL E. F., Jr., Excavation at Shechem 1960, BA 23 (1960) 102–126.
– – Excavations at Shechem 1956–1969 (hebr.), Qad 3 (1970) 126–133.
CAMPBELL E. F., Jr. / ROSS J. F. / TOOMBS L. E., The Eight Campaign at Balâṭah, BASOR 204 (1971) 2–17.

CAMPBELL E. F., Jr., G. E. WRIGHT 1909–1974, BA 37 (1974) 83 f.
COLE D. P., Middle Bronze II B Pottery at Shechem, Drew University 1965 (Mikrofilm).
COLLON D., The Smiting God, A Study of a Bronze in the Pomerance Collection in New York, Levant 4 (1972) 111–134.
CONTENAU G., Le Glyptique Syro-Hittite, Bibliothèque Archéologique et Historique 2, Paris 1922.
CROSS F. M., JR., An Inscribed Seal from Balâṭah (Shechem), BASOR 167 (1962) 14–15.
DALMAN G., Arbeit und Sitte in Palästina, V: Webstoff, Spinnen, Weben, Kleidung, Schriften des Deutschen Palästina Institutes 8, Gütersloh 1937.
– – Die Zeltreise, PJB 9 (1913) 36–75.
DELAPORTE L., Catalogue des Cylindres Orientaux, Paris 1910.
DEVER W. G., Excavations at Shechem and Mt. Gerizim (hebr.), Eretz Shomron, The Thirtieth archaeological Convention September 1972, Jerusalem 1973, 8–9.
– – Sichem, IEJ 22 (1972) 156 f. 339 f.
– – Sichem, RB 80 (1973) 567–570.
– – Sichem, IEJ 23 (1973) 243–245.
– – Sichem, RB 82 (1975) 81–83.
GOLD V. R., The Mosaic Map of Madeba, BA 21 (1958) 50–71.
F. M., Tell Balaṭa, AfO 18 (1957–1958) 210 f.
– – Tell Balaṭa, AfO 18 (1957–1958) 473 f.
– – Tell Balaṭa, AfO 20 (1963) 246 f.
FRANKFORT H., Cylinder Seals, A Documentary Essay on the Art and Religion of Ancient Near East, London 1939.
HENNESSY B., Excavations of a Late Bronze Age Temple at Amman, PEQ 98 (1966) 155–162.
HILL G. F., Catalogue of the Greek Coins of Palestine, Galilee, Samarie, and Judaea, A Catalogue of the Greek Coins in the British Museum, London 1914.
HIRSCH H., Tell Balâṭa, AfO 21 (1966) 204–206.
HOLLADAY J. S., Jr., The Pottery of Northern Palestine, in the Ninth and Eight Centuries B. C., Harvard University 1966 (Mikrofilm).
HORN S. H., An Early Aramaic Seal with an unusual Design, BASOR 167 (1962) 16–18.
– – Scarabs from Shechem I, JNES 21 (1962) 1–14.
– – Scarabs and scarab Impressions from Shechem II, JNES 25 (1966) 48–56.
– – Scarabs and scarab Impressions from Shechem III, JNES 32 (1973) 281–289.
– – Shechem, History and Excavations of a Palestinian City, JEOL 18 (1959–1966) 284–306.
– – Objects from Shechem Excavated 1913 and 1914, JEOL 20 (1968) 71–90.
– – / MOULDS L. G., Pottery from Shechem Excavated 1913 and 1914, AUSS 7 (1969) 17–46.
JACOBY A., Das geographische Mosaik von Madeba, Leipzig 1905.
KARAGEORGHIS V., Zypern, Archaeologia Mundi, München–Genf–Paris 1968.
KEE H. C. / TOOMBS L. E., The Second Season of Excavation at Biblical Shechem, BA 20 (1957) 82–105.
KEE H. C., Tell er-Râs and the Samaritan Temple, NTS 13 (1966–1967) 401 f.
KERKHOF V. I., An Inscribed Stone Weight from Shechem, BASOR 184( 1966) 20 f.
– – Catalogue of the Shechem Collection in the Rijksmuseum van Oudheden in Leiden, OMRO 50 (1969) 28–108.

LOUD G., Seasons of 1935–39, by the Megiddo Expedition, Oriental Institute Publications 62, Chicago 1948.
MÜLLER H. W., Staatliche Sammlung ägyptischer Kunst, München 1972.
MURRAY M. A., Some Canaanite Scarabs, PEQ 81 (1949) 92–99.
Musil A., The Northern Heǧâz, New York 1926.
NOUGAYROL J., Cylindres-Sceaux et empreintes de Cylindres Trouvés en Palestine, Paris 1939.
PALMER / GUTHE H., Die Mosaikkarte von Madeba, Leipzig 1906.
ROBINSON E., Biblical Researches in Palestine and the adjacent Regions II, Boston 1856.
ROSS J. F. / TOOMBS L. E., Three Campaigns at Biblical Shechem, Arch 14 (1961) 171–179.
– – Les découvertes effectuées au cours des dernières Campagnes de Fouilles à Sichem, BTS 44 (1962) 6–15.
– – Six Campaigns at Biblical Shechem, Archaeological Discoveries in the Holy Land, New York 1967, 119–128.
ROTHENBERG B., Timna, Valley of the Biblical Copper Mines, New Aspects of Antiquity, ed. by Sir M. Wheeler, Aylesbury 1972.
ROWE A., A Catalogue of Egyptian Scarabs, Scaraboids, Seals and Amulets in the Palestine Archaeological Museum, Cairo 1936.
SCHAEFFER C. F. A., Les Fouilles de Ras-Shamra-Ugarit, Syria 17 (1936) 105–147.
SCHENKE H. M., Jakobsbrunnen-Josephsgrab-Sychar, Topographische Untersuchungen und Erwägungen in der Perspektive von Joh 4, 5.6, ZDPV 84 (1968) 159–84.
SCHNEIDER A. M., Der heilige Berg Garizim, Neue Deutsche Ausgrabungen 23/24, hrg. von G. Rodenwaldt, Münster 1930, 30–31.
– – Römische und byzantinische Bauten auf dem Garizim, ZDPV 68 (1946–1951) 211–234.
SCHULTERS A., Die Mosaikkarte von Madeba, Berlin 1900.
SEGER J. D., The Pottery of Palestine at the Close of the Middle Bronze Age, Harvard University 1965 (Mikrofilm).
– – Shechem Field XIII, BASOR 205 (1972) 20–35.
– – The MB II Fortifications at Shechem and Gezer, A Hyksos Retrospective, EI 12 (1975) 34*–45*.
SELLERS O. R., Coins of the 1060 Excavations at Shechem, BA 25 (1962) 87–96.
SELLIN E., Balata-Sichem, AKAW 51 (1914) 35–40. 204–207.
– – Die Ausgrabung von Sichem, Kurze vorläufige Mitteilung über die Arbeit im Frühjahr 1926, ZDPV 49 (1926) 229–236.
– – Die Ausgrabungen von Sichem, Kurze vorläufige Mitteilung über die Arbeit im Sommer 1926, ZDPV 49 (1926) 304–319.
– – Die Ausgrabung von Sichem, Kurze vorläufige Mitteilung über die Arbeit im Frühjahr 1927, ZDPV 50 (1927) 205–211.
– – Die Ausgrabung von Sichem, Kurze vorläufige Mitteilung über die Arbeit im Sommer 1927, ZDPV 50 (1927) 265–274.
– – Die Masseben des El-Berit in Sichem, ZDPV 51 (1928) 119–123.
– – Der gegenwärtige Stand der Ausgrabungen von Sichem und ihre Zukunft, ZAW 50 (1932) 303–308.
SELLIN E. / STECKEWEH H., Balâṭa QDAP 5 (1936) 196.
– – Kurzer vorläufiger Bericht über die Ausgrabungen von balâṭa (Sichem) im Herbst 1934, ZDPV 64 (1941) 1–20.

THIERSCH H. / HÖLSCHER G., Reise durch Phönizien und Palästina, MDOG 23 (1904) 1–52.
THOMSEN P., Sichem, AfO 10 (1935–1936) 303.
– – Sichem, AfO 11 (1936–1937) 271.
TONNEAU R., Le sacrifice de Josué sur le Mount Ebal, RB 35 (1926) 98–106.
TOOMBS L. E. / WRIGHT G. E., The Fourth Campaign at Balâṭa (Shechem), BASOR 169 (1963) 1–60.
TUFNELL O. / MURRAY M. A. / DIRINGER D., Lachish, The Iron Age, London 1953.
VINCENT L. H., Puits de Jacob ou de la Samaritaine, RB 65 (1938) 547–567.
WATZINGER C., Denkmäler Palästinas, Eine Einführung in die Archäologie des Heiligen Landes, 2 Bände, Leipzig 1933–1935.
WELTER G., Deutsche Ausgrabungen in Palästina I, FF 4 (1928) 317–318.
– – Sichem (drei Seiten Manuskript über die 9. Ausgrabung (1931), Rockefeller-Museum, Jerusalem).
– – Stand der Ausgrabungen in Sichem, AA 1932, 289–316.
WILHELM G., Tell Balâṭa, AfO 23 (1969–1970) 183–185.
– – Tell er-Râs, AtO 23 (1969–1970) 185–186.
– – Tell Balâṭa, AfO 24 (1973) 213–215.
WRIGHT G. E., The First Campaign at Tell Balâṭa (Shechem), BASOR 144 (1956) 9–20.
– – Shechem, BA 20 (1957) 2–32.
WRIGHT G. E. / TOOMBS L. E. / u. a., Sichem, RB 64 (1957) 230–233 65 (1958) 253–260 69 (1962) 257–267 70 (1963) 425–433 92 (1965) 415–422.
WRIGHT G. E., The Second Campaign at Tell Balâṭa (Shechem), BASOR 148 (1957) 11–28.
– – The Third Campaign at Tell Balâṭa (Shechem), BASOR 161 (1961) 11–54.
– – Selected Seals from the Excavations at Balâṭa (Shechem), BASOR 167 (1962) 5–13.
– – Shechem, The Biography of a Biblical City, London 1965.
– – Shechem, Archaeology and Old Testament Study, ed. D. W. Thomas, Oxford 1967, 355–370.
WRIGHT G. R. H., Fluted Columns in the Bronze Age Temple of Baal-Berith at Shechem, PEQ 97 (1965) 66–84.
– – Another fluted Column fragment from Bronze Age Shechem, PEQ 101 (1969) 34–36.
YADIN Y. / u. a., Hazor I–IV, Jerusalem 1958–1965.

### *3. Lexika, Wörterbücher, Grammatiken, Konkordanzen* [1]

AISTLEITNER J., Wörterbuch der ugaritischen Sprache, Berichte über die Verhandlungen der Sächsischen Akademie der Wissenschaften zu Leipzig 106, Heft 3, Berlin 1963.
BAUMGARTNER W. / HARTMANN B. / KUTSCHER E. Y., Hebräisches und Aramäisches Lexikon zum Alten Testament, Lieferung 1 und 2, Leiden 1967, 1974.

[1] Vgl. auch Seite 157.

Brown F. / Driver S. R. / Briggs Ch. A., A Hebrew and English Lexicon of the Old Testament. Oxford 1907, Neudruck Oxford 1968.

Gardiner A., Egyptian Grammar, Being an Introduction to the Study of Hieroglyphs, Oxford–London ³1969.

Gesenius W., Thesaurus Linguae Hebraicae et Chaldaeicae II, Leipzig 1835.

– – Hebräisches und Aramäisches Handwörterbuch über das Alte Testament, Berlin–Göttingen–Heidelberg ¹⁷1962 (Neudruck).

Grapow H. / Erman A., Ägyptisches Handwörterbuch, Berlin 1921, Hildesheim 1961.

Jastrow M., A Dictionary of Talmud Babli, Yerushalmi, Midrashic Literature and Targumim, 2 Bände, London–New York 1903, Tel Aviv 1972.

Köhler L. / Baumgartner W., Lexicon in Veteris Testamenti Libros. Leiden 1958.

Levi J., Chaldäisches Wörterbuch über die Targumim I, Leipzig ³1881.

– – Wörterbuch über die Talmudim und Midraschim, 4 Bände, Berlin–Wien ²1924, Darmstadt 1963.

Mandelkern S., Veteris Testamenti Concordantiae Hebraicae atque Chaldaicae, Jerusalem–Tel Aviv ⁸1969.

Stephano H., Thesaurus Graecae Linguae V, Paris ³1842–1846.

Young G. D., Concordance of Ugaritic, Analecta Orientalia 36, Roma 1956.

### 4. *Weitere Literatur*

Abel F. M., Géographie de la Palestine, Etudes Bibliques, 2 Bände, Paris ³1967.

– – Garizim, RB 31 (1927) 600–602.

– – Alexandre le Grand en Syrie et en Palestine, RB 44 (1934) 42–61.

– – Histoire de la Palestine depuis la conquète d'Alexandre jusqu'à l'invasion arabe I, Paris 1952.

Abel F. M. / Buit M. Du, Le Livre de Josué, La Sainte Bible de Jérusalem, Paris ²1958.

Aberbach M. / Smolar L., Jeroboam's Rise to Power, JBL 88 (1969) 69–77.

Aharoni Y., The Use of Hieratic Numerals in Hebrew Ostraka and the Shekel Weights, BASOR 184 (1966) 13–19.

– – The Land of the Bible, A Historical Geography, Philadelphia (o. J., Hebr. Ausgabe 1967).

– – The Settlement of Canaan, The World History of the Jewish People III, Tel-Aviv 1921, 94–128.

– – The Horned Altar of Beer-sheba, BA 37 (1974) 2–6.

Ahlström G. W., Aspects of Syncretism in Israelite Religion, Horae Soederblominanae 5, Lund 1963.

Albright W. F., New Egyptian Date on Palestine in the Patriarchal Age, BASOR 81 (1941) 16–21.

– – A Third Revision of the early Chronology of Western Asia, BASOR 88 (1942) 28–36.

– – A Prince of Tanaach in the fifteenth Century B. C., BASOR 94 (1944) 12–27.

– – The List of Levitic Cities, Festschrift L. Ginzberg, New York 1945.

– – New Light from Egypt on the Chronology and History of Israel and Judah, BASOR 130 (1953) 4–11.

– – The Archaeology of Palestine, Baltimore 1954.

Allan N., Jeroboam and Shechem, VT 24 (1974) 353–357.

ALLEGRO J. M., A Possible Mesopotamian Background to the Joseph Blessing of Gen XLIX, ZAW 64 (1952) 249–251.
ALONSO-ASENJO J., Investigación critica sobre Jos 24,19–20, EstBibl 32 (1973) 257–270.
ALT A., Das Institut im Jahre 1934, PJB 31 (1935) 5–7.
– – Die Wallfahrt von Sichem nach Bethel, KlSchr I 79–88.
– – Der Gott der Väter, Ein Beitrag zur Vorgeschichte der israelitischen Religion, KlSchr I 1–78.
– – Josua, Werden und Wesen des Alten Testamentes, KlSchr I 176–192.
– – Herren und Herrensitze Palästinas im Anfang des Zweiten Jahrtausends v. Chr., Vorläufige Bemerkungen zu den neuen Ächtungstexten, ZDPV 64 (1941) 21–39.
– – Verbreitung und Herkunft des syrischen Tempeltyps, PJB 35 (1939) 83–99 (KlSchr II 100–115).
– – Festungen und Levitenorte im Lande Juda, KlSchr III 306–315.
– – Zelte und Hütten, KlSchr III 239–242.
– – Das Königtum in den Reichen Israel und Juda, KlSchr II 116–134.
– – Bemerkungen zu einigen judäischen Ortslisten im Alten Testament, KlSchr III 294–301.
ALTHEIM F. / STIEBHE R., Die Araber in der Alten Welt IV, Berlin 1967.
AMIR D., The Traditions Concerning the Birth of Jacob's Children (hebr.), BMikra 49 (1972) 220–224.
AMIRAN R., Ancient Pottery of the Holy Land from its Beginnings in the Neolithic Period to the End of the Iron Age, Jerusalem-Ramat Gan 1969.
ANATI E., Palestine before the Hebrews, A History from the Earliest Arrival of Man to the Conquest of Canaan, London 1963.
ANDERSON B. W., Part II: The Place of Shechem in the Bible, BA 20 (1957) 10–19.
ANDERSON G. W., Amphictyony: 'AM, KAHAL, 'EDAH, Translating and Understanding the Old Testament, Essays in Honor of H. G. May, Nashville-New York 1970, 135–151.
ANTOINE P., Garizim (Le Mont), DBS II 535–561.
AUERBACH E., Die große Überarbeitung der biblischen Bücher, VTS 1 (1953) 1–10.
BÄCHLI O., Nachtrag zum Thema Amphiktyonie, ThZ 28 (1972) 356.
BAIER W., Der Garizim, Bibelkundliches zum hl. Berg der Samaritaner, HeilLand 102 (1970) 38–47.
BALDI D., Giosue, La Sacra Bibbia, Turin 1952.
BALTZER K., Das Bundesformular, Wissenschaftliche Monographien zum Alten und Neuen Testament 4, Neukirchen-Vluyn [2]1964.
BEN-SHEM I., The Conquest of Trans-Jordan, A Biblical Study (hebr.), The Students Organisation of Tel-Aviv University 1972, 7–125.
BERGEMA H., De Boom des Levens in Schrift en Histoire, Hilversum 1938.
BERNHARDT K. H., Die Umwelt des Alten Testaments, 1: Die Quellen und ihre Erforschung, Gütersloh 1967.
BEYERLIN W., Herkunft und Geschichte der ältesten Sinaitraditionen, Tübingen 1961.
BIRAN A., An Israelite Horned Altar at Dan, BA 37 (1974) 106 f.
BÖHL F. M. TH. DE LIAGRE, Palestina in het licht der jongste opgravingen en onderzoekingen, Amsterdam 1931.
– – Über das Verhältnis von Shetija-Stein und Nabel der Welt in der Kosmogonie der Rabbinen, ZDMG 124 (1974) 233–270.

Boling R. G., And who is Š-K-M? (Jud IX 28), VT 13 (1963) 479–482.
Boraas R. S., Judges IX and Tell Balatah, Drew University 1965 (Mikrofilm).
Bowman J., Pilgrimage to Mount Gerizim, EI 7 (1964) 17*–28*.
Bright J., A History of Israel, The Old Testament Library, London ²1972.
– – The Book of Joshua, The Interpreter's Bible II, New York–Nashville 1953.
Bülow S., Der Berg des Fluches, ZDPV 73 (1957) 100–107.
Bürgel H., Die pyläisch-delphinische Amphiktyonie, München 1877.
Bull R. J., A Note on Theodotus Description of Shechem, HThR 60 (1967) 221–227.
Burrows E., Note on Moreh Gen xii 6 and Moriah Gen xxii 2, JThS 41 (1940) 161.
Campbell E. F., Jr. / Ross J. F., The Excavation of Shechem and the Biblical Tradition, BA 26 (1963) 2–27.
– – Shechem in the Amarna Archiv, G. E. Wright, Shechem 191–207.
Campbell E. F., Jr. / Wright G. E., Tribal League Temples in Amman and Shechem, BA 32 (1969) 104–116.
Caspari W., Tabur (Nabel), ZDMG 86 (1933) 49–65.
Cauer F., Amphiktyonia, PW I 1904–1935.
Charles H., Tribus moutonnières du Moyen-Euphrate, Documents d'Etudes Orientales 8, Institut Français de Damas 1939.
Clamer A., La Genèse, La Sainte Bible I,1, Paris 1953.
Clements R. E., Baal-Berith of Shechem, JSS 13 (1968) 21–32.
Cody A., A History of Old Testament Priesthood, Analecta Biblica 35, Roma 1969.
Conrad D., Der Gott Reschef, ZAW 83 (1971) 157–183.
Coote R., The Meaning of the Name Israel, HThR 65 (1972) 137–142.
Cornill G. H., Beiträge zur Pentateuchkritik, I: Genesis 34, ZAW 11 (1891) 1–15.
Cortese E., La schema deuteronomistica per i re di Giuda e d'Israele, Bibl 56 (1975) 37–52.
Cross F. M., Yahweh and the God of the Patriarchs, HThR 55 (1962) 225–257.
– – Aspects of Samaritan and Jewish History in Late Persian and Hellenistic Times, HThR 59 (1966) 199–211.
Crown A. P., A Reinterpretation of Judges IX in the Light of its Humour, Abr-Nahrain 3 (1961–1962) 90–98.
– – The Date and Authenticity of the Samaritan Hebrew Book of Joshua as seen in its Territorial Allotments, PEQ 96 (1964) 79–97.
Danthine H., Le Palmier-Dattier et les Arbres Sacrés dans l'Iconographie de l'Asie Occidentale Ancienne, 2 Bände, Paris 1937.
David M., Die Bestimmungen über die Asylstädte in Jos XX: Ein Beitrag zur Geschichte des biblischen Asylrechts, OTS 9 (1951) 30–48.
Davies G. I., Hagar, el-Hegra and the Location of Mt. Sinai, VT 22 (1972) 152–163.
Debus J., Die Sünde Jerobeams, Studien zur Darstellung Jerobeams und der Geschichte des Nordreiches in der deuteronomistischen Geschichtsschreibung, Forschungen zur Religion und Literatur des Alten und Neuen Testamentes 93, Göttingen 1967.
Diepold P., Israels Land, Beiträge zur Wissenschaft vom Alten und Neuen Testament 95, Stuttgart–Berlin–Köln–Mainz 1972.
Deissler A., Die Psalmen, Die Welt der Bibel, Kleinkommentare zur Heiligen Schrift, 3 Bände, Düsseldorf ³1966, ²1967, ²1969.
Delcor M., Vom Sichem der hellenistischen Epoche zum Sychar des Neuen Testamentes, ZDPV 78 (1962) 34–48.

Dhorme E., Rezension von «Z. Mayani, L'Arbre Sacré», RHR (1936 I) 104–106.

Diakonoff I. M., Die Arier im Vorderen Orient, Das Ende eines Mythos, Zur Methodik der Erforschung verschollener Sprachen, Or 41 (1972) 91–120.

דינור ב., דמותן הדתיתל של עיר המקט זטכס מתן ההסות בהר, אי 3 (1954) 135–146.

Dishon J., Gideon and the Beginnings of Monarchy in Israel (hebr.), Tarbiz 41 (1972) 255–268.

Donner H. / Cüppers H., Die Restauration und Konservierung der Mosaikkarte von Madeba, ZDPV 83 (1967) 1–33.

Dossin G., Les Archives Epistolaires du Palais de Mari, Syria 19 (1938) 105–126.

Dus J., Ein richterliches Stierbildheiligtum zu Bethel? Die Aufeinanderfolge der frühisraelitischen Zentralkultstätten, ZAW 77 (1965) 268–286.

– – Mose oder Josua? Zum Problem des Stifters der israelitischen Religion, ArOr 39 (1971) 16–45.

Eckstein A., Geschichte und Bedeutung der Stadt Sichem, Diss. Phil. Leipzig, Berlin 1886.

Edgerton W. F., Egyptian Phonetic Writing, From its Invention to the Close of the Nineteenth Dynasty, JAOS 60 (1940) 473–506.

Eissfeldt O., Der geschichtliche Hintergrund der Erzählung von Gibeas Schandtat, KlSchr II 64–80.

– – Jakob-Lea und Jakob-Rahel, KlSchr IV 170–175.

– – Ernst Sellin, KlSchr III 129 f.

– – Einleitung in das Alte Testament unter Einschluß der Apokryphen- und Pseudepigraphen sowie der apokryphen- und pseudepigraphenartigen Qumrān-Schriften, Tübingen [3]1964.

– – The Hebrew Kingdom, The Cambridge Ancient History II, Ch. XXXIV, Cambridge 1965.

Elliger A., Die Frühgeschichte der Stämme Ephraim und Manasse, Diss. Univ. Rostock 1972 (unveröffentlicht).

Elliger K., Neues über die Grenze zwischen Ephraim und Manasse, JPOS 18 (1938) 7–16.

Evans A., Mycenaean Tree and Pillar Cult, JHSt 21 (1901) 99–203.

Evans D. G., Rehoboams Advisers at Shechem, and Political Institutions in Israel and Sumer. JNES 25 (1966) 273–279.

Fenasse J. M., L'Assemblée de Sichem, BTS 44 (1962) 2–3.

Finkelstein J. J., Ammisaduqa's Edict and the Babylonian 'Law, Codex JCST 15 (1961) 91–104.

Fohrer G., Altes Testament – «Amphiktyonie» und «Bund», ThLZ 91 (1966) 801–816.893–904 (Studien zur alttestamentlichen Theologie und Geschichte, BZAW 115, Berlin 1969, 84–119).

– – Geschichte der israelitischen Religion, Berlin 1969.

Fourmond R. P., Josué, Introduction et commentaires, Connaître la Bible, Tournai–Paris 1960.

Freeman E. A., The History of Federal Gouvernment in Greece and Italy, New York 1893.

Fretheim F. E., The Jakob Traditions, Theology and Hermeneutic, Interpr 26 (1972) 419–436.

Fritz V., Erwägungen zu dem spätbronzezeitlichen Quadratbau bei Amman, ZDPV 87 (1971) 140–152.

GALL A. VON, Altisraelitische Kultstätten, Gießen 1898.
GALLING K., Der Altar in den Kulturen des Alten Orient, Eine archäologische Studie, Berlin 1925.
GARSTANG J., El Arabah, London 1901.
GASTER M., The Samaritans, Their History, Doctrines and Literature, The British Academy, The Schweich Lectures 16, London 1925.
GELIN A., Josué, La Sainte Bible III, Paris 1955.
– – Le Testament de Josué, Bible et vie Chrétienne 3 (1953) 63–71.
GESE H., Die Religionen Altsyriens, Die Religionen der Menschheit 10,2. Stuttgart–Mainz–Berlin–Köln 1970, 1–232.
– – Τὸ δὲ 'Αγὰρ Σινὰ ὄρος ἐστὶν ἐν τῇ Αραβία (Gal 4,25), BZAW 105, Berlin 1967, 81–94.
GEVIRTZ ST., Jericho and Shechem, VT 13 (1963) 52–62.
GIBLIN CH. H., Structural Patterns in Jos 24,1–25, CBQ 26 (1964) 50–69.
GIBSON J. C. L., Light from Mari on the Patriarchs, JSS 7 (1962) 44–62.
GOLDBERG A. M., Das Buch Numeri, Die Welt der Bibel, Kleinkommentare zur heiligen Schrift 11, Düsseldorf 1970.
GOLDZIHER I., Muhammedanische Studien I, Halle a. S. 1889.
GOODING D. W., The Septuagint's rival version of Jeroboam's Rise to Power, VT 17 (1967) 173–189.
– – Jeroboam's Rise to Power: A Rejoinder, JBL 91 (1972) 529–533.
GOTTWALD N. K., A Light to the Nations, New York 1959.
GRAF G., Zum Altar des samaritanischen «Buches Josua», Bibl 23 (1942) 62–67.
GRAY J., Kings I & II, Old Testament Library, London ²1970.
– – Joshua, Judges and Ruth, The Century Bible, London–Edinburgh 1967.
GREIFF A., Was war ein 'elon?, ZDPV 76 (1960) 161–170.
GRØNBAEK J. H., Benjamin und Juda, Erwägungen zu 1 Kön xii 21–34, VT 15 (1965) 421–436.
GRÖHNDAHL F., Die Personennamen der Texte aus Ugarit, Studia Pohl 1, Roma 1967.
GRY L., La bénédiction de Joseph (Gen XLIX 22–27), RB 26 (1917) 508–520.
GUNKEL H., Die Psalmen, Göttinger Handkommentar zum Alten Testament II,2, Göttingen ⁴1926.
– – Genesis, Göttinger Handkommentar zum Alten Testament I,1, Göttingen ⁷1966.
GUNNEWEG A. H. J., Leviten und Priester, Forschungen zur Religion und Literatur des Alten und Neuen Testamentes 89, Göttingen 1965.
GUTBROD K., Das Buch vom Lande Gottes, Josua und Richter, Die Botschaft des Alten Testaments 10, Stuttgart 1951.
HAAG H., Gideon-Jerubbaal-Abimelek, ZAW 79 (1967) 305–314.
HALLO W. W., A Sumerian Amphictyony. JCSt 14 (1960) 88–114.
HARAN M., Studies in the Account of Levitical Cities, JBL 80 (1961) 45–54.
– – The Religion of the Patriarchs, An Attempt at a Synthesis, ASTI 4 (1965) 30–55.
HARRELSON W., The City of Shechem, Its History and Interpretation, Diss. Union Theol. Seminary 1953 (unveröffentlicht).
HARPER H. A., Ebal and Gerizim, PEFQSt (1896) 85 f.
HARTMANN R., Zur heutigen Lage des Beduinentums, WdI 20 (1938) 51–73.
HEILER F., Erscheinungsformen und Wesen der Religion, Die Religionen der Menschheit 1, Stuttgart 1961.
HELLER J., Sozialer Hintergrund der israelitischen Landnahme, ComViat 15 (1972) 211–222.

Hempel J., Balāṭa, Ein Schlußwort vom Herausgeber, ZAW 51 (1933) 156–169.
Herkenne H., Das Buch der Psalmen, Die Heilige Schrift des Alten Testamentes V, 2, Bonn 1936.
Herrmann S., Operationen Pharao Schoschenk's I. im östlichen Ephraim, ZDPV 80 (1964) 55–79.
– – Das Werden Israels, ThLZ 87 (1962) 561–574.
– – Geschichte Israels in alttestamentlicher Zeit, München 1973.
Hertzberg H. W., Die Bücher Josua, Richter, Ruth, Das Alte Testament Deutsch 9, Göttingen [4]1969.
Hillers D. R., A Note on Some Treaty Terminology in the Old Testament, BASOR 176 (1964) 46–47.
Hölscher G., Geschichtsschreibung in Israel, Untersuchungen zum Jahwisten und Elohisten, Lund 1952.
– – Bemerkungen zur Topographie Palästinas, 3. Sichem und Umgebung, ZDPV 33 (1910) 98–106.
Holmberg U., Der Baum des Lebens, Helsinki 1922.
Hollenberg J., Zur Textkritik des Buches Josua und des Buches Richter, ZAW 1 (1881) 97–105.
Honeyman A. M., The Salting of Shechem, VT 3 (1953) 192–195.
L'Hour J., L'Alliance de Sichem, RB 69 (1962) 5–36. 161–184. 350–368.
Hunt I., The Books of Joshua and Judges, Old Testament Reading Guide 5, Collegeville (o. J.).
Jacob G., Altarabisches Beduinenleben, Nach den Quellen geschildert, Berlin 1897, Hildesheim 1967.
Jacobsen Th., Primitive Democracy in Ancient Mesopotamia, JNES 2 (1943) 159–172.
– – Early Political Development in Mesopotamia, ZA 52 (1957) 91–140.
James E. O., The Tree of Life, An Archaeological Study, Studies in History of Religion, Supplements to Numen 11, Leiden 1966.
Jaroš K., Die Stellung des Elohisten zur kanaanäischen Religion, Orbis Biblicus et Orientalis 4, Freiburg / Schweiz – Göttingen 1974.
– – Zur Datierung des sichemitischen Sichelschwertes (erscheint in «Kairos» 1976).
– – Zur Bedeutung von צריח in Ri 9,46.49 (erscheint in «AUSS» 1976).
Jaubert A., La symbolique des Douze, Hommage à A. Dupont-Sommer, Paris 1971, 453–460.
Jaussen A., Coutumes des Arabes au pays de Moab, Etudes Bibliques, Paris 1908.
Jenni E., Historisch-topographische Untersuchung zur Grenze zwischen Ephraim und Manasse, ZDPV 74 (1958) 25–40.
– – Zwei Jahrzehnte Forschung an den Büchern Josua bis Könige, ThRu 27 (1961) 1–32797–146.
Jepsen A., Die Quellen des Königsbuches, Halle 1953.
– – Von Sinuhe bis Nebukadnezar, Dokumente aus der Umwelt des Alten Testaments, Stuttgart–München–Berlin–Leipzig 1975.
Jeremias J., Die Passahfeier der Samaritaner, BZAW 59, Gießen 1958.
– – Heiligengräber in Jesu Umwelt. Eine Untersuchung zur Volksreligion der Zeit Jesu, Göttingen 1958.
Jones G. H., «Holy War» or «Jahweh War»?, VT 25 (1975) 642–658.
Kahle P., Zum hebräischen Buch Josua der Samaritaner, ZDMG 62 (1908) 550–551.
Kaiser O., Stammesgeschichtliche Hintergründe der Josephsgeschichte, VT 10 (1960) 1-15.

Kallai Z., נחלות שבטי ישראל, Jerusalem 1967.

Kammenhuber A., Die Arier im Vorderen Orient, Heidelberg 1968.

Kapelrud A. S., Baal in the Ras-Shamra-Texts, Copenhagen 1952.

Kaufmann Y., The Biblical Account of the Conquest of Palestine, Jerusalem 1953.

– – New Evidence for Hieratic Numerals on Hebrew Weights, BASOR 188 (1967) 39–41.

– – Traditions Concerning Early Israelite History in Canaan, ScriptaH 8 (1961) 303–334.

Kee H. C., Tell er-Râs and the Samaritan Temple, NTS 13 (1966–1967) 401 f.

Keel O. / Küchler M., Synoptische Texte aus der Genesis. Zweiter Teil: Kommentar, Biblische Beiträge 8,2, Freiburg 1971.

Keel O., Das Vergraben der «fremden Götter» in Genesis XXXV 4b, VT 23 (1973) 305–336.

– – Wirkmächtige Siegeszeichen im Alten Testament, Ikonographische Studien zu Jos 8,18–26; Ex 17,8–13; 2 Kön 13,14–19 und 1 Kön 22,11, Orbis Biblicus et Orientalis 5, Freiburg / Schweiz – Göttingen 1975.

– – Kanaanäische Sühneriten auf ägyptischen Tempelreliefs, VT 25 (1975) 413–469.

Keel-Leu H., Ein israelitisches Haus und seine Ausstattung, Heiliges Land 4 (1976) 3–7.

Kingsbury E. C., He Set Ephraim Before Manasse, HUCA 38 (1967) 129–136.

Kippenberg H. G., Garizim und Synagoge, Religionsgeschichtliche Versuche und Vorarbeiten 30, Berlin–New York 1971.

Kittel R., Die Bücher der Könige, Handkommentar zum Alten Testament I,5, Göttingen 1900.

– – Die Psalmen, Kommentar zum Alten Testament XIII, Leipzig 1929.

Klein R. W., Once More: Jeroboam's Rise to Power, JBL 92 (1973) 582–584.

– – Jeroboam's Rise to Power, JBL 89 (1970) 217–218.

Koenig J., Itinéraires Sinaïtiques en Arabie, RHR 166 (1964 B) 121–141.

– – La Localisation du Sinaï et les traditions des Scribes, RHPhR 43 (1963) 2–31. 44 (1964) 200–235.

– – Le Sinaï montagne de feu dans un désert de ténèbres, RHR 167 (1965 A) 129–155.

– – Aux origines des théophanies Jahwistes, RHR 169 (1966 A) 1–36.

– – Le Site de Al-Jaw dans l'ancien Pays de Madian, Paris 1971.

König E., Die Genesis, Gütersloh [2] u. [3]1925.

Kopp C., Die heiligen Stätten der Evangelien, Regensburg 1959.

Kraus H. J., Gottesdienst in Israel, Studien zur Geschichte des Laubhüttenfestes, München [2]1954.

– – Psalmen, 2 Bände, Biblischer Kommentar zum Alten Testament XV, 1.2, Neukirchen–Vluyn [3]1966.

Kroeze J. H., Het Boek Jozua, Commentaar op Het Oude Testament, Kampen 1968.

Kühne C., Die Chronologie der internationalen Korrespondenz von El-Amarna, Alter Orient Altes Testament 17, Kevelaer 1973.

Kuenen A., Dina en Sichem, ThT 14 (1880) 257–281.

Kupper J. R., Les nomades en Mésopotamie au temps des rois de Mari, Bibliothèque de la Faculté de Philosophie et Lettres de l'Université de Liège, Fasc. 142, Paris 1957.

Kutsch E., Der Begriff ברית in vordeuteronomischer Zeit, Das ferne und nahe Wort, Festschrift L. Rost, BZAW 105, Berlin 1967, 133–143.

– – Verheißung und Gesetz, Untersuchungen zum sogenannten «Bund» im Alten Testament, BZAW 131, Berlin–New York 1973.

Lagrange M. J., Le Livre des Juges, Etudes Bibliques, Paris 1903.

Landersdorfer S., Die Bücher der Könige, Die Heilige Schrift des Alten Testamentes III,2, Bonn 1927.

Lecher G., The Tree of Life in European and Islamic Cultures, ArsIsl 4 (1937) 369–416.

Lehming S., Zur Überlieferungsgeschichte von Gen 34, ZAW 70 (1958) 228–250.

Lemaire A., Asriel, sr'l, Israel et l'origine de la confédération Israélite, VT 23 (1973) 239–243.

– – Le «Pays de Hépher» et les «filles de Zelophehad» à la lumière des Ostraca de Samarie, Sem 23 (1973) 13–20.

Lindars B., Jotham's Fable, A New Form-Critical Analysis, JThS NS 24 (1973) 355–366.

Lipiński E., El-Berit, Syria 50 (1973) 50 f.

– – Le récit de 1 Rois XII 1–19 à la lumière de l'ancien usage de l'hébreu et de nouveaux Textes de Mari, VT 24 (1974) 430–437.

Loccumer Richtlinien, Ökumenisches Verzeichnis der biblischen Eigennamen, Stuttgart 1971.

Löhr M., Das Asylwesen im Alten Testament, Schriften der Königsberger Gelehrten Gesellschaft VII, 3, Halle 1930.

Löwe H. M. J., Zechariah 14,5, ET 52 (1940 / 41) 277–279.

Luke K., The Rape of Dinah (Gen 34), The Living Word 80 (1974) 99–113.

Luther B., Die israelitischen Stämme, ZAW 21 (1901) 1–76.

Maag V., Der Hirte Israels, SThU 28 (1958) 2–28.

– – Sichembund und Vätergötter, VTS 16 (1967) 205–218.

Malamat A., Aspects of Tribal Societies in Mari and Israel, Mari and the Bible, A Collection of Studies, Jerusalem 1975, 42–51.

– – The Period of the Judges, The World History of the Jewish People III, Tel Aviv 1971, 129–163.

– – Kingship and Council in Israel and Sumer, A Parallel, JNES 22 (1963) 247–253.

– – Organs of Statecraft in Israelite Monarchy, The Biblical Archaeologist Reader III, Garden City-New York 1970, 164–198.

– – Tribal Societies: Biblical Genealogies and African Lineage System, Archives Européennes de Sociology 14 (1973) 126–136.

– – Tribal Societies: Biblical Genealogies and African Lineage System, Anthropos 69 (1974) 283 f.

Margolis M. L., Corrections of the Book of Joshua in the Larger Cambridge Septuagint, JBL 49 (1930) 234–264.

– – Specimen of New Edition of Greek Joshua, Jewish Studies im Memory of Israel Abrahams, New York 1927, 307–323.

– – Additions to field from the Lyons Codex of the Old Latin, JAOS 33 (1913) 254–258.

Miller J. M. / Tucker G. M., The Book of Joshua, The Cambridge Bible Commentary, Cambridge 1974.

Mayani Z., L'Arbre Sacré et le Rite de l'Alliance chez les Anciens Sémites, Etudes comparées des Religions de l'Orient classique, Paris 1935.

Mayes A. D. H., Israel in the Period of the Judges, Studies in Biblical Theology, Second Series 29, London 1974.
Mayrhofer M., Die Indo-Arier im Alten Vorderasien, Mit einer analytischen Bibliographie, Wiesbaden 1966.
– – Die Arier im Vorderen Orient – ein Mythos?, Österreichische Akademie der Wissenschaften, Phil.-Hist. Klasse 294, 3, Wien 1974.
– – Indo-Iranisches Sprachgut aus Alalah, IIJ 4 (1960) 136–149.
מזר ב., «מקום שבם» תחום מקודש לבני ישראל, ארץ שומרון. ירושלים 1973, 1–7.
Mazar B., The Cities of the Priests and Levites, VTS 7 (1960) 193–205.
– – The Campaign of Pharao Shishak to Palestine, VTS 4 (1957) 57–66.
– – The Exodus and the Conquest, The World History of the Jewish People III, Tel Aviv 1971, 69–93.
McCarthy D. J., Treaty and Covenant, A Study in Form in the Ancient Oriental Documents and in the Old Testament, Analecta Biblica 21, Roma 1963.
Meillet M. A., Le Dieu Indo-Iranien Mitra, JA 10 (1907) 143–159.
Mendenhall G. E., Puppy and Lettuce in Northwest-Semitic Covenant Making, BASOR 133 (1954) 26–30.
– – Mari, BA 11 (1948) 1–9.
– – Recht und Bund, Zürich 1960.
– – The Hebrew Conquest of Palestine, BA 25 (1962) 66–87.
– – The Census Lists of Numeri 1 and 26, JBL 77 (1958) 52–66.
Mendelsohn I., On the Preferential Status of the eldest Son, BASOR 156 (1959) 38–40.
Meyer E., Der Bericht der Septuaginta über Jerobeam, Die Israeliten und ihre Nachbarstämme, Alttestamentliche Untersuchungen, Halle a. S. 1906, Darmstadt 1967, 363–367.
Miller J. M. / Tucker G. M., The Book of Joshua, The Cambridge Bible Commentary, Cambridge 1974.
Milik J. T., Baal Berit à Sichem, RB 66 (1959) 560–562.
– – Recherches d'Epigraphie proche-Orientale, I: Dédicaces faites par des Dieux (Palmyre, Hatra, Tyr), Bibliothèque Archéologique et Historique 92, Paris 1972.
Möhlenbrink K., Die Landnahmesagen des Buches Josua, ZAW 56 (1938) 238–268.
Montgomery J. A., The Samaritans, The Earliest Jewish Sect, Their History, Theology and Literature, 1907, New York 1968.
– – A Critical and Exegetical Commentary on the Books of Kings, International Critical Commentary, Edinburgh 1951.
Moran W. C., Moses und der Bundesschluß am Sinai, Stimmen der Zeit 170 (1961–1962) 120–133.
Morenz S., Rechts und links im Totengericht, ZÄS 82 (1957) 62–71.
Moscati, S., L'epigraphia ebraica antica, BetO 15 (1951) 27–37.
Mowinckel S., «Rahelstämme» und «Leastämme», BZAW 77 (1958) 129–150.
Müller M., Die ägyptische 12. Dynastie in Palästina, OLZ 6 (1903) 448 f.
Müller V., Types of Mesopotamian Houses, Studies in Oriental Archaeology III, JAOS 60 (1940) 151–180.
Muilenberg J., The Form and Structure of the Covenant Formulation, VT 9 (1959) 347–365.
Myers J. M., I Chronicles, The Anchor Bible 12, Garden City-New York 1965.
Nagele P. J., Sichems Zerstörung durch Abimelech, JPOS 12 (1932) 152–161.

Neher A. und R., Histoire Biblique du Peuple d'Israel I., Paris 1962.
Neubauer A., La Géographie du Talmud, Paris 1868.
Nicholson E. W., The Interpretation of Exodus XXIV 9–11, VT 24 (1974) 77–97.
– – The Antiquity of the Tradition in Exodus XXIV 9–11, VT 25 (1975) 69–79.
Nicolsky N. M., Das Asylrecht in Israel, ZAW 48 (1930) 146–175.
Nielsen E., Shechem, A Traditio-Historical Investigation, Copenhagen 1955.
Nötscher F., Bundesformular und «Amtsschimmel», BZ NF 9 (1965) 181–214.
– – Das Buch Jeremias, Die Heilige Schrift des Alten Testamentes VII,2, Bonn 1934.
North Chr. R., אעלזה אחלקה שכם (Psa LX 8/ Psa XVIII 8), VT 17 (1967) 242–243.
Noth M., Das System der zwölf Stämme, Stuttgart 1930, Darmstadt 1966.
– – Überlieferungsgeschichte des Pentateuch, Stuttgart 1948, Darmstadt 1960.
– – Das Buch Josua, Handbuch zum Alten Testament. I,7, Tübingen ²1953.
– – Die Welt des Alten Testamentes, Einführung in die Grenzgebiete der alttestamentlichen Wissenschaft, Theologische Hilfsbücher 3, Berlin 1953.
– – Überlieferungsgeschichtliche Studien, Die sammelnden und bearbeitenden Geschichtswerke im Alten Testament, Schriften der Königsberger Gelehrten Gesellschaft 18, Halle 1943, Darmstadt ³1967.
– – Das vierte Buch Mose, Numeri. Das Alte Testament Deutsch 8, Göttingen 1966.
– – Geschichte Israels, Göttingen ⁷1969.
– – Könige, Biblischer Kommentar zum Alten Testament, Neukirchen–Vluyn 1964.
Oettli E., Das Deuteronomium und die Bücher Josua und Richter, Kurzgefaßter Kommentar zu den Heiligen Schriften des Alten und Neuen Testamentes sowie zu den Apokryphen, A: Altes Testament, Zweite Abteilung, München 1893.
Oppenheim M. Freiherr von, Die Beduinen I, Leipzig 1939.
Oren E., The Story of Abimelech (hebr.), BMikra 52 (1972) 21–24.
Orlinsky H. M., The Hebrew Vorlage of the Septuagint of the Book of Joshua, VTS 17 (1969) 187–195.
– – The Tribal System of Israel and Related Groups in the Period of the Judges, OA 1 (1962) 11–20.
Osty E. / Trinquet J., La Bible, Josué, Livre des Juges, Ruth, Paris 1970.
Pedersen J., Der Eid bei den Semiten in seinem Verhältnis zu verwandten Erscheinungen sowie die Stellung des Eides im Islam, Studien zur Geschichte und Kultur des islamischen Orients 3, Straßburg 1914.
Penna A., Gedeone e Abimelec, Bi e Or 2 (1960) 86–89.
Perlitt L., Bundestheologie im Alten Testament, Wissenschaftliche Monographien zum Alten und Neuen Testament 36, Neukirchen-Vluyn 1969.
Perrot N., Les Représentations de l'arbre sacré sur les monuments de Mésopotamie et d'Elam, Paris 1937.
Petrozzi M. T., Samaria, Luoghi Santi della Palestina, Jerusalem 1973.
Phillips A., Deuteronomy, The Cambridge Bible Commentary, Cambridge 1973.
Pirenne J., Le site préhistorique de al-Jaw, la Bible, le Coran et le Midrash, RB 82 (1975) 34–69.
Plein I., Erwägungen zur Überlieferung von I Reg 11,26–14,30, ZAW 78 (1966) 8–24.
Podechard E., Le Psautier I und II, Lyon 1949 und 1954.
Pope M. H., El in the Ugaritic Texts, VTS 2, Leiden 1955.
Pretzl O., Die griechischen Handschriftengruppen im Buche Josue untersucht nach ihrer Eigenart und ihrem Verhältnis zueinander, Bibl 9 (1928) 377–427.

Pritchard J. B., Palestinian Figurines in Relation to certain Goddesses, Known through Literature, New Haven 1943, New York 1967.

Procksch O., Das nordhebräische Sagenbuch, die Elohimquelle, Leipzig 1906.

– – Die Genesis, Kommentar zum Alten Testament I,3, Leipzig-Erlangen [3]1924.

Purvis J. D., Ben Sira and the foolish People of Shechem, JNES 24 (1965) 88–94.

Pury A. de, Genèse XXXIV et l'histoire, RB 76 (1969) 5–49.

Rad G. von, Das formgeschichtliche Problem des Hexateuch, Beiträge zur Wissenschaft vom Alten und Neuen Testament IV, 26, Stuttgart 1938 (Gesammelte Studien zum Alten Testament, Theologische Bücherei 8, München 1958, 9–86)

– – Theologie des Alten Testamentes, 2 Bände, München 1962, 1965.

– – Das erste Buch Mose, Genesis, Das Alte Textament Deutsch 2–4, Göttingen [8]1967.

– – Das fünfte Buch Mose, Deuteronomium, Das Alte Testament Deutsch 8, Göttingen [2]1968.

Rahtjen B. D., Philistine and Hebrew Amphictyonies, JNES 24 (1965) 100–104.

Raviv C., Alien Cities in the Bible, Proceedings of the fifth World Congress of Jewish Studies I, Jerusalem 1969, 125–128.

Rembry J. G., Les deux grandes assemblées de Sichem, TS 11–12 (1965) 259–264.

Rengstorf K. H., δώδεκα, ThWNT II 321–328.

Resenhöfft W., Die Genesis im Wortlaut ihrer drei Quellenschriften, Studien zur Integral-Analyse des Enneateuchs, Europäische Hochschulschriften XXIII, 27, Bern–Frankfurt / M. 1974.

Reviv H., The Government of Shechem in the el-Amarna Period and in the Days of Abimelech, IEJ 16 (1966) 252–257.

– – The Rulers of Shechem in the el-Amarna Period and in the Days of Abimelech, Yediot 27 (1963) 270–275.

Richter W., Traditionsgeschichtliche Untersuchungen zum Richterbuch, Bonner Biblische Beiträge 18, Bonn 1963.

רייפנברג א., הגריזים, אי 1 (1951) 74–76.

Ringgren H., Israelitische Religion, Die Religionen der Menschheit 26, Stuttgart 1963.

Roche J., Méthodes d'étude en Archéologie préhistorique, Didask 3 (1973) 323–336.

Rössler E., Jahwe und die Götter im Pentateuch und im deuteronomistischen Geschichtswerk, Diss. Bonn 1966.

Rowley H. H., From Joseph to Joshua, Biblical Traditions in the Light of Archaeology, The Schweich Lectures of the British Academy 1948, London [5]1965.

Rowton M., Enclosed Nomadism, JESHO 17 (1974) 1–30.

Rudolph W., Der «Elohist» von Exodus bis Josua, BZAW 68, Berlin 1938.

– – Jeremia, Handbuch zum Alten Testament I,12, Tübingen [3]1968.

– – Esra und Nehemia, Handbuch zum Alten Testament I,20, Tübingen 1948.

– – Hosea, Kommentar zum Alten Testament XIII,1, Gütersloh 1966.

Ruppert L., Die Josephserzählung der Genesis, Ein Beitrag zur Theologie der Pentateuchquellen, Studien zum Alten und Neuen Testament 11, Würzburg 1965.

Šanda A., Die Bücher der Könige, Exegetisches Handbuch zum Alten Testament, Münster 1911–1912.

Scharff A. / Moortgat A., Ägypten und Vorderasien im Altertum, Weltgeschichte in Einzeldarstellungen, München 1950.

Schedl C., Geschichte des Alten Testamentes III–IV, Innsbruck–München–Wien 1959–1962.

Schiffer S., Die Aramäer, Leipzig 1911.

SCHMID H., Erwägungen zur Gestalt Josuas in Überlieferung und Geschichte, Jud 24 (1968) 44–75.
– – Die Herrschaft Abimelechs (Jdc 9), Jud 26 (1970) 1–11.
SCHMIDT W., Zum Baumbestand des Garizim ZDPV 78 (1962) 89 f.
SCHMIDT W. H., Alttestamentlicher Glaube und seine Umwelt, Zur Geschichte des alttestamentlichen Gottesverständnisses, Neukirchener Studienbücher 6, Neukirchen–Vluyn 1968 (2. Auflage 1975 unter dem Titel «Alttestamentlicher Glaube in seiner Geschichte»).
SCHMITT G., Der Landtag von Sichem, Arbeiten zur Theologie I, 15, Stuttgart 1964.
– – El Berit-Mitra, ZAW 76 (1964) 325–327.
– – Du sollst keinen Frieden schließen mit den Bewohnern des Landes, Die Weisungen gegen die Kanaanäer in Israels Geschichte und Geschichtsschreibung, Wissenschaftliche Monographien zum Alten und Neuen Testament 91, Stuttgart–Berlin–Köln–Mainz 1970.
SCHNEIDER A. M., Römische und byzantinische Bauten auf dem Garizim, ZDPV 68 (1946–1951) 211–243.
SCHOTTROFF L., Johannes 4,5–15 und die Konsequenz des johanneischen Dualismus, ZNW 60 (1969) 199–214.
SCHÜRER E., Geschichte des jüdischen Volkes im Zeitalter Jesu Christi I–III, Registerband, Leipzig $^{5}$1920, $^{5}$1907, $^{5}$1909, $^{4}$1911.
SCHULZ A., Das Buch Josue, Die Heilige Schrift des Alten Testamentes II,3, Bonn 1924.
SCHUNCK K. D., Benjamin, Untersuchungen zur Entstehung und Geschichte eines israelitischen Stammes, BZAW 86, Berlin 1963.
SEEBASS H., Zur Königserhebung Jerobeams I., VT 17 (1967) 325–333.
– – Die Verwerfung Jerobeams I. und Salomos durch die Prophetie des Ahia und Silo, WdO 4 (1967–1968) 163–182.
– – Der Erzvater Israel und die Einführung der Jahweverehrung in Kanaan, BZAW 98, Berlin 1966.
SALO V., Joseph, Sohn der Färse, BZ NF 12 (1968) 94 f.
SEGERT S. / ZGUSTA L., Indogermanisches in den alphabetischen Texten aus Ugarit, ArOr 21 (1953) 272–275.
SELLIN E., Wie wurde Sichem eine israelitische Stadt?, Leipzig–Erlangen 1922.
– – Geschichte des israelitisch-jüdischen Volkes I, Leipzig 1924.
– – Zu dem Goldschmuck von Sichem, ZDPV 66 (1943) 20–24.
SELMS A. VAN, De Archaeologie in Syrie en Palaestina, JEOL 3 (1935) 107–110.
SIMON U., The Parable of Jotham (Judges IX 8–15), Tarbiz 34 (1964–1965) 1–34.
SIMONS J., Topographical and Archaeological Elements in the Story of Abimelech, OTS 2 (1953) 35–78.
SIMPSON C. A., The Early Traditions of Israel, A Critical Analysis of the pre-deuteronomic Narration of the Hexateuch, Oxford 1948.
SKINNER J., A Critical and Exegetical Commentary on Genesis, The International Critical Commentary, Edinburgh $^{2}$1912.
SMEND R., Zur Frage der altisraelitischen Amphiktyonie, EvTh 31 (1971) 623–630.
– – Jahwekrieg und Stämmebund, Erwägungen zur ältesten Geschichte Israels, Forschungen zur Religion und Literatur des Alten und Neuen Testamentes 84, Göttingen $^{2}$1963.

Smith G. R., The Stories of Shechem, Three Questions, JThS 47 (1946) 33–38.
Smith W. R., Kinship & Marriage in Early Arabia, London ²1903.
– – Die Religion der Semiten, Tübingen ²1899, Darmstadt 1966.
Smitten W. Th. In der, Genesis 34, BiblOr 30 (1973) 7–9.
Snaith N. H., Leviticus and Numbers, The Century Bible, London–Edinburgh 1967.
Soggin J. A., Amos VI: 13–14 et I: 3 auf dem Hintergrund der Beziehungen zwischen Israel und Damaskus im 9. und 8. Jahrhundert, Near Eastern Studies in honor of W. F. Albright (Ed. Goedicke), Baltimore 1971.
– – Zwei umstrittene Stellen aus dem Überlieferungskreis um Sichem, ZAW 73 (1961) 78–87.
– – Josué, Commentaire de l'Ancien Testament, Neuchâtel–Paris 1970.
– – Il regno di 'Abimelek in Sichem (Giudici 9) e le istituzioni della città-stato siro-palestinesi nei secoli XV–XI avanti Cristo, Studi in onere di Edoardo Volterra 6 (1973) 161–189.
– – Bemerkungen zur alttestamentlichen Topographie Sichems mit besonderem Bezug auf Jdc. 9, ZDPV 83 (1967) 183–198.
– – Der Beitrag des Königtums zur israelitischen Religion, VTS 23 (1972) 9–26.
Soubigon L., As Couversas de Jesus em Sicar, na Samaria (Jo 4,1–42), Atualidades Biblicas, Rio de Janeiro 1971, 510–518.
Speiser E. A., Genesis, The Anchor Bible 1, Garden City–New York 1964.
– – «Coming» and «Going» at the «City» Gate, BASOR 144 (1956) 20–23.
Spencer P., Nomads in Alliance, Symbiosis and Growth among the Rendill and Samburu of Kenya, London 1973.
Starr Ch. G., Early Man, Prehistory and the Civilisations of the Ancient Near East, New York–London 1973.
Steck H., Studien zur Geschichte der Archäologie der 13. bis 17. Dynastie Ägyptens, Glückstadt 1955.
Stein L., Die Šammar-Ǧerba, Beduinen im Übergang vom Nomadismus zur Seßhaftigkeit, Berlin 1967.
Steuernagel C., Die Einwanderung der israelitischen Stämme in Kanaan, Historisch-kritische Untersuchungen, Berlin 1901.
– – Jahwe, der Gott Israels, BZAW 27, Gießen 1914, 331–349.
Stronach D., The Development of the Fibula in the Near East, Iraq 21 (1959) 181–206.
Szolc (Scholz) P. O., Religionswissenschaft und Archäologie, Numen 21 (1974) 1–16.
Täubler E., Epoche der Richter, Biblische Studien, hrg. von H. J. Zobel, Tübingen 1958.
Thiersch H., Ein altmediterraner Tempeltyp, ZAW 50 (1932) 73–86.
Thompson E. M., An Introduction to Greek and Latin Palaeography, Oxford 1912.
Thompson J. A., The Near Eastern Suzerain-Vassal Concept in the Religion of Israel, The Journal of Religious History 3 (1964) 1–19.
Thompson Th. L., The Historicity of the Patriarchal Narratives, The Quest for the Historical Abraham, BZAW 133, Berlin–New York 1974.
Vault J. J. de, The Book of Josue, Pamphlet Bible Series II, New York 1960.
Vaux R. de, Die hebräischen Patriarchen und die modernen Entdeckungen, Leipzig 1960.
– – Das Alte Testament und seine Lebensordnungen, 2 Bände, Freiburg–Basel–Wien 1964, 1966.

– – Les Hurrites de l'Histoire et les Horites de la Bible, RB 74 (1967) 481–503.
– – La Thèse de l'Amphiktyonie Israélite, HThR 64 (1971) 129–140.
– – Histoire Ancienne d'Israël, 2 Bände, Etudes Bibliques, Paris 1971, 1973.
VAUGHAN P. H., The Meaning of 'Bāmâ in the Old Testament, A Study of Etymological, Textual and Archaeological Evidence, Society of OT Study Monograph Series 3, Cambridge 1974.
VOGT E., Expeditio Šošenk in Palestinam, Bibl 38 (1957) 234–236.
VRIEZEN TH. C., The Exegesis of Exodus XXIV 9–11, OTS 17 (1972) 100–133.
WÄCHTER L., Die Bedeutung Sichems bei der Landnahme der Israeliten, WZRostock 17 (1968) 411–419.
– – Die Übertragung der Beritvorstellung auf Jahwe, ThLZ 99 (1974) 801–816.
– – Salem bei Sichem, ZDPV 84 (1968) 63–72.
WALLIS G., Die Stadt in der Überlieferung der Genesis, ZAW 78 (1966) 133–148.
WALTER N., Zu Pseudo-Eupolemus, Klio 43–45 (1965) 282–290.
WEINFELD M., King-People Relationship in the Light of 1 Kings 12,7, Leshonenu 36 (1971–1972) 3–13.
WEINGREEN J., The Theory of the Amphictyony in Pre-Monarchial Israel JANESCol 5 (1973) 427–433.
WEIPPERT H., Das geographische System der Stämme Israels, VT 23 (1973) 76–89.
WEIPPERT M., Die Landnahme der israelitischen Stämme in der neueren wissenschaftlichen Diskussion, Forschungen zur Religion und Literatur des Alten und Neuen Testaments 92, Göttingen 1967.
– – Edom, Studien und Materialien zur Geschichte der Edomiter auf Grund schriftlicher und archäologischer Quellen, Diss. und Diss. Habil. Tübingen 1971 (unveröffentlicht).
WEISER A., Einleitung in das Alte Testament, Göttingen [6]1966.
– – Das Buch des Propheten Jeremia 25,15–52,34. Das Alte Testament Deutsch 21, Göttingen 1955.
– – Die Psalmen, 2 Bände, Das Alte Testament Deutsch 14 und 15, Göttingen [7]1966.
WELLHAUSEN J., Prolegomena zur Geschichte Israels, Berlin–Leipzig [6]1927.
– – Israelitische und jüdische Geschichte, Berlin [9]1958.
– – Die Composition des Hexateuch und der Historischen Bücher des Alten Testaments, Berlin [4]1963.
WIDENGREN G., The King and the Tree of Life in Ancient Near Eastern Religion, Uppsala 1951.
WIJNGAARDS J. N. M., The Dramatization of Salvific History in the Deuteronomic School, OTS 16 (1969) 94–105.
WILKIE J. M., The Peschitta Translation of tabbur ha'ares in Judges IX 37, VT 1 (1951) 144.
WILLESEN F., Die Eselssöhne von Sichem als Bundesgenossen, VT 4 (1954) 216 f.
WILSON G. W., Ebal and Gerizim 1866, PEFQSt (1873) 66–71.
WINTER U., Die Frau im Alten Testament (Arbeitstitel), Diss. Univ. Fribourg (zur Zeit in Arbeit).
WOLF W., Das alte Ägypten, dtv Monographien zur Weltgeschichte, München–Darmstadt 1971.
WOLFF H. W., Dodekapropheton 1, Hosea, Biblischer Kommentar zum Alten Testament XIV, 1, Neukirchen–Vluyn 1961.
WRIGHT G. E., Biblical Archaeology, 1957, Biblische Archäologie, Göttingen 1958.

– – The Samaritans at Shechem, HThR 55 (1962) 357–366.
– – From the Hebrew Patriarchs to Alexander the Great and John Hyrcanus: 1600 Years of Shechem and its Pillars of the Covenant, ILN August 10, 1963, Archaeological Section No. 2144, 204–207.
– – Archaeological Fills and Strata, BA 25 (1962) 34–40.
– – The Provinces of Solomon (1 Kings 4: 7–19), EI 8 (1967) 58*–68*.
WRIGHT G. R. H., The Place Name Balāṭah and the Excavations at Shechem, ZDPV 83 (1967) 199–202.
– – Shechem and League Shrines, VT 21 (1971) 571–603.
– – Pre-Israelite Temples in the Land of Canaan, PEQ 103 (1971) 17–32.
– – Temples at Shechem, ZAW 80 (1968) 1–35.
– – The Mythology of Pre-Israelite Shechem, VT 20 (1970) 75–82.
– – The «Granary» at Shechem and the Underlying Storage Pits, ZAW 82 (1970) 275–178.
– – Joseph's Grave under the Tree by the Omphalos at Shechem, VT 22 (1972) 476–486.
– – Co-ordinating the Survey of Shechem over Sixty Years, ZDPV 89 (1973) 188–196.
– – Temples at Shechem – A Detail, ZAW 87 (1975) 56–64.
WÜNSCHE A., Die Sagen vom Lebensbaum und Lebenswasser, Altorientalische Mythen, Leipzig 1905.
WÜRTHWEIN E., Die Erzählung von der Thronfolge Davids, Theologische oder politische Geschichtsschreibung, Theologische Studien 115, Zürich 1974.
WÜST F. R., Amphiktyonie, Eidgenossenschaft, Symmachie, Hist 3 (1954–1955) 129–153.
YADIN Y., Ancient Judaean Weights and the Date of the Samaria Ostraca, ScriptaH 8 (1961) 9–25.
– – A Note on Dating the Shechem Temple, BASOR 150 (1958) 34.
YAHUDA A. S., Über die Unechtheit des samaritanischen Josuabuches, SAB 39 (1908) 887–913.
– – Zum samaritanischen Josua, Eine Erklärung, ZDMG 62 (1908) 754.
YEIVIN SH., The Israelite Conquest of Canaan, Publications de l'Institut historique et archéologique néerlandais de Stamboul 27, Leiden 1971.
ZIMMERLI W., Ezechiel, 2 Bände, Biblischer Kommentar zum Alten Testament XII, 1.2, Neukirchen–Vluyn 1969.
ZOBEL H. J., Stammesspruch und Geschichte, Die Angaben der Stammessprüche von Gn 49, Dt 33 und Jdc 5 über die politischen und kultischen Zustände im damaligen Israel, BZAW 95, Berlin 1965.

# REGISTER DER BIBELSTELLEN (AUSWAHL)

Zeichenerklärung: * = Der biblische Vers kommt in den Anmerkungen auf der entsprechenden Seite vor.

# ABBILDUNGSVERZEICHNIS

Abb. 37: G. R. H. Wright, ZAW 80 (1968) fig. 1B.
Abb. 38: G. E. Wright, Shechem fig. 19.
Abb. 39: J. F. Ross, BASOR 180 (1965) fig. 11.
Abb. 40: A. a. O., fig. 12.
Abb. 41: G. R. H. Wright, ZDPV 89 (1973) fig. 6b.
Abb. 42: A. a. O., fig. 6a.
Abb. 43: A. a. O., fig. 5.
Abb. 44: G. E. Wright, Shechem fig. 21.
Abb. 45: G. Welter, AA 1932 fig. 4.
Abb. 46: A. a. O., Abb. 6.
Abb. 47: A. a. O., Abb. 12.
Abb. 48: A. a. O., Abb. 13.
Abb. 49: W. G. Dever, Eretz Shomron Taf. g.
Abb. 50: G. E. Wright, Shechem fig. 35 (links oben).
Abb. 51: A. a. O., fig. 26.
Abb. 52: A. a. O., fig. 24.
Abb. 53: G. E. Wright, BASOR 144 (1956) fig. 4.
Abb. 54: A. a. O., fig. 5.
Abb. 55: G. E. Wright, Shechem fig. 34.
Abb. 56: A. a. O., fig. 108.
Abb. 57: A. a. O., fig. 31.
Abb. 58: A. a. O., fig. 35 (oben Mitte).
Abb. 59: = Abb. 52.
Abb. 60: A. a. O., fig. 28.
Abb. 61: J. D. Seger, BASOR 205 (1972) fig. 4.
Abb. 62: E. Sellin, ZDPV 50 (1927) Skizze über Stand der Grabung 1927.
Abb. 63: G. E. Wright, Shechem fig. 41.
Abb. 64: A. a. O., fig. 47.
Abb. 65: A. a. O., fig. 48.
Abb. 66: G. G. Boling, BA 32 (1969) fig. 2.
Abb. 67: A. a. O., fig. 3.
Abb. 68: A. a. O., fig. 4.
Abb. 69: G. E. Wright, Shechem fig. 35 (rechts oben).
Abb. 70: G. E. Wright, Shechem fig. 56.
Abb. 71: Photo K. Jaroš.
Abb. 72: Photo K. Jaroš.
Abb. 73: Photo K. Jaroš.
Abb. 74: Photo K. Jaroš.
Abb. 75: G. R. H. Wright, PEQ 101 (1969) fig. 1.
Abb. 76: G. R. H. Wright, PEQ 97 (1965) fig. 1.
Abb. 77: G. R. H. Wright, ZAW 80 (1968) fig. 3A.
Abb. 78: G. Loud, Megiddo II fig. 247.
Abb. 79: G. E. Wright, Shechem fig. 10.
Abb. 80: J. D. Seger, BASOR 205 (1972) fig. 2.
Abb. 81: L. E. Toombs, BASOR 204 (1971) fig. 4.
Abb. 82: G. R. H. Wright, ZAW 82 (1970) fig. 1.
Abb. 83: G. E. Wright, Shechem fig. 73.
Abb. 84: R. J. Bull, BA 23 (1960) fig. 5.

Abb. 85: A. a. O., fig. 6.
Abb. 86: A. a. O., fig. 7.
Abb. 87: G. R. H. Wright, ZAW 82 (1970) fig. 2.
Abb. 88: A. a. O., fig. 4.
Abb. 89: G. R. H. Wright, ZAW 80 (1968) fig. 4B.
Abb. 90: G. E. Wright, Shechem fig. 17.
Abb. 91: A. a. O., fig. 21.
Abb. 92: A. a. O., fig. 110.
Abb. 93: A. a. O., fig. 44.
Abb. 94: A. a. O., fig. 75.
Abb. 95: E. F. Campbell, Jr., BASOR 161 (1961) fig. 18.
Abb. 96: G. E. Wright, Shechem fig. 76.
Abb. 97: A. a. O., fig. 77.
Abb. 98: H. Keel-Leu, Heiliges Land 4 (1976) Abb. 5.
Abb. 99: A. a. O., fig. 87.
Abb. 100: A. a. O., fig. 35 (links unten).
Abb. 101: A. a. O., fig. 35 (rechts unten).
Abb. 102: J. F. Ross, BASOR 204 (1971) fig. 2.
Abb. 103: E. F. Campbell, Jr., BASOR 161 (1961) fig. 16.
Abb. 104: R. J. Bull, AJA 71 (1967) Ill. 1.
Abb. 105: A. a. O., Ill. 2.
Abb. 106: R. J. Bull, BASOR 190 (1968) fig. 3.
Abb. 107: A. a.O., fig. 6.
Abb. 108: R. J. Bull, BASOR 180 (1965) fig. 13.
Abb. 109: Erstveröffentlichung, MI: S 54, MZ: 390, A: 447.
Abb. 110: Erstveröffentlichung, MI: S 90, MZ: 307, A: 241.
Abb. 111: Erstveröffentlichung, MI: S 149, MZ: 282, A: 229.
Abb. 112: Erstveröffentlichung, MI: S 151, MZ: 279, A: 229.
Abb. 113: Erstveröffentlichung, MI: S 155, MZ: 260, A: 89.
Abb. 114: Erstveröffentlichung, MI: S 221, MZ: 389, A: 445.
Abb. 115: Erstveröffentlichung, MI: S 256, MZ: 226, A: —.
Abb. 116: Erstveröffentlichung, MI: S 257, MZ: 225, A: —.
Abb. 117: Erstveröffentlichung, MI: S 287, MZ: 193, A: —.
Abb. 118: Erstveröffentlichung, MI: S 179, MZ: 341, A: 272.
Abb. 119: Erstveröffentlichung, MI: S 180, MZ: 340, A: 266.
Abb. 120: Erstveröffentlichung, MI: S 222, MZ: 392, A: 447.
Abb. 121: Erstveröffentlichung, MI: S 232, MZ: 173, A: —.
Abb. 122: Erstveröffentlichung, MI: S 265, MZ: 249, A: —.
Abb. 123: Erstveröffentlichung, MI: S 289, MZ: 189, A: —.
Copyright der Abb. 109–123: Kulturhistorisches Museum, Wien.
Abb. 124: L. E. Toombs / G. E. Wright, BASOR 161 (1961) fig. 20.
Abb. 125: H. C. Kee, BA 20 (1957) fig. 10.
Abb. 126: G. E. Wright, Shechem fig. 107.
Abb. 127: A. a. O., fig. 67.
Abb. 128: S. H. Horn / L. G. Moulds, AUSS 7 (1969) Pl. II, 136.
Abb. 129: A. a. O., Pl. IV, 150.
Abb. 130: A. a. O., Pl. IV, 155.
Abb. 131: A. a. O., Pl. VI, 158.

Abb. 132: A. a. O., Pl. VIII, 181.
Abb. 133: A. a. O., Pl. VIII, 184.
Abb. 134: G. R. Wright, Shechem fig. 85.
Abb. 135: A. a. O., fig. 90.
Abb. 136: S. H. Horn, JEOL 20 (1968) fig. 2, 25.
Abb. 137: G. E. Wright, ILN August 10 (1963) fig. 23.
Abb. 138: A. a. O., fig. 25.
Abb. 139: S. H. Horn, JEOL 20 (1968) fig. 1, 7.
Abb. 140: G. E. Wright, Shechem fig. 83 (Zeichnung: J. Ramskogler).
Abb. 141: A. a. O., fig. 104.
Abb. 142: S. H. Horn, JEOL 20 (1968) fig. 3, 55.
Abb. 143: A. a. O., fig. 1, 8.
Abb. 144: A. a. O., fig. 3, 44.
Abb. 145: A. a. O., fig. 3, 60.
Abb. 146: A. a. O., fig. 3, 62.
Abb. 147: V. I. Kerkhof, BASOR 184 (1966) 20.
Abb. 148: F. W. Freiherr von Bissing, MAA 62 (1926) 20. (Zeichnung: K. Jaroš).
Abb. 149: O. Keel, Siegeszeichen Abb. 42.
Abb. 150: S. H. Horn, JEOL 20 (1968) fig. 3, 65.
Abb. 151: A. a. O., fig. 3, 49.
Abb. 152: A. a. O., fig. 4, 68.
Abb. 153: H. Haag, BL Abb. 101.
Abb. 154: G. E. Wright, BASOR 167 (1962) fig. 4.
Abb. 155: G. E. Wright, Shechem fig. 91.
Abb. 156: A. a. O., fig. 94.
Abb. 157: S. H. Horn, JNES 21 (1962) fig. 1, 5.
Abb. 158: A. a. O., fig. 1, 17.
Abb. 159: A. a. O., fig. 2, 33.
Abb. 160: S. H. Horn, JNES 25 (1966) fig. 1, 52.
Abb. 161: S. H. Horn, JNES 32 (1972) fig. 1, 62.
Abb. 162: H. C. Kee, BA 20 (1957) fig. 13.
Abb. 163: G. E. Wright, Shechem 95.
Abb. 164: O. L. Sellers, BA 25 (1962) fig. 10, 2.
Abb. 165: A. a. O., fig. 10, 54.
Abb. 166: A. a. O., fig. 12, 75.
Abb. 167: E. Sellin, ZDPV 49 (1926) Taf. 30 (Zeichnung: J. Ramskogler).
Abb. 168: G. E. Wright, Shechem fig. 53.
Abb. 169: S. H. Horn, JEOL 20 (1968) fig. 1, 16.
Abb. 170: A. a. O., fig. 2, 32.
Abb. 171: A. a. O., fig. 5, 121.
Abb. 172: E. F. Campbell, Jr., BASOR 180 (1965) fig. 9.
Abb. 173: E. Sellin, ZDPV 50 (1927) Taf. 20 f (Zeichnung: J. Ramskogler).
Abb. 174: A. a. O., Taf. 29 a, b, c (Zeichnung: J. Ramskogler).
Abb. 175: E. Sellin, ZDPV 49 (1926) Taf. 31, 2A (Zeichnung: J. Ramskogler).
Abb. 176: A. a. O., Taf. 31B (Zeichnung: J. Ramskogler).
Abb. 177: A. a. O., Taf. 31A (Zeichnung: J. Ramskogler).
Abb. 178: G. E. Wright, Shechem fig. 84 (Zeichnung: J. Ramskogler).
Abb. 179: E. Sellin, ZDPV 50 (1927) Taf. 20e (Zeichnung: J. Ramskogler).

Abb. 180: G. E. Wright, ILN 10 August (1963) fig. 14.
Abb. 181: R. J. Bull, BASOR 180 (1965) fig. 14.
Abb. 182: F. M. Th. de Liagre Böhl, ZDPV 49 (1926) Taf. 45.
Abb. 183: A. a. O., Taf. 46.
Abb. 184: F. M. Th. de Liagre Böhl, ZDPV 61 (1938) Abb. 3.
Abb. 185: A. a. O., Abb. 4.
Abb. 186: Y. Aharoni, The Land of the Bible 229 Map 18.
Abb. 187: D. Diringer, Le Iscrizioni Taf. VI.
Abb. 188: G. R. H. Wright, VT 21 (1971) 579 Fig. a.
Abb. 189: A. a. O., 578 Fig. a.
Abb. 190: A. a. O., 578 Fig. b.
Abb. 191: A. a. O., 578 Fig. c.
Abb. 192: S. H. Horn, BASOR 167 (1962) 17.
Abb. 193: H. Gese, BZAW 105 (1967) 83.

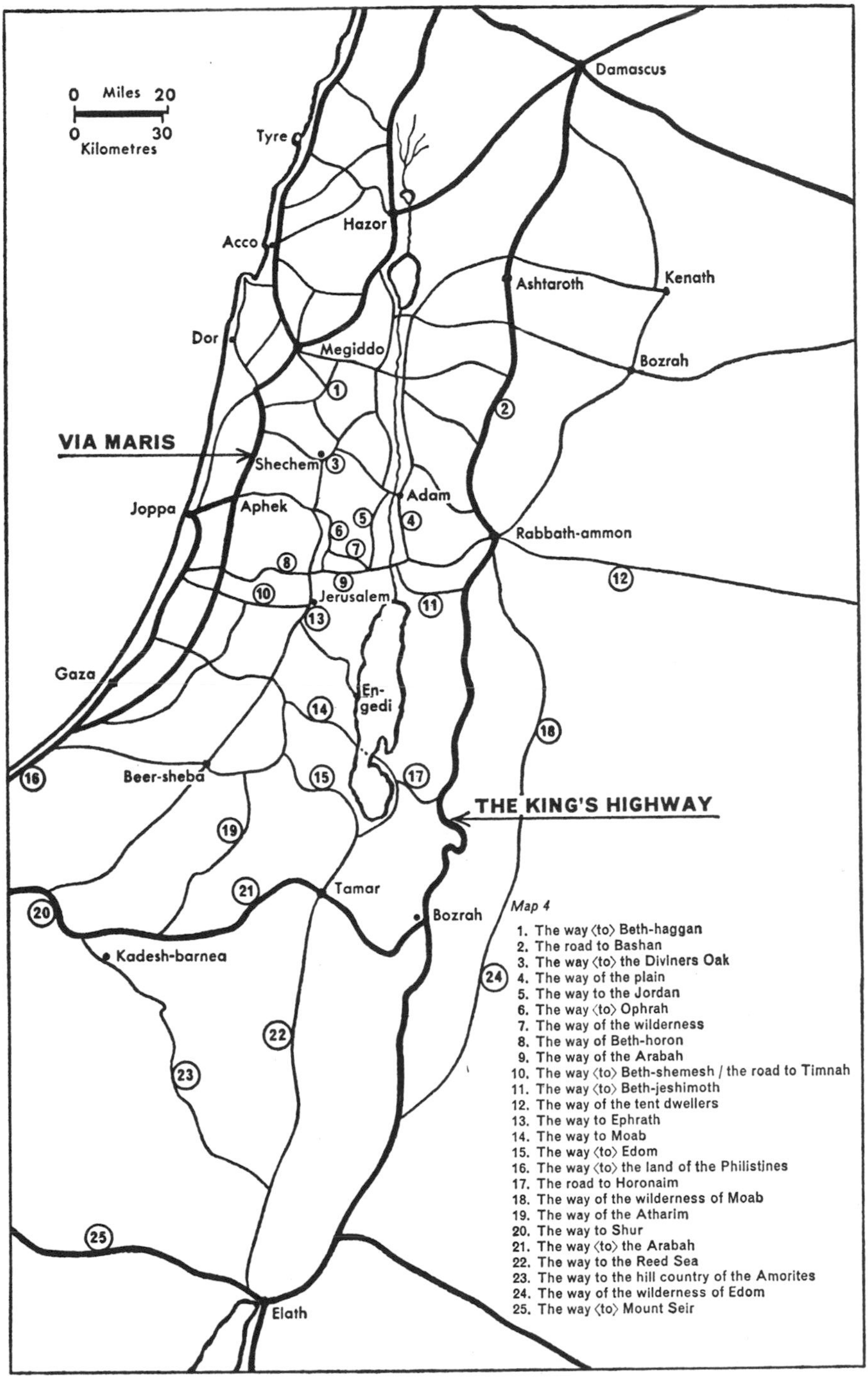
0 Miles 20
0 30
Kilometres
Damascus
Tyre
Hazor
Acco
Ashtaroth
Kenath
Dor
Megiddo
Bozrah
VIA MARIS
Shechem
Adam
Joppa
Aphek
Rabbath-ammon
Jerusalem
Gaza
En-gedi
Beer-sheba
THE KING'S HIGHWAY
Tamar
Bozrah
Kadesh-barnea
Elath
Map 4
1. The way ⟨to⟩ Beth-haggan
2. The road to Bashan
3. The way ⟨to⟩ the Diviners Oak
4. The way of the plain
5. The way to the Jordan
6. The way ⟨to⟩ Ophrah
7. The way of the wilderness
8. The way of Beth-horon
9. The way of the Arabah
10. The way ⟨to⟩ Beth-shemesh / the road to Timnah
11. The way ⟨to⟩ Beth-jeshimoth
12. The way of the tent dwellers
13. The way to Ephrath
14. The way to Moab
15. The way ⟨to⟩ Edom
16. The way ⟨to⟩ the land of the Philistines
17. The road to Horonaim
18. The way of the wilderness of Moab
19. The way of the Atharim
20. The way to Shur
21. The way ⟨to⟩ the Arabah
22. The way to the Reed Sea
23. The way to the hill country of the Amorites
24. The way of the wilderness of Edom
25. The way ⟨to⟩ Mount Seir

1

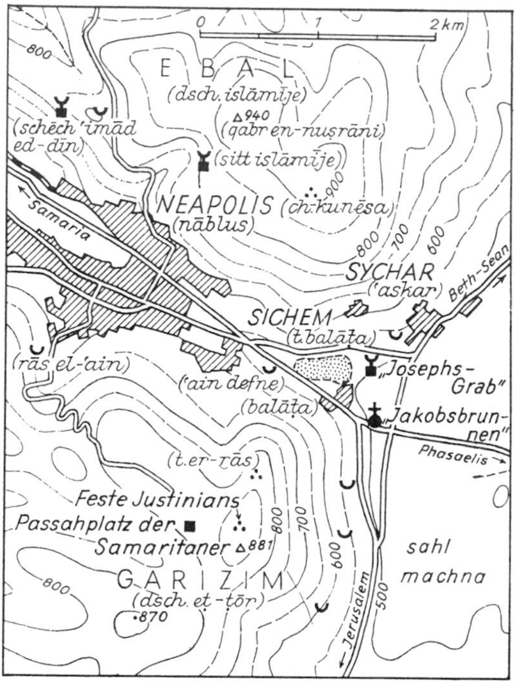
0
1
2 km
800
E B A L
(dsch. islāmīje)
△940
(qabr en-nuṣrāni)
(schēch 'imād
ed-dīn)
(sitt islāmīje)
900
NEAPOLIS
(ch. kunēsa)
(nāblus)
Samaria
800
700
600
SYCHAR
('askar)
Beth-Sean
SICHEM
(t. balāṭa)
(rās el-'ain)
„Josephs-
Grab"
('ain defne)
(balāṭa)
„Jakobsbrun-
nen"
Phasaelis
(t. er-rās)
Feste Justinians
Passahplatz der
Samaritaner △881
800
700
600
sahl
machna
800
G A R I Z I M
(dsch. eṭ-ṭōr)
•870
Jerusalem
500

2

3

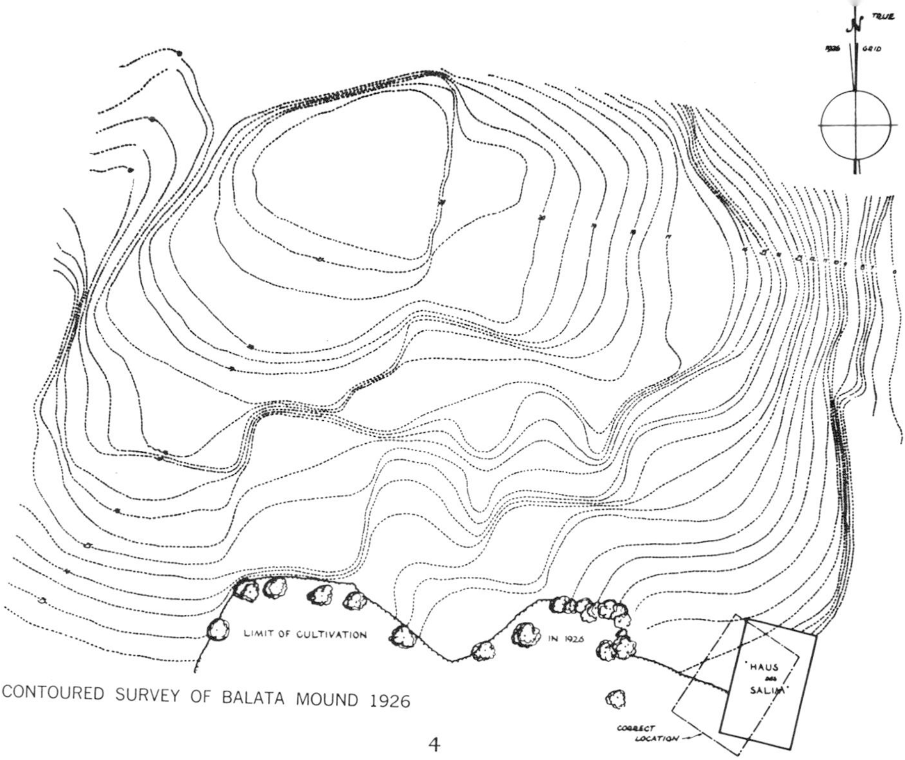


CONTOURED SURVEY OF BALATA MOUND 1926

4

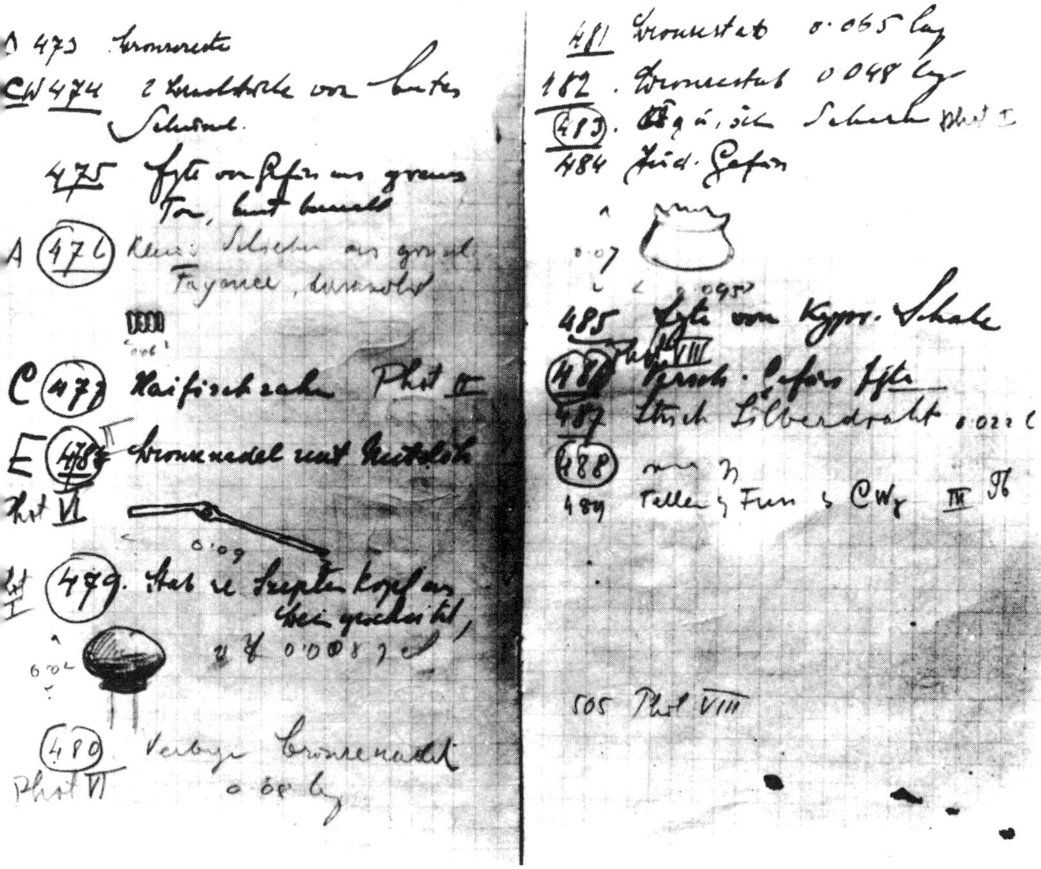

5

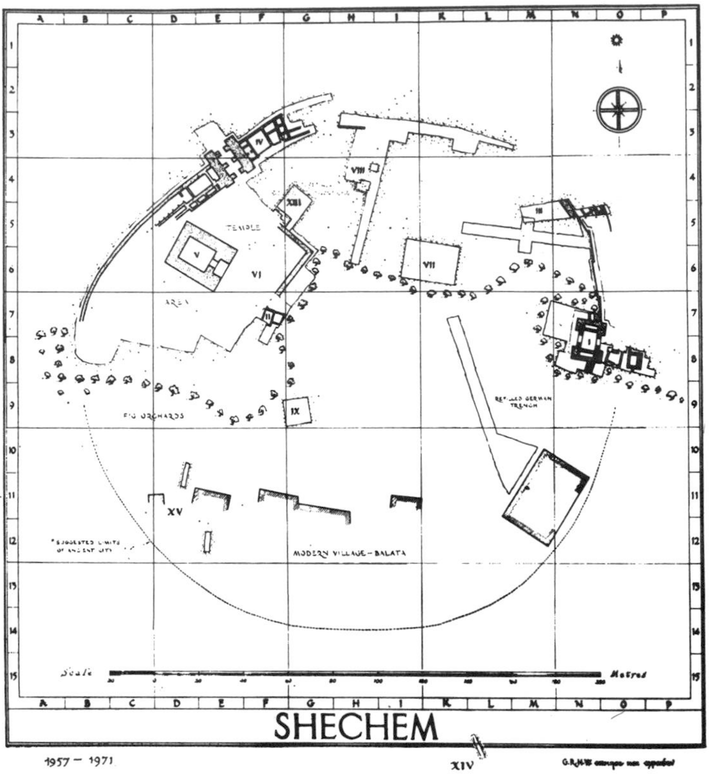
SHECHEM
TEMPLE
FIG ORCHARDS
MODERN VILLAGE – BALATA
Metres
1957 – 1971
XIV
XV
IX
VII
VIII

6

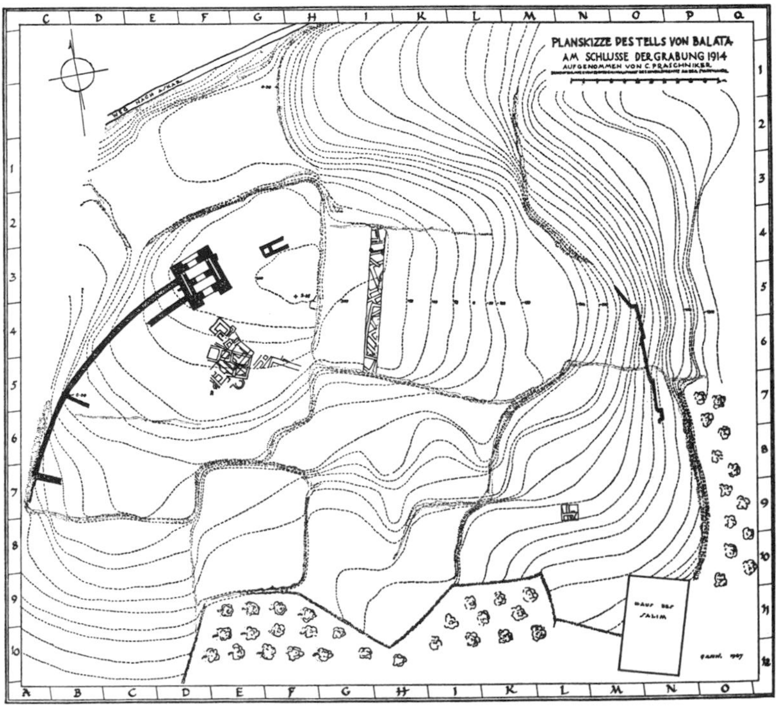
PLANSKIZZE DES TELLS VON BALATA
AM SCHLUSSE DER GRABUNG 1914
AUFGENOMMEN VON C. PRASCHNIKER
HAUS DES SALIM

7

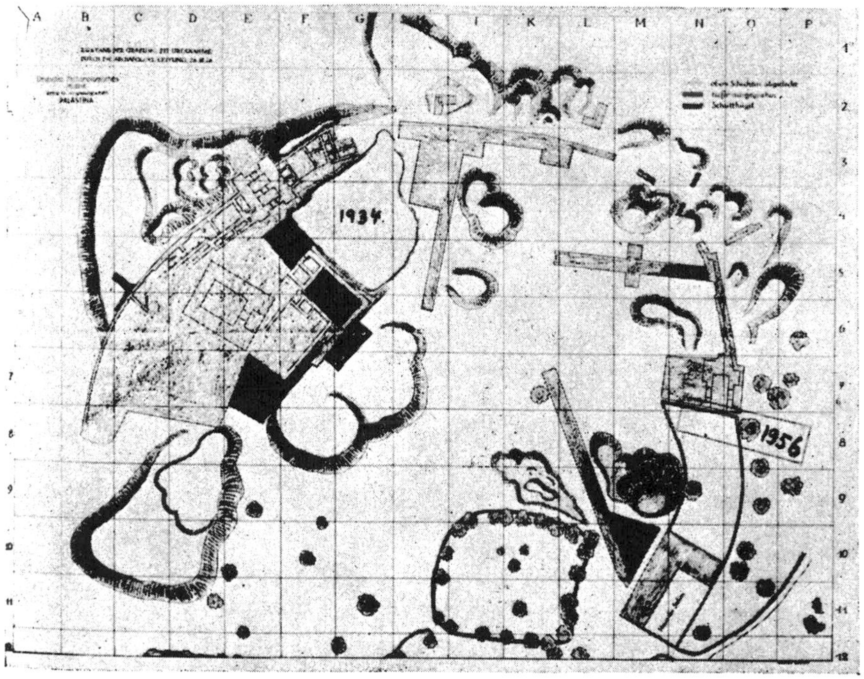
A B C D E F G I K L M N O P
1934
1956

8

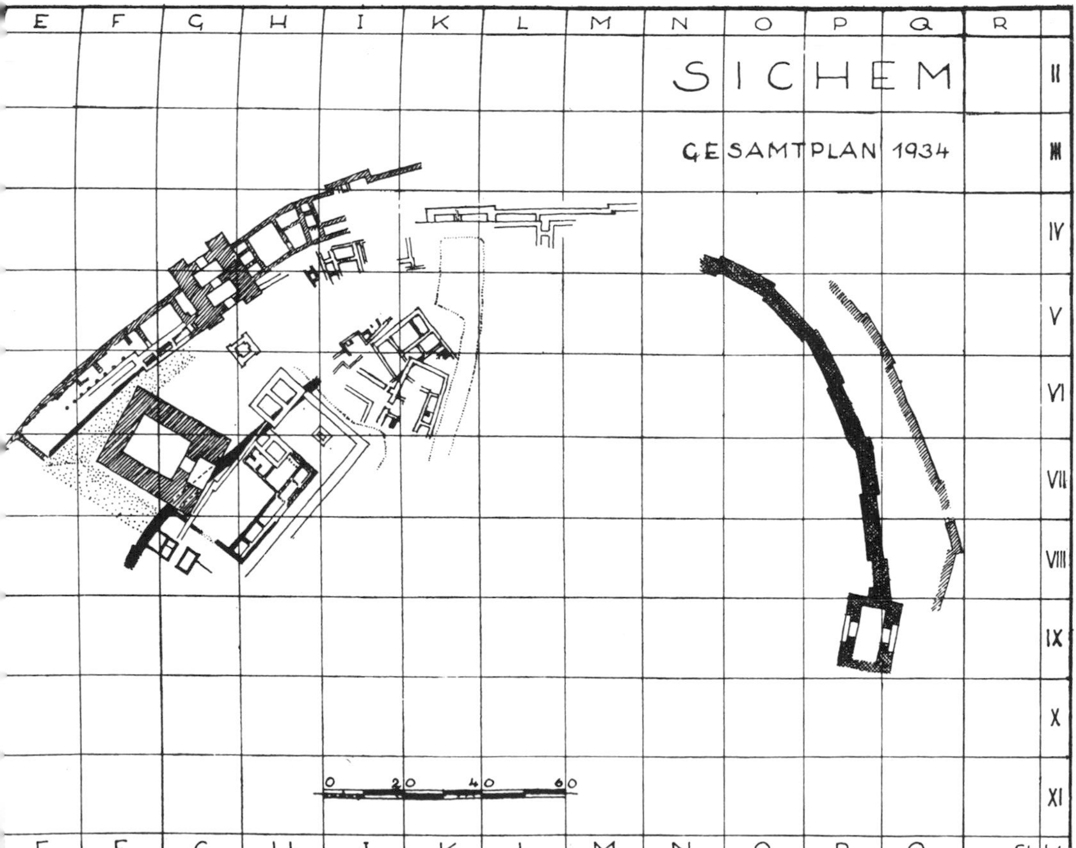
E F G H I K L M N O P Q R
SICHEM
GESAMTPLAN 1934
II
III
IV
V
VI
VII
VIII
IX
X
XI
0 20 40 60
E F G H I K L M N O P Q
St. 41

9

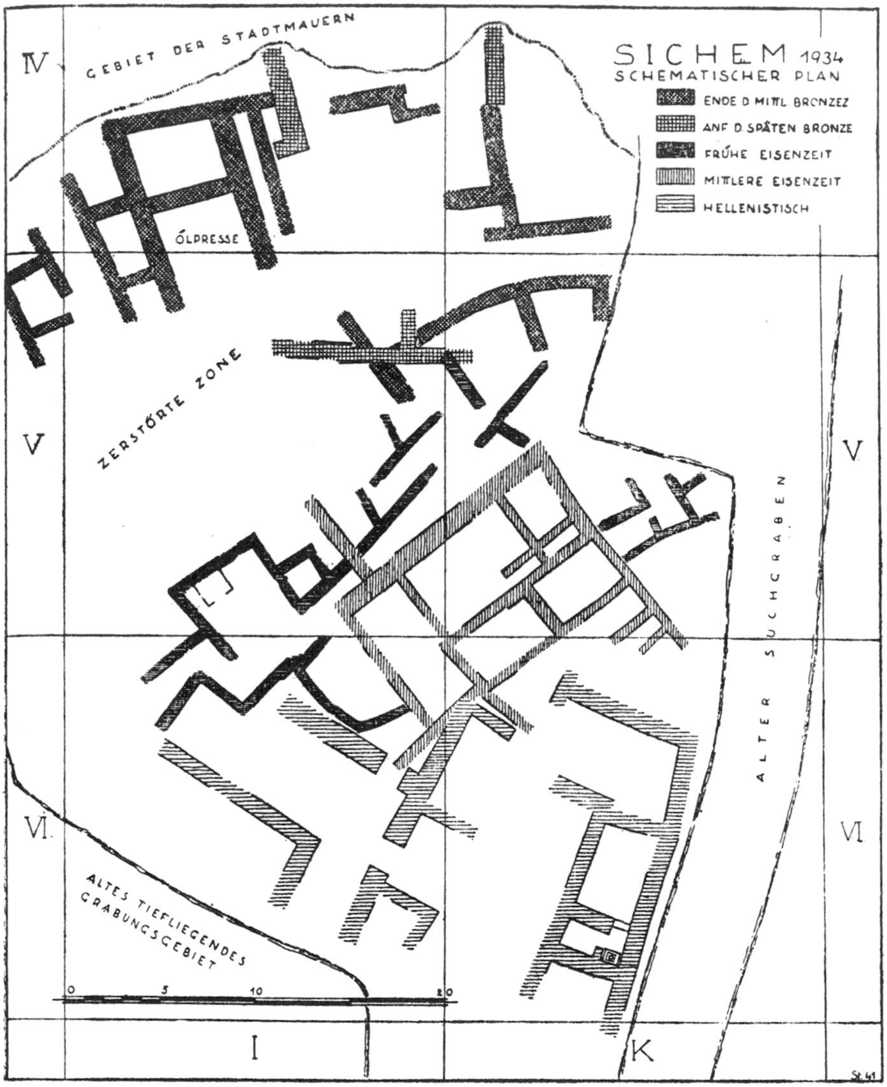
SICHEM 1934
SCHEMATISCHER PLAN
ENDE D. MITTL. BRONZEZ
ANF. D. SPÄTEN BRONZE
FRÜHE EISENZEIT
MITTLERE EISENZEIT
HELLENISTISCH
GEBIET DER STADTMAUERN
ÖLPRESSE
ZERSTÖRTE ZONE
ALTER SUCHGRABEN
ALTES TIEFLIEGENDES GRABUNGSGEBIET
IV
V
VI
I
K
0
5
10
20

10

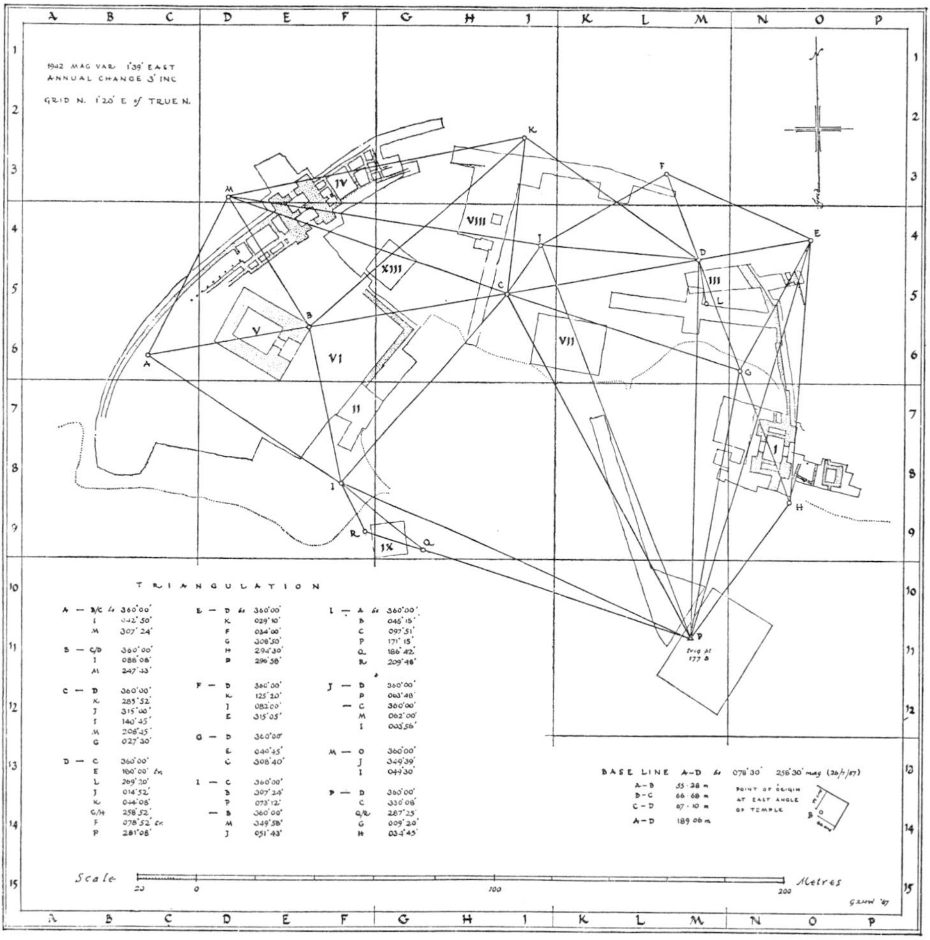

1942 MAG VAR 1°39' EAST
ANNUAL CHANGE 3' INC
GRID N. 1°20' E of TRUE N.
TRIANGULATION
BASE LINE A–D 078°30' 258°30' mag
A–B 55·28 m
B–C 66·68 m
C–D 67·10 m
A–D 189·06 m
POINT OF ORIGIN AT EAST ANGLE OF TEMPLE
Scale
Metres


11

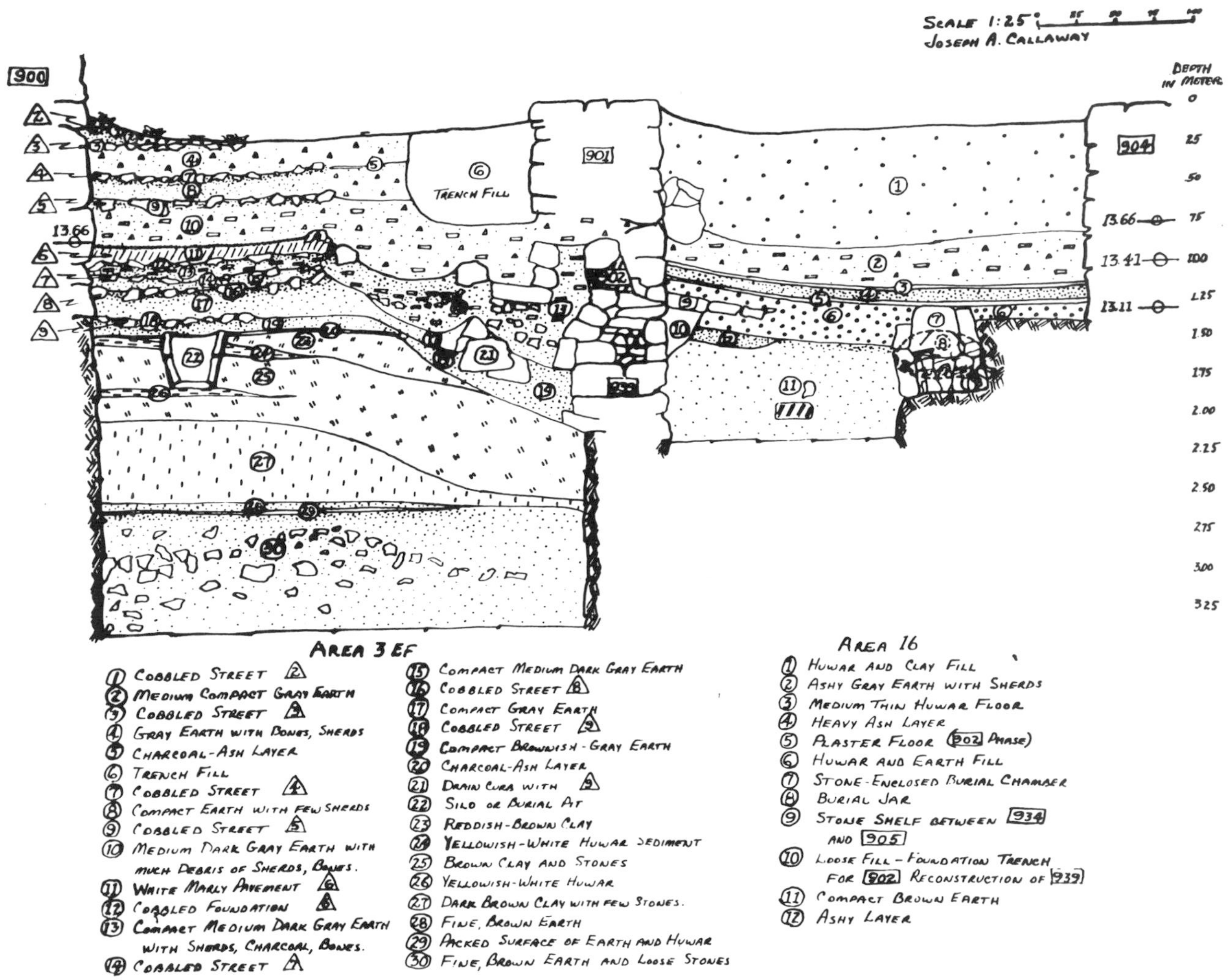
Scale 1:25
Joseph A. Callaway
Depth in Meters
0
25
50
75
100
1.25
1.50
1.75
2.00
2.25
2.50
2.75
3.00
3.25
900
901
904
Trench Fill
13.66
13.41
13.11
Area 3 EF
1 Cobbled Street 2
2 Medium Compact Gray Earth
3 Cobbled Street 3
4 Gray Earth with Bones, Sherds
5 Charcoal-Ash Layer
6 Trench Fill
7 Cobbled Street 4
8 Compact Earth with Few Sherds
9 Cobbled Street 5
10 Medium Dark Gray Earth with much Debris of Sherds, Bones.
11 White Marly Pavement 6
12 Cobbled Foundation 6
13 Compact Medium Dark Gray Earth with Sherds, Charcoal, Bones.
14 Cobbled Street 7
15 Compact Medium Dark Gray Earth
16 Cobbled Street 8
17 Compact Gray Earth
18 Cobbled Street 9
19 Compact Brownish-Gray Earth
20 Charcoal-Ash Layer
21 Drain Curb with 9
22 Silo or Burial Pit
23 Reddish-Brown Clay
24 Yellowish-White Huwar Sediment
25 Brown Clay and Stones
26 Yellowish-White Huwar
27 Dark Brown Clay with few Stones.
28 Fine, Brown Earth
29 Packed Surface of Earth and Huwar
30 Fine, Brown Earth and Loose Stones
Area 16
1 Huwar and Clay Fill
2 Ashy Gray Earth with Sherds
3 Medium Thin Huwar Floor
4 Heavy Ash Layer
5 Plaster Floor (902 Phase)
6 Huwar and Earth Fill
7 Stone-Enclosed Burial Chamber
8 Burial Jar
9 Stone Shelf between 934 and 905
10 Loose Fill - Foundation Trench for 902 Reconstruction of 939
11 Compact Brown Earth
12 Ashy Layer

12

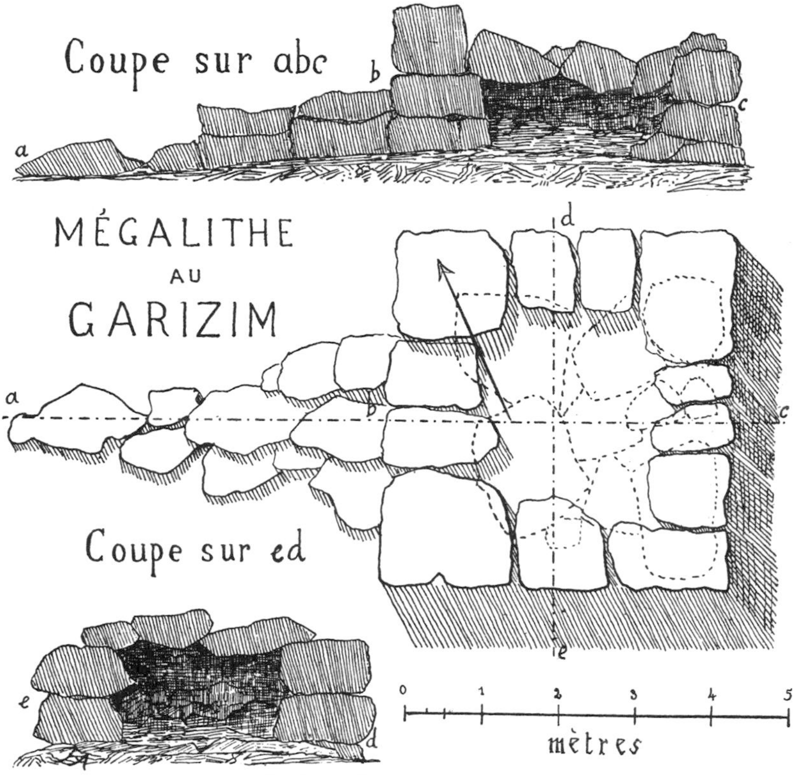
Coupe sur abc
a
b
c
MÉGALITHE
AU
GARIZIM
d
a
b
c
e
Coupe sur ed
e
d
0
1
2
3
4
5
mètres

13

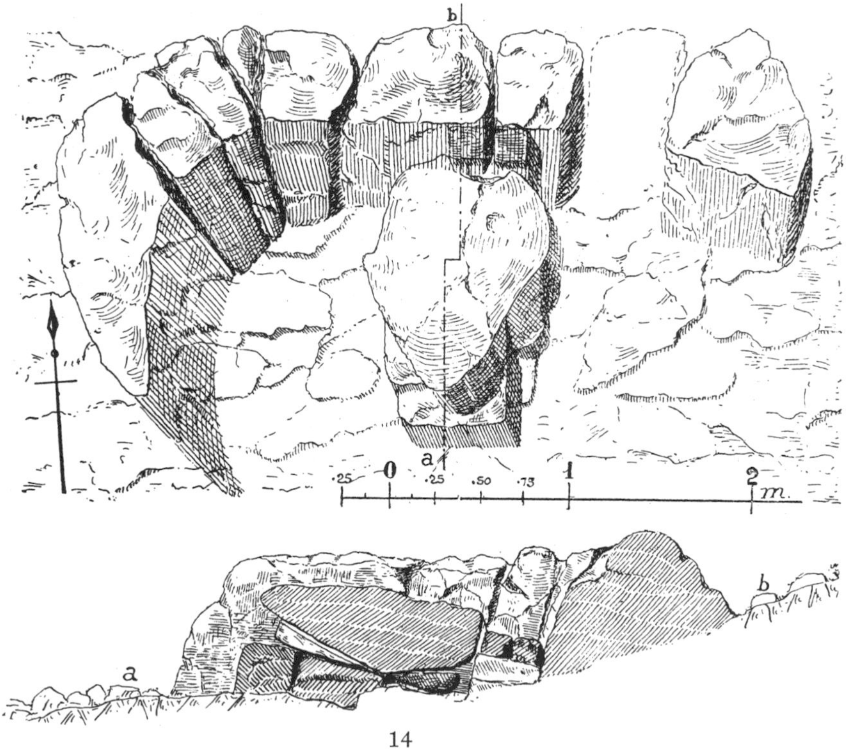
b
a
.25
0
.25
.50
.75
1
2
m.
a
b

14

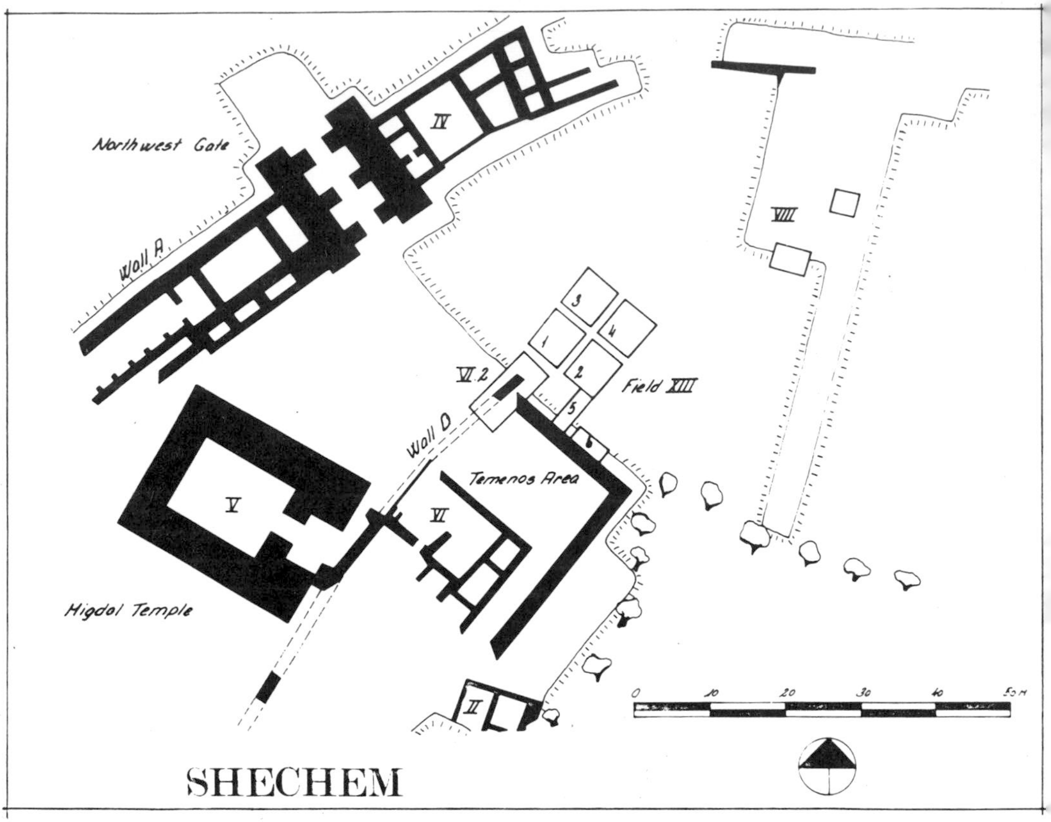
Northwest Gate
IV
Wall A
VIII
3
4
1
2
VI.2
5
Field XIII
6
Wall D
Temenos Area
V
VI
Migdol Temple
II
0
10
20
30
40
50 M
SHECHEM

15

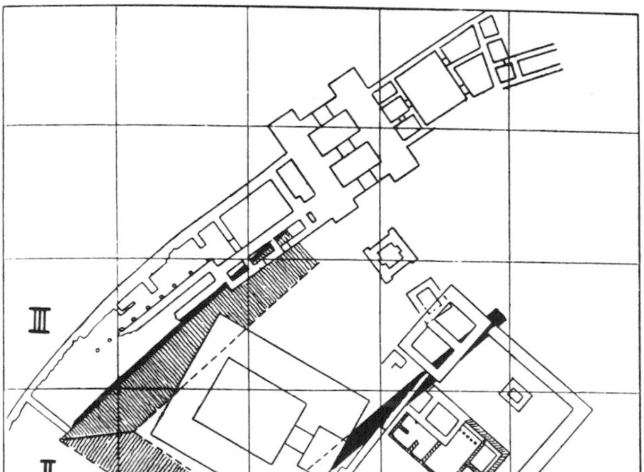
III
II
I

16

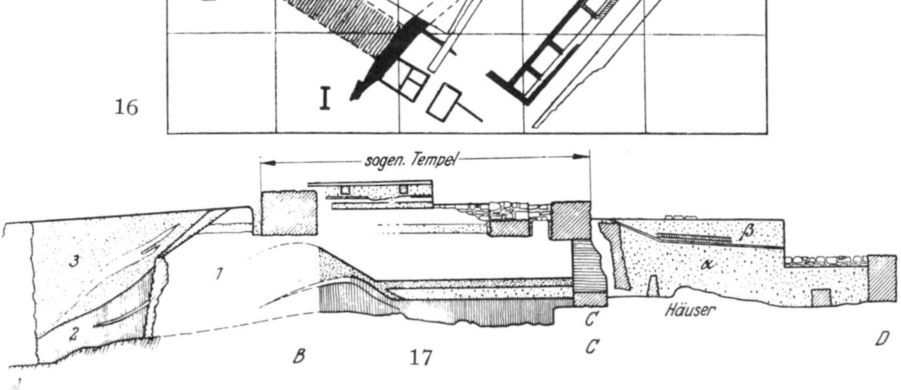
sogen. Tempel
3
1
2
β
α
C
Häuser
B
C
D

17

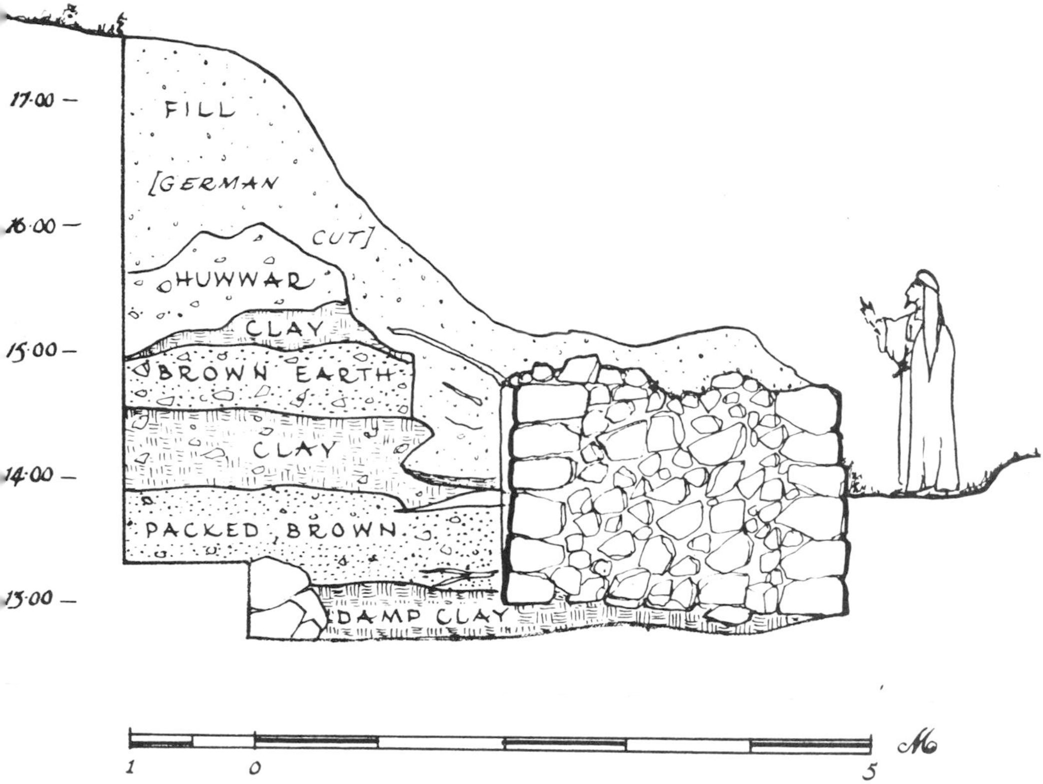
17·00
16·00
15·00
14·00
13·00
FILL
[GERMAN
CUT]
HUWWAR
CLAY
BROWN EARTH
CLAY
PACKED BROWN
DAMP CLAY
1
0
5
M

18

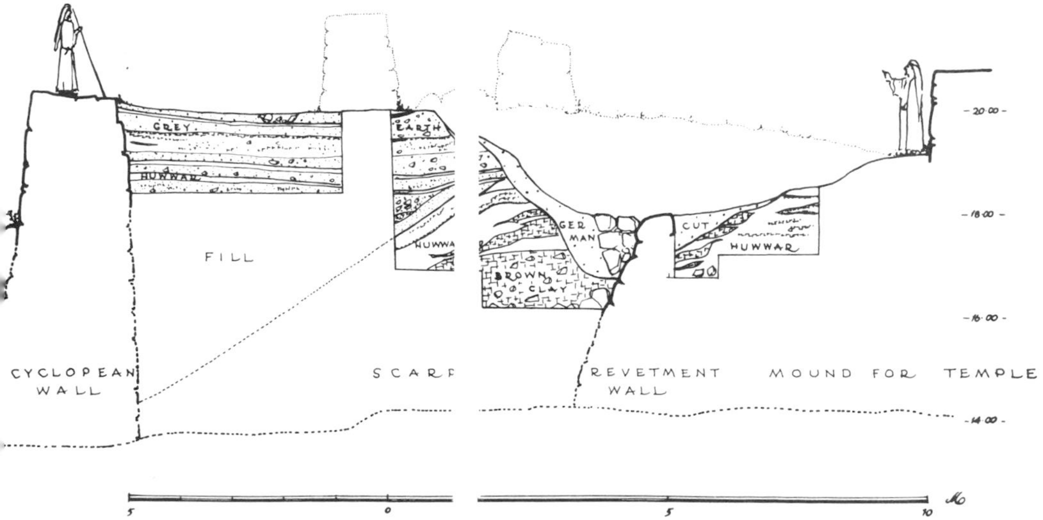
GREY
HUWWAR
EARTH
HUWWA
FILL
GER
MAN
BROWN
CLAY
CUT
HUWWAR
20·00
18·00
16·00
14·00
CYCLOPEAN
WALL
SCARP
REVETMENT
WALL
MOUND FOR TEMPLE
5
0
5
10
M

19

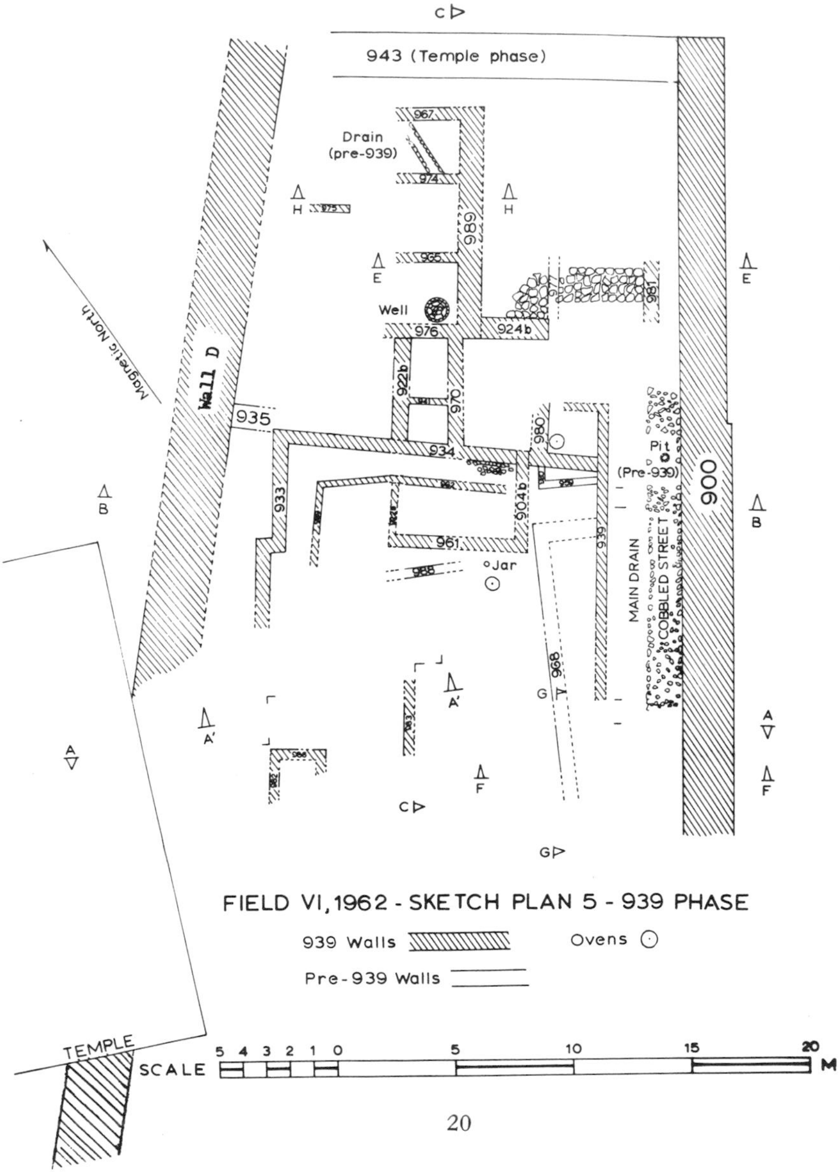
C
943 (Temple phase)
967
Drain
(pre-939)
974
H
975
H
989
965
E
E
Well
976
924b
981
Magnetic North
Wall D
922b
970
935
980
Pit
934
(Pre-939)
900
B
933
904b
B
961
939
MAIN DRAIN
COBBLED STREET
Jar
988
968
A'
G
A'
A
A
F
F
C
G
FIELD VI, 1962 - SKETCH PLAN 5 - 939 PHASE
939 Walls
Ovens
Pre-939 Walls
TEMPLE
SCALE
5 4 3 2 1 0
5
10
15
20
M

20

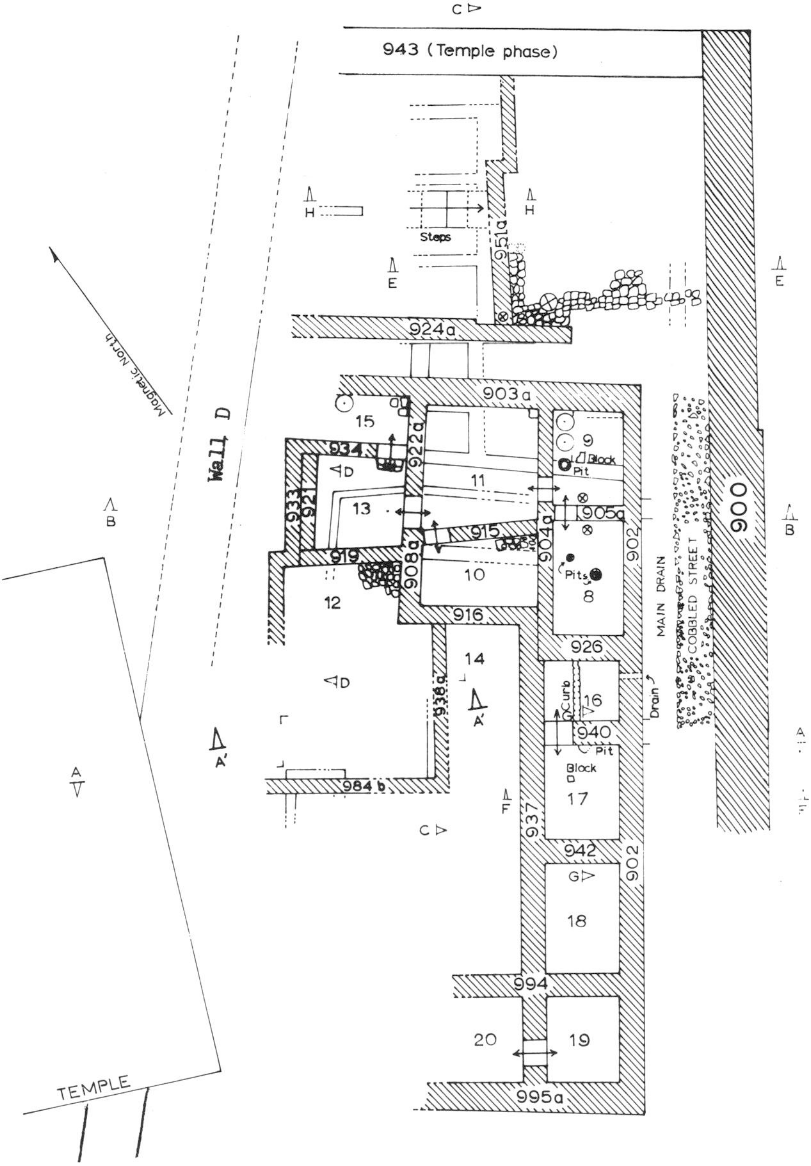


FIELD VI, 1962 - SKETCH PLAN 4 - 902 PHASE

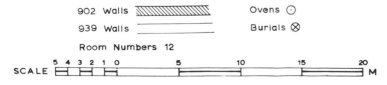

902 Walls

939 Walls

Room Numbers 12

Ovens ⊙

Burials ⊗

SCALE 5 4 3 2 1 0 5 10 15 20 M

21

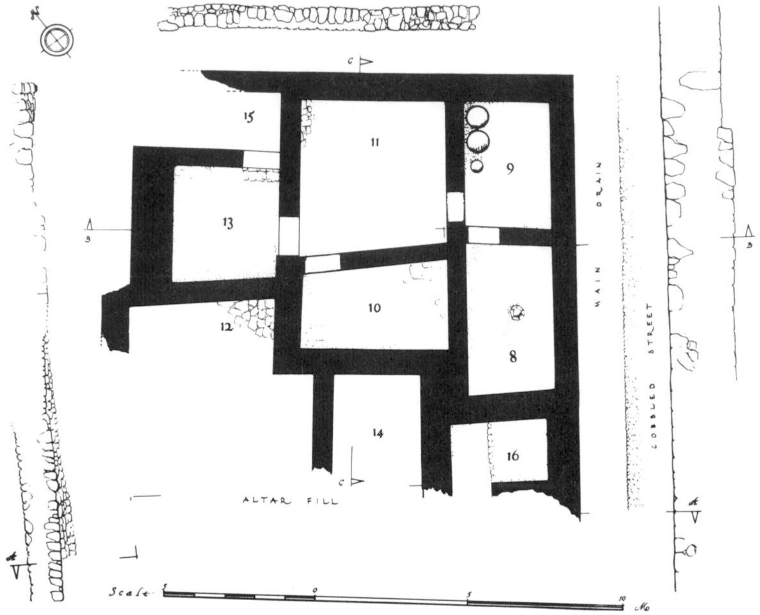
15
11
9
13
10
12
8
14
16
MAIN DRAIN
COBBLED STREET
ALTAR FILL
Scale
0
5
10

22

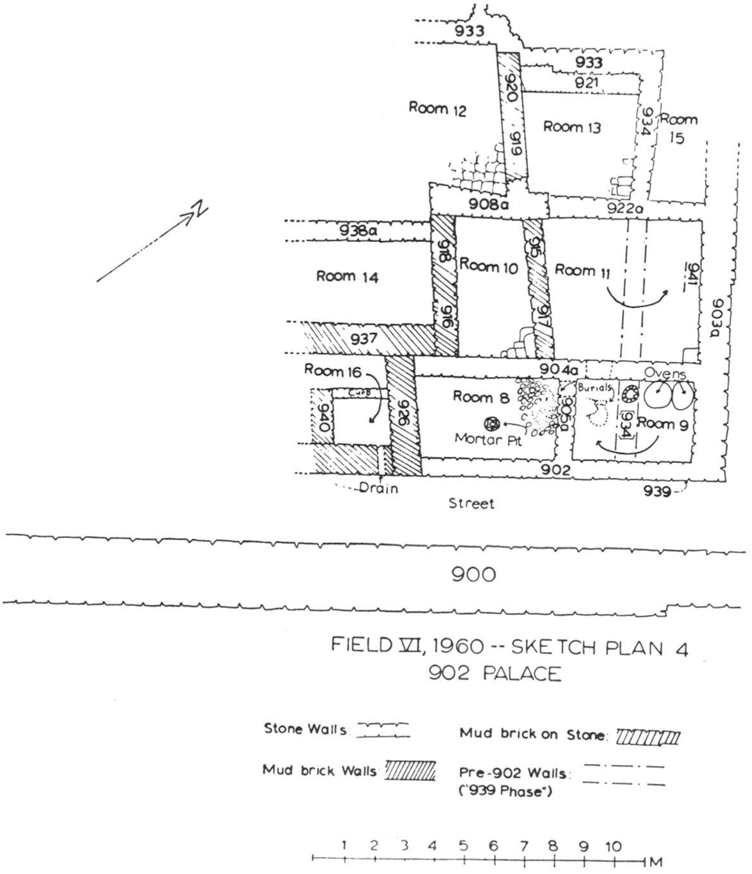
933
933
921
920
919
Room 12
Room 13
934
Room 15
908a
922a
938a
Room 14
918
916
Room 10
915
917
Room 11
941
903a
937
Room 16
904a
Ovens
Room 8
Burials
Room 9
934
940
926
Mortar Pit
905a
902
Drain
Street
939
900
FIELD VI, 1960 -- SKETCH PLAN 4
902 PALACE
Stone Walls
Mud brick on Stone
Mud brick Walls
Pre-902 Walls
("939 Phase")
1 2 3 4 5 6 7 8 9 10
M

23

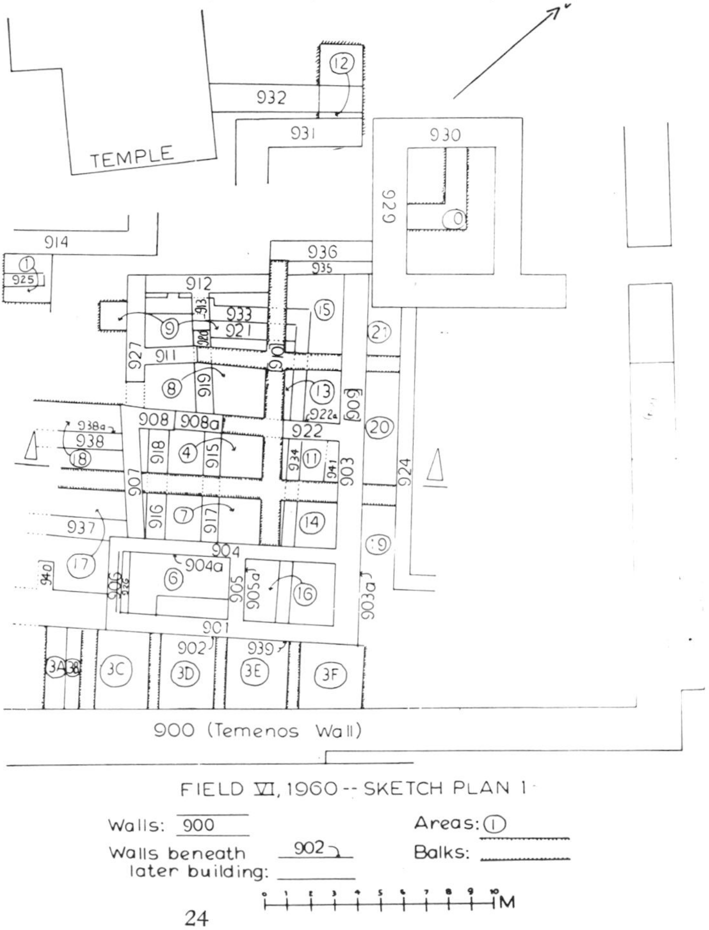

TEMPLE
932
931
930
929
914
925
936
935
912
933
921
927
911
910
919
908
908a
938a
938
907
918
915
922
922a
934
941
903
909
924
937
916
917
904
904a
905
905a
903a
940
901
902
939
3A
3B
3C
3D
3E
3F
900 (Temenos Wall)
FIELD VI, 1960 -- SKETCH PLAN 1
Walls: 900
Areas:
Walls beneath later building: 902
Balks:
M


24

25

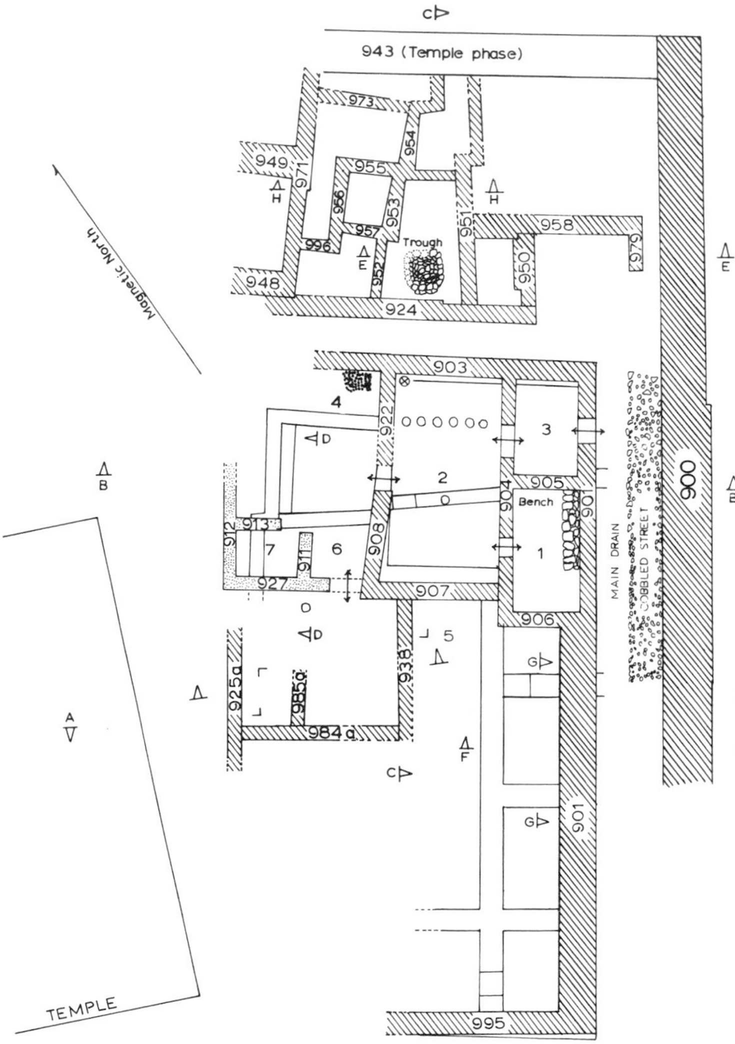


FIELD VI, 1962 - SKETCH PLAN 3 - 901 PHASE

901 Walls — Burial ⊗

901 Extension Walls — Column Bases ○

902 Walls — Room Numbers 5

SCALE 5 4 3 2 1 0 5 10 15 20 M

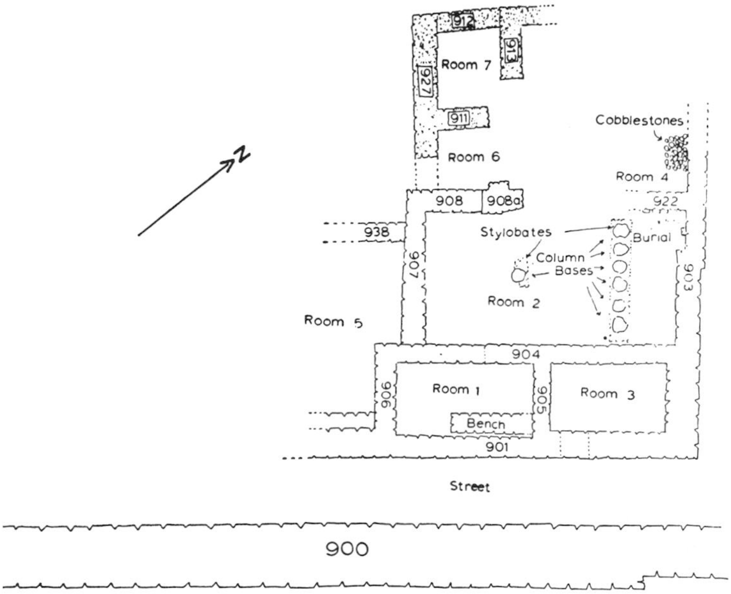


FIELD VI, 1960 -- SKETCH PLAN 3

901 PALACE

901 Palace Walls: ——— Later Extension: ▒▒▒

1 2 3 4 5 6 7 8 9 10 M

27

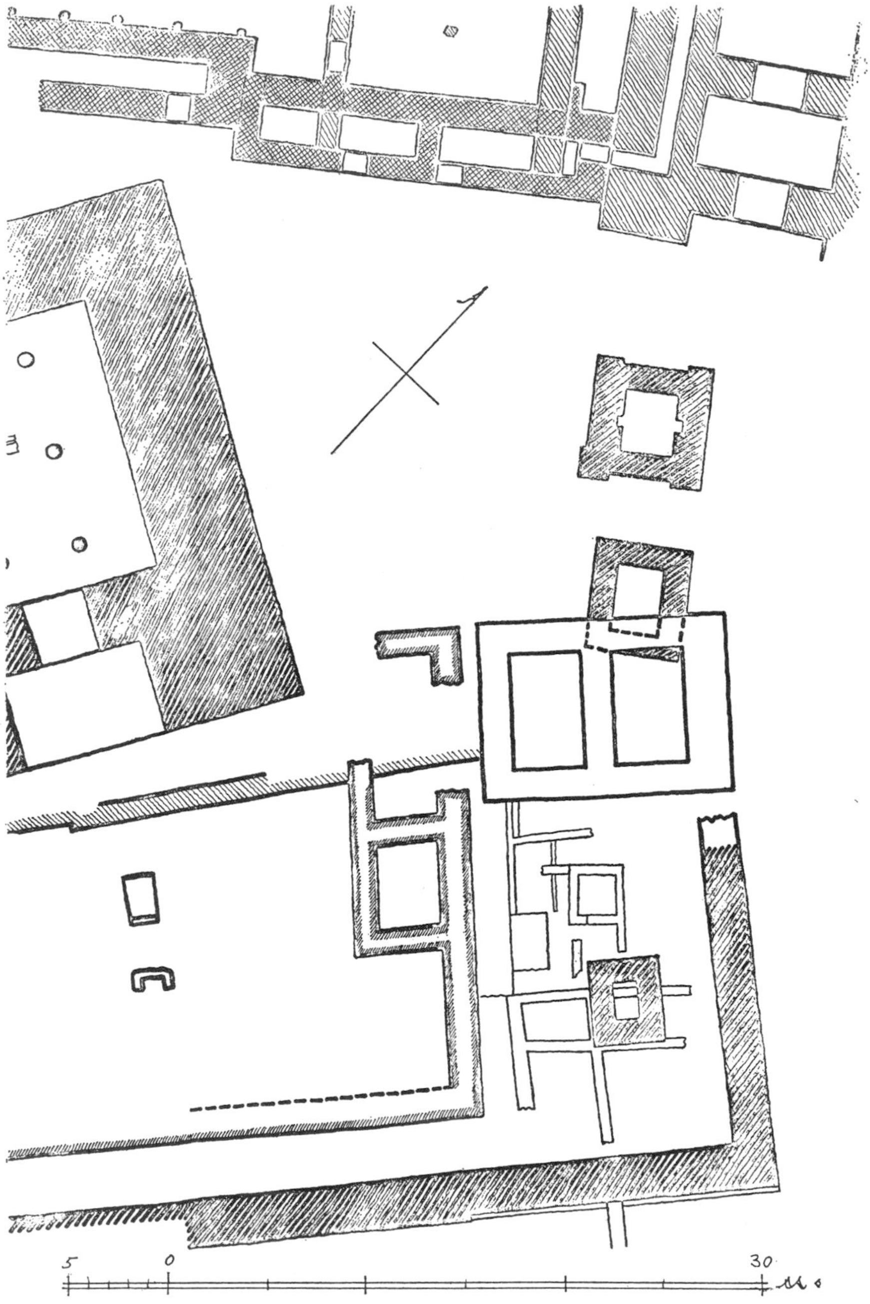


28

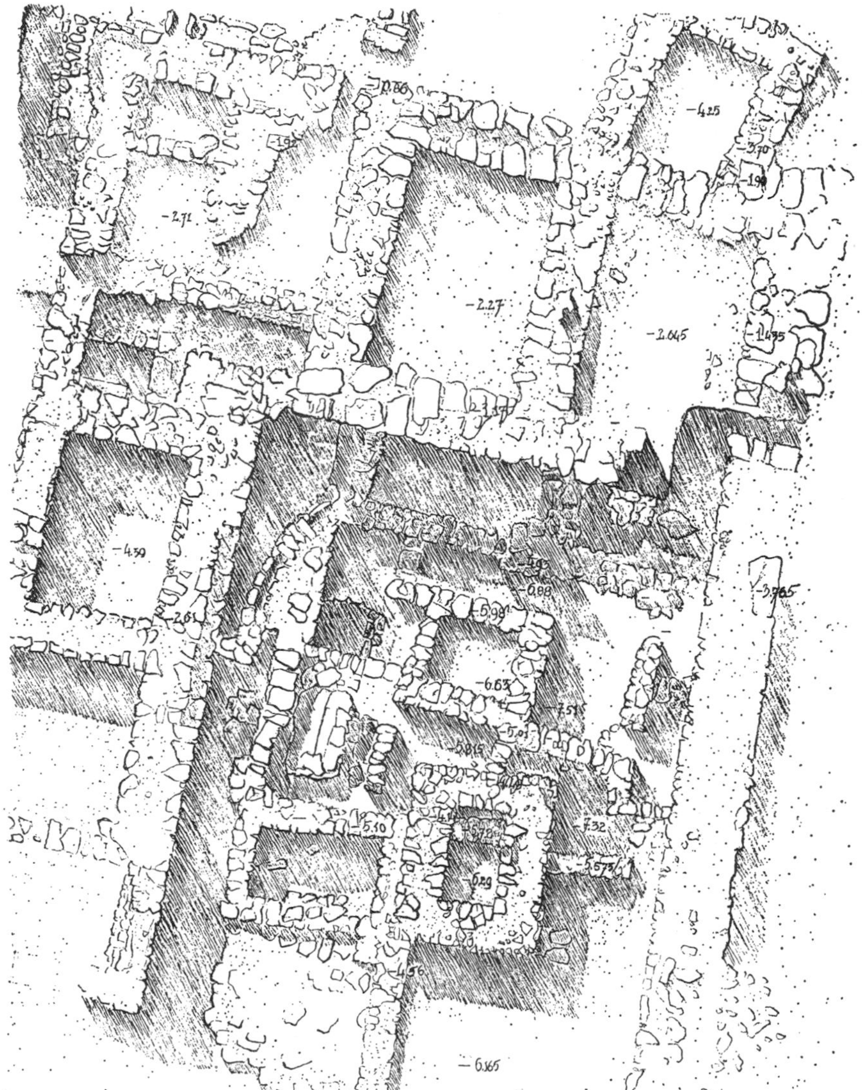
-2.71
-2.27
-2.645
-4.25
-4.39
-5.98
-6.63
-5.10
-7.32
-6.29
-4.56
-6.865
-3.765
-3.58
-4.505
-3.865
0
5
10
m

29

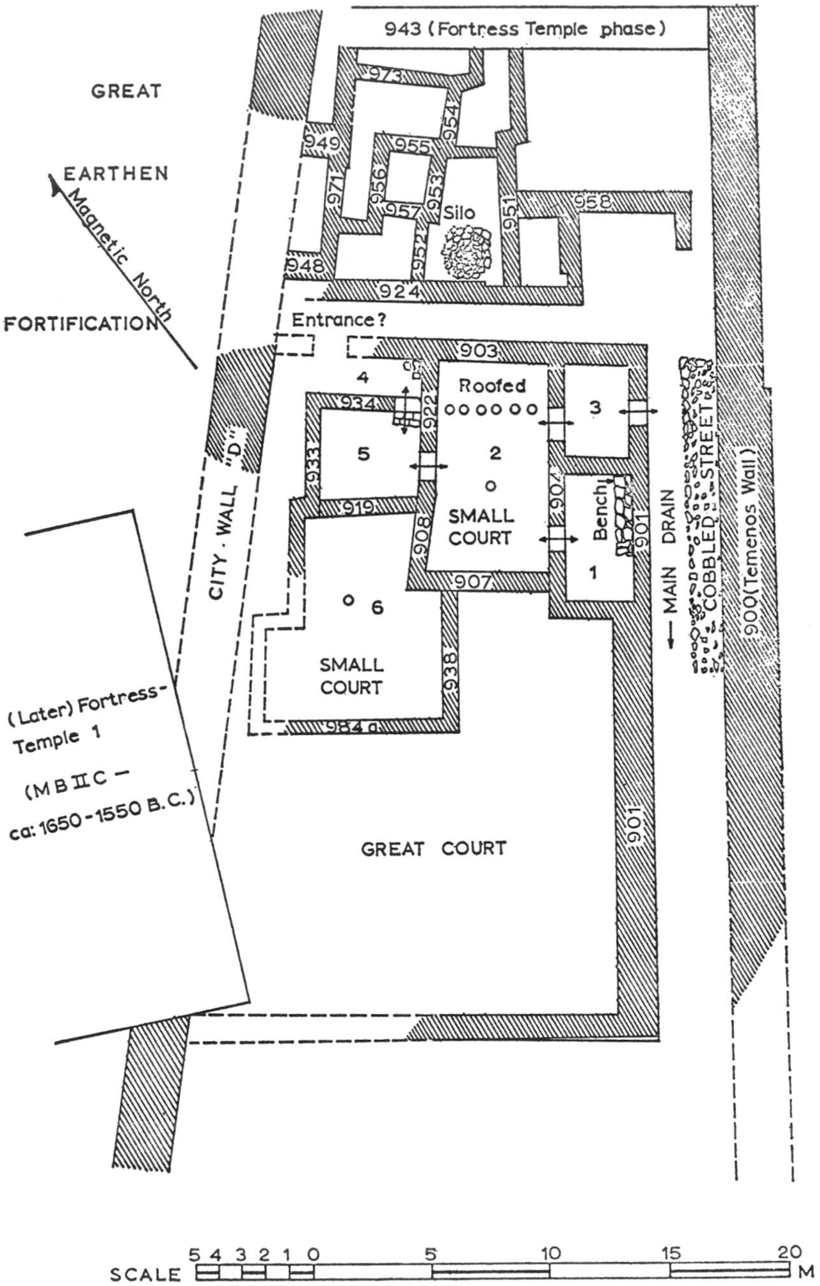
943 (Fortress Temple phase)
GREAT
EARTHEN
FORTIFICATION
Magnetic North
973
954
949
955
971
956
953
957
Silo
951
958
952
948
924
Entrance?
903
4
Roofed
3
934
922
5
2
933
904
Bench
919
SMALL
COURT
908
901
907
1
MAIN DRAIN
COBBLED STREET
900 (Temenos Wall)
CITY · WALL "D"
6
SMALL
COURT
938
984 a
(Later) Fortress-
Temple 1
(M B II C –
ca: 1650 - 1550 B.C.)
GREAT COURT
901
SCALE
5 4 3 2 1 0
5
10
15
20
M

30

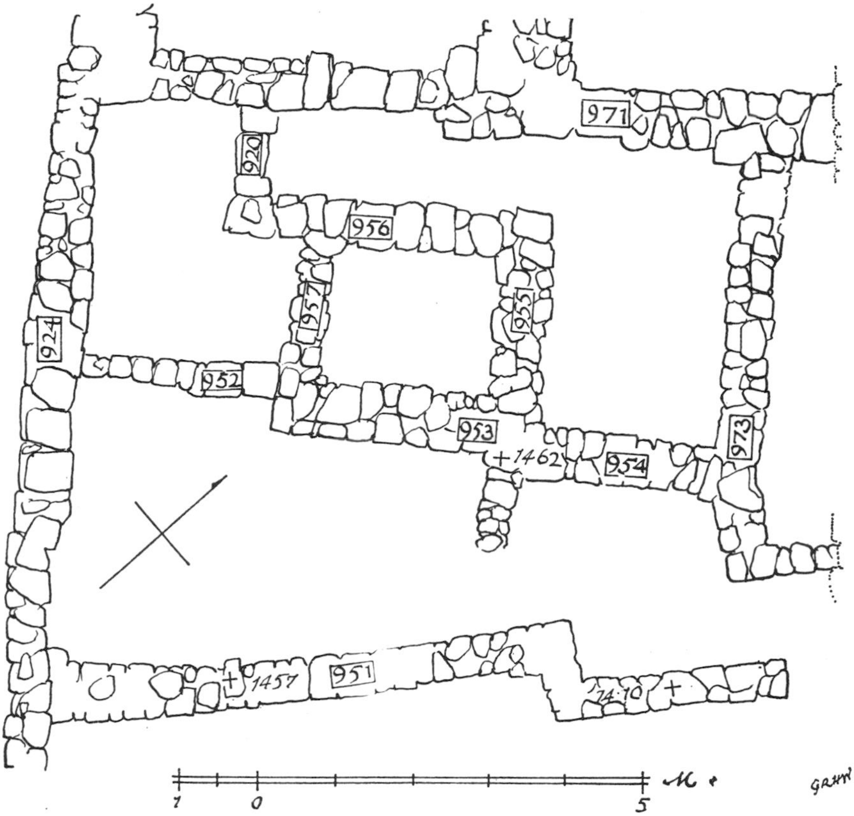
971
920
956
957
955
924
952
953
+1462
954
973
+1457
951
74.10
1
0
5
GRAH.

31

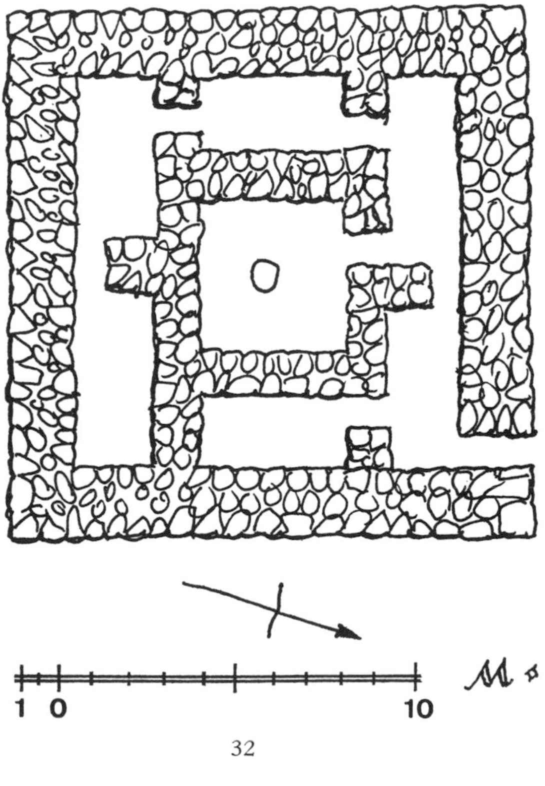
1
0
10

32

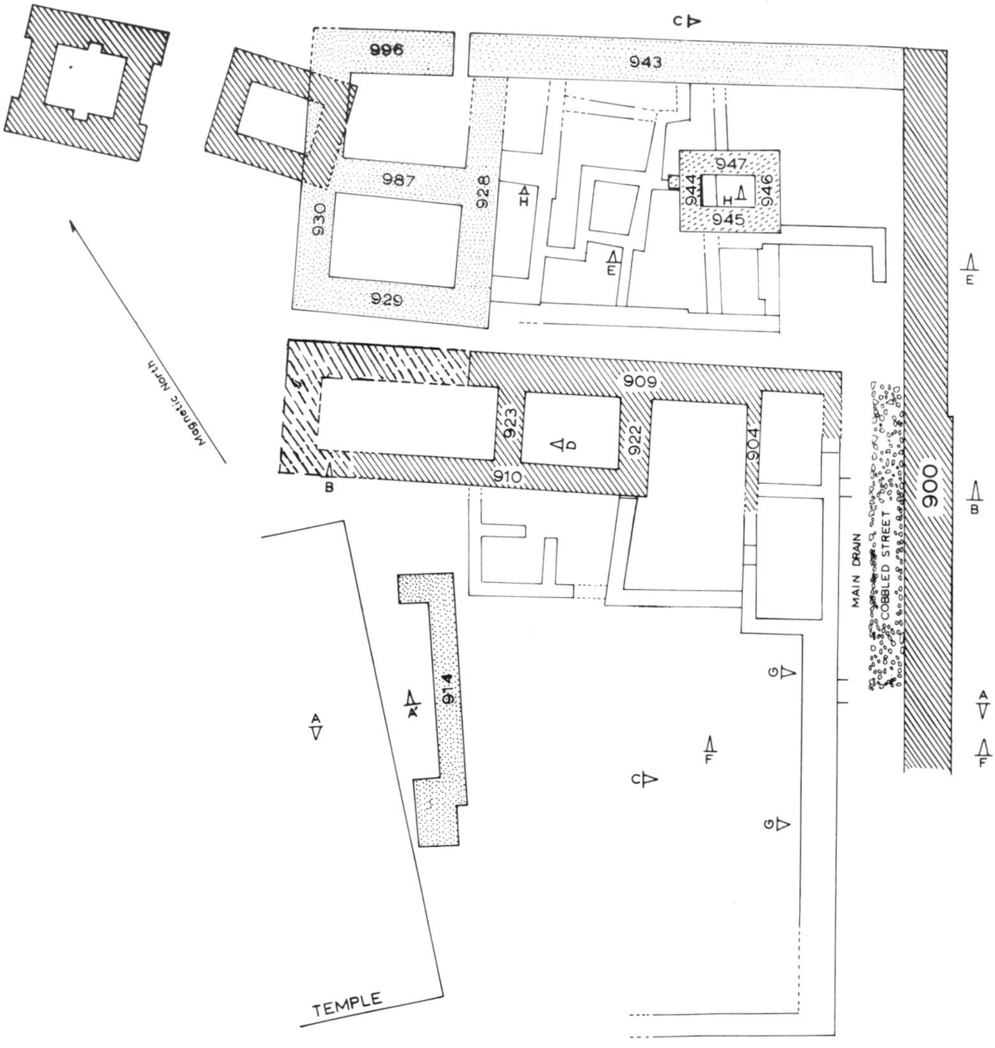


FIELD VI, 1962-SKETCH PLAN 2-909-910 PHASE, TOWER

909 - 910 Walls — Temple Phase Walls

901 Walls — Late Bronze Walls

SCALE 5 4 3 2 1 0 5 10 15 20 M

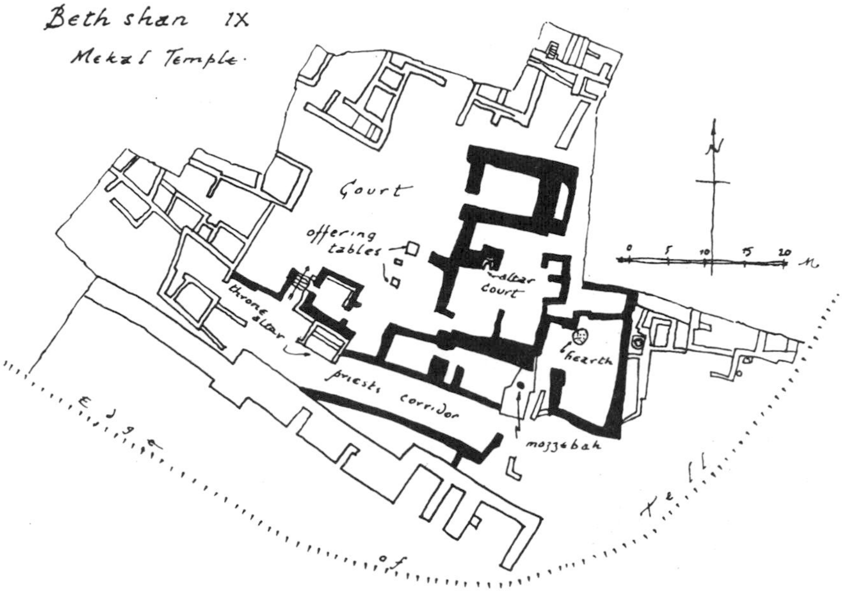
Beth shan IX
Mekal Temple
Court
offering tables
altar court
throne altar
hearth
priests corridor
mazzebah
Edge of Tell
N
0 5 10 15 20 m

34

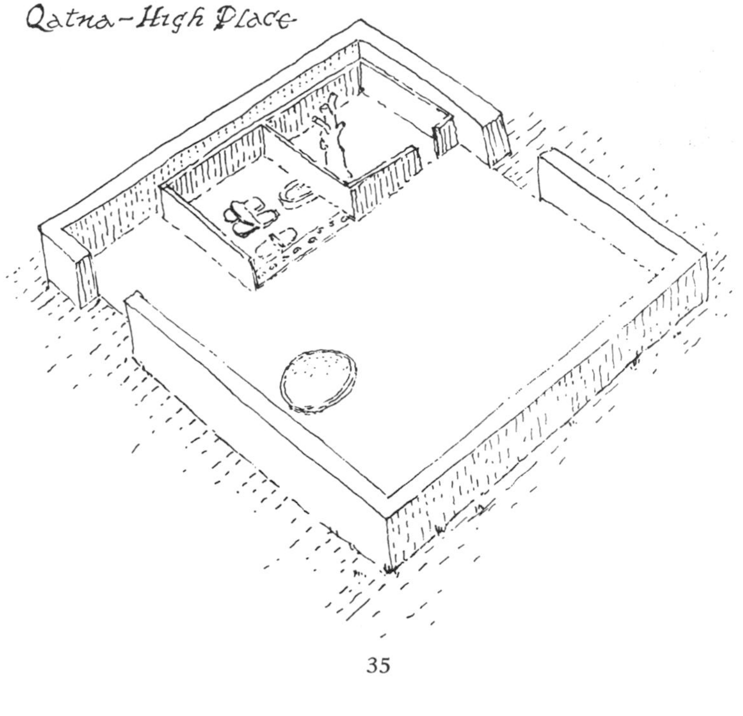
Qatna-High Place

35

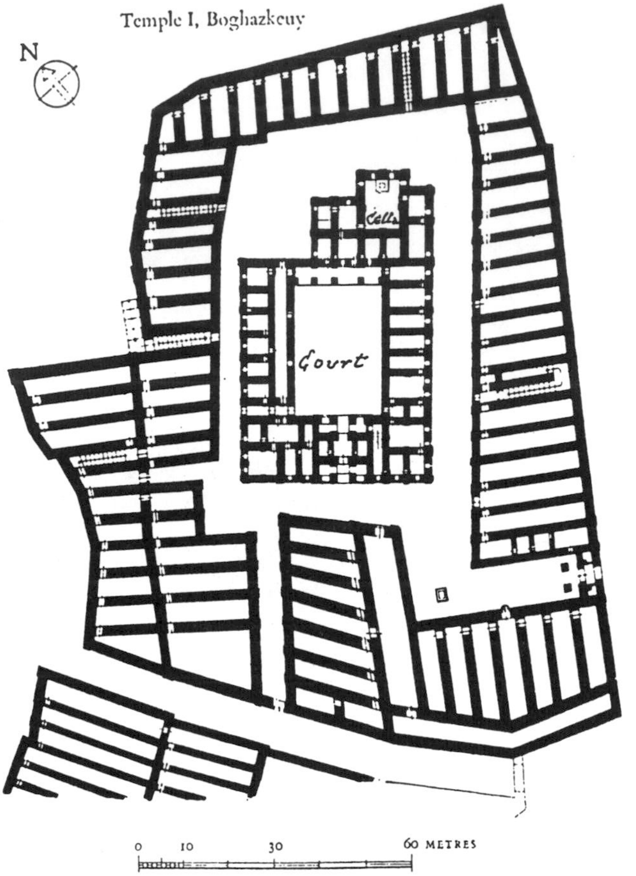
Temple I, Boghazkeuy
N
Cella
Court
0 10 30 60 METRES

36

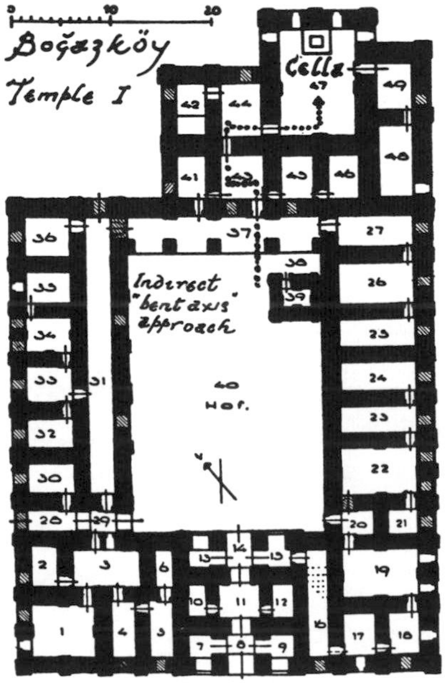
0 10 20
Boğazköy
Temple I
Cella
Indirect
"bent axis"
approach
Hof.

37

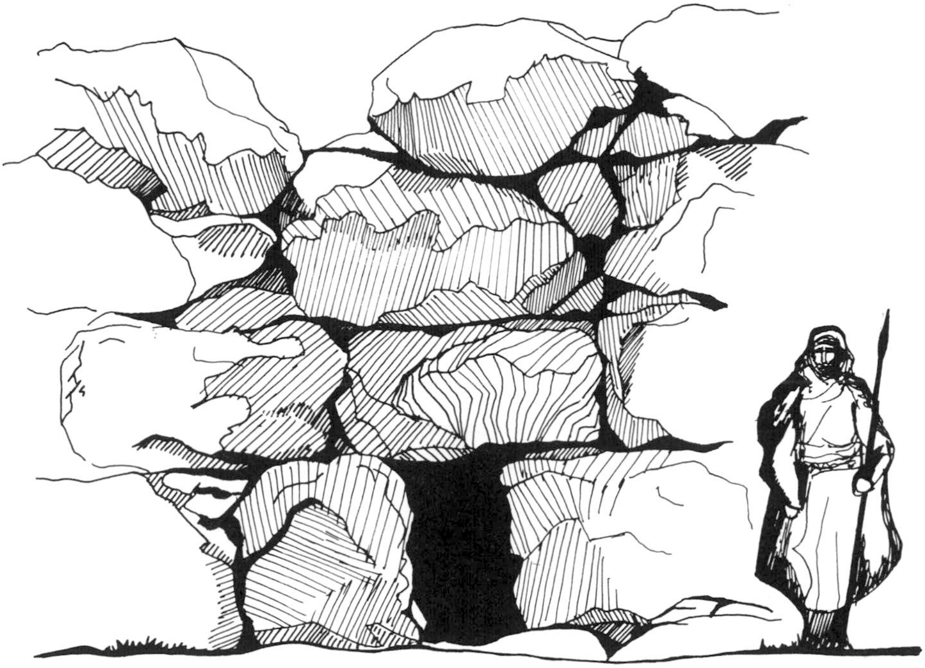

38

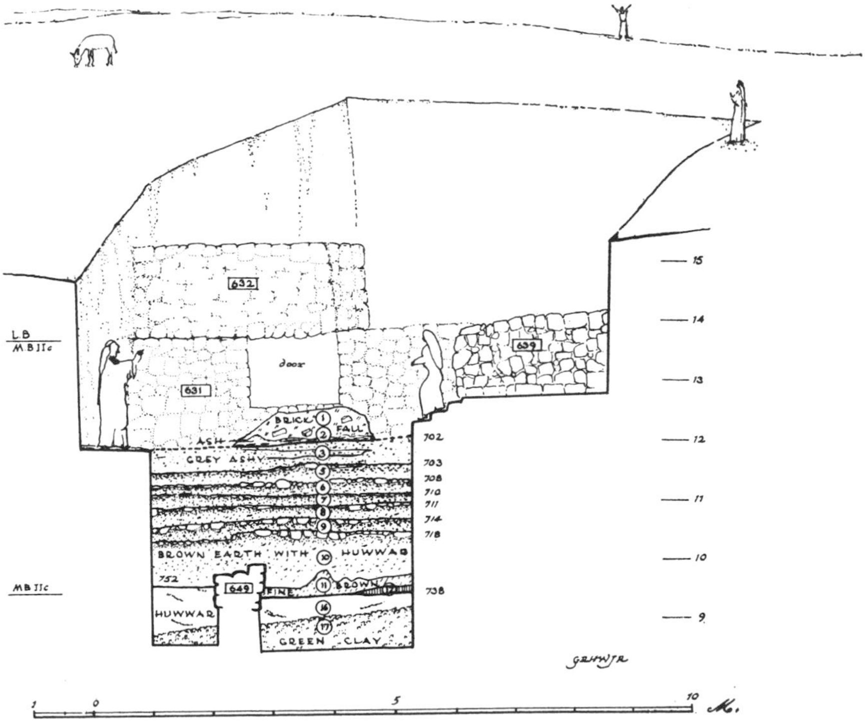

632
LB
MB IIc
door
631
639
BRICK FALL
ASH
GREY ASHY
702
703
708
710
711
714
718
BROWN EARTH WITH HUWWAG
752
MB IIc
649
FINE BROWN
738
HUWWAR
GREEN CLAY
15
14
13
12
11
10
9
1
0
5
10
M.


39

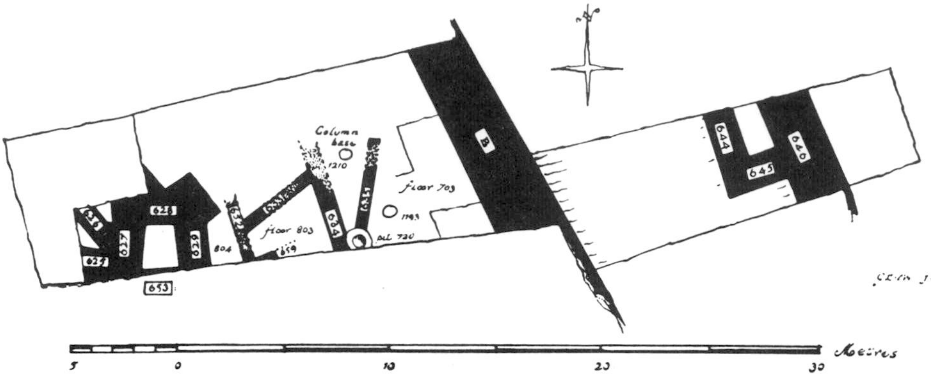
Column base
1210
floor 709
floor 803
804
659
1193
628
627
629
653
634
B
644
645
646
5
0
10
20
30

40

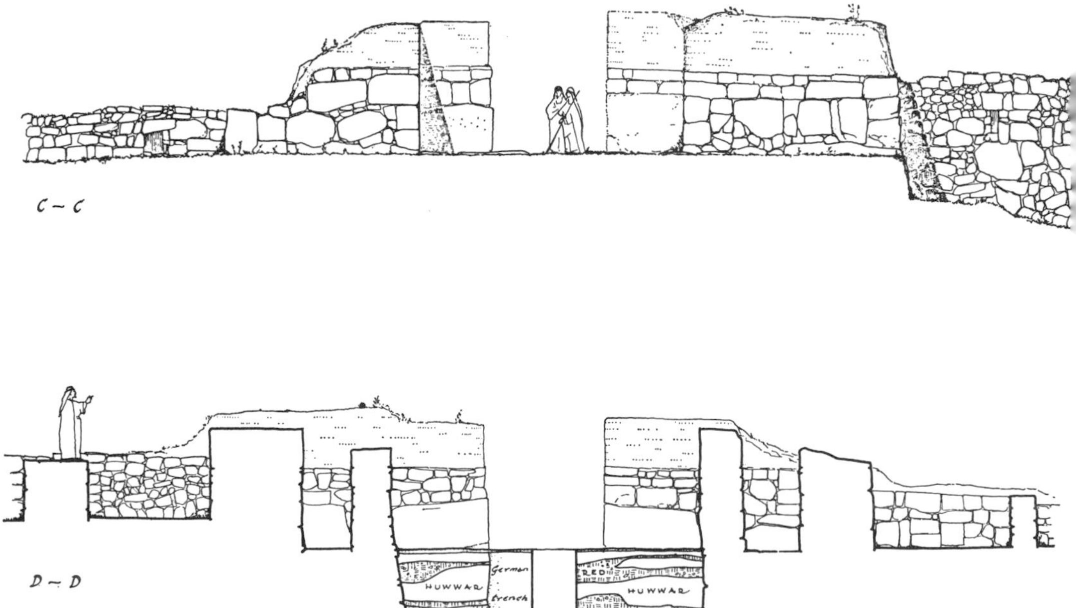
C ~ C
D ~ D
German
trench
RED
HUWWAR
HUWWAR
BROWN
G.R.H.W 1968
5
0
20

41

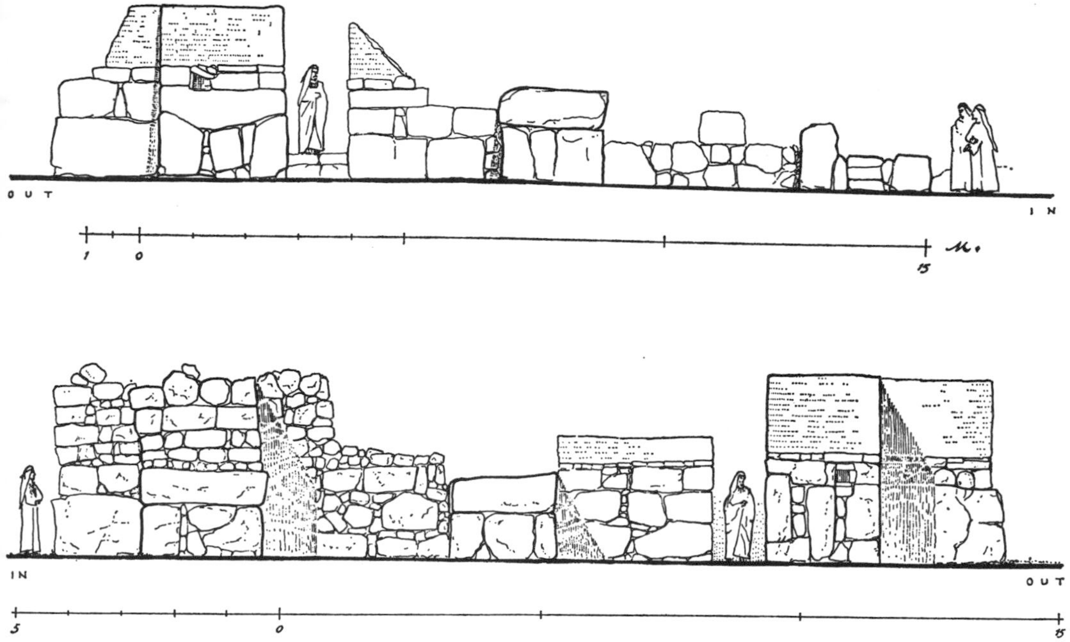
OUT
IN
1
0
15
M.
IN
OUT
5
0
15

42

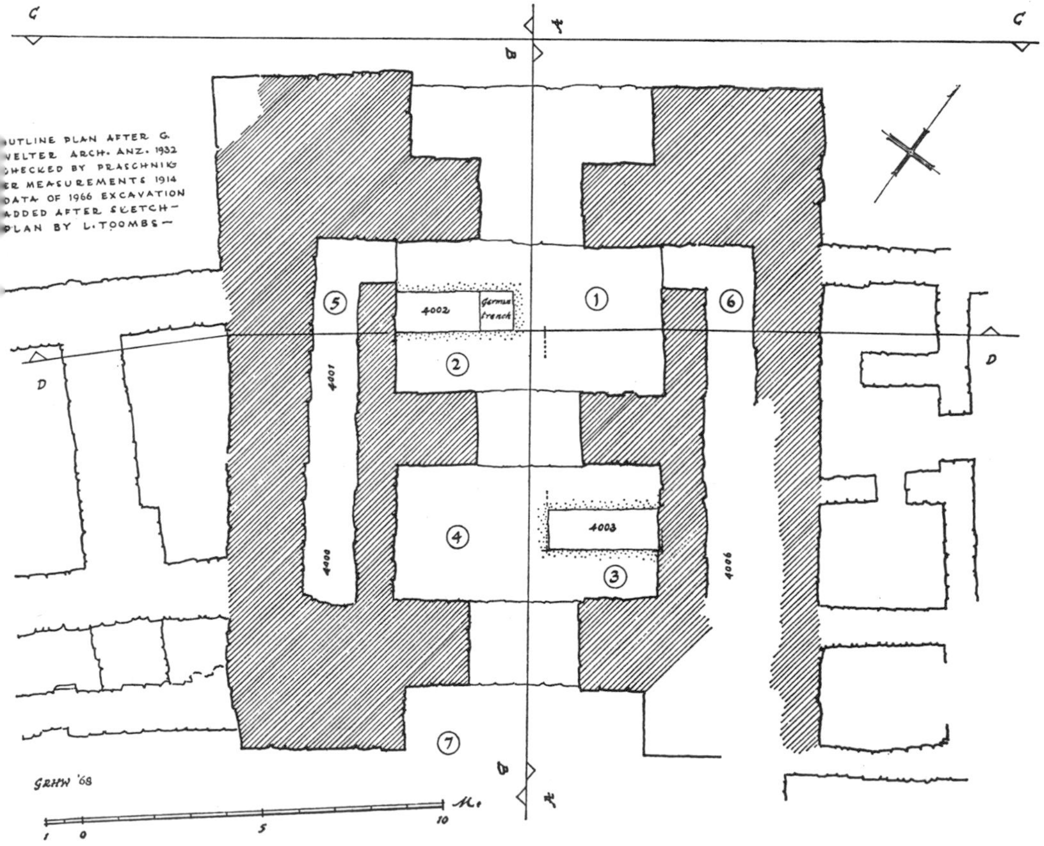
C
C
A
B
D
D
UTLINE PLAN AFTER G.
VELTER ARCH. ANZ. 1932
HECKED BY PRASCHNIK
ER MEASUREMENTS 1914
DATA OF 1966 EXCAVATION
ADDED AFTER SKETCH-
PLAN BY L. TOOMBS—
1
2
3
4
5
6
7
4002
German trench
4003
4001
4000
4006
GRHW '68
1
0
5
10
M.

43

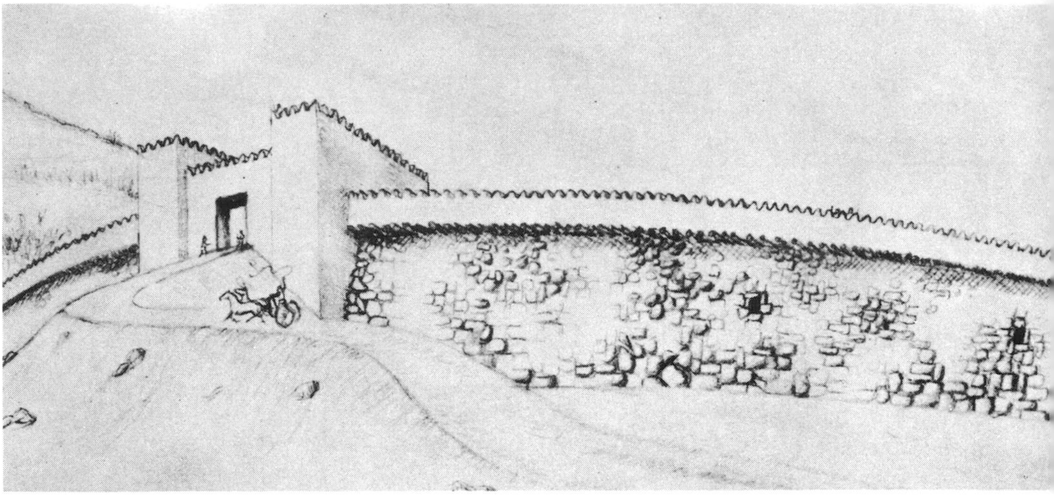

44

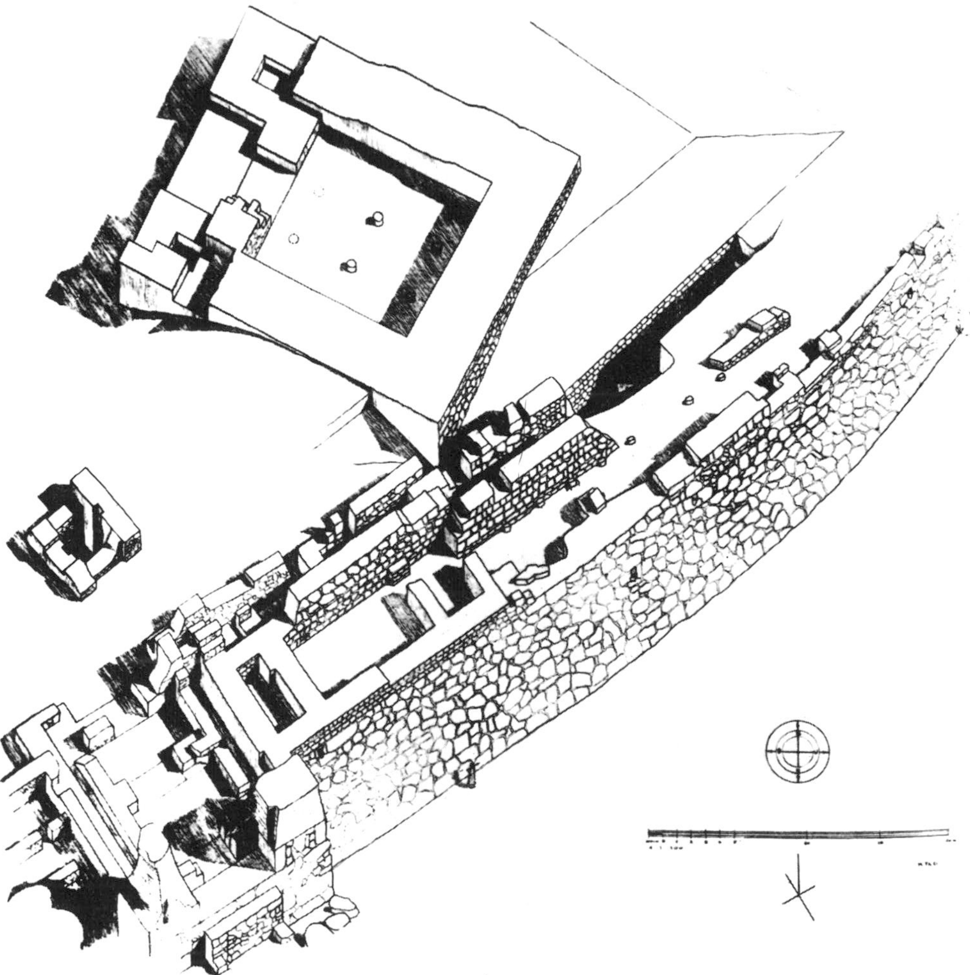

45

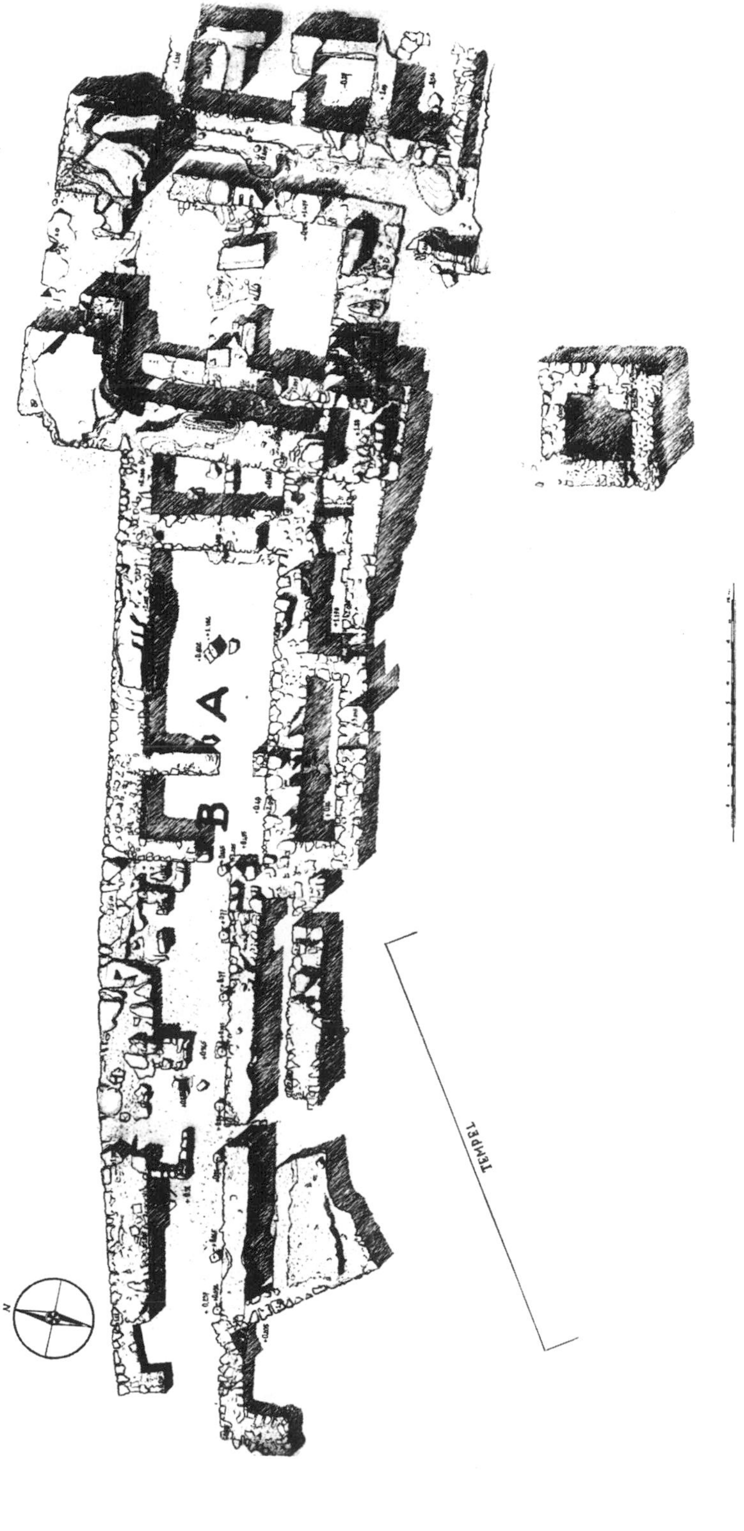


46

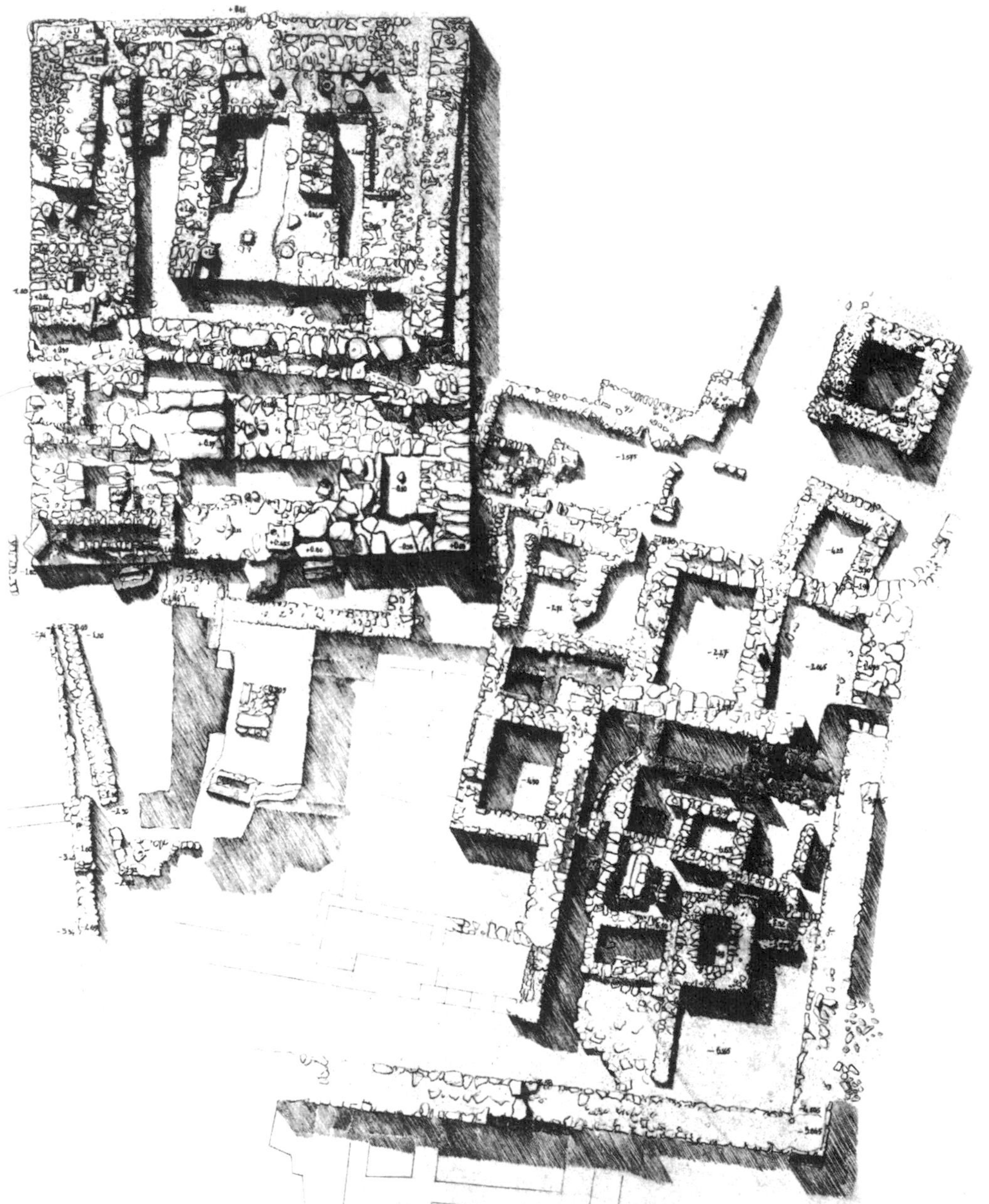

47

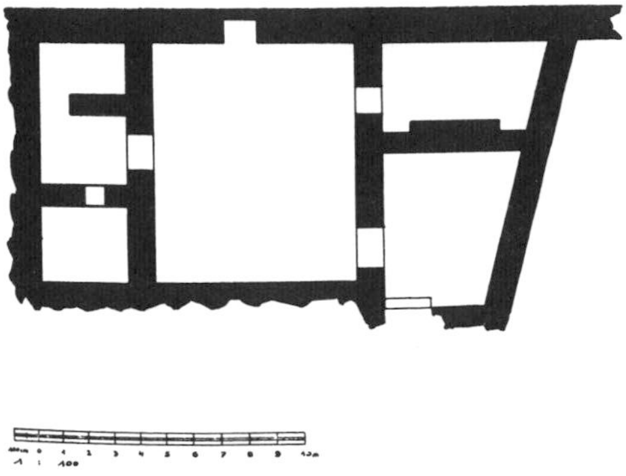

48

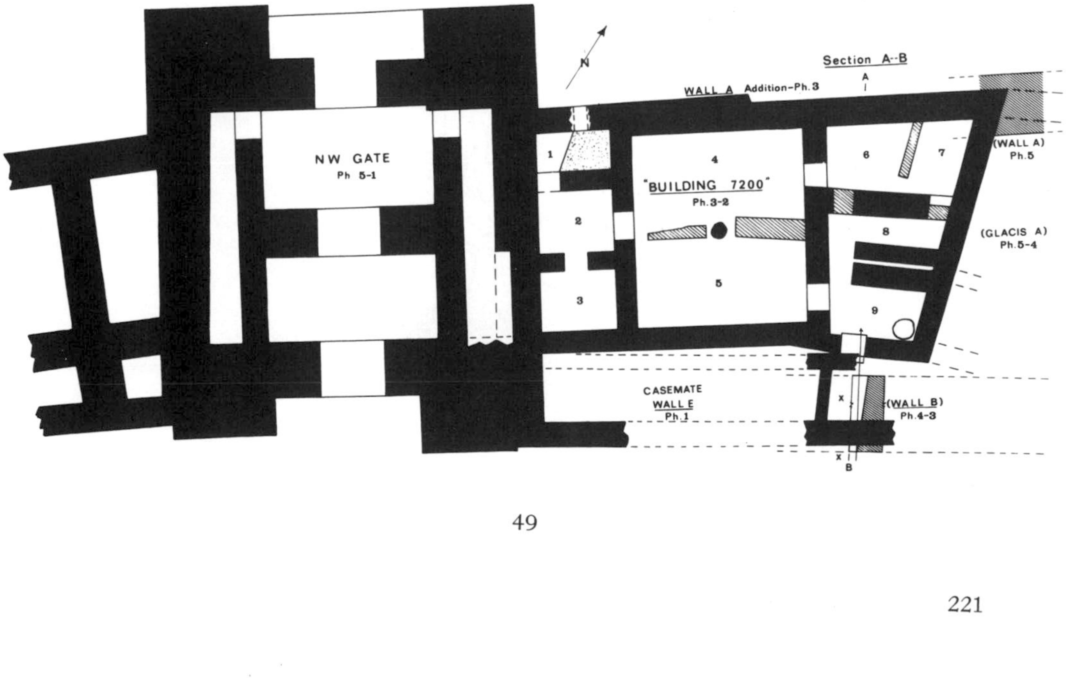
N
Section A--B
A
WALL A Addition-Ph.3
NW GATE
Ph 5-1
1
4
"BUILDING 7200"
Ph.3-2
6
7
(WALL A)
Ph.5
2
8
(GLACIS A)
Ph.5-4
3
5
9
CASEMATE
WALL E
Ph.1
X
(WALL B)
Ph.4-3
X
B

49

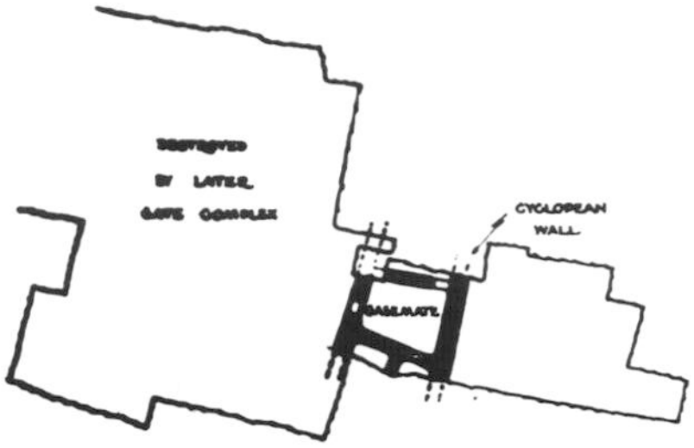


50

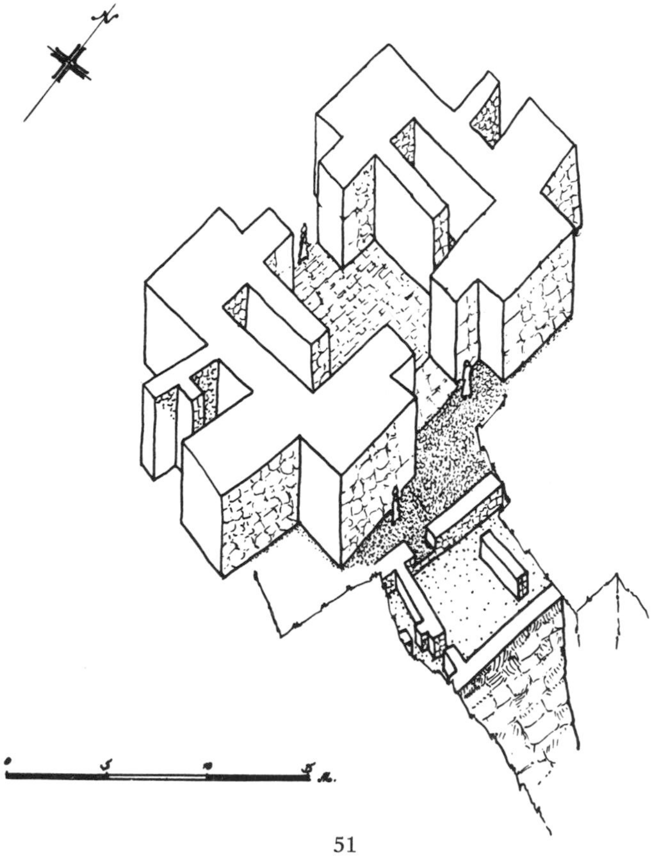

51

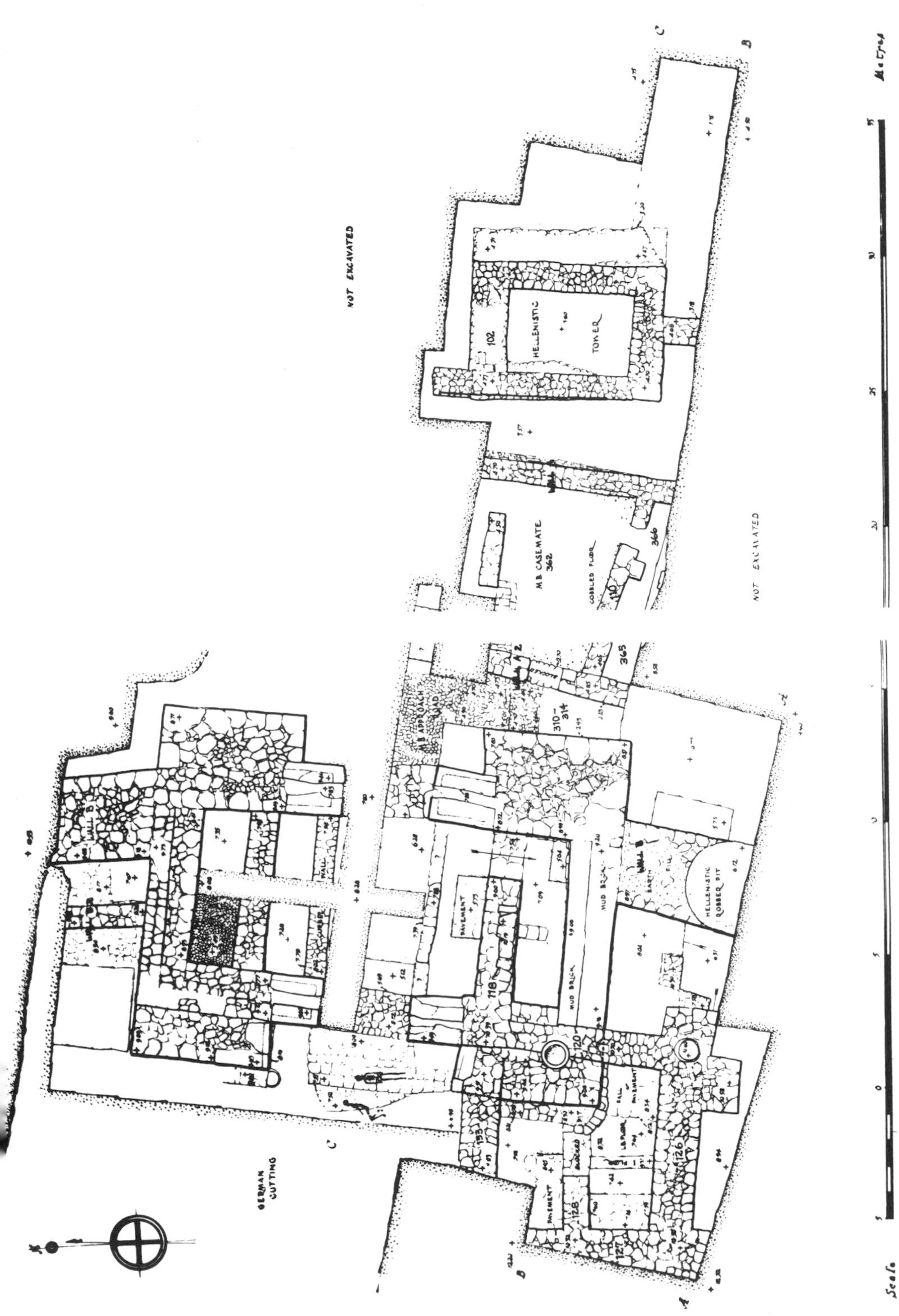
NOT EXCAVATED
HELLENISTIC TOWER
102
M.B. CASEMATE 362
COBBLED FLOOR
366
110
NOT EXCAVATED
365
310–314
WALL B
PAVEMENT
118
120
MUD BRICK
EARTH FILL
HELLENISTIC ROBBER PIT
126
127
128
133
GERMAN CUTTING
Scale
Metres

52

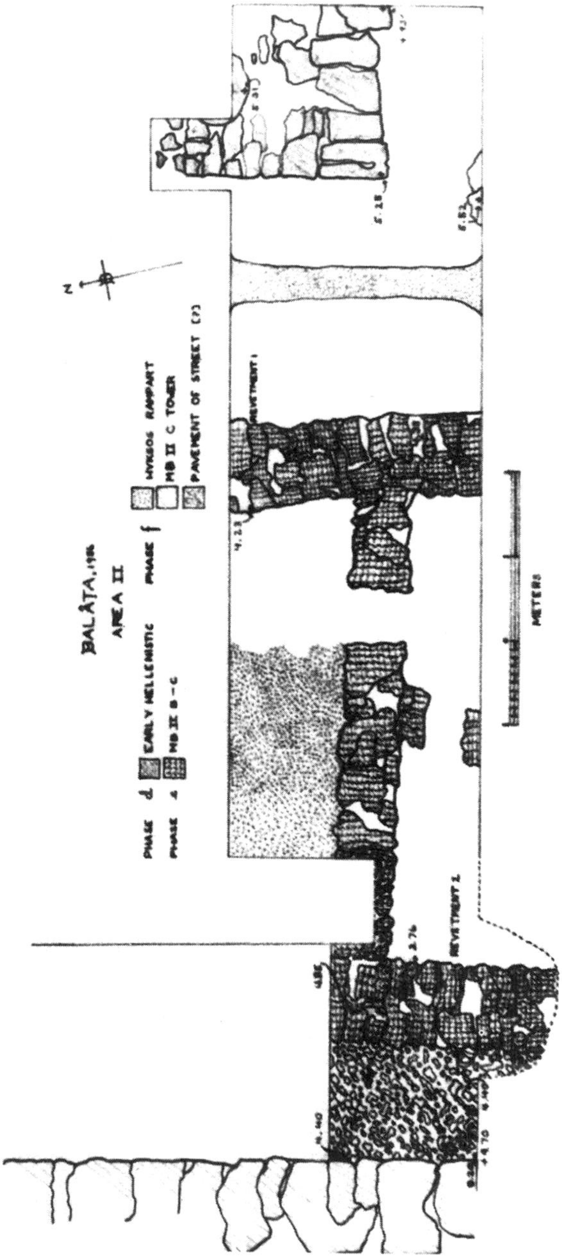

BALÂṬA
AREA II
PHASE d
EARLY HELLENISTIC
MB II B-C
PHASE f
HYKSOS RAMPART
MB II C TOWER
PAVEMENT OF STREET (?)
N
REVETMENT 1
REVETMENT 2
METERS


53

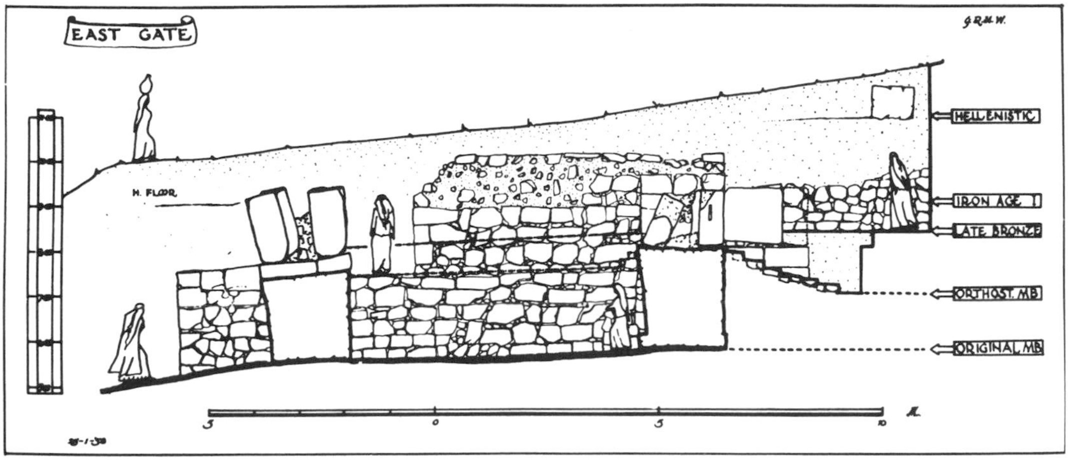
EAST GATE
G.R.H.W.
H. FLOOR
HELLENISTIC
IRON AGE I
LATE BRONZE
ORTHOST. MB
ORIGINAL MB
5
0
5
10
M.

55

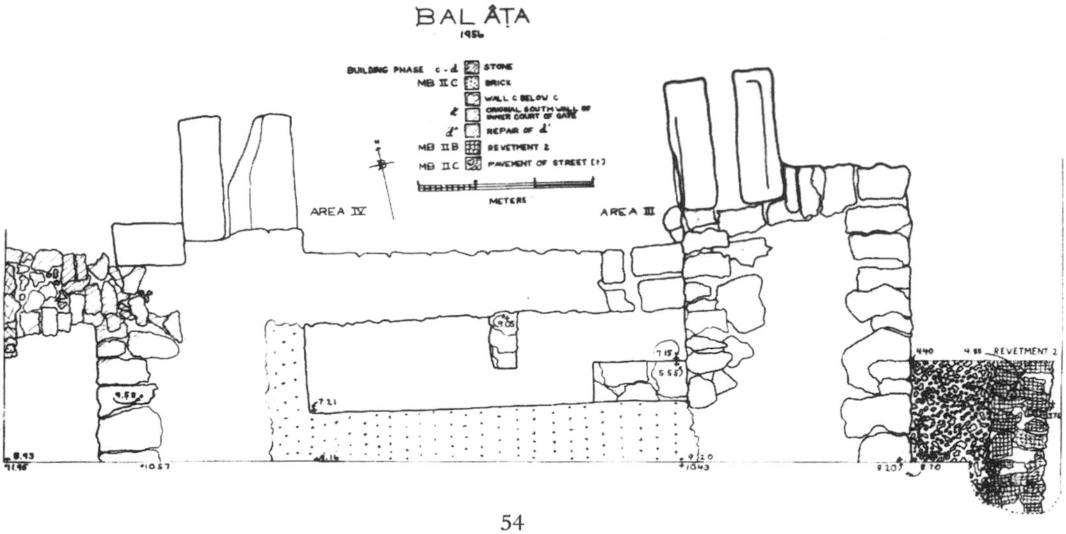
BALÂṬA
1956
BUILDING PHASE c-d STONE
MB II C BRICK
WALL C BELOW C
ORIGINAL SOUTH WALL OF INNER COURT OF GATE
REPAIR OF d'
MB II B REVETMENT 2
MB II C PAVEMENT OF STREET (?)
METERS
AREA IV
AREA III
REVETMENT 2

54

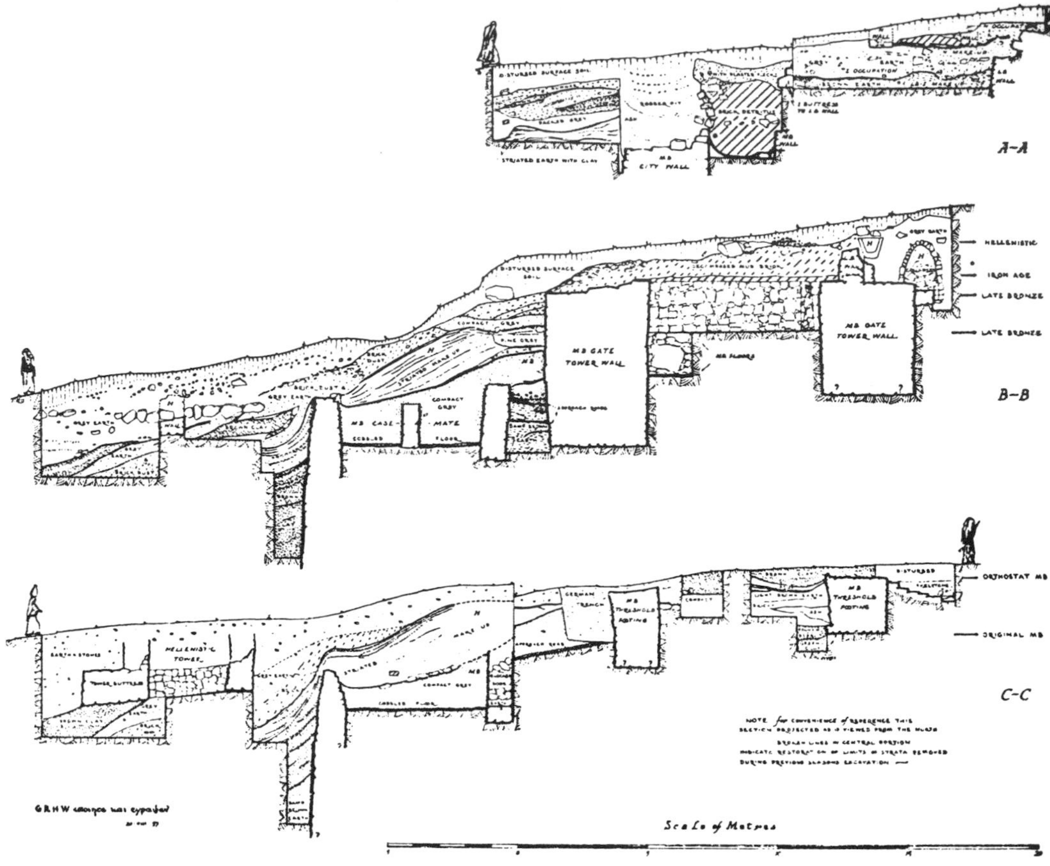
A–A
DISTURBED SURFACE SOIL
MB CITY WALL
STRIATED EARTH WITH CLAY
B–B
HELLENISTIC
IRON AGE
LATE BRONZE
LATE BRONZE
DISTURBED SURFACE SOIL
MB GATE TOWER WALL
MB GATE TOWER WALL
MB FLOORS
COMPACT GREY
MB CASE-MATE
COBBLED FLOOR
GREY EARTH
C–C
ORTHOSTAT MB
ORIGINAL MB
HELLENISTIC TOWER
GERMAN TRENCH
MB THRESHOLD FOOTING
MB THRESHOLD FOOTING
COBBLED FLOOR
COMPACT GREY
NOTE for convenience of reference this
section projected as if viewed from the north
broken lines in central portion
indicate restoration of limits of strata removed
during previous seasons excavation
Scale of Metres

56

57

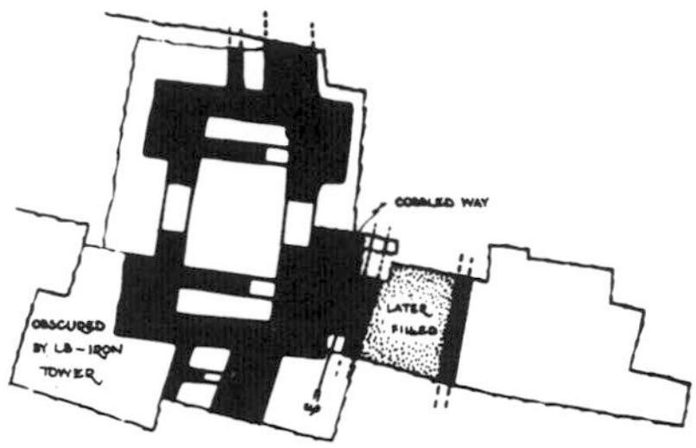
COBBLED WAY
OBSCURED BY LB–IRON TOWER
LATER FILLED

58

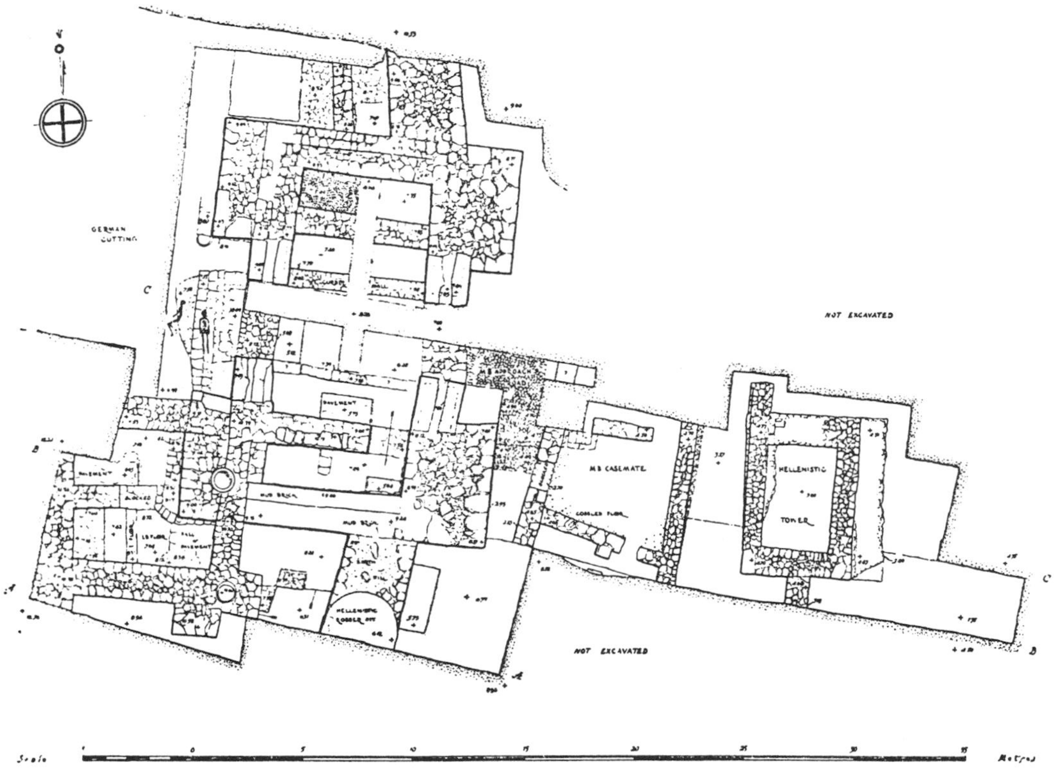
GERMAN CUTTING
NOT EXCAVATED
MB CASEMATE
HELLENISTIC TOWER
NOT EXCAVATED
Scale
Metres

59

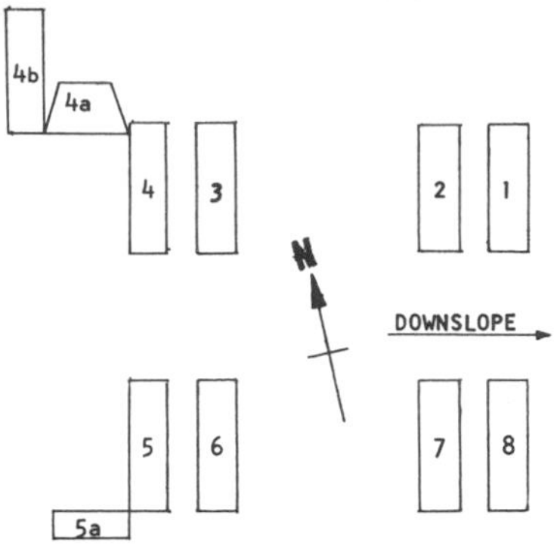


| ORTHOSTAT NUMBER | APPROX. MEAN DIMENSIONS, CM. LENGTH | WIDTH | HEIGHT | ANGLE OF INCLINATION |
|---|---|---|---|---|
| 1 | 230 | 60 | 135 | 21° DOWNSLOPE |
| 2 | 212 | 60 | 146 | 11° " |
| 3 | 187 | 68 | 125 | 2° UPSLOPE |
| 4 | 191 | 65 | 147 | 1° " |
| 4a | 108 | 82 | 140 | |
| 4b | 200 | 52 | 130 | |
| 5 | 185 | 60 | 134 | 3° " |
| 5a | 130 | 65 | 132 | |
| 6 | 200 | 48 | 156 | 29° " |
| 7 | 234 | 76 | 147 | 5° DOWNSLOPE |
| 8 | 237 | 72 | 165 | 10° " |

60

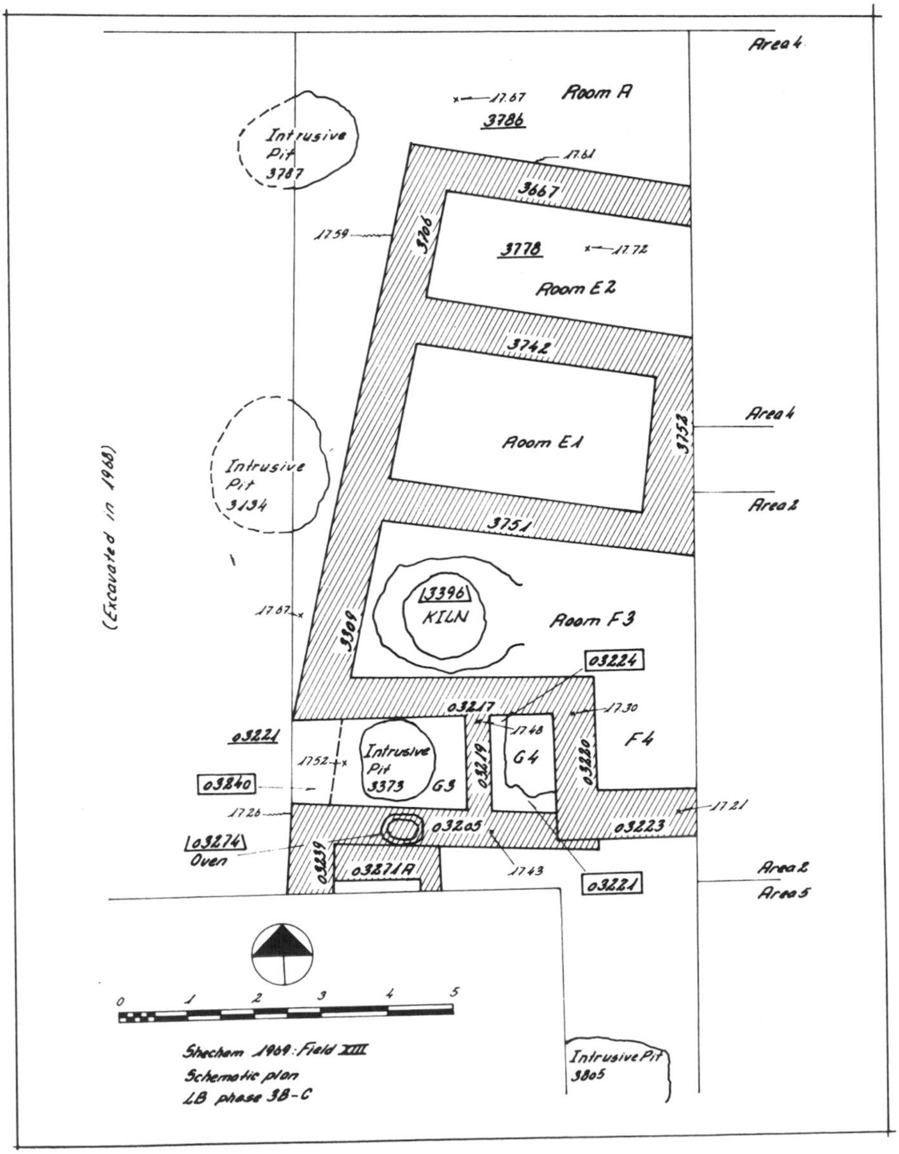


61

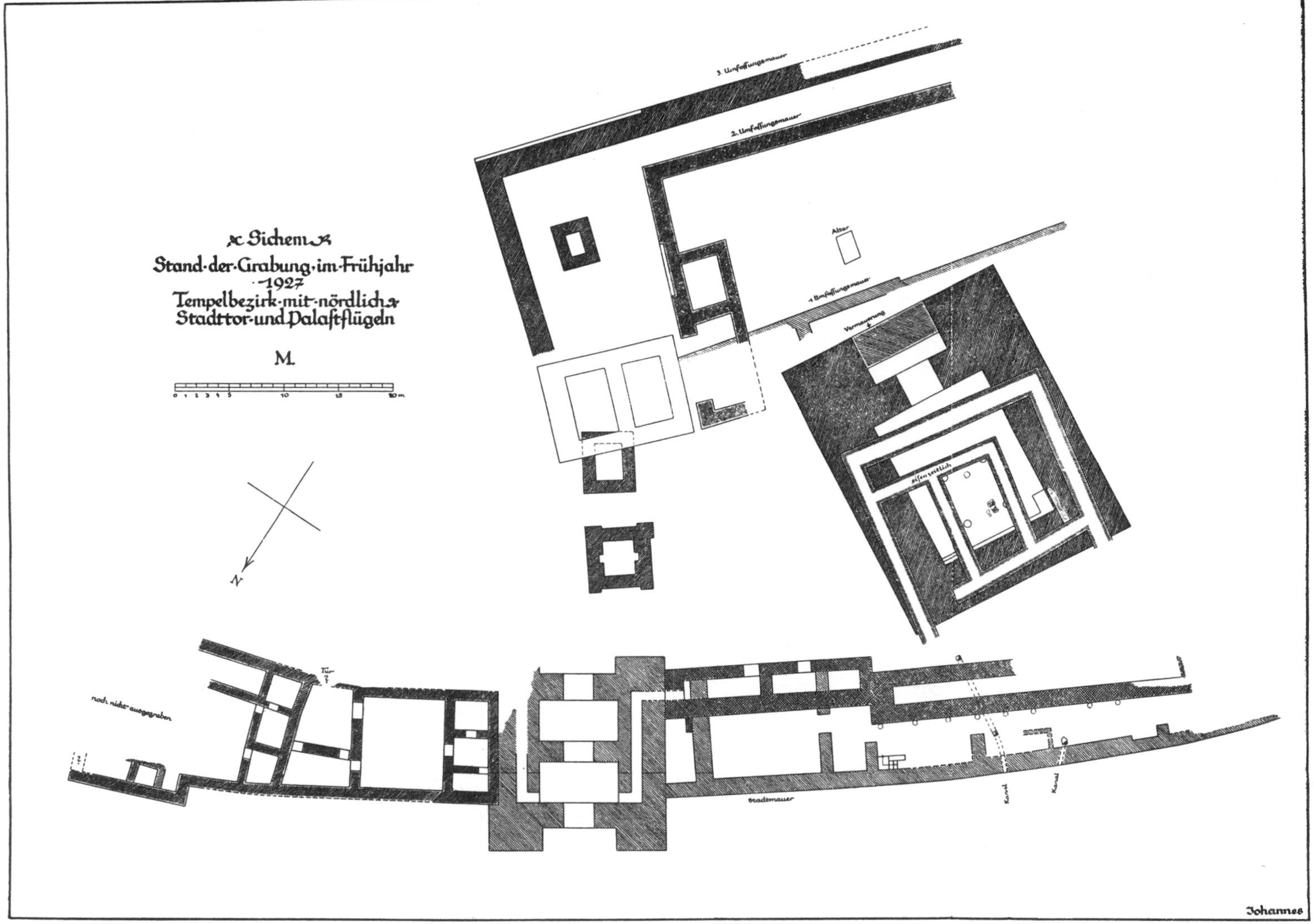
Sichem
Stand·der·Grabung·im·Frühjahr
·1927
Tempelbezirk·mit·nördlich
Stadttor·und Palastflügeln
M.
0 1 2 3 4 5 10 15 20 m
N
3. Umfassungsmauer
2. Umfassungsmauer
1. Umfassungsmauer
Altar
Vermauerung
eisenzeitlich
Tür ?
noch nicht ausgegraben
Stadtmauer
Kanal
Kanal
Johannes

62

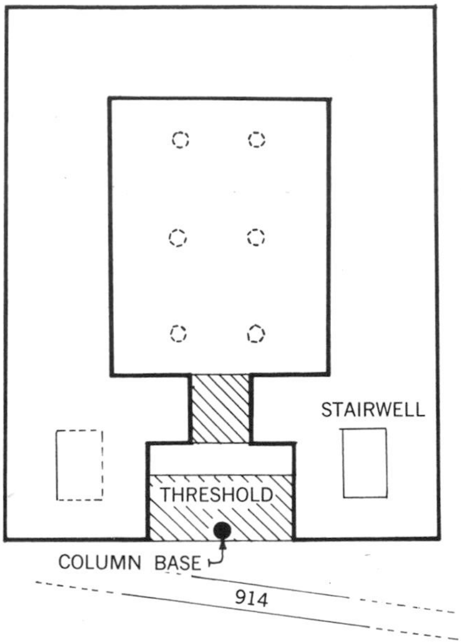


63

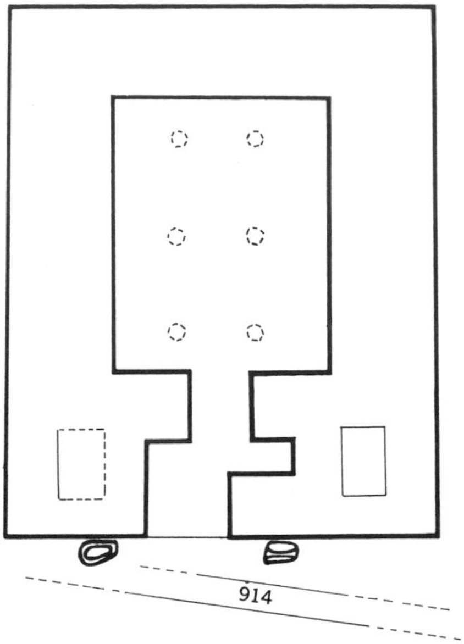


65

64

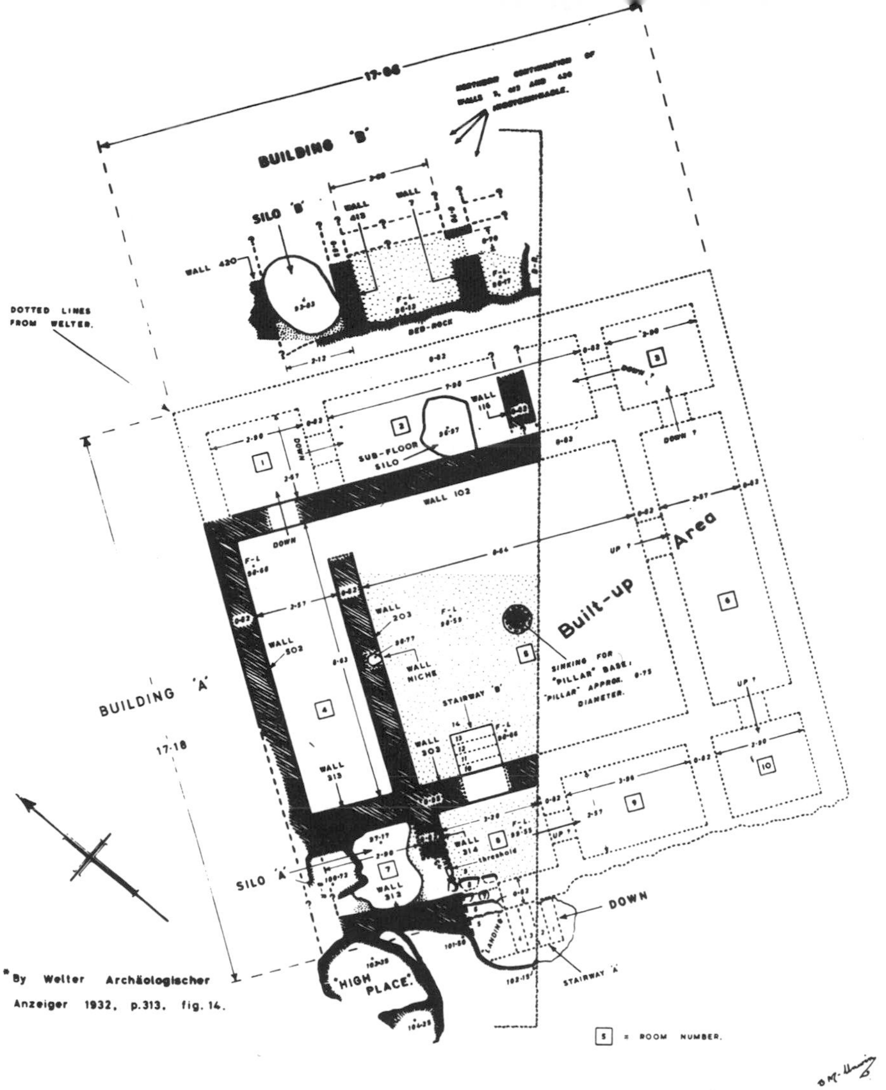


SCHEMATIC PLAN OF THE TEMPLE,

SHOWING THE RELATIONSHIP BETWEEN THE EXCAVATIONS OF 1931* AND 1938.

METRES

66

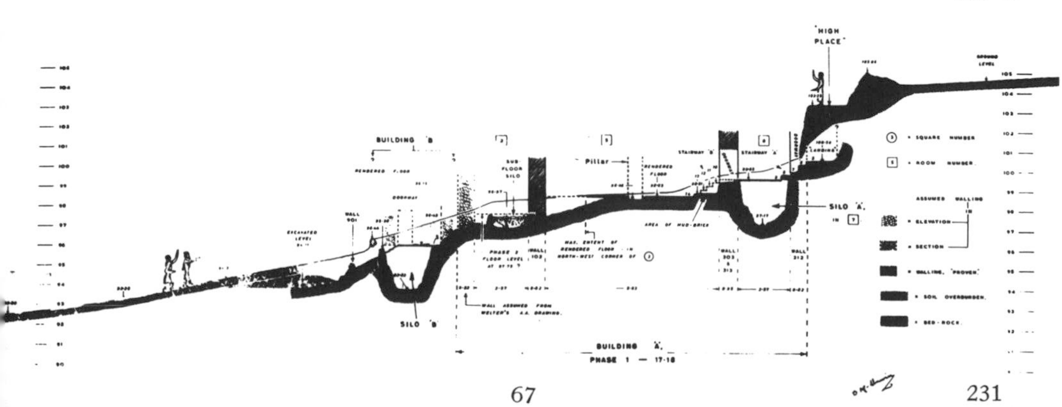


67

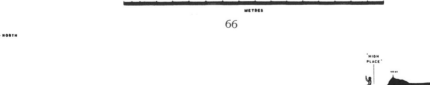

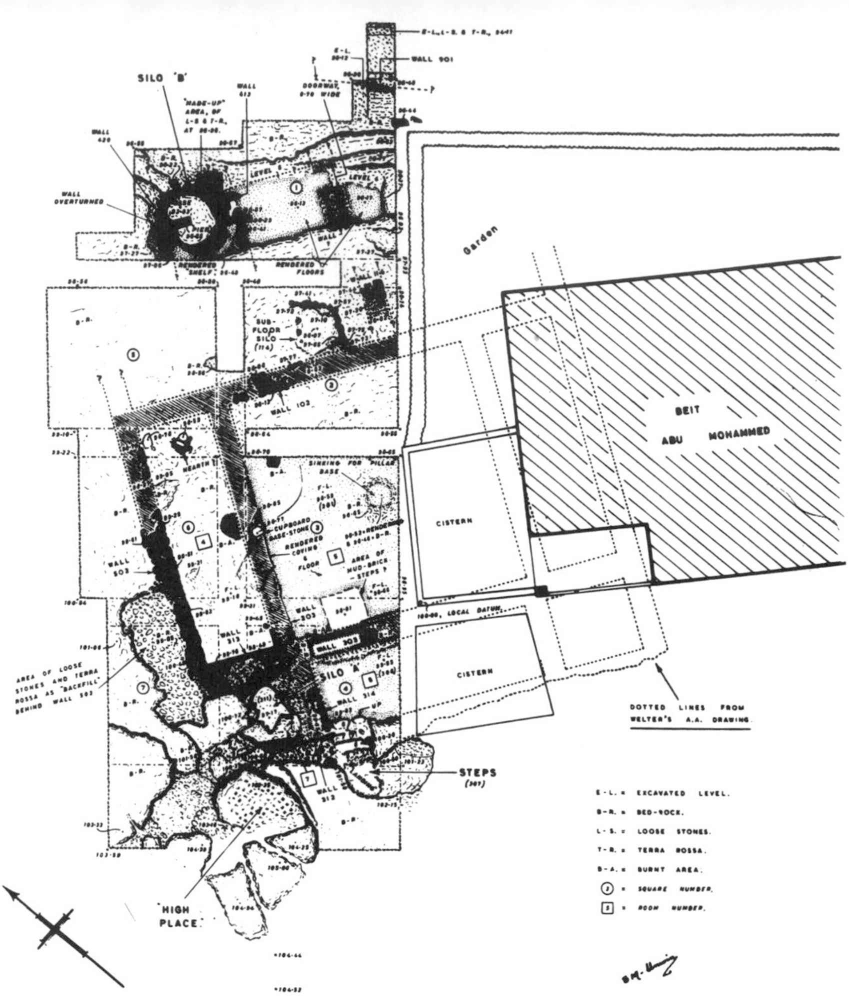
SILO 'B'
WALL 612
DOORWAY, 0·70 WIDE
WALL 901
WALL 420
WALL OVERTURNED
"MADE-UP" AREA, OF L-S & T-R
RENDERED SHELF
RENDERED FLOORS
Garden
SUB-FLOOR SILO (114)
WALL 102
BEIT ABU MOHAMMED
HEARTH
SINKING FOR PILLAR BASE
CUPBOARD BASE-STONE
RENDERED COVING & FLOOR
AREA OF MUD-BRICK STEPS ?
CISTERN
WALL 503
WALL 313
WALL 303
100·00, LOCAL DATUM
CISTERN
AREA OF LOOSE STONES AND TERRA ROSSA AS "BACKFILL" BEHIND WALL 503
SILO 'A'
WALL 314
DOTTED LINES FROM WELTER'S A.A. DRAWING
STEPS (307)
WALL 312
HIGH PLACE
E-L. = EXCAVATED LEVEL.
B-R. = BED-ROCK.
L-S. = LOOSE STONES.
T-R. = TERRA ROSSA.
B-A. = BURNT AREA.
= SQUARE NUMBER.
= ROOM NUMBER.

68

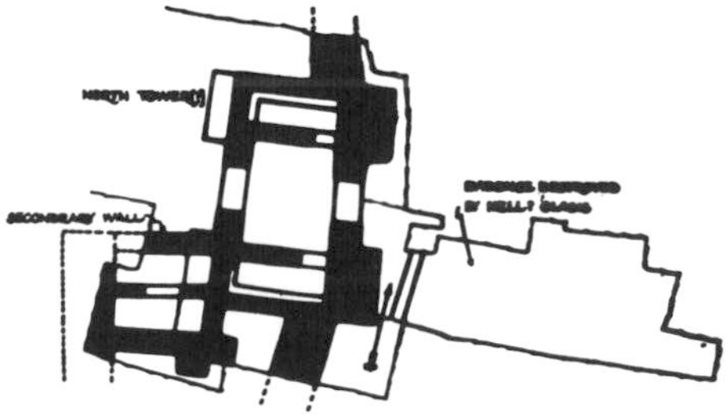
NORTH TOWER(?)
SECONDARY WALL

69

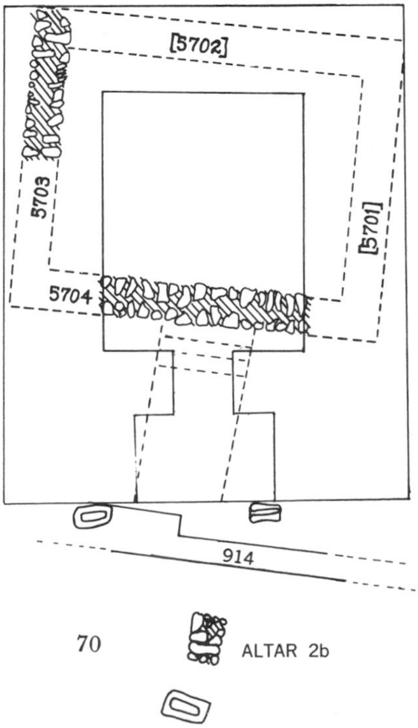
[5702]
5703
[5701]
5704
914
ALTAR 2b

70

71

72

73

74

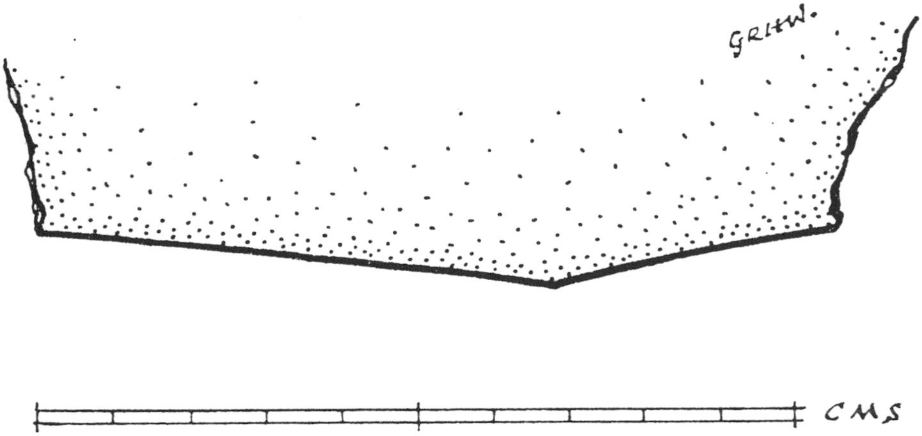


75

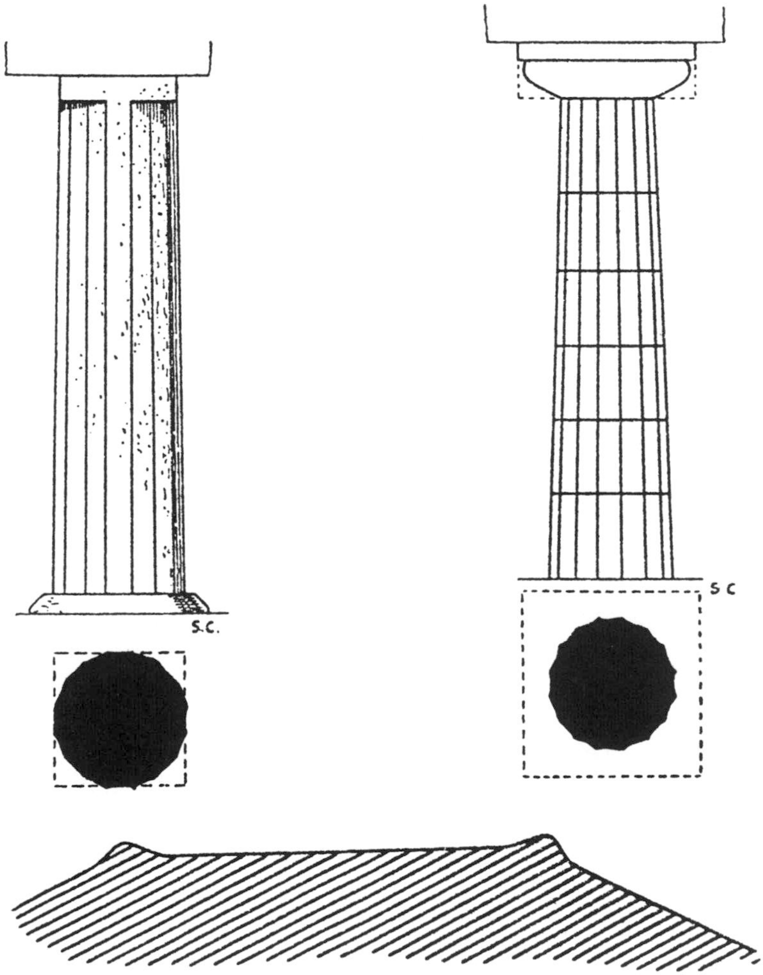


76

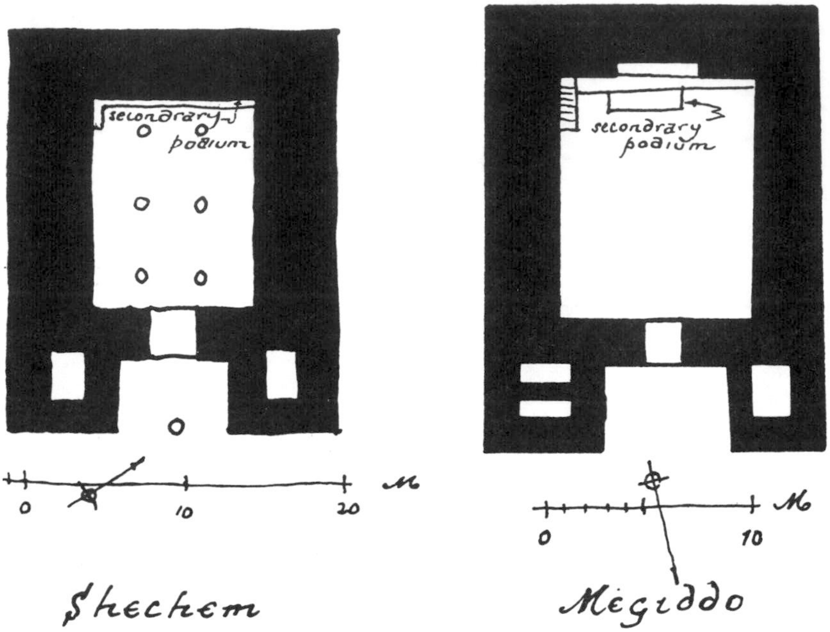
secondary
podium
secondary
podium
0
10
20
M
0
10
M
Shechem
Megiddo

77

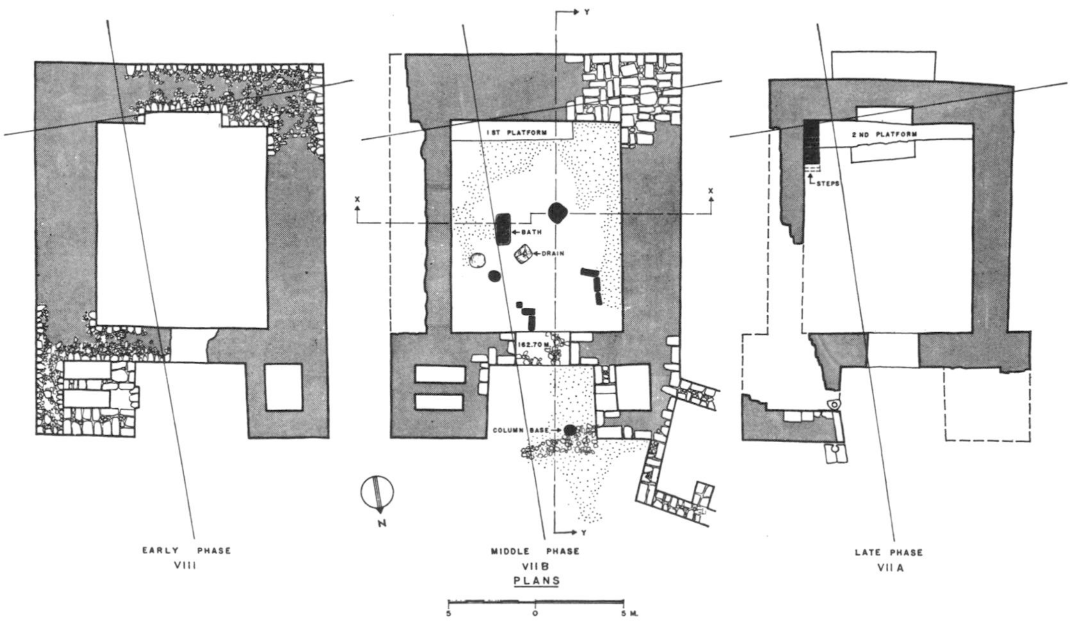
1ST PLATFORM
BATH
DRAIN
162.70 M.
COLUMN BASE
2ND PLATFORM
STEPS
N
X
Y
EARLY PHASE
VIII
MIDDLE PHASE
VII B
LATE PHASE
VII A
PLANS
5
0
5 M.

78

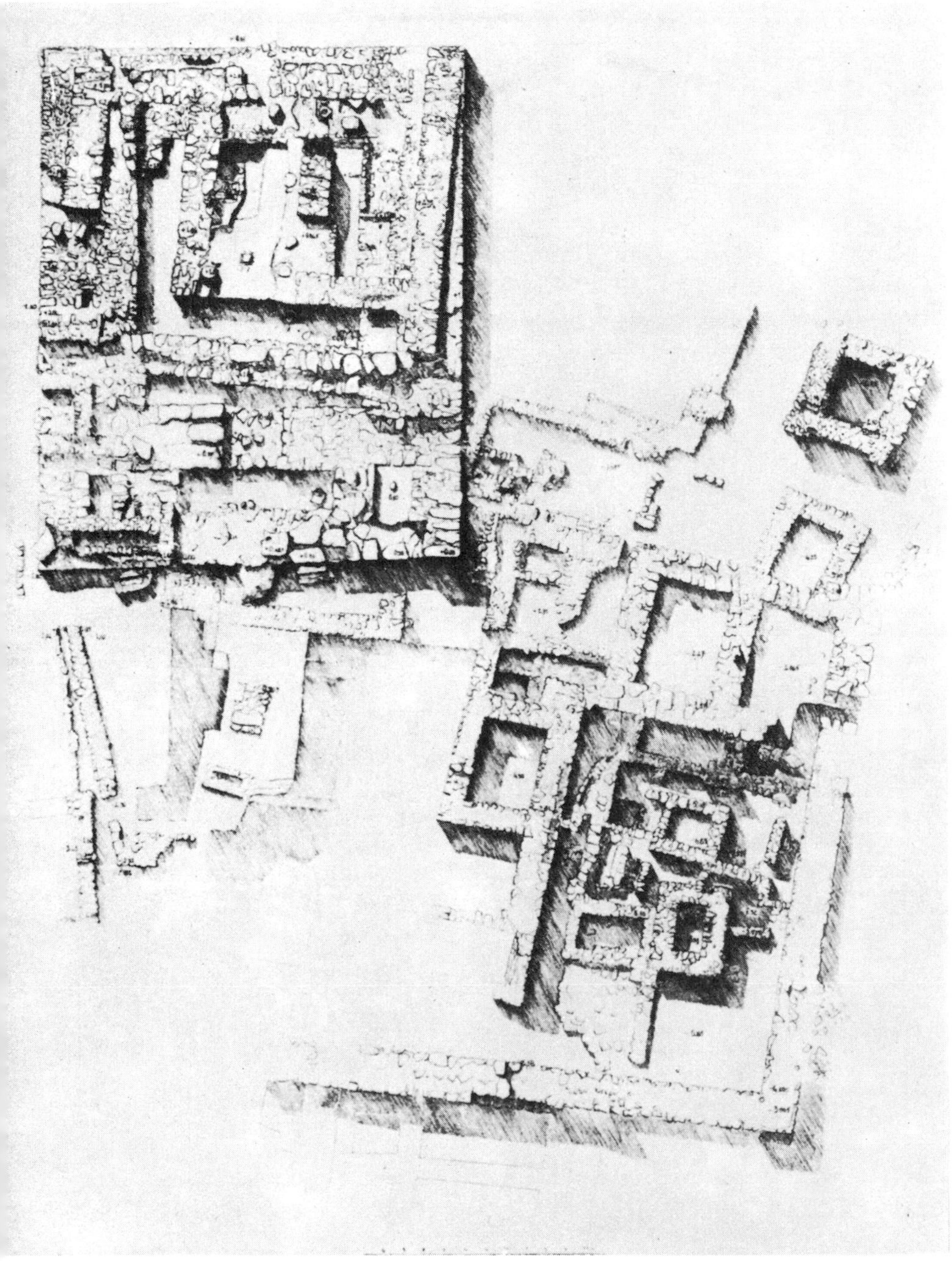

79

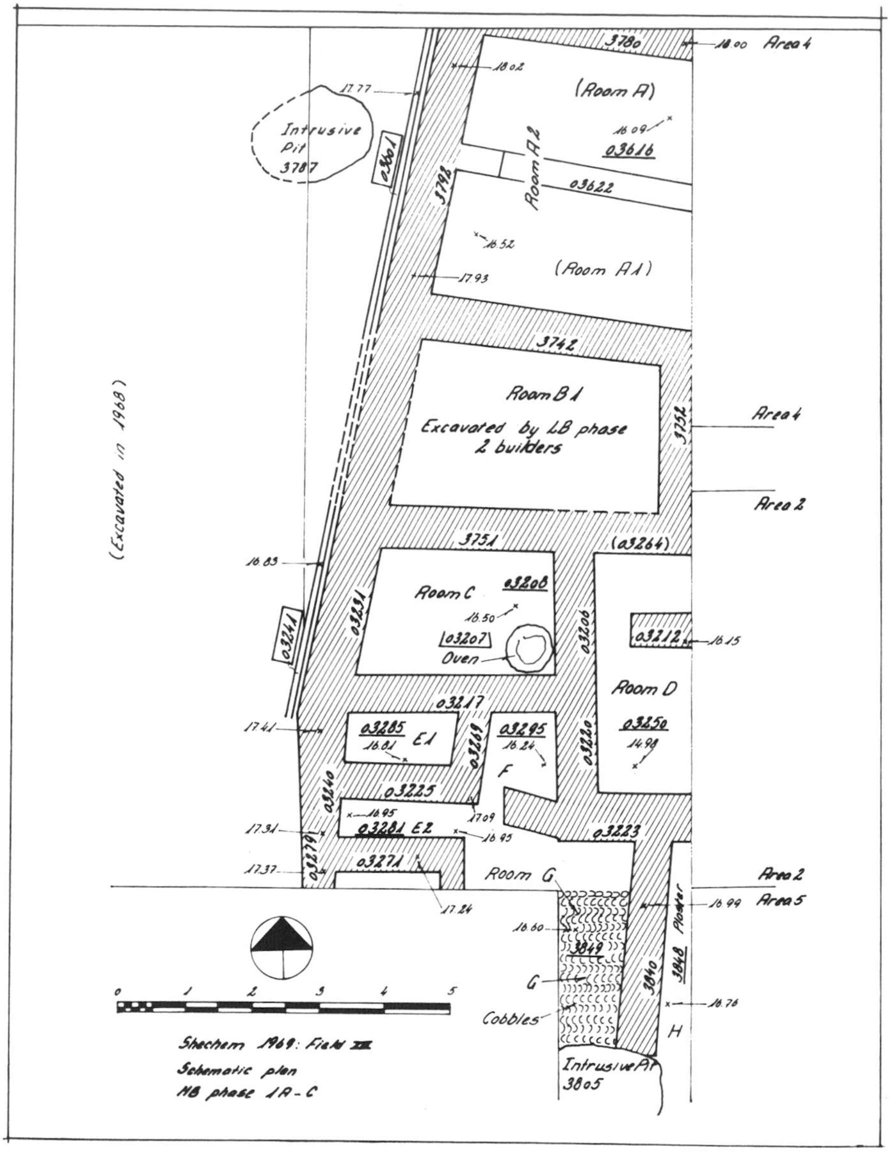
Shechem 1969: Field XIII
Schematic plan
MB phase 1A-C
(Excavated in 1968)
Intrusive Pit 3787
(Room A)
Room A2
(Room A1)
03616
03622
3780
3792
03601
3742
Room B1
Excavated by LB phase 2 builders
3752
Area 4
Area 2
Area 5
3751
(03264)
Room C
03208
03207
Oven
03231
03241
03206
03212
Room D
03250
03217
03285 E1
03269
03295
F
03220
03240
03225
03281 E2
03223
03271
03279
Room G
3849
G
Cobbles
3840
3848
Plaster
H
Intrusive Pit 3805
0 1 2 3 4 5

80

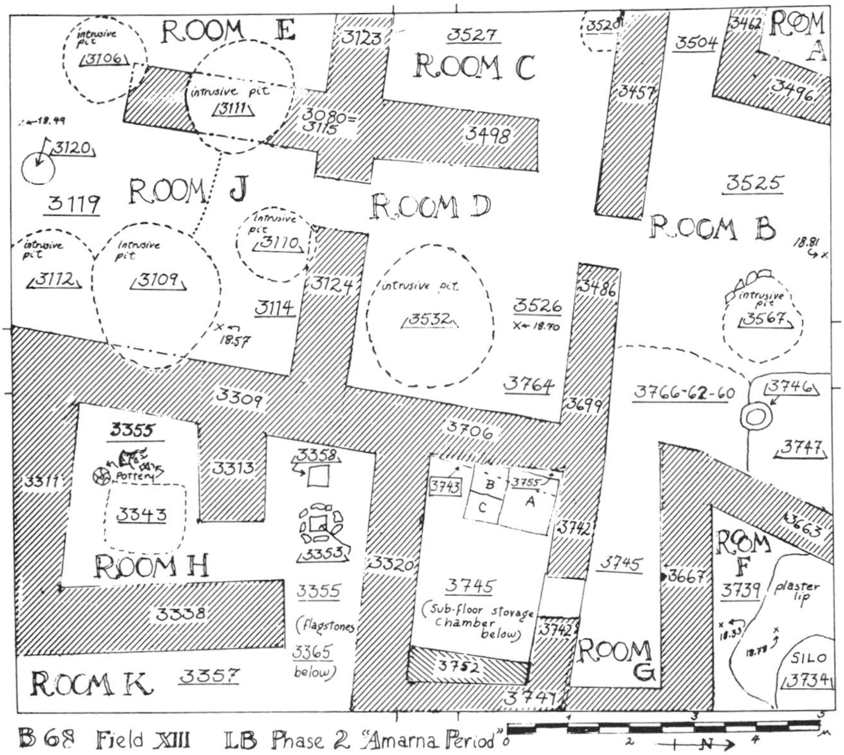


B 68 Field XIII LB Phase 2 "Amarna Period"

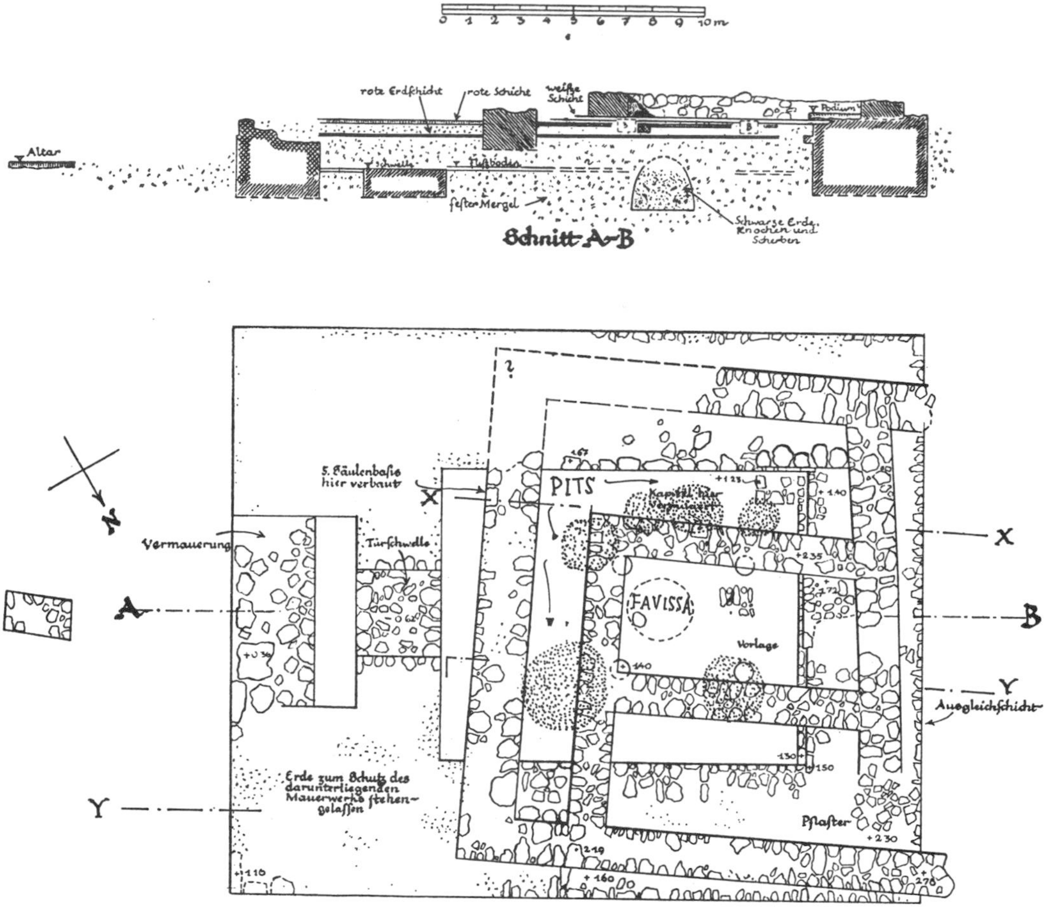
0 1 2 3 4 5 6 7 8 9 10 m
Altar
rote Erdschicht
rote Schicht
weiße Schicht
Podium
Schwelle
Fußboden
fester Mergel
Schwarze Erde, Knochen und Scherben
Schnitt A-B
N
5. Säulenbasis hier verbaut
Vermauerung
Türschwelle
PITS
FAVISSA
Vorlage
Ausgleichschicht
Erde zum Schutz des darunterliegenden Mauerwerks stehengelassen
Pflaster
A
B
X
Y
+ 167
+ 123
+ 140
+ 235
+ 272
+ 036
140
-130
+ 150
+ 230
+ 219
+ 160
+ 110
+ 278

82

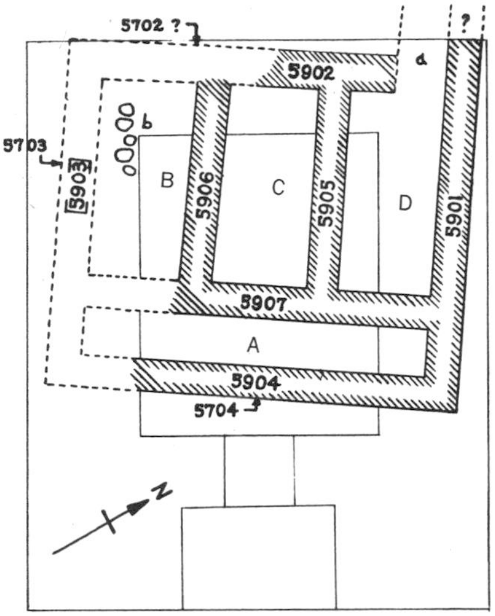
5702 ?
?
5902
a
b
5703
5903
B
5906
C
5905
D
5901
5907
A
5904
5704
N

83

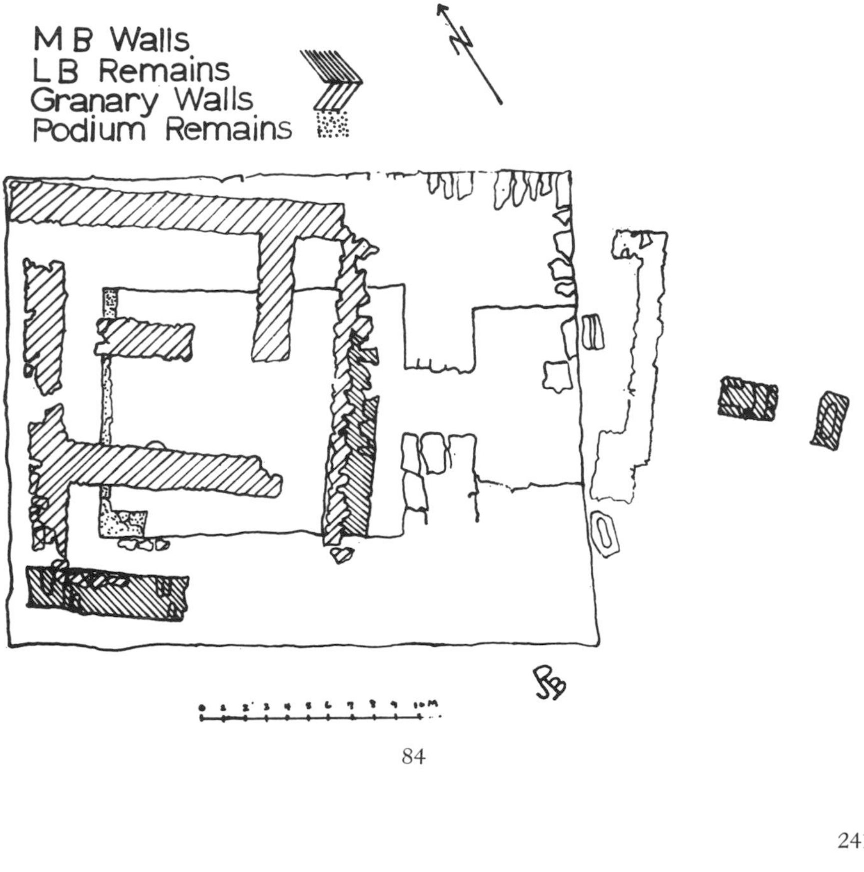
M B Walls
L B Remains
Granary Walls
Podium Remains
N

84

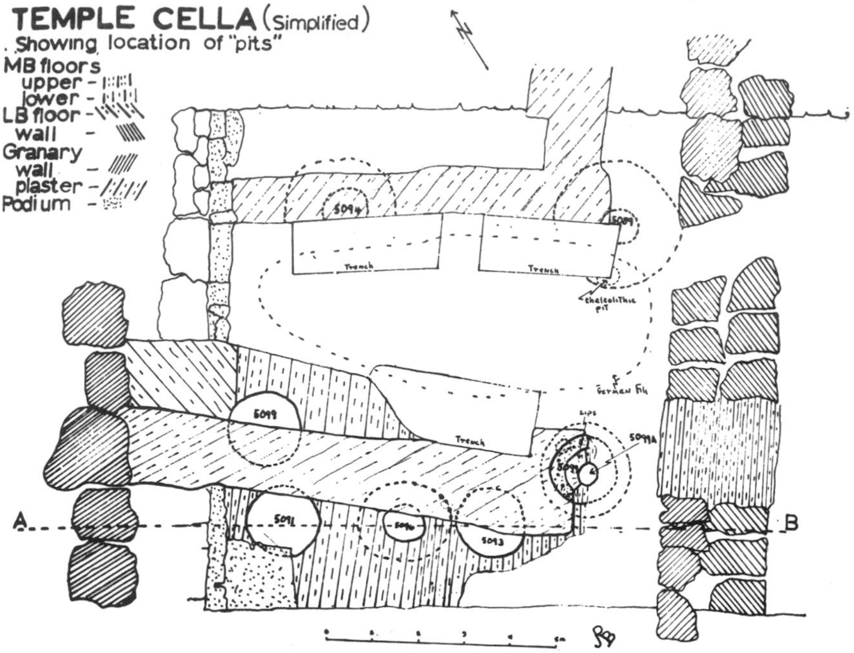
TEMPLE CELLA (Simplified)
Showing location of "pits"
MB floors
upper -
lower -
LB floor -
wall -
Granary
wall -
plaster -
Podium -
5094
5097
Trench
Trench
chalcolithic pit
German Fill
5099
Trench
5099A
5092
5091
5096
5093
A
B

85

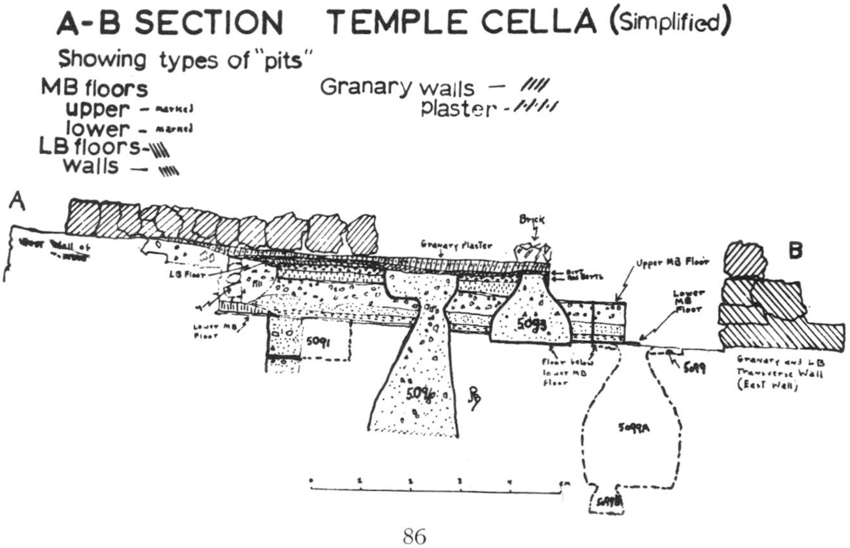
A-B SECTION TEMPLE CELLA (Simplified)
Showing types of "pits"
MB floors
upper -
lower -
LB floors-
walls -
Granary walls -
plaster -
A
B
Brick
Granary Plaster
Upper MB Floor
Lower MB Floor
LB Floor
5091
5096
5093
5099
5099A
Granary and LB Transverse Wall (East Wall)

86

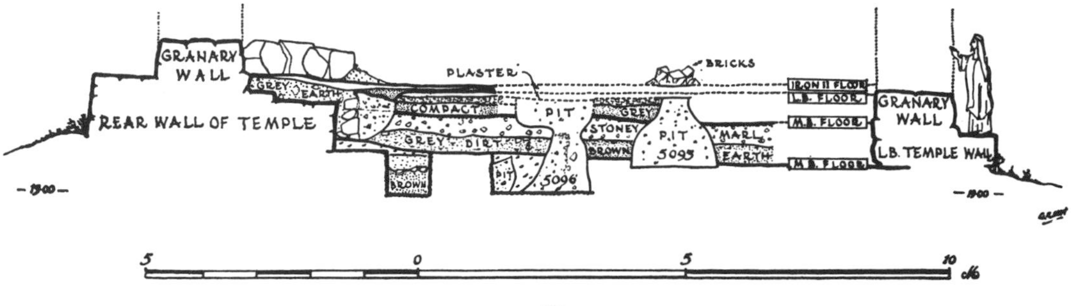
GRANARY WALL
REAR WALL OF TEMPLE
GREY EARTH
PLASTER
BRICKS
COMPACT
GREY DIRT
BROWN
PIT
PIT
5096
STONEY
GREY
BROWN
PIT
5093
MARL
EARTH
IRON II FLOOR
L.B. FLOOR
M.B. FLOOR
M.B. FLOOR
GRANARY WALL
L.B. TEMPLE WALL
5
0
5
10

87

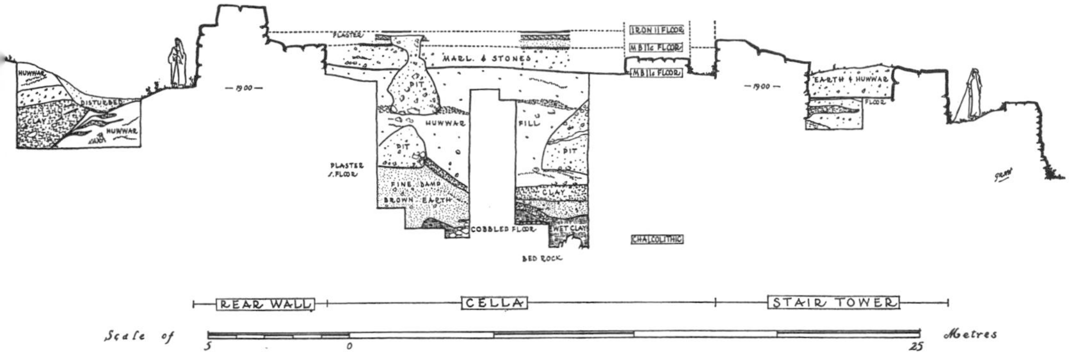
HUWWAR
DISTURBED
CLAY
HUWWAR
— 1900 —
PLASTER
MARL & STONES
IRON II FLOOR
M B II c FLOOR
M B II c FLOOR
— 1900 —
EARTH & HUWWAR
FLOOR
PIT
HUWWAR
FILL
PIT
PLASTER
S. FLOOR
FINE DAMP
BROWN EARTH
CLAY
COBBLED FLOOR
WET CLAY
CHALCOLITHIC
BED ROCK
REAR WALL
CELLA
STAIR TOWER
Scale of
Metres
5
0
25

88

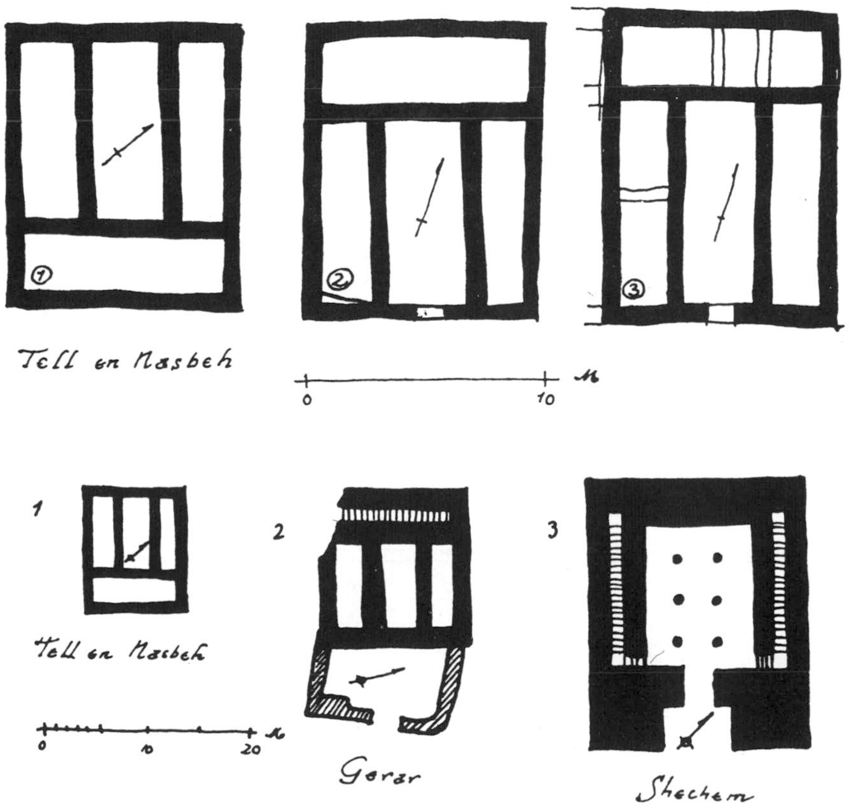
1
2
3
Tell en Nasbeh
0
10
M
1
2
3
Tell en Nasbeh
0
10
20
M
Gerar
Shechem

89

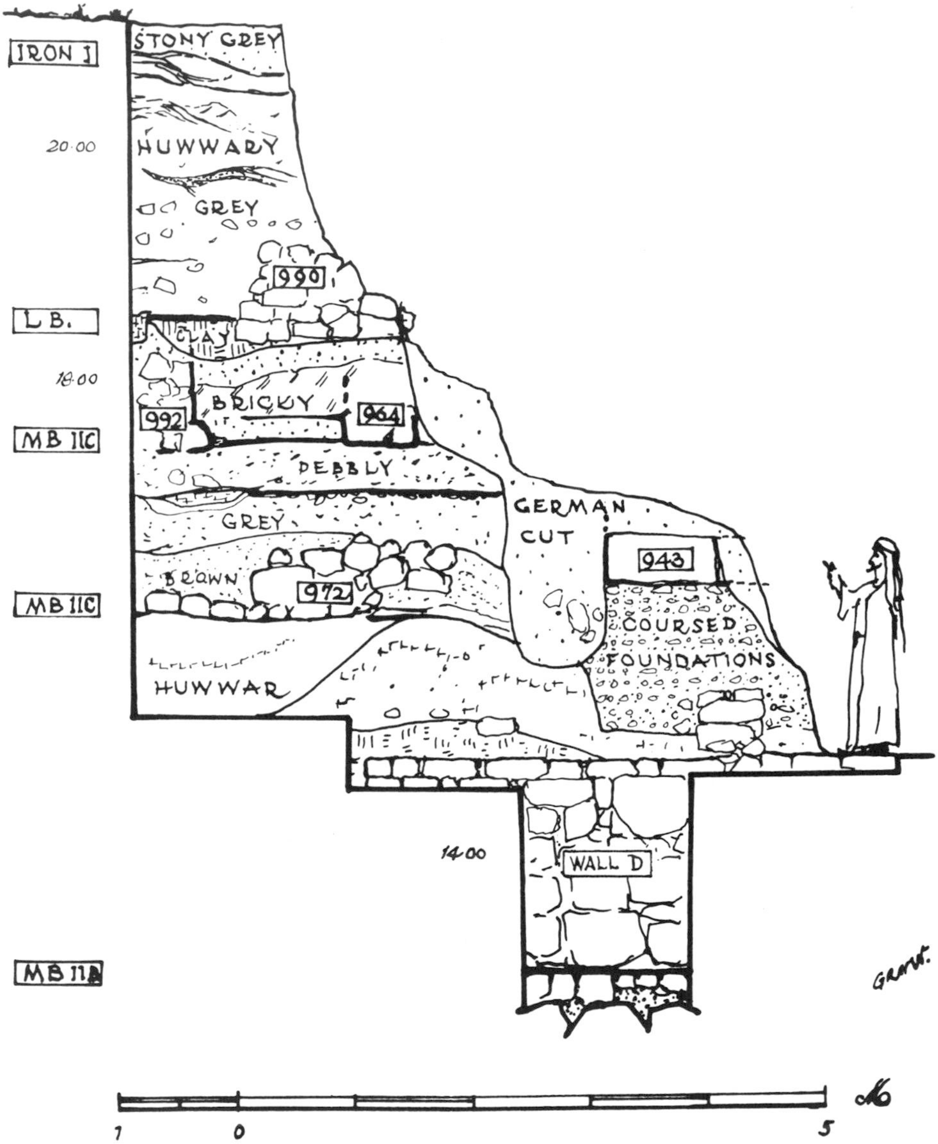

IRON I
STONY GREY
20.00
HUWWARY
GREY
990
L B.
CLAY
18.00
BRICKY
992
964
MB IIC
DEBBLY
GREY
BROWN
972
MB IIC
GERMAN
CUT
943
COURSED
FOUNDATIONS
HUWWAR
14.00
WALL D
1
0
5


90

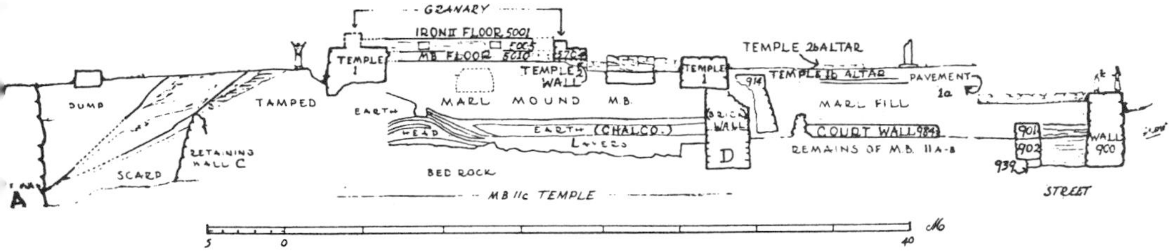


91

## FIELD V AREA 13 (Temple Forecourt)

Section A-A

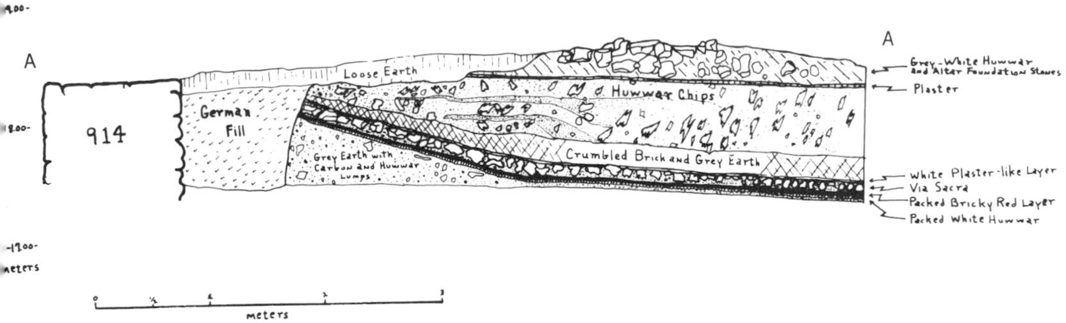


92

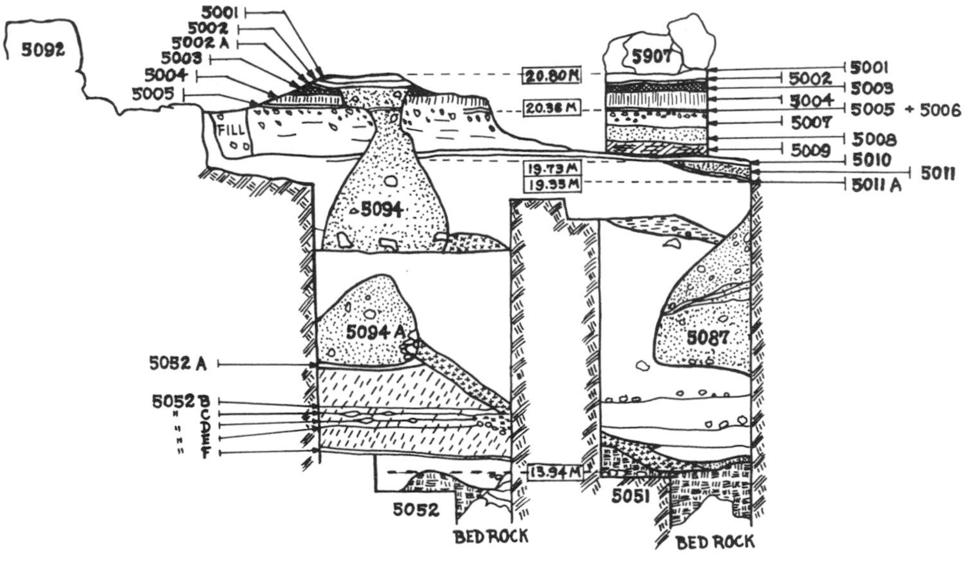


93

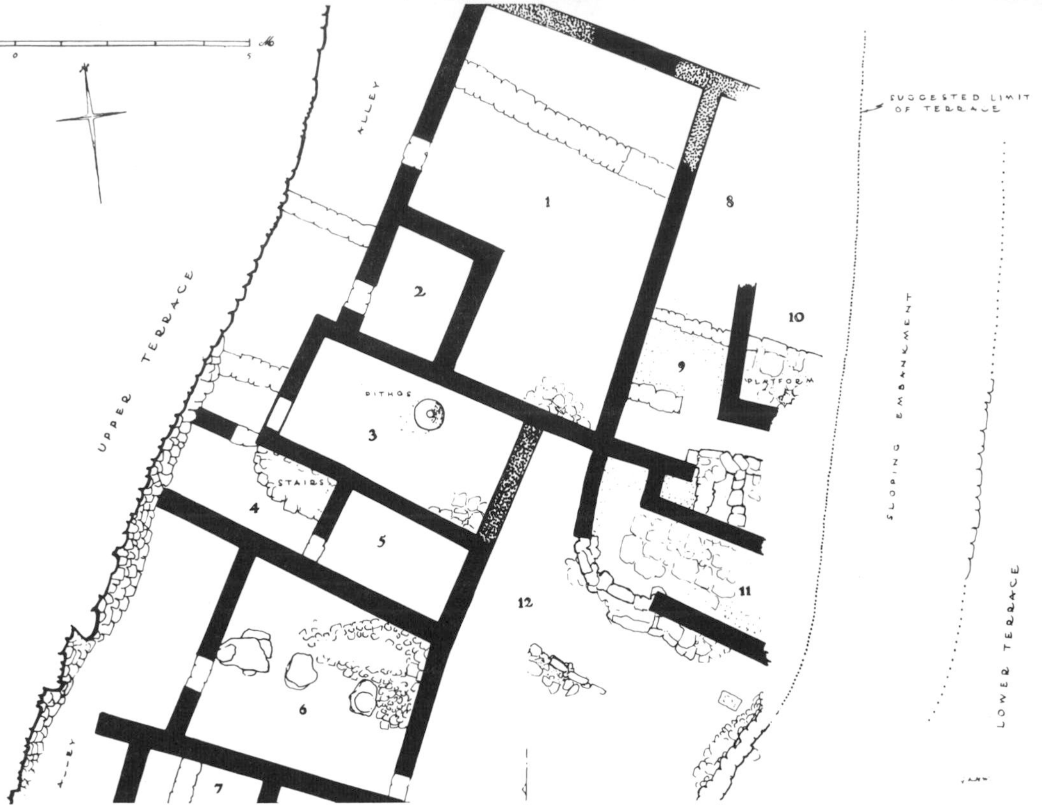
1 0 5 M
ALLEY
UPPER TERRACE
SUGGESTED LIMIT OF TERRACE
SLOPING EMBANKMENT
LOWER TERRACE
PITHOS
STAIRS
PLATFORM
1
2
3
4
5
6
7
8
9
10
11
12

94

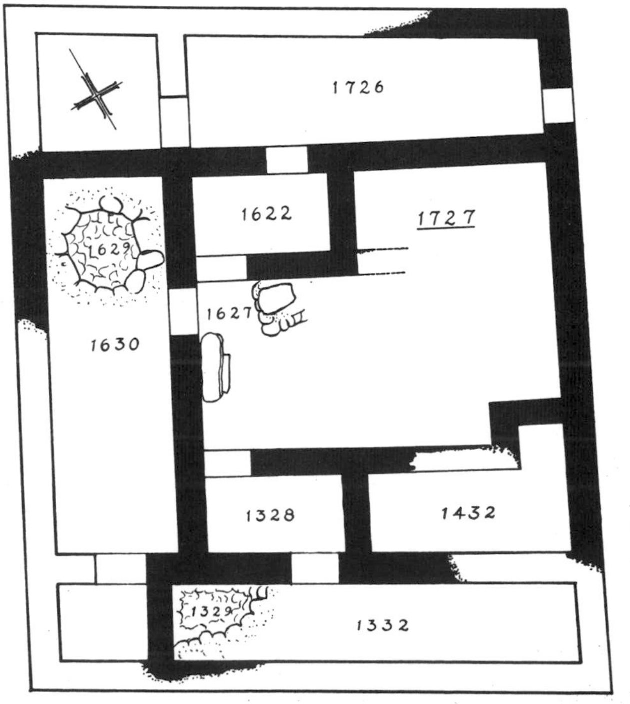
1726
1622
1727
1629
1627
1630
1328
1432
1329
1332
1 0 5 10

95

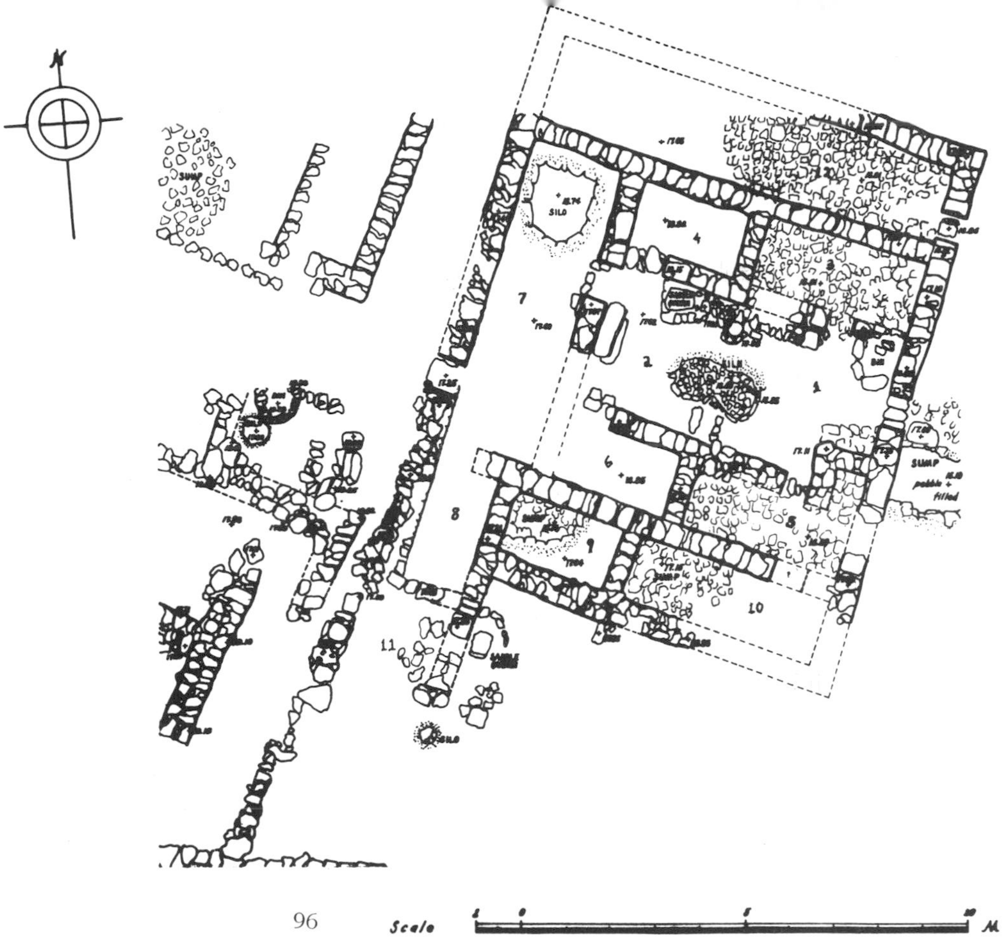


96

97

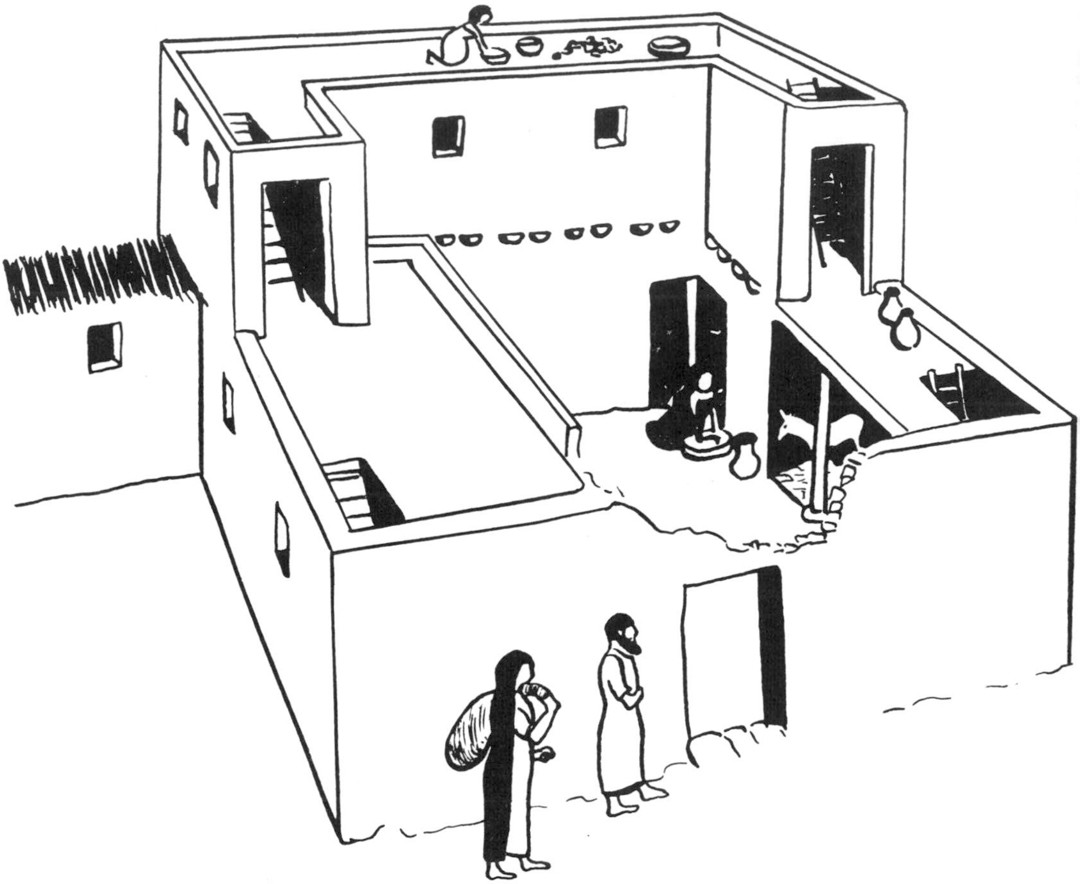

98

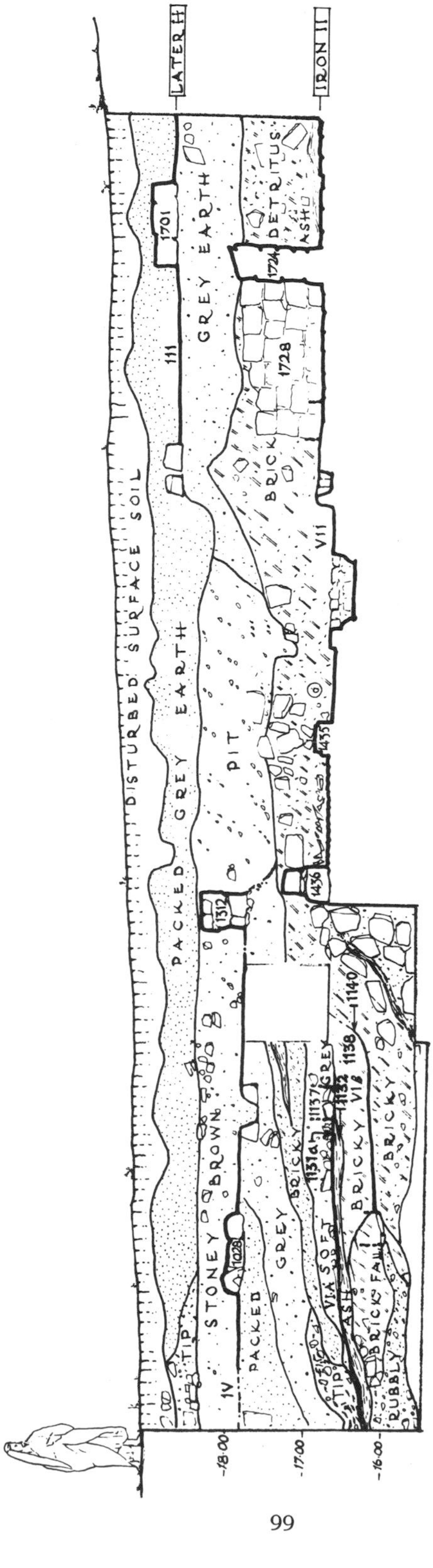
LATER II
IRON II
DISTURBED SURFACE SOIL
PACKED GREY EARTH
GREY EARTH
DETRITUS
ASH
1701
111
1724
1728
BRICK
VII
PIT
1435
1436
1312
STONEY BROWN
PACKED GREY
1028
IV
TIP
BRICKY
SOFT
GREY
RUBBLY
1140
1138
1137
1132
-18.00
-17.00
-16.00

99

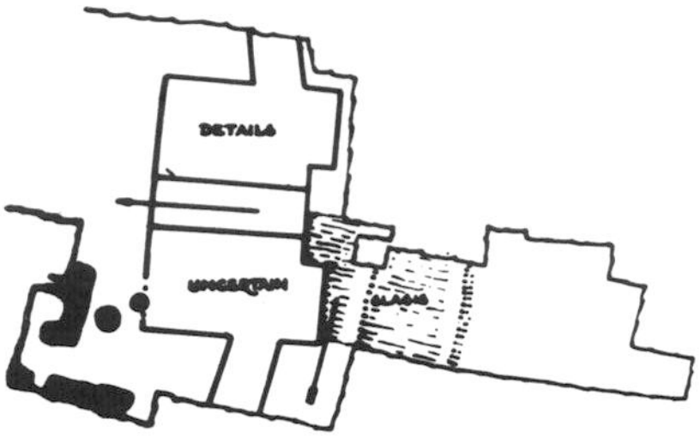
DETAILS
UNCERTAIN

100

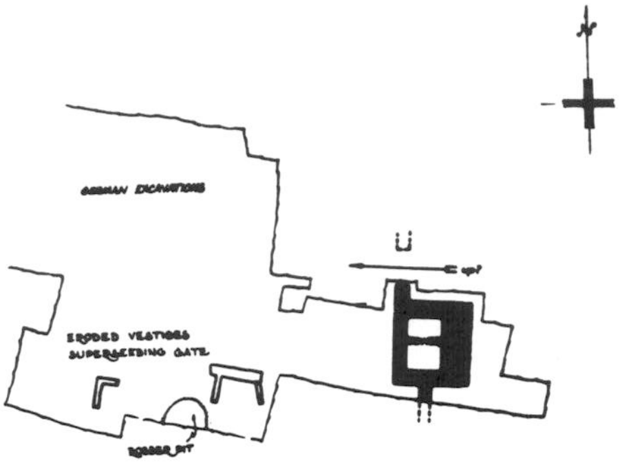
GERMAN EXCAVATIONS
ERODED VESTIGES
SUPERSEDING GATE
ROBBER PIT

101

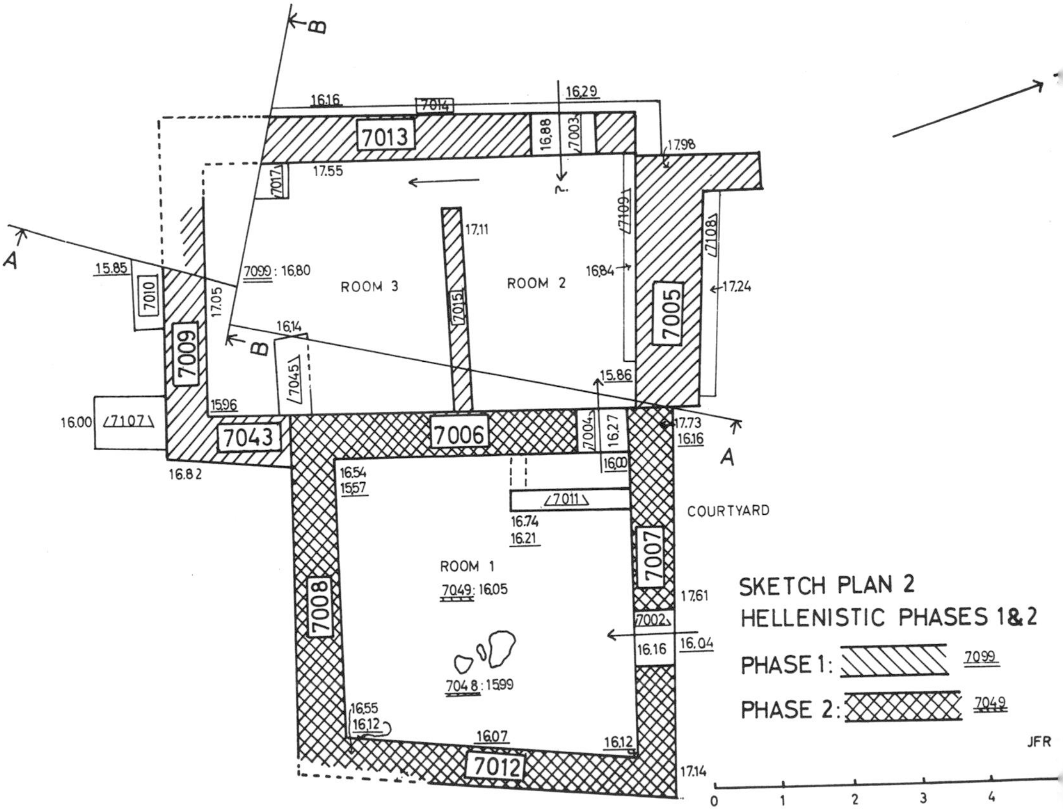
SKETCH PLAN 2
HELLENISTIC PHASES 1&2
PHASE 1: 7099
PHASE 2: 7049
ROOM 1
ROOM 2
ROOM 3
COURTYARD
7013
7014
7003
7017
7099: 16,80
7015
7109
7108
7005
7010
7009
7045
7107
7043
7006
7004
7011
7007
7002
7008
7049: 16,05
7048: 15,99
7012
16,16
16,29
16,88
17,98
17,55
17,11
16,84
17,24
15,85
17,05
16,14
15,86
15,96
16,00
16,27
17,73
16,16
16,82
16,00
16,54
15,57
16,74
16,21
17,61
16,16
16,04
16,55
16,12
16,07
16,12
17,14
A
B
JFR
0
1
2
3
4

102

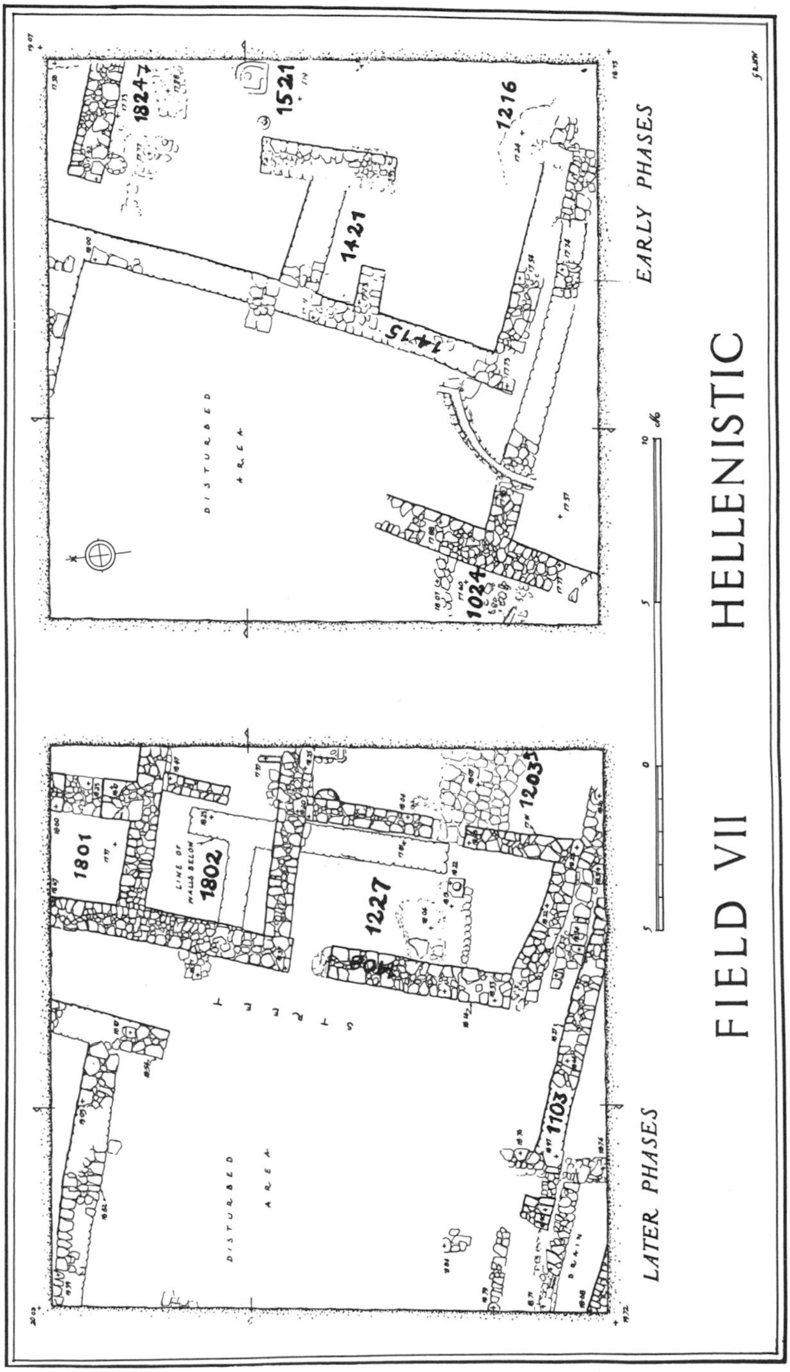
FIELD VII
HELLENISTIC
LATER PHASES
EARLY PHASES
DISTURBED AREA
DISTURBED AREA
STREET
DRAIN
LINE OF WALLS BELOW
1801
1802
1227
1203
1103
1824
1521
1216
1421
1415
1024

103

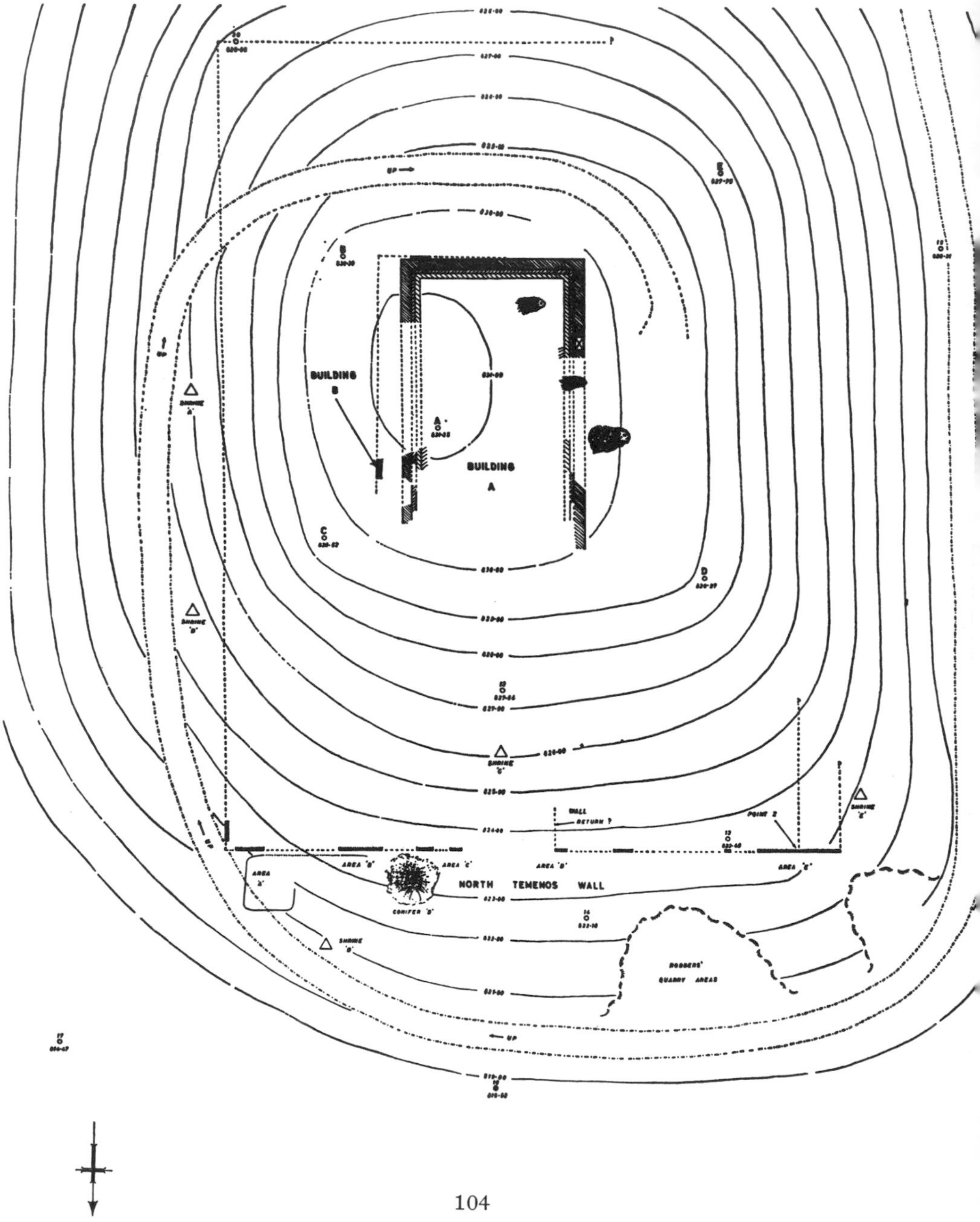
BUILDING B
BUILDING A
SHRINE 'C'
WALL
RETURN ?
POINT 2
AREA 'A'
AREA 'C'
NORTH TEMENOS WALL
SHRINE 'B'
QUARRY AREAS
UP

104

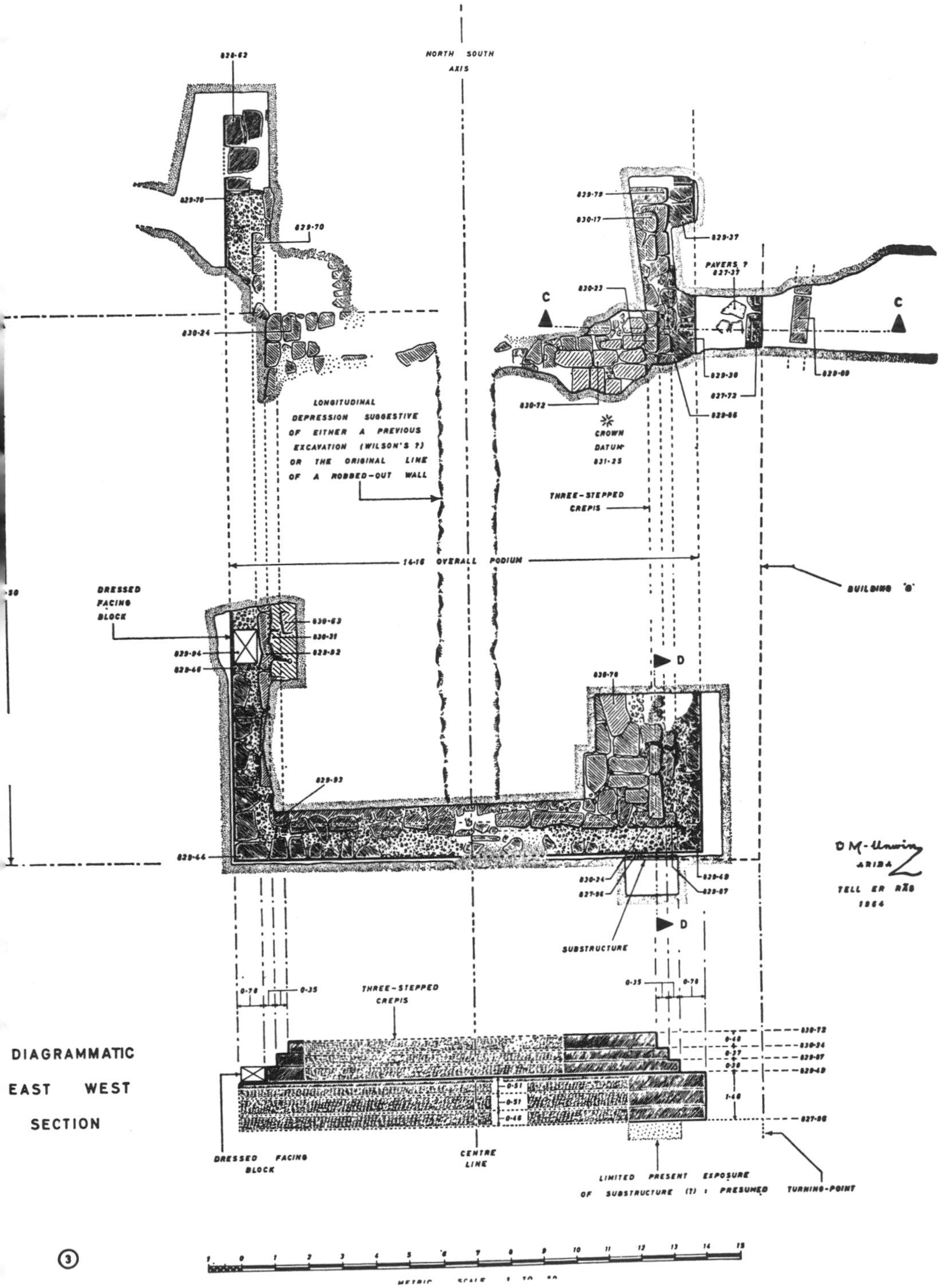
NORTH SOUTH AXIS
PAVERS ?
C
C
LONGITUDINAL DEPRESSION SUGGESTIVE OF EITHER A PREVIOUS EXCAVATION (WILSON'S ?) OR THE ORIGINAL LINE OF A ROBBED-OUT WALL
CROWN DATUM 831-25
THREE-STEPPED CREPIS
14-16 OVERALL PODIUM
BUILDING 'B'
DRESSED FACING BLOCK
D
D
SUBSTRUCTURE
D M-Unwin ARIBA
TELL ER RÂS 1964
THREE-STEPPED CREPIS
DIAGRAMMATIC
EAST WEST
SECTION
DRESSED FACING BLOCK
CENTRE LINE
LIMITED PRESENT EXPOSURE OF SUBSTRUCTURE (?) : PRESUMED
TURNING-POINT
③

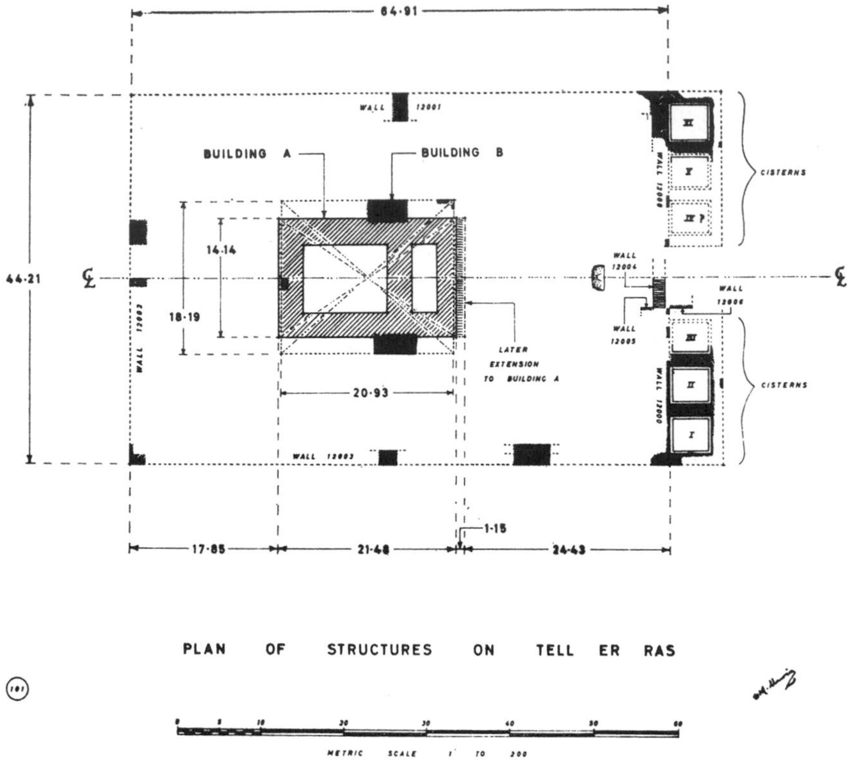
64·91
44·21
WALL 12001
BUILDING A
BUILDING B
CISTERNS
WALL 12004
WALL 12006
WALL 12005
14·14
18·19
WALL 12002
LATER EXTENSION TO BUILDING A
20·93
WALL 12003
1·15
17·85
21·48
24·43
PLAN OF STRUCTURES ON TELL ER RAS
METRIC SCALE 1 TO 200

106

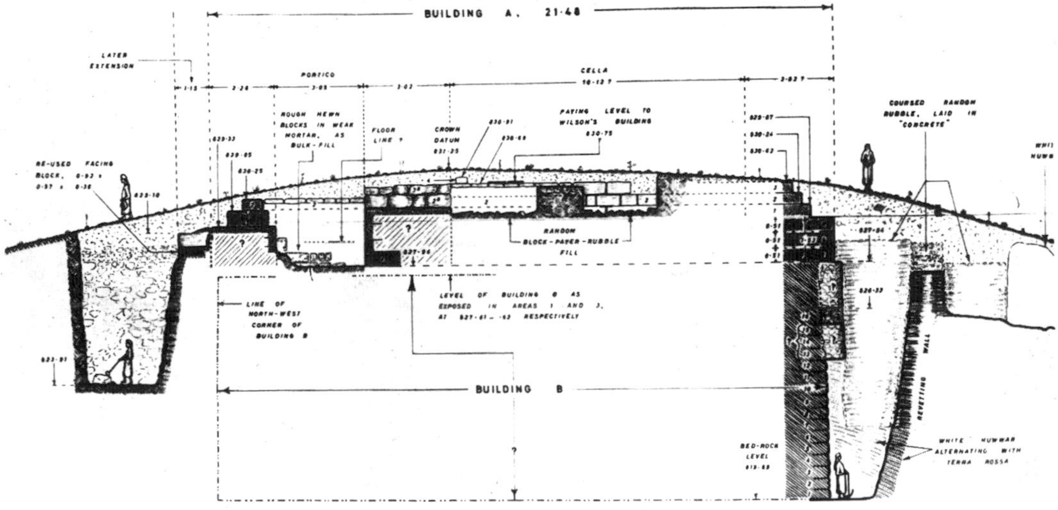
BUILDING A, 21·48
LATER EXTENSION
PORTICO
CELLA
ROUGH HEWN BLOCKS IN WEAK MORTAR, AS BULK-FILL
FLOOR LINE ?
CROWN DATUM
PAVING LEVEL TO WILSON'S BUILDING
COURSED RANDOM RUBBLE, LAID IN "CONCRETE"
RE-USED FACING BLOCK
RANDOM BLOCK-PAVER-RUBBLE FILL
LINE OF NORTH-WEST CORNER OF BUILDING B
LEVEL OF BUILDING B AS EXPOSED IN AREAS 1 AND 3,
BUILDING B
REVETING WALL
BED-ROCK LEVEL
WHITE HUWWAR ALTERNATING WITH TERRA ROSSA

107

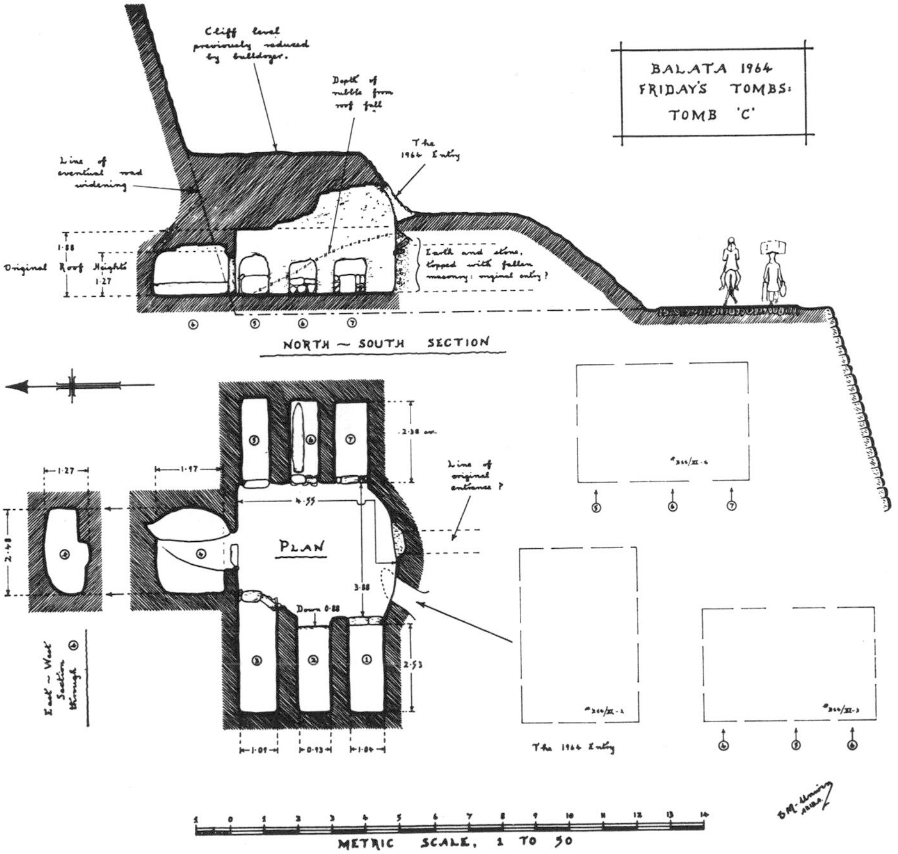
BALATA 1964
FRIDAY'S TOMBS:
TOMB 'C'
Cliff level previously reduced by bulldozer.
Depth of rubble from roof fall
The 1964 Entry
Line of eventual road widening
Original Roof Heights
1·88
1·27
Earth and stone, topped with fallen masonry: original entry?
NORTH ~ SOUTH SECTION
PLAN
Line of original entrance?
Down 0·88
4·55
3·88
2·38 av.
2·53
1·27
1·97
2·48
1·07
0·93
1·04
East ~ West Section through 4
The 1964 Entry
METRIC SCALE, 1 TO 50

108

112
111
110
109

115

116

113

114

117

123

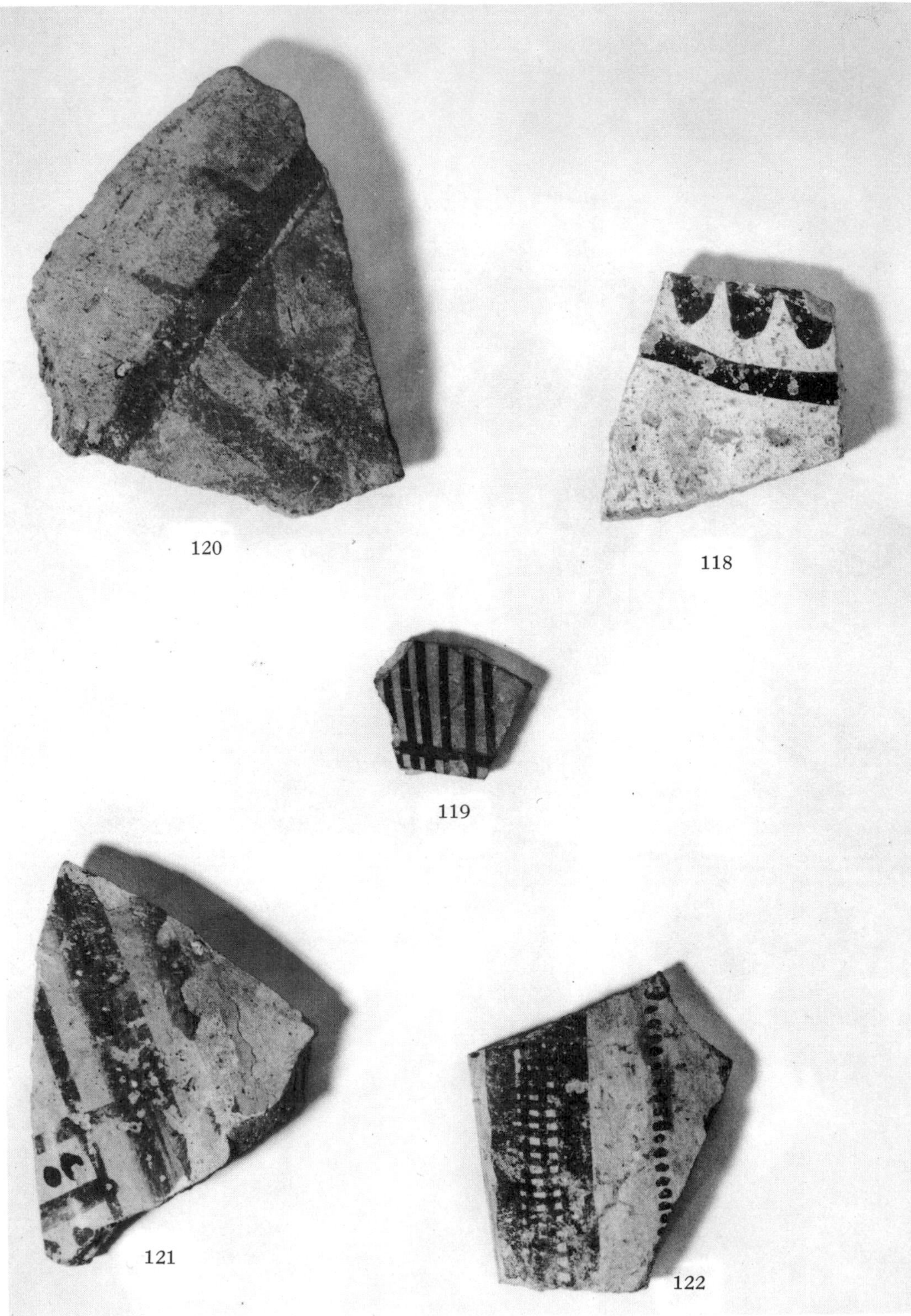
120
118
119
121
122

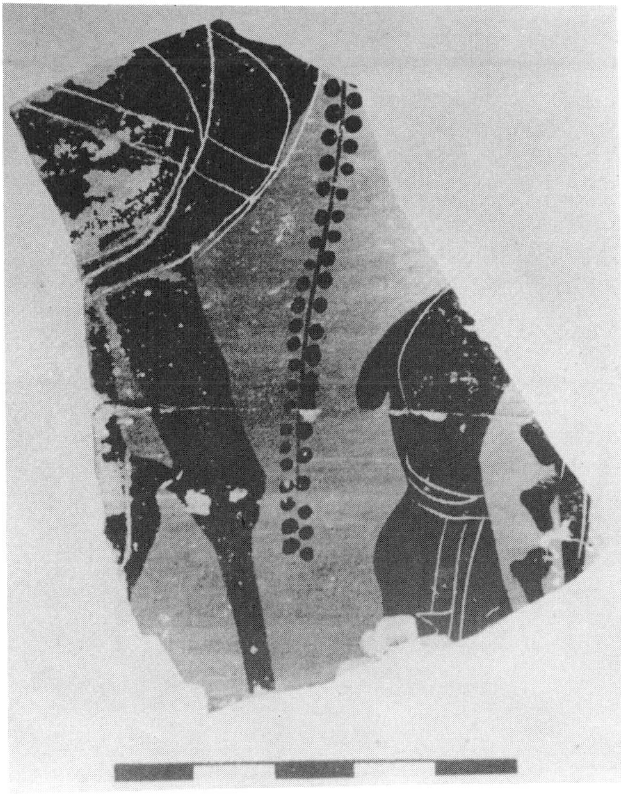

124

125

126

127

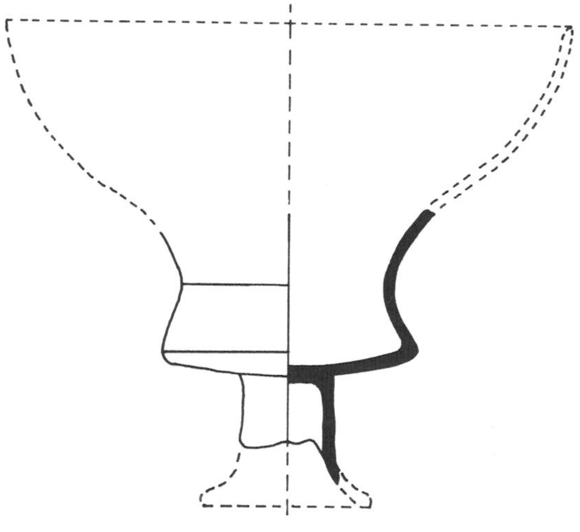

128

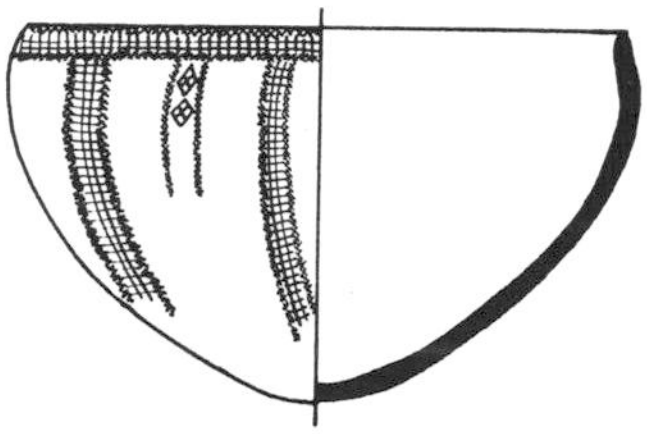

129

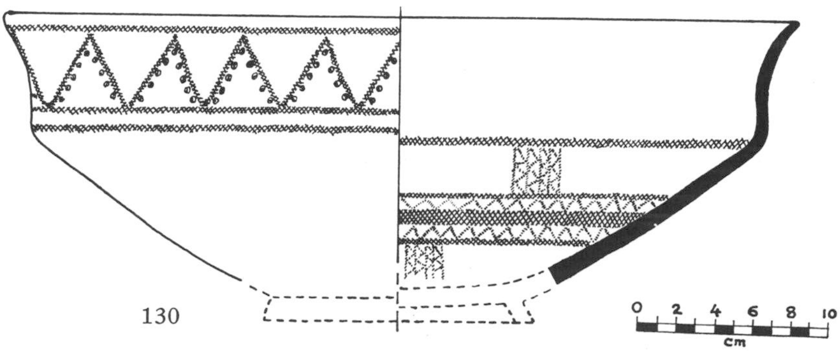


130

131

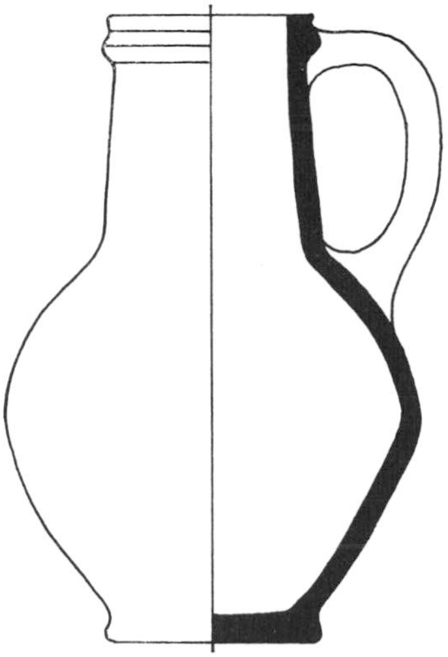
132

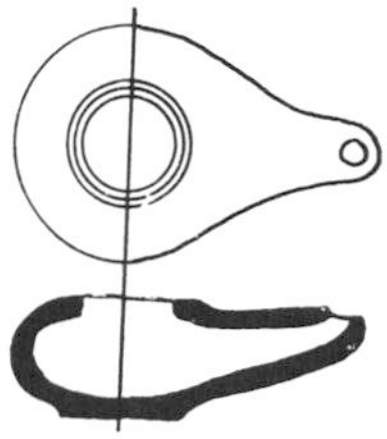
133

134

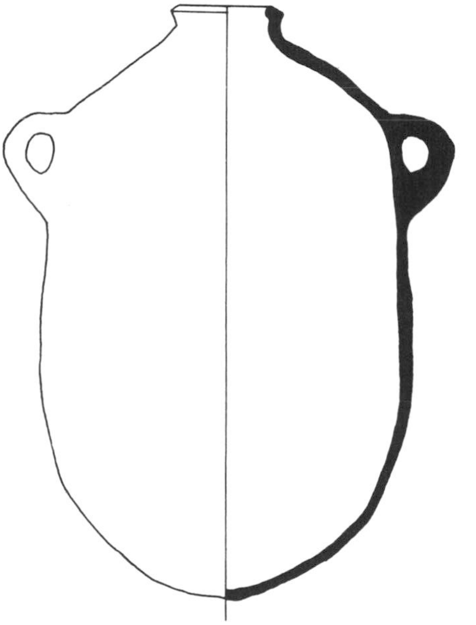

135

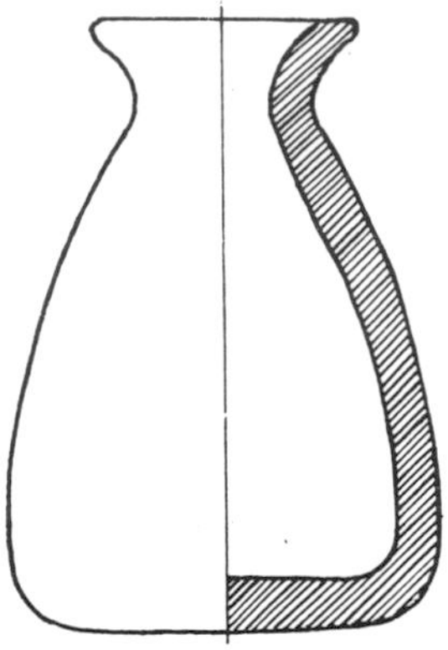

136

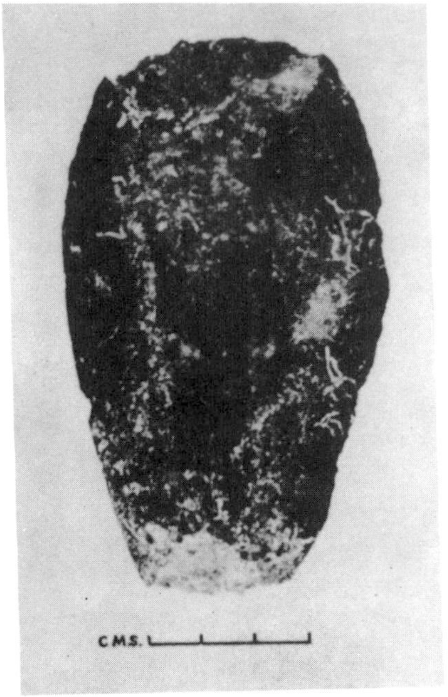


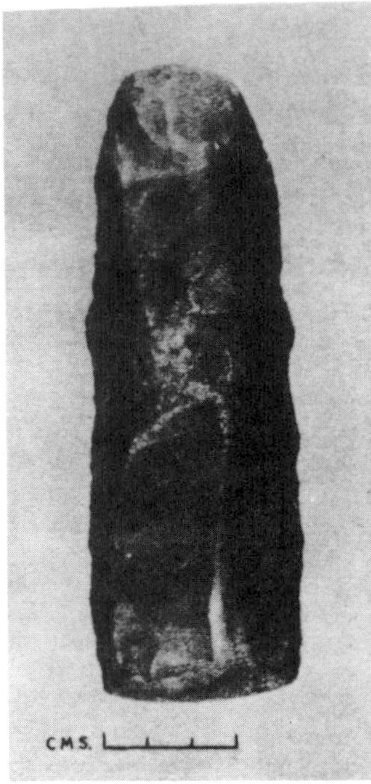

139

137

138

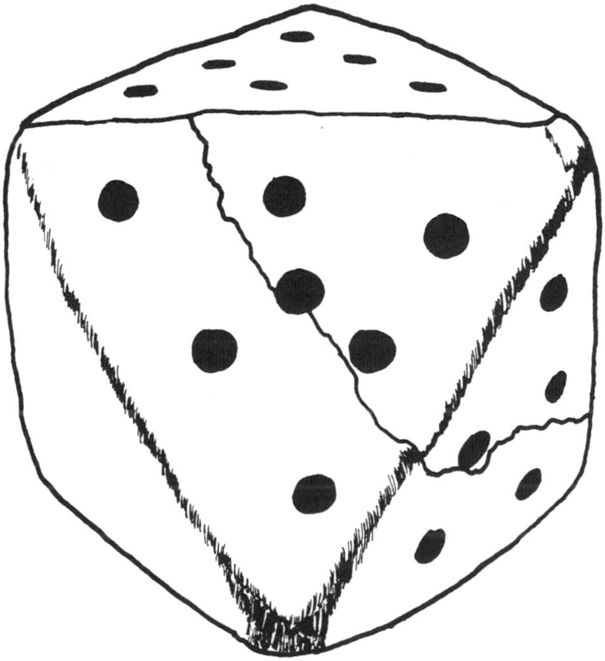

140

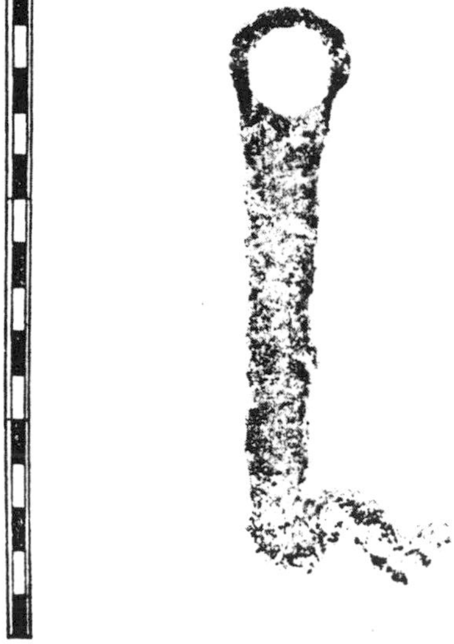

141

142

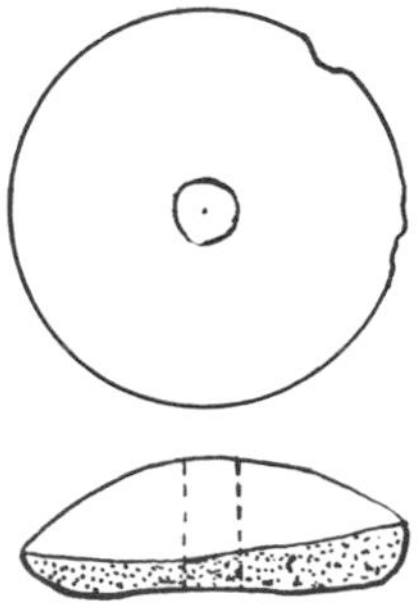

143

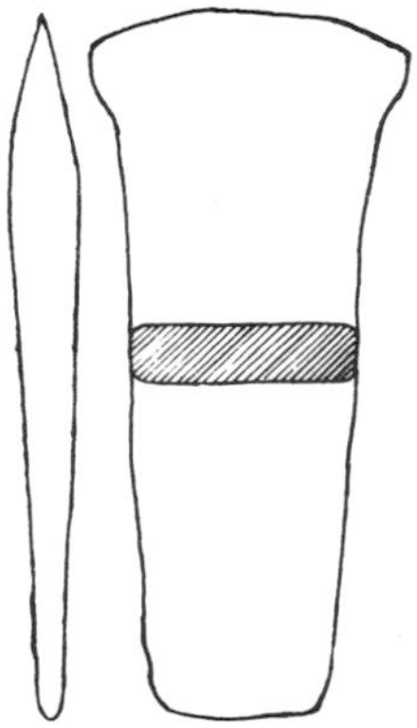

144

145

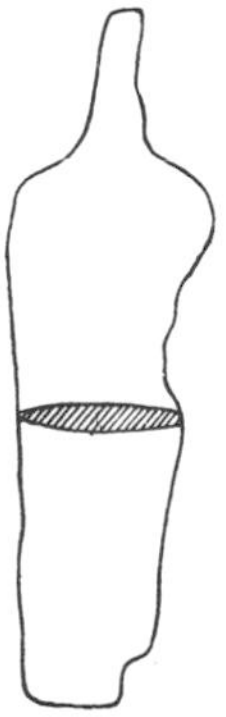

146

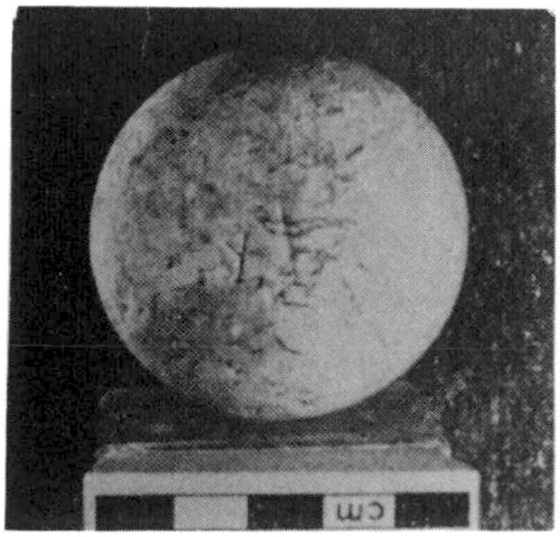

147

148

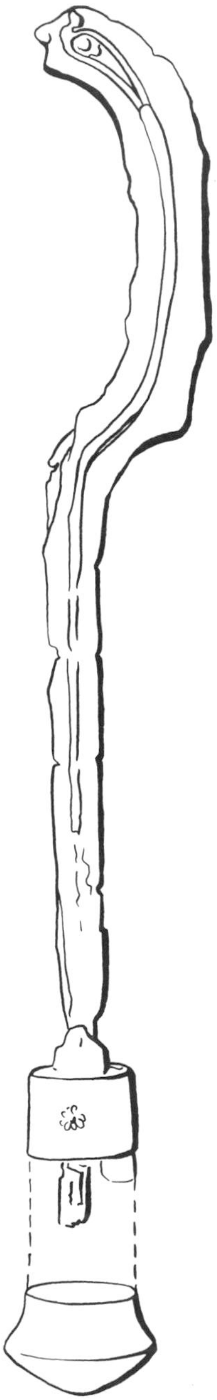

149

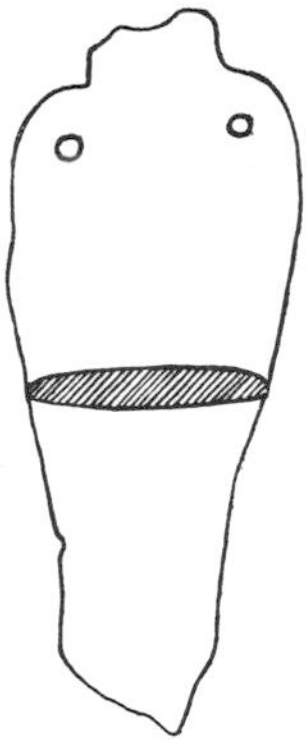

150

151

152

153

154

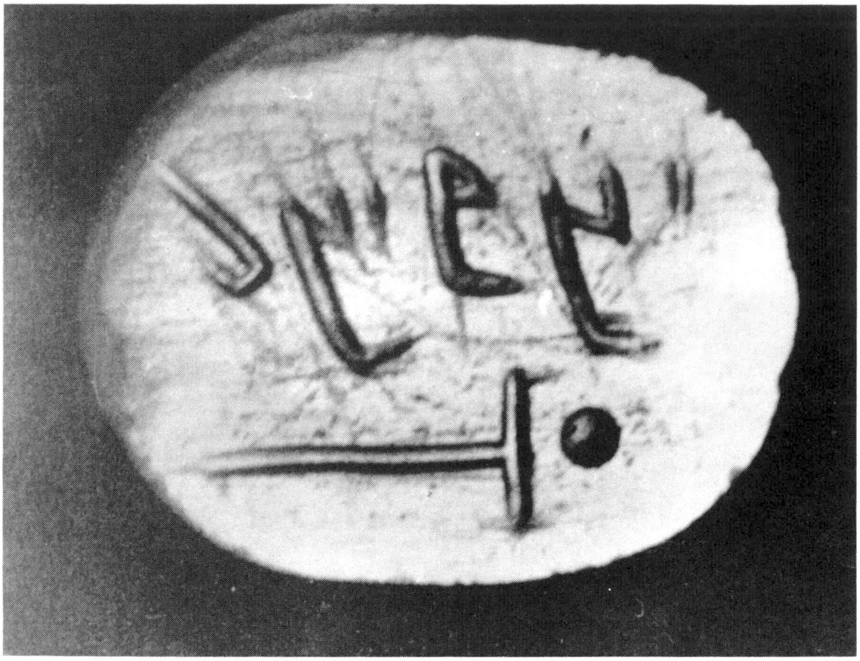

155

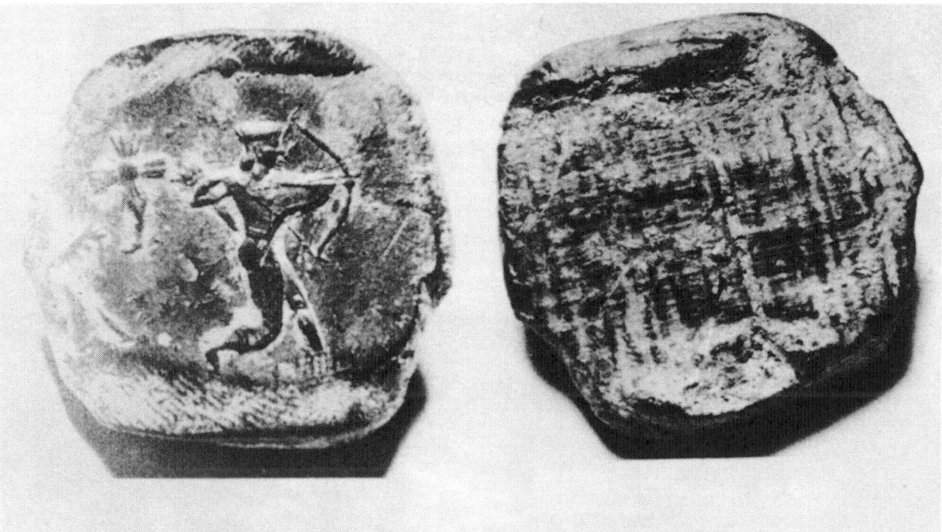

156

157

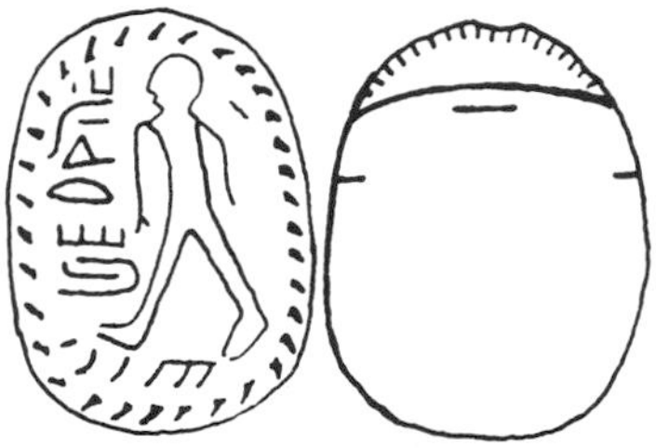

158

159

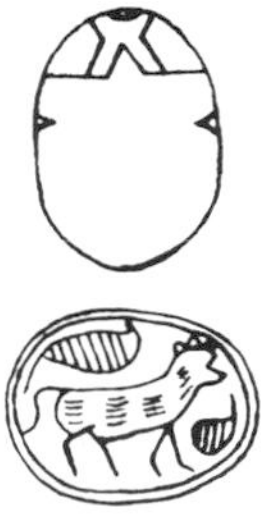

160

161

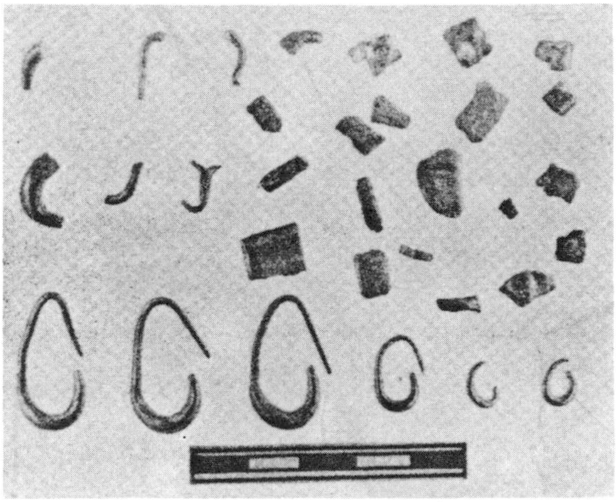

162

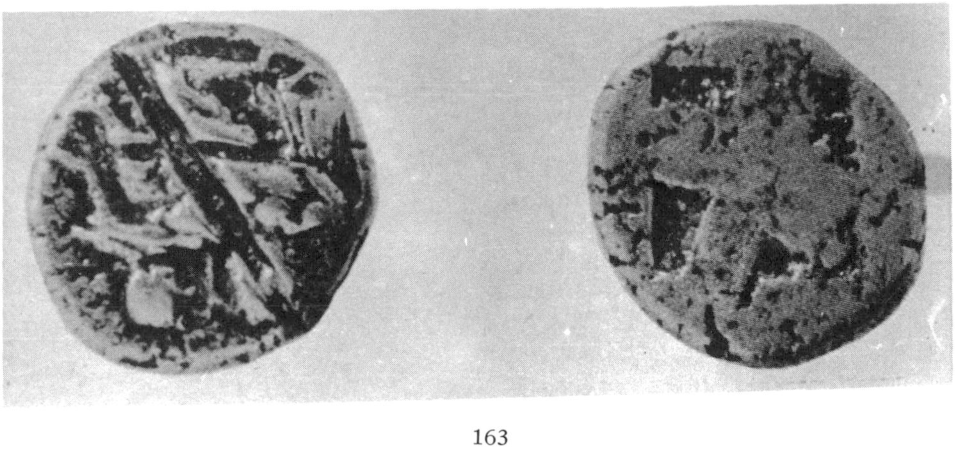

163

164

166

165

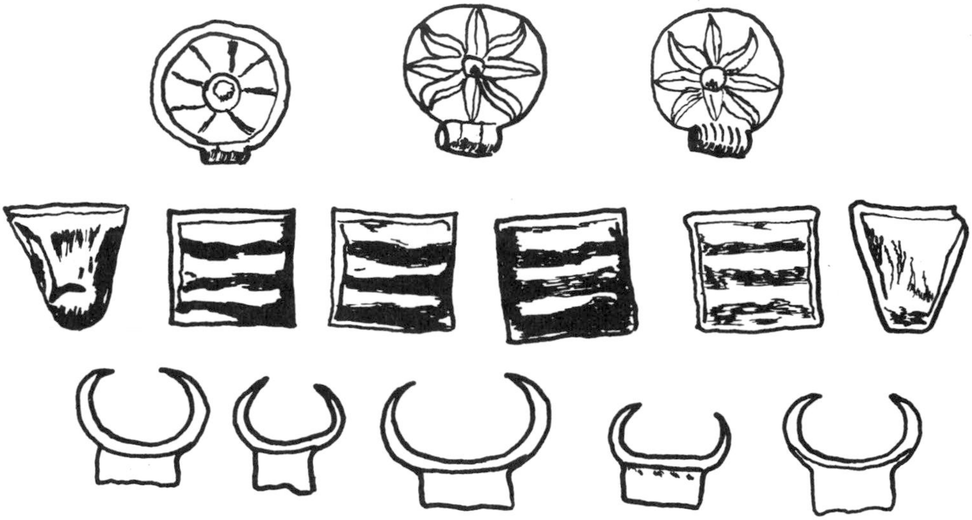

167

169

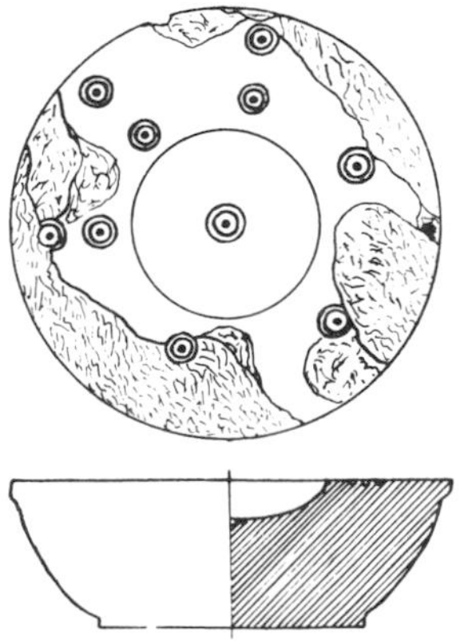

170

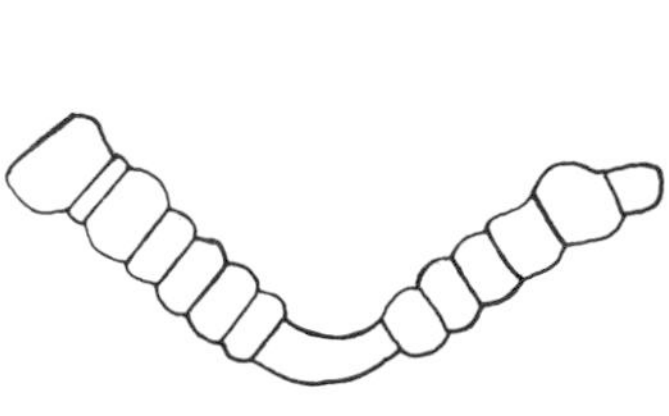

171

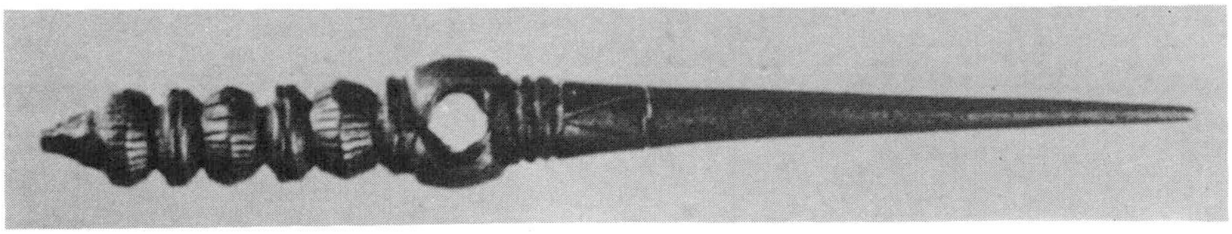

168

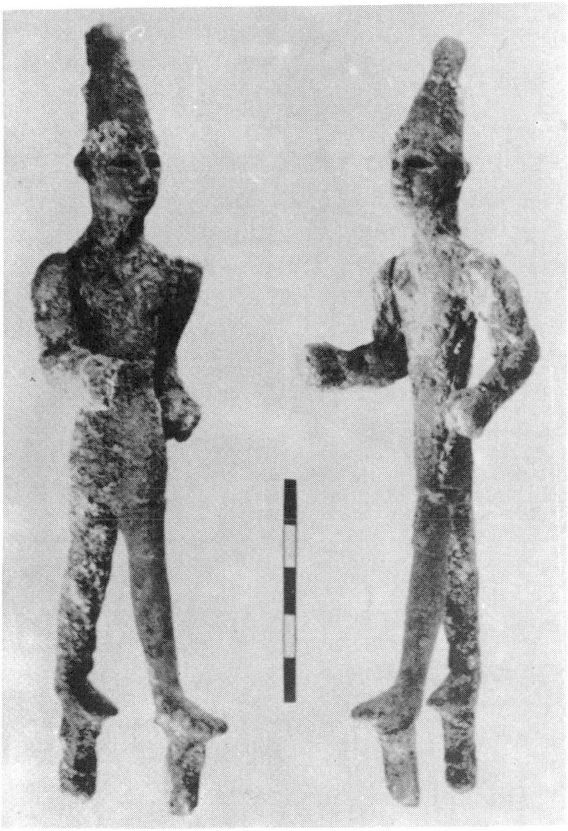

172

173

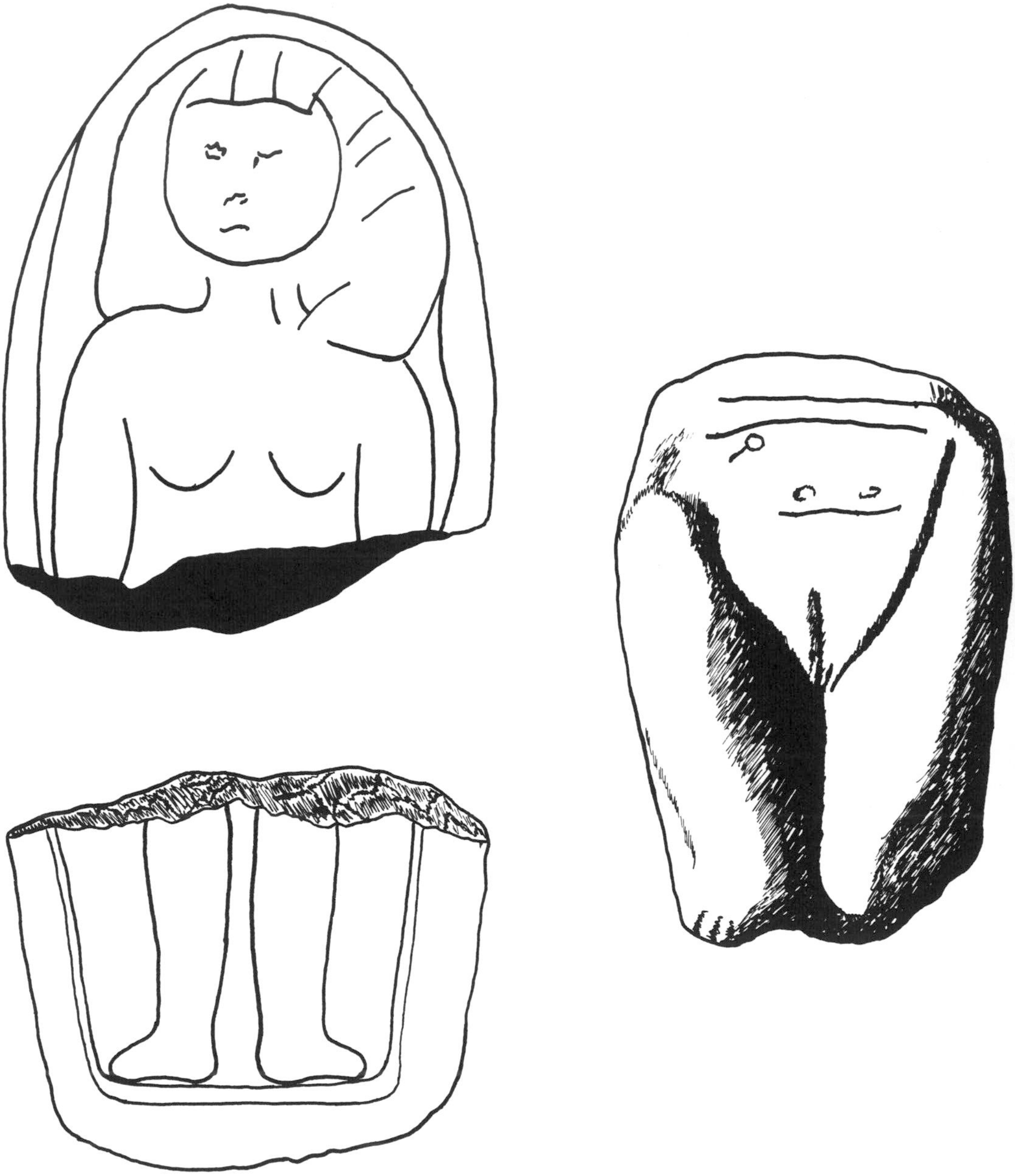

174

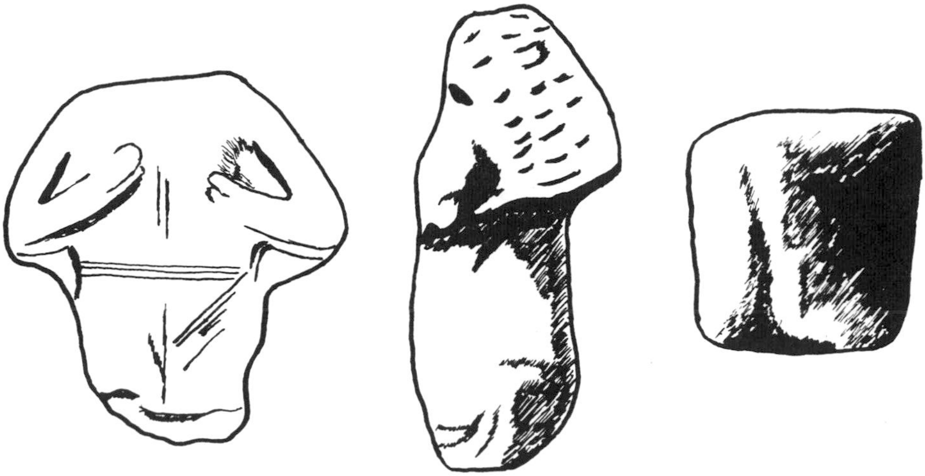

175

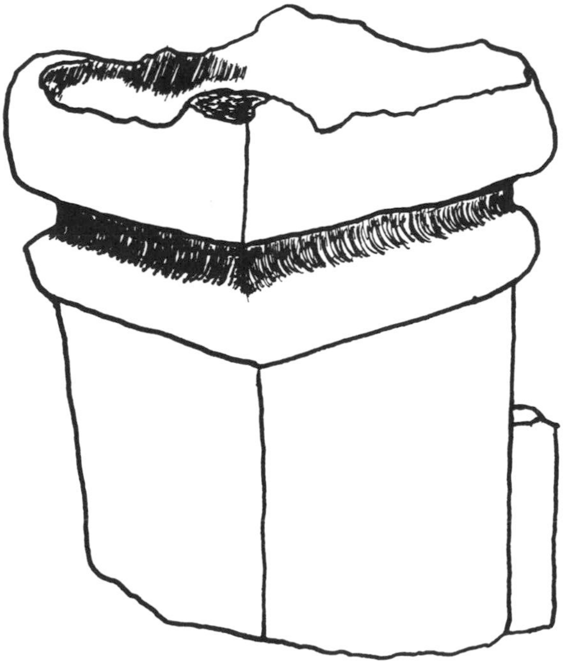

176

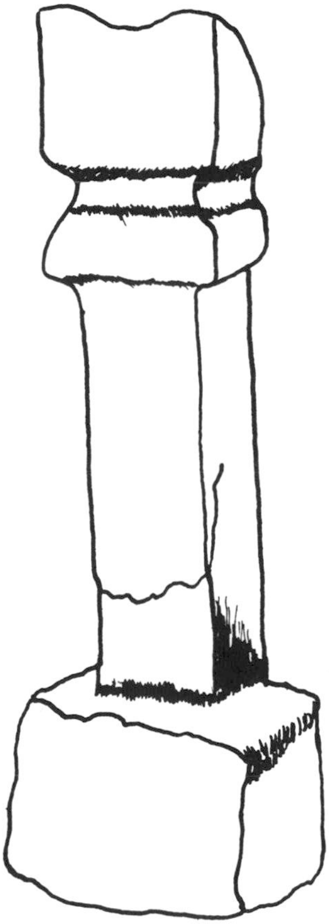

177

178

179

180

181

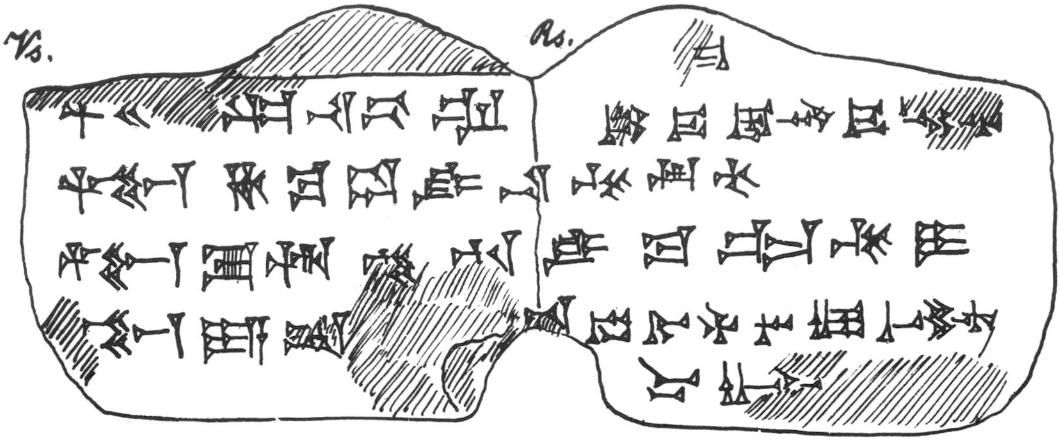


182

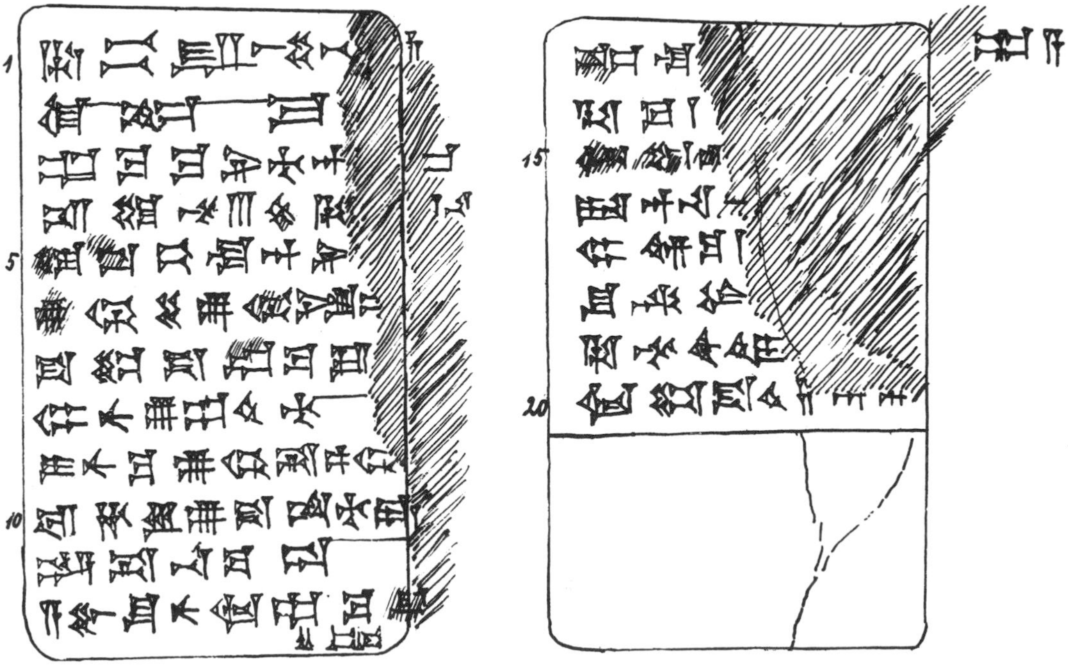


183

184

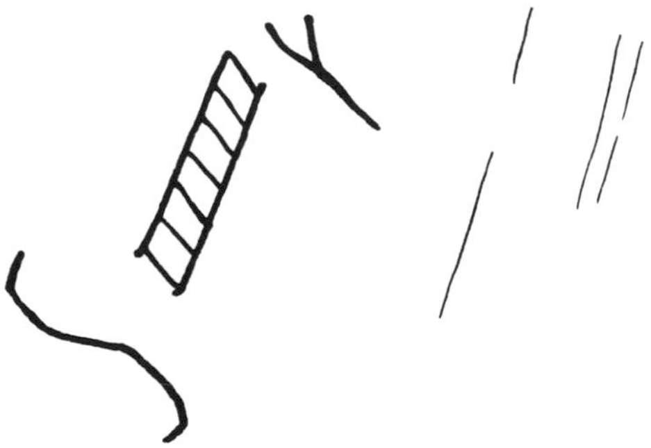

185

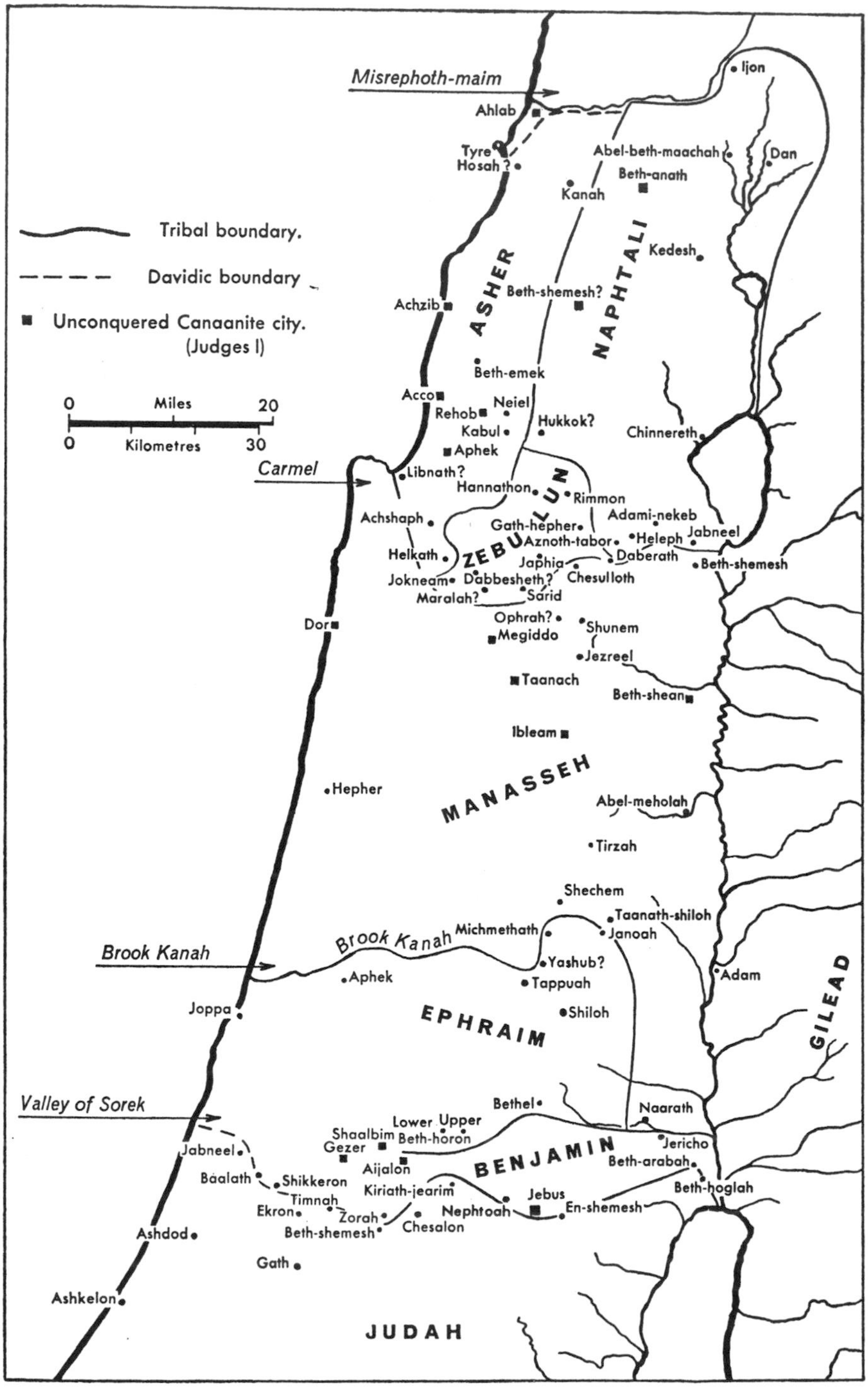
Misrephoth-maim
Ahlab
Ijon
Tyre
Hosah ?
Abel-beth-maachah
Dan
Beth-anath
Kanah
Tribal boundary.
Davidic boundary
Unconquered Canaanite city.
(Judges I)
ASHER
NAPHTALI
Kedesh
Beth-shemesh?
Achzib
Beth-emek
0 Miles 20
0 Kilometres 30
Acco
Rehob
Neiel
Kabul
Hukkok?
Chinnereth
Aphek
Carmel
Libnath?
Hannathon
ZEBULUN
Rimmon
Adami-nekeb
Achshaph
Gath-hepher
Aznoth-tabor
Heleph
Jabneel
Helkath
Japhia
Daberath
Beth-shemesh
Jokneam
Dabbesheth?
Chesulloth
Maralah?
Sarid
Dor
Ophrah?
Shunem
Megiddo
Jezreel
Taanach
Beth-shean
Ibleam
Hepher
MANASSEH
Abel-meholah
Tirzah
Shechem
Taanath-shiloh
Brook Kanah
Michmethath
Janoah
Yashub?
Aphek
Tappuah
Adam
GILEAD
Joppa
EPHRAIM
Shiloh
Valley of Sorek
Bethel
Naarath
Lower Upper
Shaalbim Beth-horon
Gezer
Jericho
BENJAMIN
Jabneel
Aijalon
Beth-arabah
Baalath
Shikkeron
Kiriath-jearim
Jebus
Beth-hoglah
Timnah
Ekron
Zorah
Nephtoah
En-shemesh
Beth-shemesh
Chesalon
Ashdod
Gath
Ashkelon
JUDAH

188

189

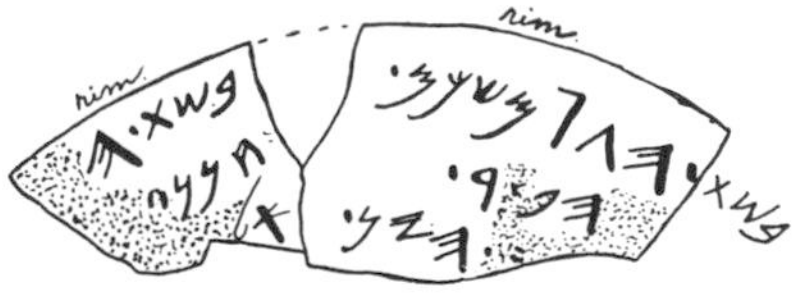


187

190

191

192 Siegel Siegel

192 Abdruck Abdruck

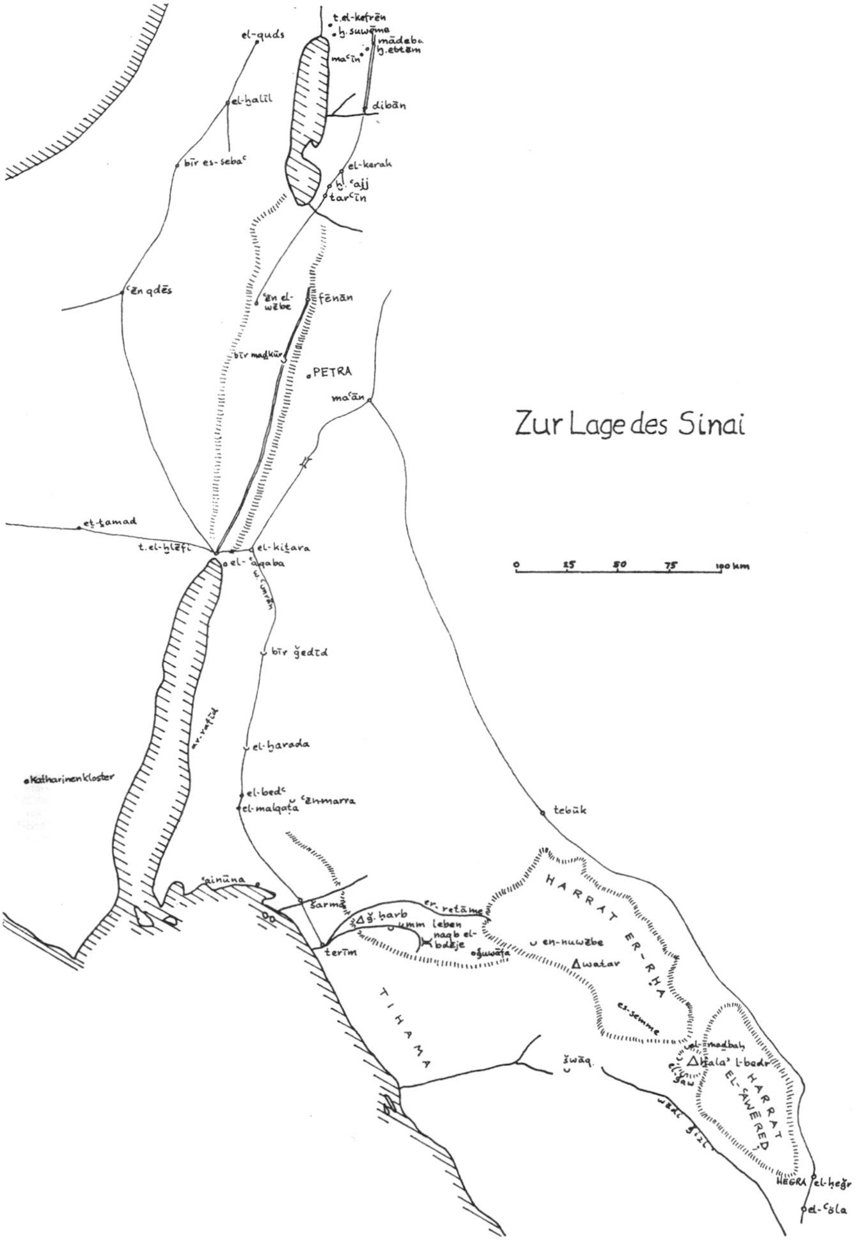
Zur Lage des Sinai
0 25 50 75 100 km
t.el-kefrēn
ḫ. suwēme
mādeba
ḫ. ebtēm
maʿīn
el-quds
el-ḫalīl
dibān
bīr es-sebaʿ
el-kerak
tarʿīn
ʿēn qdēs
fēnān
bīr madkūr
PETRA
maʿān
et-tamad
t. el-ḫlēfi
el-kitara
el-ʿaqaba
bīr ğedīd
el-ḫarada
Katharinenkloster
el-bedʿ
el-malqaṭa
ʿēnmarra
tebūk
šarma
terīm
umm leben
er-retāme
en-nuwēbe
HARRAT ER-RHA
watar
es-semme
TIHAMA
šwāq
el-madbaḥ
HARRAT EL-ʿAWERED
HEGRA
el-ḥeğr
el-ʿōla

## ORBIS BIBLICUS ET ORIENTALIS

Es liegen vor:

Bd. 1
OTTO RICKENBACHER — *Weisheitsperikopen bei Ben Sira*
Deutscher Text, textkritische und formale Anmerkungen, thematische Anmerkungen
232 Seiten, 1973.

Bd. 2
FRANZ SCHNIDER — *Jesus der Prophet*
298 Seiten, 1973.

Bd. 3
PAUL ZINGG — *Das Wachsen der Kirche*
Beiträge zur Frage der lukanischen Redaktion und Theologie
343 Seiten, 1974.

Bd. 4
KARL JAROŠ — *Die Stellung des Elohisten zur kanaanäischen Religion*
496 Seiten, 1974.

Bd. 5
OTHMAR KEEL — *Wirkmächtige Siegeszeichen im Alten Testament*
Ikonographische Studien zu Jos 8, 18-26; Ex 17, 8-13; 2 Kön 13, 14-19 und 1 Kön 22, 11
232 Seiten, 1974.

Bd. 6
VITUS HUONDER — *Israel Sohn Gottes*
Zur Deutung eines alttestamentlichen Themas in der jüdischen Exegese des Mittelalters
231 Seiten, 1975.

Bd. 7
RAINER SCHMITT — *Exodus und Passah. Ihr Zusammenhang im Alten Testament*
112 Seiten, 1975.

Bd. 8
ADRIAN SCHENKER — *Hexaplarische Psalmenbruchstücke*
Die hexaplarischen Psalmenfragmente der Handschriften Vaticanus graecus 752 und Canonicianus graecus 62. Einleitung, Ausgabe, Erläuterung.
XXVIII-446 Seiten, 1975.

Bd. 9
BEAT ZUBER — *Vier Studien zu den Ursprüngen Israels*
Die Sinaifrage und Probleme der Volks- und Traditionsbildung.
152 Seiten, 1976.

Bd. 10
EDUARDO ARENS — *The ΗΛΘΟΝ-Sayings in the Synoptic Tradition.*
A Historico-critical Investigation.
370 Seiten, 1976.

Bd. 11
KARL JAROŠ — *Sichem*
Eine archäologische und religionsgeschichtliche Studie mit besonderer Berücksichtigung von Jos 24.